"十二五"国家重点图书出版规划项目　　丛书主编　竺维彬　鞠世健
复合地层盾构工程技术系列丛书　　　　丛书主审　史海欧

珠江三角洲城际快速轨道交通广州至佛山段（首通段）盾构隧道工程施工技术研究

主　编　米晋生　许少辉
副主编　王利军　魏康林　彭国新　肖正茂　罗淑仪
主　审　叶建兴

人民交通出版社
China Communications Press

内 容 提 要

本书对珠江三角洲城际快速轨道交通广州至佛山段(首通段)盾构隧道工程施工进行了全面的技术总结。广佛线首通段工程共7个盾构施工标段,采用18台盾构机施工,本书详尽记录了每个标段的工程概况、施工环境、盾构机选型和适应性评价、盾构施工技术、施工过程安全和质量控制,真实再现施工现场,资料翔实、数据丰富,可参考性强。

本书可供盾构施工、工程管理及教学、科研等相关人员参考。

图书在版编目(CIP)数据

珠江三角洲城际快速轨道交通广州至佛山段(首通段)盾构隧道工程施工技术研究/米晋生,许少辉主编. —北京:人民交通出版社,2013.11
ISBN 978-7-114-09786-7

Ⅰ.①珠… Ⅱ.①米…②许… Ⅲ.①城市铁路—铁路隧道—隧道工程—盾构(隧道)—工程施工—施工技术—研究—广东省 Ⅳ.①U239.5②U455.43

中国版本图书馆 CIP 数据核字(2012)第 085957 号

书　　名:	珠江三角洲城际快速轨道交通广州至佛山段(首通段)盾构隧道工程施工技术研究
著 作 者:	米晋生　许少辉
责任编辑:	刘彩云
出版发行:	人民交通出版社
地　　址:	(100011)北京市朝阳区安定门外外馆斜街3号
网　　址:	http://www.ccpress.com.cn
销售电话:	(010)59757973
总 经 销:	人民交通出版社发行部
经　　销:	各地新华书店
印　　刷:	北京盛通印刷股份有限公司
开　　本:	787×1092　1/16
印　　张:	23.5
字　　数:	564 千
版　　次:	2013年11月　第1版
印　　次:	2013年11月　第1次印刷
书　　号:	ISBN 978-7-114-09786-7
定　　价:	118.00元

(有印刷、装订质量问题的图书由本社负责调换)

复合地层盾构工程技术系列丛书
编审委员会

丛书主编：竺维彬　鞠世健

丛书主审：史海欧

本书编审委员会

主　　编：米晋生　许少辉

主　　审：叶建兴

副 主 编：王利军　魏康林　彭国新　肖正茂　罗淑仪

编　　委：（按姓氏笔画排序）

王怀志　王　峰　王燕玲　吕荣海　陈丹莲　陈　祥

陈智辉　苏　宝　郭建军　唐重军　黄　彪　雷正辉

审查委员：张志良　林志元　刘智成　农兴中　黄威然　廖鸿雁

孙成伟　王　健　周灿朗

主编单位：广州地铁设计研究院有限公司　盾构技术研究所

广州轨道交通建设监理有限公司

广州市地下铁道总公司　建设事业总部

丛书著作者简介

■ 竺维彬

丛书主编

教授级高级工程师,广州市地下铁道总公司副总经理,长期从事广州地铁建设管理工作。曾获国家科技进步奖、詹天佑土木工程大奖、中国煤田地质总局科技进步一等奖等奖项

■ 鞠世健

丛书主编

高级工程师,广州地铁设计院有限公司盾构技术研究所、广州轨道交通建设监理有限公司顾问。长期从事盾构工程技术研究

■ 史海欧

丛书主审

教授级高级工程师,广州地铁设计研究院有限公司总工程师,广州地铁设计研究院有限公司盾构技术研究所所长,广东省土木建筑学会地下工程专业委员会主任。曾获国家科技进步奖、国家优秀设计奖

本书主编、主审简介

■ 米晋生

本书主编
教授级高级工程师,国家注册监理工程师,广州轨道交通建设监理有限公司总经理

■ 许少辉

本书主编
高级工程师,广州市地下铁道总公司建设事业总部前副总经理,广佛线首通段工程总负责人。现任广州地铁设计研究院有限公司党委书记。

■ 叶建兴

本书主审
副研究员,国家注册监理工程师,广州轨道交通建设监理有限公司董事长

本书副主编简介

■ 王利军　本书副主编

高级工程师,广州市地下铁道总公司建设事业总部土建五部部门经理

■ 魏康林　本书副主编

高级工程师,国家注册监理工程师,注册咨询工程师,广佛线首通段施工1、4标项目总监

■ 彭国新　本书副主编

高级工程师,国家注册监理工程师,广佛线首通段施工11、12标项目总监

■ 肖正茂　本书副主编

高级工程师,国家注册监理工程师,广佛线首通段施工11、12标总监代表

■ 罗淑仪　本书副主编

工程师,广州轨道交通建设监理有限公司总工程师室技术主管

序

中国工程院 院士 施仲衡

欣闻广州地铁为迎亚运,在三个月的时间内,将在原开通线路的基础上,相继开通四号线北延段、三号线北延段、二/八号线拆解段、二号线北延段和广佛线首通段等六条线累计共236公里的惊世之举时,陆续收到广州地铁同仁们对其中的三号线北延段、二/八号线拆解段和广佛线首通段盾构工程的研究成果初稿,令我们这些早期指导过广州地铁建设的老一辈专家感动。广州地铁在地质环境非常复杂的条件下,顺利地实现了既定的地铁建设目标,说明他们在盾构工程管理和技术上已走上成熟的道路,他们踏踏实实的科学精神值得学习和推广。

广州地铁经过十几年的积累和沉淀,培养了一批人才,并以老带新,不断壮大。在出版《复合地层中的盾构施工技术》、《盾构施工监理指南》、《广州地铁三号线盾构隧道工程施工技术研究》和《地铁盾构施工风险源及典型事故的研究》几本专著的基础上,建设一条线,总结一条线,提升一条线,坚持不懈、持之以恒地使他们总结出来的盾构施工理论——地质是基础,盾构机是关键,人是根本,经过在新线建设中的应用和创新,更加完善和充实。

本书是作者编著"复合地层盾构工程技术系列丛书"的组成部分,通读全书,反映出以下几个特点及创新点:

(1)进一步强调了地质在盾构施工中的基础作用,在每一个施工案例中都首先较为详细地介绍了地质环境特征;

(2)特殊地质条件下的盾构施工技术创新:花岗岩球状风化体的爆破清除技术(已获专利)、盾构穿越岩溶地区的施工及岩溶的处理方法,等等。

(3)盾构机到达和始发新技术的应用:

①工作井端头围护结构采用玻璃纤维混凝土或合成纤维块材混凝土,盾构机直接破除法;

②预制盾构机始发箱体,回填土后,模拟原状土环境的始发技术;

③采用套筒法接收盾构机到达技术。

(4)开挖面不稳定条件下盾构机维修换刀技术的创新:

①土压平衡盾构机先制泥膜,后气压作业方法;

②密封舱回填注浆开舱换刀方法。

（5）特殊地层掘进盾构纠偏技术的应用。

（6）本工程建设中基本稳定了在十分复杂的复合地层中盾构机的"类型"和"模式"的选择，刀盘形式及其开口率、刀具类型及其组合的选择已形成一项成熟的技术，盾构机的超前钻机、盾壳预留径向孔等建议已被制造商普遍采纳。

广州地铁自20世纪90年代使用盾构工法以来，为在全国推广和使用该工法作出了特殊贡献。本书的出版进一步丰富了"复合地层盾构工程技术系列丛书"的内容，也为广大科技人员提供了可贵的参考资料和类似的工程经验。

深表祝贺，并祝不断进步！

施仲衡

2013年8月

注：2010年开通的广州轨道交通新线，包含了二号线延长段、三号线北延段、四号线北延段、八号线、珠江新城旅客自动输送系统和广佛线等线路，全长86公里。至此，广州地铁形成总共8条线路、总长236公里的线网。

前 言

广州地铁自1994年一号线采用盾构法施工隧道开始,至今已先后投入了130余台次盾构机,完成了8条线236公里的地铁隧道施工。本书编者和笔者本人参与盾构施工十几年,于项目开工前便策划书写大纲、研究课题。我们为自己提出了一个目标和任务:"一项盾构工程结束之时,就是技术总结完成之日"。

至今,我们先后出版了《复合地层中的盾构施工技术》、《广州地铁三号线盾构隧道工程施工技术研究》、《盾构施工监理指南》、《地铁盾构施工风险源及典型事故的研究》等著作,详细记录了这些年来的工作历程;2010年,随着亚运工程陆续结束,"十二五"国家重点图书出版规划项目:《广州地铁二/八号线拆解段盾构隧道工程施工技术研究》、《广州地铁三号线北延段盾构隧道工程施工技术研究》和《珠江三角洲城际快速轨道交通广州至佛山段(首通段)盾构隧道工程施工技术研究》又先后出版;这项工作,随着新线工程建设的开展还将持续下去。

在广州(也包括深圳、东莞等地区)的复合地层中的盾构施工技术,之所以总有新的话题或研究内容,主要源于三方面的原因:一是地质环境的复杂性;二是盾构机的适应性困难;三是施工技术和施工管理的非程式特征。广佛线盾构施工进一步印证了上述论断。

珠江三角洲城际快速轨道交通广州至佛山段是国内第一条全地下城际轨道交通线路,其将佛山市、南海中心区与广州市中心直接连接,是加强广佛同城化的重要举措。该项工程的特点主要表现在以下几个方面:

一、盾构区间隧道穿越第四系全断面富水砂层,白垩系和第三系的砂岩、粉砂岩以及石炭系的石灰岩,遇到了各种软硬不均相互组合的复合地层和控制技术难题。这种围岩环境对盾构机选型及其功能适应性提出了更严格的要求,同时要求施工技术和管理提供更多的应对措施。

二、在整个建设过程中采用了许多新技术,比如泥水盾构机在富水粉细砂层中的开舱技术、盾构通过长距离断层破碎带技术、罗宾斯盾构机在复合地层中(首次)的应用技术、土压平衡盾构机渣土泵送技术、矩形顶管施工过街隧道技术等。

三、在工程实施过程中出现过险情,对它们发生的原因及处理的手段和方法在本书的相关章节中都有详细的描述。

全书共分十章,其中二至九章分别阐述了各标段工程概况、施工环境、盾构机选型和适用性评价、盾构施工技术、典型案例等。第十章,对复合地层中盾构始发到达(端头加固)风险及对策进行了系统分析研究,通过案例总结了各种方法的优劣,推荐了在复合地层中实施端头加固安全、可靠的方法,非常值得在类似地层中施工借鉴和参考。

本书是工程参与各方辛勤工作和智慧的结晶。在本书编著过程中,得到了施工单位和业主的大力支持和帮助,在此深表谢意!谨以此书奉献给致力于轨道交通建设的工作者们!特别是那些付出心血和艰辛劳动的默默耕耘者。

竺维彬　鞠世健　史海欧　米晋生

2013 年 8 月

目 录

第一章 工程概况和施工环境 ··· 3
第一节 线路和盾构区间 ··· 3
一、线路情况 ·· 3
二、项目历程 ·· 5
三、各施工标段工程情况统计 ·· 5
第二节 工程地质和水文地质环境 ····································· 5
一、区域地层条件 ·· 5
二、水文地质特征 ·· 8
三、土岩层特征 ·· 8
四、不良地质与特殊地质 ··· 18
第三节 全线盾构机主要参数汇总 ···································· 19

第二章 魁奇路站—祖庙站区间盾构施工技术 ······························ 29
第一节 工程概况 ·· 29
一、工程概况 ··· 29
二、施工环境 ··· 32
第二节 盾构机 ·· 36
一、盾构机参数及配置 ··· 36
二、刀盘和刀具 ··· 36
三、同步注浆和二次注浆系统 ··· 39
四、盾构机渣土改良系统 ··· 41
五、螺旋输送器 ··· 42
第三节 盾构施工 ·· 42
一、盾构机始发、到达姿态控制技术 ··································· 42
二、渣土改良技术 ··· 43
三、盾构始发、到达盾体注浆技术 ····································· 43
第四节 案例分析 ·· 46
一、土压平衡盾构机过砂层技术 ······································· 46
二、盾构通过未经加固建筑物施工技术 ································· 52
三、盾构机回转角变化较大原因分析及对策 ····························· 58

I

  四、盾构始发反力架顶脱及解决办法 ································ 61
  五、盾构机掘进姿态控制及纠偏 ···································· 63
  六、螺旋机事故及处理 ·· 70
  七、中心回转接头开裂事故及处理 ·································· 71
  八、闸门爆油管事件 ·· 73
  九、隧道因暴雨被淹事件 ·· 73

第三章 桂城站—祖庙站区间盾构施工技术 ······························ 77
第一节 工程概况 ·· 77
  一、工程概况 ·· 77
  二、施工环境 ·· 79
  三、工程重难点 ·· 84
第二节 盾构机 ·· 84
  一、盾构机参数及配置 ·· 84
  二、盾构机适应性评价 ·· 89
第三节 盾构施工 ·· 91
  一、盾构通过建筑物桩基托换、切桩施工 ···························· 91
  二、盾构小曲线施工 ·· 99
  三、泥水盾构机砂层中带压开舱作业 ································ 100
  四、盾构始发、到达端头加固施工设计 ······························ 104
第四节 案例分析 ·· 108
  一、盾构始发地面冒浆、塌方事件 ·································· 108
  二、厂房地面塌方事件 ·· 112
  三、盾构到达涌水涌沙事件 ·· 118
  四、隧道掘进垂直姿态控制及纠偏 ·································· 124
  五、先隧道后竖井大开挖端头封水措施 ······························ 137
  六、管片拆除过程基坑围护结构接缝的涌水涌沙事件 ·················· 144

第四章 蠡岗站—桂城站区间盾构施工技术 ······························ 151
第一节 工程概况 ·· 151
  一、工程概况 ·· 151
  二、施工环境 ·· 155
  三、工程重难点 ·· 156
第二节 盾构机 ·· 156
  一、盾构机参数及配置 ·· 156
  二、盾构机适应性评价 ·· 162
第三节 盾构施工 ·· 166

一、盾构穿越蠕岗东断裂破碎带施工技术 …………………………………………… 166
　　二、曲线始发技术 ………………………………………………………………………… 173
　　三、溶土洞处理技术 ……………………………………………………………………… 174
　　四、隧道基底（软弱淤泥地层）加固技术 ……………………………………………… 178
　　五、端头加固与施工技术 ………………………………………………………………… 180
　　六、联络通道加固与施工技术 …………………………………………………………… 180

第五章　蠕岗站—金融高新区站区间盾构施工技术 …………………………………… 189
第一节　工程概况 ……………………………………………………………………… 189
　　一、工程概况 ……………………………………………………………………………… 189
　　二、施工环境 ……………………………………………………………………………… 190
第二节　盾构机 ………………………………………………………………………… 194
第三节　盾构施工 ……………………………………………………………………… 195
　　一、盾构机通过复杂地层掘进 …………………………………………………………… 195
　　二、盾构机通过〈2〉、〈3〉砂层掘进 ……………………………………………………… 196
　　三、曲线段掘进管片扭转的控制 ………………………………………………………… 196
　　四、盾构掘进过程的尾刷更换 …………………………………………………………… 197
　　五、砂层中掘进易塌方 …………………………………………………………………… 197
第四节　案例分析 ……………………………………………………………………… 198

第六章　金融高新区站—龙溪站区间盾构施工技术 …………………………………… 203
第一节　工程概况 ……………………………………………………………………… 203
　　一、线路 …………………………………………………………………………………… 203
　　二、建设工期 ……………………………………………………………………………… 203
　　三、工程投资 ……………………………………………………………………………… 204
第二节　施工环境 ……………………………………………………………………… 205
　　一、地层岩性 ……………………………………………………………………………… 205
　　二、建（构）筑物和地下管线 …………………………………………………………… 208
第三节　盾构机 ………………………………………………………………………… 208
　　一、盾构机参数及配置 …………………………………………………………………… 208
　　二、盾构机适应性评价 …………………………………………………………………… 209
第四节　盾构施工 ……………………………………………………………………… 219
　　一、溶土洞处理 …………………………………………………………………………… 219
　　二、玻璃纤维在围护结构配筋中的应用 ………………………………………………… 220
　　三、盾构机在联络通道处刀盘更换技术 ………………………………………………… 222
　　四、盾构机先隧后井临时始发井技术 …………………………………………………… 226
　　五、不良地质条件下超前注浆加固地层换刀技术 ……………………………………… 229
　　六、上硬下软地层中的纠偏技术 ………………………………………………………… 231

七、盾构机过珠江支流施工措施 ………………………………………………………… 235
　　八、过矿山法段空推技术 ………………………………………………………………… 237

第七章　菊树站—龙溪站区间盾构施工技术 …………………………………………… 243
第一节　工程概况和施工环境 …………………………………………………………… 243
　　一、区间位置和线路概况 ………………………………………………………………… 243
　　二、盾构施工环境特点分析 ……………………………………………………………… 243
第二节　盾构机 …………………………………………………………………………… 248
　　一、盾构机适应性分析 …………………………………………………………………… 248
　　二、盾构机刀盘、刀具 …………………………………………………………………… 248
　　三、旧盾构机维护 ………………………………………………………………………… 250
第三节　盾构施工 ………………………………………………………………………… 250
　　一、盾构穿越西环高速公路 ……………………………………………………………… 250
　　二、区间盾构掘进防喷涌措施 …………………………………………………………… 252
第四节　案例分析 ………………………………………………………………………… 253
　　一、管片破损案例分析 …………………………………………………………………… 253
　　二、管片修补 ……………………………………………………………………………… 255
　　三、盾构机扭转事件分析 ………………………………………………………………… 257
　　四、地面塌陷事件分析 …………………………………………………………………… 261

第八章　菊树站—西朗站—鹤洞站区间盾构施工技术 ………………………………… 267
第一节　工程概况 ………………………………………………………………………… 267
第二节　施工环境 ………………………………………………………………………… 268
第三节　盾构机选型 ……………………………………………………………………… 271
　　一、工程地质特点 ………………………………………………………………………… 271
　　二、盾构机选型 …………………………………………………………………………… 272
　　三、刀盘和刀具 …………………………………………………………………………… 273
　　四、刀具的适应性 ………………………………………………………………………… 273
第四节　盾构施工 ………………………………………………………………………… 275
　　一、盾构过珠江水产所段掘进技术 ……………………………………………………… 275
　　二、渣土泵送技术 ………………………………………………………………………… 287

第九章　过街通道矩形顶管施工技术 …………………………………………………… 293
第一节　矩形顶管施工技术发展 ………………………………………………………… 293
第二节　桂城站顶管工程简介 …………………………………………………………… 294
　　一、工程概况 ……………………………………………………………………………… 294
　　二、地质、水文情况 ……………………………………………………………………… 297
　　三、工程重、难点分析 …………………………………………………………………… 298

第三节　工作井及端头加固 ·· 299
　一、工作井 ··· 299
　二、端头加固 ··· 303
第四节　管节 ·· 304
　一、管节设计 ··· 305
　二、管节制作 ··· 306
第五节　矩形顶管机 ·· 310
　一、矩形顶管机选型 ··· 310
　二、矩形泥水平衡顶管机配置 ···································· 312
第六节　掘进主要技术 ··· 320
　一、施工工艺流程 ·· 320
　二、始发顶进技术 ·· 320
第七节　案例分析 ·· 327
　一、始发端头区塌陷事件 ··· 327
　二、刀盘被卡解困措施 ·· 329

第十章　复合地层中盾构始发到达(端头加固)风险研究及对策 ············ 335
第一节　风险分析 ·· 335
　一、地质风险(原生风险) ··· 335
　二、设计及工法选择风险(原生风险) ························· 335
　三、加固体质量评估风险(次生风险) ························· 338
　四、施工中洞门密封风险(次生风险) ························· 338
　五、广州地铁六号线某端头涌水涌沙事件 ·················· 340
第二节　风险对策 ·· 342
　一、加固方案 ··· 342
　二、施工措施 ··· 342
第三节　传统端头加固主要工法 ···································· 342
　一、搅拌桩和旋喷桩为主的组合工法 ························· 342
　二、素混凝土(砂浆)墙工法 ···································· 345
　三、水平注浆工法 ·· 346
第四节　创新始发到达技术 ·· 351
　一、玻璃纤维筋(GFRP)端头加固 ····························· 351
　二、钢套筒式盾构始发到达 ····································· 351
　三、平衡法盾构始发到达 ··· 353
第五节　结论 ·· 355
附录 ··· 356
参考文献 ·· 357

工程概况和施工环境

Chapter 1

执笔人 The Author

罗淑仪 ▷

工程师

广州轨道交通建设监理有限公司总工程师室技术主管

执笔人 The Author

周灿朗 ▷

高程工程师

时任珠江三角洲城际快速轨道交通线广州至佛山段工程设计总体、广佛线二期工程总体

第一章 工程概况和施工环境

第一节 线路和盾构区间

一、线路情况

珠江三角洲城际快速轨道交通广州至佛山段(首通段)线路(以下简称"广佛线首通段")从佛山市魁奇路站引出,沿汾江路向北至城门头路后折向东,沿建新路、兆祥路到达朝安路。在朝安路折向东北,穿过南海大道至南桂东路,并在南桂东路口折向北,沿桂澜路向海八路,线路沿海八路东行,跨过五丫口大桥后,进入广州境内,经西环高速、花地河,穿过广钢铁路支线,在花地大道西侧设西朗站与广州一号线西朗站换乘。

广佛线首通段线路全长 19.6km,全部为地下线路,其中佛山市境内 14.8km,广州市境内 4.8km。共设 14 座车站,其中佛山市境内 11 座,广州市境内 3 座。共设换乘站 6 座,分别为魁奇路站与佛山二号线换乘、季华园站与佛山四号线换乘、祖庙站与佛山五号线换乘、桂城站与佛山三号线换乘、南桂路站与佛山六号线换乘及西朗站与广州一号线换乘。

广佛线首通段共 7 个盾构施工标,分别为施工 1 标、4 标、5 标、8 标、10 标、11 标和 12 标,采用 18 台盾构施工。线路及施工标段划分如图 1-1 所示。

图 1-1 广佛线首通段线路及施工标段划分示意图

表 1-1 各施工标段工程情况一览表

标段名称	工程量				工期		工程投资 合同价（亿元）	隧道主要技术指标						最大纵坡（%）	隧道埋深（m）		参建单位		
	盾构区间长度（m）	盾构机类型	盾构机数量（台）	盾构机制造商	计划工期（起止时间）	实际工期（起止时间）		隧道内径（mm）	管片厚度（mm）	管片宽度（mm）	管片所用钢筋混凝土	施工限界（mm）	最小曲线半径（m）			最大	最小	业主	承包商	监理
施工1标（魁奇路一季华园一同济路一祖庙）	6988.60	土压	2	三菱	2007-6-22～2009-9-28	2007-12-06～2009-11-28	2.9693	5400	300	1500	C50	100	300	2.9	17.2	9.2	广州市地下铁道总公司	广东省水电二局	广州轨道交通建设监理有限公司
施工4标（桂城一朝安一普君北一祖庙）	4975.76	泥水	4	海瑞克	2007-8-30～2009-8-30	2007-7-30～2010-3-24	2.2470	5400	300	1500	C50	100	350	2.7	22	14		中铁三局广东华隧	
施工5标（桂城一南桂路一礌岗）	4018.222	泥水	2	三菱	2007-8-8～2009-12-8	2007-8-8～2010-1-7	1.6881	5400	300	1500	C50、P12	100	320	2.2	15	7.6		广东省基础公司	
施工8标（礌岗一千灯湖一金融高新区）	4810.044	土压	2	海瑞克		2009-2-11～2009-10-29	1.7228	5400	300	1500	C50	100	350	2.095	18.2	12.3		广州市建筑集团有限公司	中铁华铁工程咨询有限公司
施工10标（金融高新区一龙溪）	5279.762	土压	4	海瑞克	2007-9-1～2009-8-31	2009-5-21～2010-4-16	2.0266	5400	300	1500	C50	100	800	2.5	19	10		广东省源天工程公司，中铁二局，中交隧道局	
施工11标（龙溪一菊树）	3809.38	土压	2	海瑞克	2007-8-～2009-9-28	2008-11-1～2009-12-20	2.8	5400	300	1200（右线1000环以后1500）	C50	100	600	2.516	15.4	8		中铁十六局	广州轨道交通建设监理有限公司
施工12标（菊树一西朗）	5151.15	土压	2	罗宾斯	2007-12-1～2009-10-30	2008-12-15～2010-5-30	3.2	5400	300	1500	C50	100	350	2.8	17	12		中交二航局	

二、项目历程

在广佛城市间修建轨道交通的构想,最早可追溯到 19 年前,1993 年 12 月广州地铁一号线动工,毗邻广州的佛山也有了修建地铁的想法。当时佛山市政府专门成立了轻轨建设筹备小组,计划修建一条从佛山火车站到广州西朗的地铁,途经汾江路、人民路、桂城、平洲。不过由于地铁造价高,加上当时的佛山市只有城区和石湾区,市财政并不宽裕,筹备了两年后,佛山市政府权衡之后不得不割舍了这个项目。

但佛山当时与广州方面协商,在广州地铁一号线西朗站预留一个通往佛山的接驳口。

2002 年 10 月 11 日,广佛线魁奇路试验段开工,预计 2007 年初全线建成通车。然而,2003 年下半年国家开始宏观调控,暂缓了包括西安、成都、沈阳等多个省会城市地铁建设项目的审批,佛山同样未获通过。

直到 2005 年 3 月,国务院才审议通过了《珠江三角洲城际快速轨道交通线网规划》,广佛线被列为 2010 年阶段目标。两个月后,广东省发改委受国家发改委的委托正式批准广佛线立项。2006 年 7 月,广佛线可行性研究报告上报广东省发改委。但作为国内首条城际轨道交通线,两个城市如何管理一条轨道交通线,股权和投资比例如何分摊,这些问题一直未能得到解决,因此广佛地铁直至 2007 年初仍处于延迟建设状态。

2007 年 4 月 11 日,广东省政府常务会议决定广佛地铁项目由广州、佛山两市负责投资建设、经营和管理,两市股比为 51:49,省政府一次性补贴建设资金 14.7 亿元。6 月 22 日,广佛轨道交通佛山段委托建设管理项目进行现场签约。6 月 28 日,广佛地铁全面开工。

2010 年 11 月 3 日,历经 3 年多建设,广佛线首通段地铁通车,佛山的地铁梦终于成真。

三、各施工标段工程情况统计

各施工标段工程情况统计见表 1-1。

第二节　工程地质和水文地质环境

一、区域地层条件

本区域工程地层分层及各层性状见表 1-2。

1. 魁奇路—金融高新区

魁奇路—金融高新区沿线穿越的地层有下古生界石炭系、中生界的白垩系、新生界的第三系及第四系,由老至新,简述如下:

1)第四系地层

(1)人工填土层:包括杂填土和素填土,厚度一般为 1.00~3.50m。

工程地层分层及各层性状　　　　表 1-2

地层名称	地层编号	岩土名称	地层描述
人工填土层 (Q_4^{ml})	〈1-1〉	杂填土	黄褐色、灰色等杂色,主要由白砂土、碎砖块、石块、混凝土块组成,松散~稍密状,含较多生活垃圾
	〈1-2〉	素填土	黄褐色、灰黄色等,主要由黏土、砂土组成,稍湿,松散~稍密状
海陆交互相沉积层	〈2-1〉	淤泥、淤泥质土	深灰色、灰黑色,流塑~软塑。局部含少量粉细砂,含少量腐殖质,有腐臭味
	〈2-2〉	淤泥质粉细砂层	浅灰色、灰色,饱和,松散~稍密状,局部有淤泥薄层,含少量腐殖质,有腐臭味
	〈2-3〉	粉质黏土层	浅黄色、灰黄色、灰白色、砖红色等,以黏粒为主,局部含少量砂粒,黏性较强,软塑~可塑,局部过渡为粉土
陆相沉积砂层 (Q_3^{al})	〈3-1〉	粉细砂层	灰黄色、浅黄色、黄色,局部为灰白色,饱和,松散~稍密,局部中密。主要由石英中砂粒组成,约含5%~10%的黏粒,砂粒级配普遍较差,局部为级配较好
	〈3-2〉	中粗砂层	浅黄色、黄色,局部为灰白色,饱和,稍密~中密。主要由石英中砂粒组成,约含5%~10%的黏粒,砂粒级配普遍较差,局部级配较好
陆相沉积土层 (Q_3^{al})	〈4-1〉	粉质黏性土层	灰色、灰黄色、灰白色,可塑~硬塑,含少量粉粒
	〈4-2〉	淤泥质土	灰色、灰黄色、灰白色,流塑~软塑,含少量粉粒及砂粒
残积土层	〈5-1〉	可塑状残积粉质黏土	以粉质黏土为主,局部为粉土。蓝灰色、灰色,局部为红褐色、暗红色,由下伏泥岩、粉砂质泥岩风化残积而成
	〈5-2〉	硬塑状残积粉质黏土	蓝灰色、灰色,局部为红褐色、暗红色,硬塑,稍湿;多呈豆荚状或透镜体状
全风化岩层	〈6〉		为深灰色、灰色泥岩、泥灰岩,岩石组织结构已基本破坏,已风化成土状,呈坚硬土状
强风化层	〈7〉		以灰绿色、灰黑色、灰褐色泥岩、泥灰岩为主,局部揭露有红褐色粉砂质泥岩,岩石为粉粒结构,层状构造,泥钙质胶结。岩石组织结构已大部分破坏,风化裂隙发育,岩石破碎,呈半岩半土状或岩夹土状,岩质较软,手折易断
中风化岩层	〈8〉		主要为灰绿色、灰黑色、灰褐色泥岩、泥灰岩,局部揭露有红褐色粉砂质泥岩,岩石为粉粒结构,层状构造,泥钙质胶结。岩石裂隙较发育,岩芯不太完整,多呈碎块~短柱状,岩质稍硬,局部夹强风化岩软夹层
微风化岩层	〈9〉		主要为灰绿色、灰黑色、灰褐色泥岩、泥灰岩,局部揭露有红褐色粉砂质泥岩,岩石为粉粒结构,层状构造,泥钙质胶结。岩石完整性较好,岩质较硬~坚硬。局部夹强风化岩及中等风化岩

(2)海相、陆相沉积地层:沿线所穿越的盖层为第四纪更新世(Q_3)及全新世(Q_4)海相冲积、淤积、洪积层,主要土性有淤泥、淤泥质土、淤泥质砂、粉质黏土、黏土、粉土、粉细砂、中粗

砂、砾砂层。厚度变化较大,一般为10.00~28.00m。

(3)残积土层:主要为粉质黏土和黏土,局部有粉土,厚度一般为1.00~6.50m。

2)基岩地层

(1)石炭系大塘阶测水组(C_1dc):中上部为一套含煤三角洲相的砾砂、炭泥质建造,下部为一套浅海相的砂泥、碳酸盐建造,以石英砂岩、砾岩、含砾砂岩、钙质页岩、粉砂质页岩夹土黄色薄层泥灰岩、黄褐色页岩与泥灰岩互层为主,夹有炭质页岩及2~3层煤等。

(2)白垩系下统白鹤洞组(K_1b):本组属内陆湖泊相为主的砾、砂泥质建造,岩性为紫棕~暗红色含砾粗砂岩、砂砾岩夹细砂岩、薄层泥岩及以粗碎屑岩为主,斜层理发育,含微薄层状、网脉状石膏。与下伏地层呈角度不整合接触。

(3)白垩系上统大塱山组:黄花岗段(K_2d^2)主要为紫红色泥岩、泥质粉砂岩组成,夹含砾粉、细砂岩、砾岩,偶见灰岩,薄~中厚层状。与下伏地层整合接触。

(4)第三系始新统土布心组(E_2b):本组属内陆湖泊相的碎屑及碳酸盐沉积,主要为灰、深灰色钙质泥岩、泥灰岩、粉砂岩、砂岩。可分为两段:下段(E_2b^1)岩性主要以灰黑或浅灰色泥灰岩、泥岩为主;上段(E_2b^2)主要为以灰色、灰白色中细粒砂岩、泥质粉砂岩与深灰色钙质泥岩呈不等厚互层为主,夹石膏层。与下伏地层整合接触。

(5)下第三系古新统莘庄组(E_1x):上部以暗紫红色钙质泥岩、粉砂岩、砂岩,夹石膏层,下部以砖红色砾岩、砂砾岩为主。与下伏地层整合接触。

2. 金融高新区—西朗

金融高新区—西朗沿线地层主要包括白垩系红层、第三系始新统岩层和第四系土层。按从老至新的顺序将有关地层岩性特征描述如下:

(1)白垩系上统大塱山组石围塘段(K_2d^{2b})

上部是紫红色钙质泥岩夹灰色灰岩、泥灰岩和红色细砂岩,富含微体古生物化石,夹薄层石膏;下部是暗红色钙质粉砂岩夹薄层砾岩、砂砾岩。厚度400m以上。

(2)白垩系上统大塱山组黄花岗段(K_2d^{2a})

主要由紫红色泥岩、泥质粉砂岩组成,夹含细砂岩、砾岩,薄~中厚层状。与下伏地层整合接触。

(3)白垩系上统三水组西濠段(K_2s^{2b})

主要为紫红色泥岩、泥质粉砂岩组成,夹含细砂岩、砾岩,偶见灰岩,薄~中厚层状。与下伏地层整合接触。

(4)第三系始新统土布心组(E_2b)

本组属内陆湖泊相的碎屑及碳酸盐沉积,主要为灰、深灰色钙质泥岩、泥灰岩、粉砂岩、砂岩。可分为两段:下段(E_2b^1)、上段(E_2b^2)。下段(E_2b^1)岩性主要以灰黑或浅灰色泥灰岩、泥岩为主。与下伏地层不整合结触。

(5)第四系土层(Q)

沿线第四系土层分布广泛,包括人工填土层、海陆交互沉积层、冲洪积层和残积土层共四大层,覆盖于基岩之上。

二、水文地质特征

1. 魁奇路—金融高新区

地表水体较少,水体较浅,仅在朝安—桂城区间遇有几口鱼塘和一条宽约40m的佛山涌,离地铁隧道结构有一定的距离,对隧道结构无直接影响。

2. 金融高新区—西朗

1）地下水位

地下水位埋深一般为0.3~2.8m,地下水受季节暴雨和河水水位的影响。一般每年6~9月地下水处于高水位时期,9月以后随着降雨减少,地下水位缓慢下降,1月地下水位最低。

2）含水层类型

本线路按地下水赋存方式分为第四系砂层承压水及基岩裂隙承压水。五眼桥断层破碎带富水性较好,呈带状分布。其余土层、全风化岩及微风化岩含水微弱,可视为相对隔水层。

（1）海陆交互沉积砂层孔隙承压水含水层

该层主要为⟨2-2⟩层淤泥质粉细砂、粉细砂层,1区多数地段有分布,连续性较好,厚度一般0.9~12.3m,平均5.80m,属弱~中等透水含水层;⟨2-3⟩中粗砂层仅局部分布,厚度一般0.5~6.1m,平均2.31m,属中等透水含水层。

（2）冲洪积砂层孔隙承压水含水层

该层主要为⟨3-2⟩中粗砂层,仅局部分布,连续性相对较差,厚度一般0.8~8.0m,平均2.83m,属中等透水含水层。

（3）基岩裂隙承压含水层

基岩裂隙水主要赋存于强、中风化岩中,透水性弱。基岩裂隙受岩性、埋深等各方面的控制,其裂隙发育具有不均匀性,故水量也存在明显的区段性。

（4）断层破碎带裂隙承压含水层

该类地下水主要集中于五眼桥断层带附近,因受构造作用,岩体破碎,裂隙发育,透水性较其他基岩强,仍属弱透水层。

3）含水层与相对隔水层的分布

沿线含水地层主要为第四系砂层、基岩强~中风化岩带。海陆交互沉积淤泥、淤泥质土、粉质黏土及残积土、基岩全风化层为透水性很弱的地层,为相对的隔水层。本区段的相对隔水层在局部地段其厚度较薄,因此覆盖层与基岩含水层有一定的水力联系。

三、土岩层特征

1. 魁奇路—金融高新区

根据魁奇路—金融高新区线路走向,结合本次勘察资料,按照构造单元、地质单元相近的原则,线路分为四个区段进行描述,具体如下:

第一区段:魁奇路/绿景路区间—同济路/祖庙区间段(里程YAK1+100~YAK4+300)。

第二区段:祖庙站—桂城/南桂路区间段(里程YAK4+300~YAK8+200)。

第三区段:桂城/南桂路区间—蟠岗/千灯湖区间段(里程YAK8+200~YAK10+900)。

第四区段:蠔岗/千灯湖区间—金融高新区区间段(里程 YAK10+900~YAK12+850)。

1)人工填土层(Q_4^{ml})

分布有素填土、杂填土、耕土,全部钻孔均有揭露,多呈松散状,未经压实。

〈1-1〉杂填土:黄褐色、灰色等杂色,主要由砂土、碎砖块、石块、混凝土块组成,松散~稍密状,含较多生活垃圾。顶部多为厚度为0.2~0.3m不等的混凝土板。

各区段情况如下:

第一区段:8孔有揭露,揭露厚度0.80~3.20m,平均为2.34m。

第二区段:35孔有揭露,揭露厚度1.30~4.50m,平均为2.64m。

第三区段:16孔有揭露,揭露厚度0.60~6.70m,平均为2.55m。

第四区段:1孔有揭露,揭露厚度1.60m。

〈1-2〉素填土:黄褐色、灰黄色等,主要由黏性土、砂土组成,稍湿,松散~稍密状,当顶部无杂填土时,顶部多为厚度为0.20~0.30m不等的混凝土板。

各区段情况如下:

第一区段:30孔有揭露,揭露厚度0.90~6.40m,平均为2.93m。

第二区段:11孔有揭露,揭露厚度0.30~4.00m,平均为2.40m。

第三区段:8孔有揭露,揭露厚度1.50~3.50m,平均为1.96m。

第四区段:22孔有揭露,揭露厚度0.70~3.70m,平均为1.98m。

〈1-1〉、〈1-2〉层标贯试验结果为:

第一区段:试验15次,实测击数为$N=2.0~21.0$击,平均7.7击。

第二区段:试验6次,实测击数为$N=4.0~10.0$击,平均7.7击。

第三区段:试验6次,实测击数为$N=3.0~18.0$击,平均6.5击。

第四区段:试验6次,实测击数为$N=5.0~26.0$击,平均15.0击。

2)海陆交互相沉积层

海陆交互相沉积层分布较广,土层厚度较大,按土的物质成分及状态将该土层分为三个亚层。

〈2-1〉淤泥、淤泥质土(Q_4^{mc}):深灰色,灰黑色,流塑~软塑。局部含少量粉细砂,含少量腐殖质,有腐臭味。本土层揭露有二层,上层厚度小,分布不连续,多呈豆荚状,下层厚度大且连续分布;层中常见〈2-2〉淤泥质粉细砂、〈2-4〉粉质黏土层夹层。

各区段情况如下:

第一区段:厚度0.50~8.00m,平均为3.59m;层顶埋深0.80~13.00m(层顶高程-5.90~6.66m),层底埋深3.00~15.20m(层底高程-7.90~4.61m);标贯试验69次,实测击数为$N=2.0~5.0$击,平均3.0击。

第二区段:厚度0.80~9.10m,平均为4.16m;层顶埋深0.00~9.70m(层顶高程-2.62~7.1m),层底埋深2.50~16.30m(层底高程-9.82~4.09m);标贯试验21次,实测击数为$N=1.0~5.0$击,平均3.4击。

第三区段:厚度2.45~12.10m,平均为5.97m;层顶埋深1.50~14.30m(层顶高程-7.38~5.21m),层底埋深5.80~16.75m(层底高程-9.83~5.21m);标贯试验27次,实测击数为$N=1.0~5.0$击,平均3.3击。

第四区段：厚度0.90~2.40m,平均为1.56m;层顶埋深0.70~7.10m(层顶高程-0.32~6.09m),层底埋深2.00~9.10m(层底高程-2.32~4.95m);标贯试验2次,实测击数为$N=3.0$击。

〈2-2〉淤泥质粉细砂(Q_3^{mc}):浅灰色,灰色,饱和,松散~稍密状,层厚0.60~13.20m;含淤泥10%~15%,局部有淤泥薄层,含少量腐殖质,有腐臭味。

各区段情况如下：

第一区段：厚度1.20~8.70m,平均为3.41m;层顶埋深1.30~7.50m(层顶高程-0.05~5.71m),层底埋深3.30~12.60m(层底高程-4.95~3.90m);标贯试验33次,实测击数为$N=2.0~9.0$击,平均6.4击。

第二区段：厚度1.30~7.10m,平均为4.25m;层顶埋深1.50~17.85m(层顶高程-12.11~5.89m),层底埋深4.40~22.30m(层底高程-16.56~2.99m);标贯试验31次,实测击数为$N=2.0~9.0$击,平均5.7击。

第三区段：厚度0.80~15.05m,平均为6.05m;层顶埋深0.60~13.20m(层顶高程-6.55~6.06m),层底埋深2.80~16.10m(层底高程-9.19~3.90m);标贯试验37次,实测击数为$N=3.0~9.0$击,平均5.4击。

第四区段：厚度1.20~6.30m,平均为4.15m;层顶埋深1.70~7.00m(层顶高程-0.08~5.12m),层底埋深4.30~10.80m(层底高程-3.88~2.65m);标贯试验30次,实测击数为$N=2.0~9.0$击,平均6.0击。

〈2-4〉粉质黏土层(Q_3^m):浅黄色,灰黄色,灰白色,砖红色等,以黏粒为主,局部含少量砂粒,黏性较强,软塑~可塑,局部过渡为粉土。土层分布基本连续,局部尖灭。

各区段情况如下：

第一区段：厚度1.30~6.40m,平均为2.55m;层顶埋深2.10~14.20m(层顶高程-6.75~5.35m),层底埋深4.00~16.80m(层底高程-9.35~3.45m);标贯试验12次,实测击数为$N=3.0~9.0$击,平均5.7击。

第二区段：厚度0.60~5.90m,平均为2.28m;层顶埋深0.30~7.10m(层顶高程0.59~7.96m),层底埋深2.70~10.30m(层底高程-2.91~5.20m);标贯试验10次,实测击数为$N=3.0~8.0$击,平均5.1击。

第三区段：厚度1.00~2.85m,平均为1.71m;层顶埋深3.30~14.40m(层顶高程-7.76~3.57m),层底埋深4.60~16.30m(层底高程-9.66~2.27m);标贯试验7次,实测击数为$N=5.0~8.0$击,平均5.9击。

第四区段：厚度0.60~4.50m,平均为2.22m;层顶埋深1.80~5.40m(层顶高程1.79~5.13m),层底埋深3.50~8.80m(层底高程-1.99~3.43m)。标贯试验5次,实测击数为$N=4.0~5.0$击,平均4.4击。

3)陆相沉积砂层(Q_3^{al})

本区间揭露陆相沉积砂层有粉细砂层及中粗砂层。

〈3-1〉粉细砂层:灰黄色、浅黄色、黄色,局部为灰白色,饱和,松散~稍密,局部中密。主要由石英中砂粒组成,含5%~10%的黏粒,砂粒级配普遍较差,局部级配较好。

各区段情况如下：

第一区段:厚度1.30~12.30m,平均为4.48m;层顶埋深2.70~16.50m(层顶高程-8.61~5.19m),层底埋深10.50~20.60m(层底高程-13.09~-3.06m)。标贯试验23次,实测击数为$N=3.0~14.0$击,平均10.1击。

第二区段:厚度1.30~15.60m,平均为7.66m;层顶埋深1.50~12.20m(层顶高程-5.23~7.27m),层底埋深7.40~27.80m(层底高程-20.61~1.00m)。标贯试验123次,实测击数为$N=3.0~28.0$击,平均13.3击。

第三区段:全区段缺失本土层。

第四区段:厚度1.30~6.30m,平均3.83m;层顶埋深5.30~8.80m(层顶高程-1.99~1.61m),层底埋深9.50~12.00m(层底高程-5.19~2.31m)。标贯试验8次,实测击数为$N=3.0~8.0$击,平均5.3击。

〈3-2〉中粗砂层:黄色、浅黄色,局部为灰白色,饱和,稍密~中密。主要由石英中粗砂组成,含5%~10%的黏粒,砂粒级配普遍较差,局部级配普遍较好。

各区段情况如下:

第一区段:厚度4.90~7.70m,平均为6.72m;层顶埋深8.50~11.60m(层顶高程-3.71~-0.92m),层底埋深15.00~17.80m(层底高程-10.36~-7.42m)。标贯试验13次,实测击数为$N=9.0~15.0$击,平均11.9击。

第二区段:厚度1.00~13.55m,平均为4.87m;层顶埋深8.30~23.60m(层顶高程-16.56~-1.30m),层底埋深9.80~27.60m(层底高程-20.32~-3.26m)。标贯试验64次,实测击数为$N=10.0~29.0$击,平均17.4击。

第三区段:厚度2.35~4.85m;层顶埋深15.85~16.15m(层顶高程-9.47~-9.11m),层底埋深18.50~20.70m(层底高程-13.96~-11.82m)。标贯试验3次,实测击数为$N=18.0~19.0$击,平均18.3击。

第四区段:厚度2.40~2.70m;层顶埋深5.80~6.80m,层底埋深8.20~9.50m。标贯试验2次,实测击数为$N=10.0~13.0$击,平均11.5击。

〈3-3〉砾砂层:黄色、浅黄色,局部为灰白色,饱和,稍密~中密。主要由石英中粗砂组成,含10%~15%的黏粒,砂粒级配普遍较差,局部级配普遍较好。

各区段情况如下:

第一区段:厚度1.70m;层顶埋深20.00m(层顶高程-12.35m)。标贯试验1次,实测击数为$N=11.0$击。

第二区段:厚度4.20~6.20m,平均为5.16m;层顶埋深13.10~19.20m(层顶高程-11.90~-5.76m),层底埋深19.30~23.90m(层底高程-16.60~-11.96m)。标贯试验10次,实测击数为$N=10.0~28.0$击,平均22.2击。

第三区段:无揭露。

第四区段:无揭露。

4)陆相沉积土层(Q_3^{al})

陆相沉积土层有可塑~硬塑状粉质黏土〈4-1〉,淤泥质土层〈4-2〉。本区间仅揭露可塑~硬塑状粉质黏土层。

〈4-1〉粉质黏土:灰色、灰黄色、灰白色,可塑~硬塑,含少量粉粒,揭露厚度较小,分布不连续。

各区段情况如下：

第一区段：厚度1.20~5.00m,平均为2.94m;层顶埋深8.50~16.40m(层顶高程-9.44~-1.45m),层底埋深13.30~20.00m(层底高程-12.35~-6.25m)。标贯试验9次,实测击数为$N=6.0~14.0$击,平均9.9击。

第二区段：厚度0.85~4.60m,平均为2.27m;层顶埋深6.30~21.40m(层顶高程-14.40~0.38m),层底埋深9.60~23.00m(层底高程-15.60~-2.56m)。标贯试验18次,实测击数为$N=3.0~9.0$击,平均6.8击。

第三区段：厚度1.20~6.10m;层顶埋深13.80~16.75m(层顶高程-9.83~-7.12m),层底埋深15.85~21.90m(层底高程-15.20~-9.11m)。标贯试验12次,实测击数为$N=4.0~21.0$击,平均15.4击。

第四区段：厚度2.00~7.10m,平均为4.40m;层顶埋深6.20~9.50m(层顶高程-2.73~0.99m),层底埋深8.20~16.60m(层底高程-9.83~-1.01m)。标贯试验4次,实测击数为$N=4.0~9.0$击,平均6.8击。

〈4-2〉淤泥质土：灰黑色、灰色,流塑~软塑,含少量粉粒及砂粒,主要在第二区段有揭露,第一、第三区段有少数孔揭露到,第四区段无揭露。揭露厚度较小。

各区段情况如下：

第一区段：厚度1.40m及3.50m;层顶埋深10.40m(层顶高程-2.24m)及20.60m(层顶高程-12.71m)。标贯试验2次,实测击数为$N=2.0~3.0$击,平均2.5击。

第二区段：厚度0.60~5.70m,平均为2.34m;层顶埋深8.10~17.40m(层顶高程-8.34~0.30m),层底埋深10.80~18.60m(层底高程-9.80~-2.40m)。标贯试验16次,实测击数为$N=2.0~9.0$击,平均4.8击。

第三区段：厚度1.80m;层顶埋深11.70m(层顶高程-4.99m)。标贯试验1次,实测击数为$N=3.0$击。

第四区段：无揭露。

5) 残积土层

以粉质黏土为主,局部为粉土。蓝灰色,灰色,局部红褐色,暗红色,由下伏泥岩、粉砂质泥岩风化残积而成,根据土的状态可将其分为可塑状残积粉质黏土〈5-1〉和硬塑状残积粉质黏土〈5-1〉。

各区段情况如下：

第一区段：厚度1.50~3.10m;层顶埋深12.40~13.90m(层顶高程-5.74~-4.34m)。标贯试验3次,实测击数为$N=3.0~11.0$击,平均8.0击。

第二区段：厚度4.20m;层顶埋深23.20m(层顶高程-15.09m)。

第三区段：厚度9.10m;层顶埋深17.10m(层顶高程-10.39m)。

第四区段：无揭露。

〈5-2〉硬塑状残积粉质黏土：蓝灰色,灰色,局部红褐色,暗红色,硬塑,稍湿;多呈豆荚状或透镜体状,主要分布于〈4-1〉层的下面,土层分布不连续。

各区段情况如下：

第一区段：厚度 0.80～5.40m；层顶埋深 13.10～18.50m（层顶高程 -11.09～-4.78m）。标贯试验 24 次，实测击数为 $N=8.0～24.0$ 击，平均 17.0 击。

第二区段：1 厚度 0.80～8.45m；层顶埋深 13.50～21.80m（层顶高程 -15.03～-4.40m）；层底埋深 16.60～28.80m（层底高程 -22.23～-8.11m）。标贯试验 21 次，实测击数为 $N=13.0～22.0$ 击，平均 18.4 击。

第三区段：厚度 4.00m；层顶埋深 14.50m（层顶高程 -7.96m）。标贯试验 1 次，实测击数为 $N=20.0$ 击。

第四区段：厚度 1.20～15.70m；层顶埋深 6.90～16.60m（层顶高程 -9.83～0.42m）；层底埋深 8.80～32.30m（层底高程 -25.53～-1.28m）。标贯试验 28 次，实测击数为 $N=6.0～36.0$ 击，平均 19.9 击。

6）基岩岩性、分布规律及风化带特征

（1）基岩岩性及其分布规律

本标段揭露的基岩有：

第三系莘庄组宝月组下段（E_2b^1）岩层，岩性以灰绿色、灰黑色、灰褐色泥岩、泥灰岩为主。

下第三系古新统莘庄组（E_1x）：上部以暗紫红色钙质泥岩、粉砂岩、砂岩，夹石膏层为主，下部以砖红色砾岩、砂砾岩为主。

白垩系上统大塱山组黄花岗段（K_2d^2）：主要为紫红色泥岩、泥质粉砂岩组成，薄～中厚层状。

白垩系下统白鹤洞组（K_1b）：岩性为紫棕～暗红色含砾粗砂岩、砂砾岩夹细砂岩及薄层泥岩，以粗碎屑岩为主，斜层理发育，含微薄层状、网脉状石膏。

石炭系大塘阶测水组（C_1dc）：中上部为一套含煤三角洲相的砾砂、炭泥质建造；下部为一套浅海相的砂泥，以钙质页岩、粉砂质页岩夹土黄色薄层泥灰岩，黄褐色页岩与泥灰岩互层为主。

各区段揭露岩层情况如下：

第一区段：揭露基岩为第三系莘庄组宝月组下段（E_2b^1）岩层，岩性以灰绿色、灰褐色泥岩、泥灰岩为主。

第二区段：揭露基岩有下第三系古新统莘庄组（E_1x），岩性为暗紫红色钙质泥岩、泥质粉砂岩；白垩系上统大塱山组黄花岗段（K_2d^2），主要为紫红色泥岩、泥质粉砂岩；白垩系下统白鹤洞组（K_1b），岩性为紫棕～暗红色泥质粉砂岩、含砾粗砂岩、薄层泥岩；石炭系大塘阶测水组（C_1dc），岩性为钙质页岩、粉砂质页岩、泥灰岩、灰岩。

第三区段：揭露基岩有白垩系上统大塱山组黄花岗段（K_2d^2），主要为紫红色泥岩、泥质粉砂岩；白垩系下统白鹤洞组（K_1b），岩性为紫棕～暗红色泥质粉砂岩、含砾粗砂岩、薄层泥岩；石炭系大塘阶测水组（C_1dc），岩性为钙质页岩、粉砂质页岩、泥灰岩、灰岩。

第四区段：揭露基岩有白垩系上统大塱山组黄花岗段（K_2d^2），主要为紫红色泥岩、泥质粉砂岩；白垩系下统白鹤洞组（K_1b），岩性为紫棕～暗红色泥质粉砂岩、含砾粗砂岩、薄层泥岩。

（2）各基岩风化带特征

根据岩石风化程度将其分为全风化岩层、强风化岩层、中风化岩层和微风化岩层。

〈6〉全风化岩带：岩石组织结构已基本破坏，已风化成土状，呈坚硬土状。

各区段情况如下:

第一区段:厚度1.20m;层顶埋深18.90m(层顶高程-11.51m)。标贯试验1次,实测击数为$N=30.0$击。

第二区段:厚度0.90~13.70m;层顶埋深13.50~27.80m(层顶高程-21.24~-4.73m);层底埋深16.70~41.40m(层底高程-34.94~-7.93m)。标贯试验18次,实测击数为$N=22.0~39.0$击,平均30.7击。

第三区段:厚度1.00~23.00m;层顶埋深15.05~50.90m(层顶高程-44.19~-8.18m),层底埋深16.05~53.20m(层底高程-46.49~-9.18m)。标贯试验13次,实测击数为$N=24.0~39.0$击,平均30.6击。

第四区段:厚度0.80~10.90m;层顶埋深6.60~29.60m(层顶高程-22.11~0.12m);层底埋深10.20~36.20m(层底高程-28.71~-3.52m)。标贯试验31次,实测击数为$N=17.0~43.0$击,平均34.3击。

〈7〉强风化带:岩石组织结构已大部分破坏,风化裂隙发育,岩石破碎,呈半岩半土状或岩夹土状,岩质较软,手折易断。

第一区段:厚度0.50~9.10m;层顶埋深14.00~22.80m(层顶高程-15.39~-7.09m);层底埋深16.30~27.00m(层底高程-19.70~-9.18m)。标贯试验34次,实测击数为$N=32.0~75.0$击,平均53.5击。

第二区段:厚度0.50~7.10m;层顶埋深13.40~29.00m(层顶高程-22.52~-4.56m);层底埋深15.30~35.80m(层底高程-29.07~-5.86m)。标贯试验33次,实测击数为$N=17.0~72.0$击,平均49.0击。

第三区段:厚度1.00~6.00m;层顶埋深18.50~53.20m(层顶高程-46.49~-11.82m),层底埋深23.45~58.30m(层底高程-51.59~-16.58m)。标贯试验12次,实测击数为$N=36.0~71.0$击,平均51.2击。

第四区段:厚度0.80~18.30m;层顶埋深7.00~36.20m(层顶高程-28.71~-0.18m);层底埋深12.50~39.60m(层底高程-32.11~-5.68m)。标贯试验26次,实测击数为$N=36.0~86.0$击,平均60.0击。

〈8〉中风化岩层:岩石裂隙较发育,岩芯不太完整,多呈碎块~短柱状,岩质稍硬,局部夹强风化岩软夹层。

第一区段:厚度2.00~18.10m,平均为8.33m;层顶埋深16.30~27.00m(层顶高程-19.70~-9.18m);层底埋深23.20~35.60m(层底高程-28.30~-15.74m)。

第二区段:厚度0.70~11.50m,平均5.20m;层顶埋深15.30~29.90m(层顶高程-22.46~-5.86m);层底埋深21.40~40.10m(层底高程-30.14~-12.63m)。

第三区段:厚度2.80~3.80m;层顶埋深16.05~27.60m(层顶高程-20.89~-9.18m),层底埋深19.70~31.40m(层底高程-24.69~-12.83m)。

第四区段:厚度1.60~20.70m,平均为7.36m;层顶埋深12.50~28.70m(层顶高程-21.59~-5.68m);层底埋深18.00~35.70m(层底高程-28.94~-11.45m)。

〈9〉微风化岩层:岩石完整性好,岩质较硬~坚硬。局部夹强风化岩及中等风化岩。

第一区段:厚度1.00~11.20m,平均为5.31m;层顶埋深24.50~34.10m(层顶高程

－26.59～－17.50m）。

第二区段：厚度 1.10～15.40m,平均为 6.53m；层顶埋深 15.50～34.10m（层顶高程 －26.70～－6.99m）。

第三区段：厚度 1.50～11.30m；层顶埋深 21.90～32.80m（层顶高程 －26.16～－15.20m）。

第四区段：厚度 1.60～20.70m,平均为 7.36m；层顶埋深 12.50～28.70m（层顶高程 －21.59～－5.68m）；层底埋深 18.00～35.70m（层底高程 －28.94～－11.45m）。

〈10〉硅化带及构造破碎带：按区域地质资料,南桂路站、蠔岗公园站、海五路站等地段有蠔岗东断层通过,该断层走向 15°～25°倾向南东,倾角约 68°～85°,断层隐伏第四系之下,构造岩为构造角砾岩、断层泥和构造透镜体。下盘为石炭系,上盘为下第三系,属正断层。

初勘阶段勘察过程中,在南桂路站位置有多个钻孔揭露到硅化岩、石英脉、岩石破碎、钻孔漏水和断裂构造迹象,蠔岗公园站位置有多个钻孔揭露有挤压破碎、断层角砾、断层泥等断层构造迹象。

揭露构造破碎带有以下特点：

①破碎带岩石常出现硅化变质现象。由于断裂构造的挤压变质作用,破碎带内的岩石常出现明显的硅化变质及部分热液变质现象,硅化变质岩石的强度明显高于原岩强度,钻进非常困难；破碎带岩石经热液变质作用,常见有石英脉,石英脉中常见有晶洞。详见图 1-2 MGF2-A094 孔、图 1-3 A097 孔揭露的断层破碎带照片。

图 1-2　MGF2-A094 孔揭露的断层破碎带照片

图 1-3　MGF2-A097 孔揭露的断层破碎带照片

②破碎带内土岩颜色、成分复杂。颜色有砖红色、黄色、褐红色、灰色、灰褐色等杂色。成分有岩石碎块、岩砾、高岭土、黏土等,各种成分物质交结在一起,常见有石英脉和构造角砾,岩块风化程度不一。常见有构造岩为构造角砾岩、断层泥和构造透镜体。详见图 1-4 MGF2－A107 孔揭露的断层破碎带照片。

③破碎带附近岩面埋深变化较大。据钻探揭露,破碎带两侧中、微风化岩面高差 10～35m。

④物探资料异常,包括：视电子率异常,一般残积土层、全风化岩层、强风化岩层的视电子率 10～20Ω·m,中、微风化岩层的视电子率 5～15Ω·m,而构造破碎带实测电子率 21～42Ω·m,平均为 32Ω·m；而 MGF2-A107-4 中的微风化灰岩,视电子率极高,平均为 4280Ω·m。

图 1-4　MGF2-A107 孔揭露的断层破碎带照片

波速异常:构造破碎带实测横波波速 $v_S = 444$ m/s,实测纵波波速 $v_P = 1692$ m/s,其波速介于强风化岩与中风化岩常规波速之间。

2. 金融高新区—西朗

金融高新区—西朗区间工程地质分区特征见表 1-3。

工程地质分区特征表　　　表 1-3

分区名称	金融高新区—西朗(花地大道)
里程	YAK12+950~YAK20+750
地面条件	海五路、苗圃、耕田、鱼塘等,地面建筑物稀少,在芳村体育馆的东侧线路在菊树村的北侧
地形地貌	海冲积平原,地面较平坦,河道有珠江、蟠龙河、花地河
地层岩性	第四系主要为填土、海陆交互相淤泥、淤泥质土、淤泥质砂、细砂、中粗砂。冲洪积砂层、粉土、粉质黏土、残积土层。基岩以泥质粉砂岩、粉砂岩为主,局部夹砂砾岩,少量灰岩
断层构造	在五丫桥的东侧有五眼桥断裂通过,第三系始新统与上白垩统不整合接触
水文地质条件	淤泥质砂层孔隙水,地下水较丰富,基岩为弱透水

1) 岩土分层依据

(1) 不同的岩、土类别。如砂土、黏性土及风化岩层等。

(2) 岩土层的地质年代及成因类型。如全新统海陆交互相土层、晚更新统坡积土层及白垩系上统红层等。

(3) 同一地质年代和成因的岩土层按不同的工程特性分亚层。如残积土层划分为可塑状残积土和硬塑状残积土,岩层按风化程度划分为全风化岩、强风化岩、中风化岩和微风化岩等。

2) 岩土层特征

按上述分层依据,结合本线路的工程地质剖面,划分为 8 个岩土层,每个岩土层分别按岩土层代号、岩土名、时代成因、岩性描述如下:

(1) 人工填土层(Q_4^{ml},层号〈1〉)

主要为第四系全新统人工填筑的素填土,少量杂填土,该层局部地段为耕土。呈灰色、棕红、褐黄等色,耕土呈灰褐色,多松散状,部分稍压实,主要由黏性土组成,局部为砂土等。该层位于地表,分布较广泛。

进行标贯试验 19 次,击数 $N=3~12$ 击,平均 7.1 击,该层厚度 0.30~5.50m,平均 2.32m。

(2) 全新世海陆交互相沉积层(Q^{mc},层号〈2〉)

该层共分为 5 个亚层,各亚层的特征及分布如下:

〈2-1A〉层淤泥:呈灰～深灰、灰黑色,流塑,略具腐臭味,局部含腐殖质及贝壳碎片。

部分钻孔有揭露,其天然含水量平均值$\overline{w}_4=52.9\%$,孔隙比平均值$\overline{e}_0=1.553$,液性指数平均值$\overline{I}_L=1.56$,有机质含量$w_u=4.45\%\sim9.09\%$,标贯击数$N=1\sim3$击,平均1.5击。该层厚度$0.50\sim22.30m$,平均$3.85m$,顶面埋深$0\sim14.65m$。

〈2-1B〉全线钻孔多有分布,其天然含水率平均值$\overline{w}=51.4\%$,孔隙比平均值$\overline{e}_0=1.41$,液性指数平均值$\overline{I}_L=1.80$,有机质含量$w_u=4.02\%\sim9.07\%$,标贯击数$N=1\sim8$击,平均2.9击,该层厚度$0.50\sim6.25m$,平均$3.48m$,顶面埋深$0\sim10.90m$。

〈2-2〉层淤泥质粉细砂、粉细砂层:呈灰～深灰色、灰白等,饱和,呈松散～稍密状。全线多数钻孔有分布,标贯击数$N=3\sim17$击,平均8.5击,该层厚度$0.90\sim12.30m$,平均$5.83m$,顶面埋深$0\sim12.00m$。

〈2-3〉层中粗砂层:呈灰色、灰白色,饱和,中密状,含贝壳及少量泥质,级配较差。零星有分布,该层厚度$1.50\sim3.50m$,平均$1.71m$,顶面埋深$3.30\sim13.70m$。

〈2-4〉层粉质黏土、粉土层:呈黄色、棕红、浅灰等色,湿,可塑状为主,含少量砂,局部黏性较好。部分钻孔有分布,其天然含水率平均值$\overline{w}=25.3\%$,孔隙比平均值$\overline{e}_0=0.78$,液性指数平均值$\overline{I}_L=0.60$;标贯击数$N=3\sim15$击,平均7.3击,该层厚度$0.60\sim6.30m$,平均$2.31m$,顶面埋深$0.70\sim19.15m$。

(3)晚更新世冲洪积砂层(Q_3^{al+pl},层号〈3〉)

该层为陆相冲洪积形成,土性为中粗砂,局部为砾砂。

〈3-2〉层中粗砂:灰白色、灰色,饱和,密实状,少数中密,泥质含量较少,局部为细砂。

中局部分布,标贯击数$N=11\sim52$击,平均25.5击,该层厚度$0.50\sim3.50m$,平均$1.71m$,顶面埋深$3.30\sim13.70m$。

(4)残积土层(Q^{el},层号〈5〉)

该层按其土性和状态特征的差异可分为2个亚层:

〈5-1〉层可塑粉质黏土或稍密粉土层:由白垩系红色泥质砂岩风化残积形成,呈紫红、棕红、土黄色等,湿,可塑状,质较纯。

仅局部有分布,其天然含水率平均值$\overline{w}=26.1\%$,孔隙比平均值$\overline{e}_0=0.77$,液性指数平均值$\overline{I}_L=0.43$;标贯击数$N=4\sim14$击,平均9.9击,该层厚度$0.60\sim7.70m$,平均$2.99m$,顶面埋深$1.80\sim21.70m$。

〈5-2〉层硬塑粉质黏土或中密粉土层:由白垩系红色泥质砂岩或砂岩风化残积形成,呈紫红、棕红色,稍湿,硬塑状。

多数钻孔有分布。其天然含水率平均值$\overline{w}=22.0\%$,孔隙比平均值$\overline{e}_0=0.69$,液性指数平均值$\overline{I}_L=0.17$;标贯击数$N=13\sim30$击,平均22.0击,该层厚度$0.60\sim5.40m$,平均$2.71m$,顶面埋深$2.30\sim24.70m$。

(5)岩石全风化带(K_2)

〈6〉层红层全风化带(K_2):岩性为白垩系上统大塱山组石围塘段、黄花岗段,三水组西濠段的泥质粉砂岩、砂岩、砂砾岩等,呈褐红色,已风化成土状,岩石组织结构已基本破坏,但尚可辨认,岩芯呈坚硬土状。

全线部分钻孔有分布,标贯击数 $N=30\sim48$ 击,平均38.8击,该层厚度1.13~5.55m,平均2.23m,顶面埋深3.30~18.90m。

(6)岩石强风化带（K_2）

〈7〉层红层强风化带:为白垩系上统大塱山组石围塘段、黄花岗段、三水组西濠段等地层,岩性为泥质粉砂岩、粉砂质泥岩、砂岩和砂砾岩,呈紫红色、褐红色、灰色等,已风化成半岩半土状,岩石组织结构已大部分破坏,但原岩结构清晰,碎块状岩芯手可折断,风化裂隙发育。

全线多数钻孔分布,标贯击数 $N=47\sim228$ 击,平均75.4击。天然单轴极限抗压强度 $f_c=0.5\sim3.3$MPa,平均2.20MPa。该层厚度0.90~25.50m,平均5.40m,顶面埋深4.15~29.30m。

(7)岩石中风化带（K_2、E_2b^1）

〈8〉层中等风化带（K_2、E_2b^1）:有两种岩性,白垩系上统大塱山组石围塘段、黄花岗段、三水组西濠段和第三系始新统土布心组下段。

白垩系上统岩性为泥质粉砂岩、砂岩和砂砾岩,呈紫红色、褐红色、粉砂状结构,中厚层状构造,泥质、钙质胶结,岩石组织结构部分破坏,矿物成分基本未变化,节理裂隙较发育,岩芯较新鲜,多呈短柱状或柱状,裂隙面具褐色风化膜,锤击声较脆。

全线多数钻孔有分布,天然单轴极限抗压强度 $f_c=1.7\sim15.7$MPa,平均7.0MPa。该层厚度0.60~28.85m,平均5.76m,顶面埋深3.40~30.80m。

始新统土布心组下段岩性为泥岩、粉砂岩等,呈灰色、少量灰黑色,泥质结构,局部层理清晰,呈块状、短柱状,锤击声较脆。天然单轴极限抗压强度 $f_c=2.7\sim8.7$MPa,平均6.0MPa。

(8)岩石微风化带（K_2、E_2b^1）

〈9〉层微风化带（K_2、E_2b^1）:有三种岩性,白垩系上统大塱山组石围塘段、黄花岗段、三水组西濠段的粉砂岩(砂岩)、灰岩、第三系始新统土布心组下段的泥岩(粉砂岩)。

粉砂岩(砂岩)或砂砾岩,呈紫红色、褐红色,结构清晰,少有风化裂隙,岩芯呈柱状,长柱状,岩石多完整而坚硬,敲击声脆。

多数钻孔有揭露,天然单轴极限抗压强度 $f_c=3.90\sim63.20$MPa,平均17.10MPa,厚度1.55~26.70m,平均12.66m,顶面埋深1.50~33.70m。

灰岩:呈浅灰色,中厚层状,少有风化裂隙,岩芯呈柱状,长柱状,岩石多完整而坚硬,敲击声脆,仅分布于MGF2-B024、MGF2-B025钻孔(里程YAK15+354.45~YAK15+453.99),在两钻孔中有溶洞发育或岩芯中有溶蚀孔洞。天然单轴极限抗压强度 $f_c=10.40\sim35.80$MPa,平均26.6MPa。

始新统土布心组下段岩性为泥岩、粉砂岩等,呈灰色、少量灰黑色,泥质结构,局部层理清晰,呈块状、短柱状,锤击声较脆。天然单轴极限抗压强度 $f_c=7.7\sim65.7$MPa,平均23.9MPa。

四、不良地质与特殊地质

1. 不良地质(魁奇路—金融高新区)

蟠岗东断裂是标段范围内的最明显不良地质现象。除蟠岗东断裂外,未揭露到岩溶、土洞、古河道、古洞穴等不良地质现象(但工可阶段勘察过程中,在桂城站—南桂路站区间、蟠岗公园站—海五路站区间揭露有溶洞)。仅揭露到有中等～严重液化等级的淤泥质粉细砂、轻微液化趋势的粉细砂层〈3-1〉,这些地层在地震等外力作用下可发生液化。但结构底板下砂层以中粗砂层〈3-2〉为主,局部为具弱液化趋势的粉细砂层〈3-1〉,砂土液化对地铁稳定性影响不大。

2．特殊地质(魁奇路—金融高新区)

1) 软土

本标段范围内揭露的软土为淤泥、淤泥质土层〈2-1〉。呈流塑～软塑状,属中～高灵敏度土层,在施工中易产生流泥、触变、蠕变及震陷。

2) 含水、透水砂层

本标段范围内含水、透水地层粉细砂〈3-1〉、中粗砂层〈3-2〉在祖庙站—桂城站之间较发育,厚度较大,且多处于地铁结构埋深范围内,因其含水量较丰,透水性较好,施工时易因水头差产生流沙、管涌、崩塌。

3) 膨胀土

车站范围内膨胀土层分布较少,土层厚度亦较小,土的自由膨胀趋势低,对车站建设基本没影响。

4) 岩石软化及岩体风化的不均一性

车站范围内揭露岩层主要为泥质粉砂岩,岩质较软,中风化岩石的软化系数为0.42(0.75),风化系数为0.40～0.50,压缩波速比为0.64,是典型的易软化、易风化岩石。

由于车站范围内岩石具有易软化、易风化的特征,造成岩体风化不均一,风化岩层厚度、岩面埋深变化较大,岩石软硬不一。

第三节 全线盾构机主要参数汇总

广佛线(首通段)全线盾构区间共使用18台盾构机,其中10台为土压平衡盾构,8台为泥水盾构。盾构机制造商分别为海瑞克(土压、泥水)、罗宾斯(土压)和三菱(泥水)。

广佛线施工4标海瑞克S344泥水盾构,施工5标三菱1605泥水盾构,施工10标海瑞克S181、S394、S475土压平衡盾构机,施工11标海瑞克S337土压平衡盾构,施工12标罗宾斯DIA6260-MG土压平衡盾构的基本技术参数汇总,详见表1-4。

全线盾构机主要参数汇总　　　　　　表1-4

主要部件名称	细部部件名称	参　数						
		S337 海瑞克（土压平衡）	S181 海瑞克（土压平衡）	S394 海瑞克（土压平衡）	S475 海瑞克（土压平衡）	DIA6260-MG 罗宾斯（土压平衡）	S344 海瑞克（泥水）	1650 三菱（泥水）
综述	开挖直径（mm）	6260	6280	6280	6280	6300	6280	6260
	前护盾直径（mm）	6250	6250	6250	6250	6260	6250	
	主机长度（m）	7.5	—	7.9	7.58	8.77	8.1	9.120

续上表

主要部件名称	细部部件名称	参数						
		S337 海瑞克（土压平衡）	S181 海瑞克（土压平衡）	S394 海瑞克（土压平衡）	S475 海瑞克（土压平衡）	DIA6260-MG 罗宾斯（土压平衡）	S344 海瑞克（泥水）	1650 三菱（泥水）
综述	整机长度（m）	75	75	79	80	85	80	约70
	盾构及后配套总质量(t)	520	530	520	500	475	472	445
	最小转弯半径(m)	150	—	—	250	250		300
	盾壳厚度（mm）	45	60/40/40	60/40/40	—	45/100/30		45
刀盘	刀盘形式	辐条面板式	辐条面板式	辐条面板式	辐条面板式	复合式	辐条面板式	辐条面板式
	开口率(%)	26	28	28	26	37		33
	滚刀	19把(6把双刃中心滚刀,13把双刃滚刀)	19把双刃滚刀	4把双刃中心滚刀,12把单刃滚刀,20把双刃滚刀	35把(31把单刃滚刀、4把双刃滚刀)	31把(23把单刃,8把双刃)	5把	9把
	切削刀	64把刮刀,16把铲刀	96把刮刀	28把刮刀,16把齿刀	16把刮刀,64把齿刀	100把	88把(16把边刮刀,72把齿刀)	31把贝壳刀,66把刮刀,1把鱼尾刀,42把铲刀,40把先行刀
	仿形刀和扩挖刀	1把	1把	1把	1把	1把超挖刀	1把	1把超挖刀
	刀盘泡沫注入点(个)	8	8	—	8	5	8	4
	质量(t)	65	53	60	54	56	56	48
刀盘驱动	驱动模式	液压回转驱动	液压回转驱动	液压回转驱动	液压回转驱动	电驱动（水冷式）	液压	油压马达驱动
	转速（r/min）	0~6.1	0~6	0~4.56	0~4.5	0.3~3	0~2.5	0.3~3.0
	额定转矩（kN·m）	4550	4377	5980	4500	5628	4346	6803(6327)

续上表

主要部件名称	细部部件名称	参数						
		S337 海瑞克（土压平衡）	S181 海瑞克（土压平衡）	S394 海瑞克（土压平衡）	S475 海瑞克（土压平衡）	DIA6260-MG 罗宾斯（土压平衡）	S344 海瑞克（泥水）	1650 三菱（泥水）
刀盘驱动	脱困扭矩（kN·m）	5350	5350	7150	5300	7316	5250	6803
	主驱动功率（kW）	945	945	945	945	900	945	900
	主轴承直径（mm）	2600	2600	2600	3000	30000		
	主轴承寿命（h）	10000	10000	10000	10000	10000	10000	10000
	主轴承密封形式	内双层/外三层	内双层/外三层	—		唇形密封	内双层/外三层	
	主轴承密封润滑形式	油脂润滑	油脂润滑	油脂润滑	油脂润滑	油脂润滑	油脂润滑	油脂润滑
推进系统	最大推力（kN）	35923	34200	34212	34210	36000	34210k	36000
	油缸数量（个）	30	30	30	30	24	20	24
	油缸行程（mm）	2000	2000	2000	2000	1950	2000	1950
	最大推进速度（mm/min）	80	80	80	80	67		60
	推进缸分区数量（个）	4	—	—	4	4	4	
	铰接类型	主动	—	被动	被动	主动	被动	
铰接油缸	工作压力（MPa）	34	34	34	34	35		35
	行程（mm）	200	150	—	150	190	150	
	数量	12	14	—	12	16		

续上表

主要部件名称	细部部件名称	参数						
		S337海瑞克（土压平衡）	S181海瑞克（土压平衡）	S394海瑞克（土压平衡）	S475海瑞克（土压平衡）	DIA6260-MG罗宾斯（土压平衡）	S344海瑞克（泥水）	1650三菱（泥水）
人舱	舱室数量（个）	2	2	2	2	2	1	
	容量	2舱	2舱	2舱	2舱	2室	前舱容积2100L,主舱容积2700L	2人
	工作压力（MPa）	0.3	0.3	0.3	0.3	0.3	0.3	0.3
盾尾油脂系统	泵站形式	气动	气动	气动	气动	气动	气动	气动
	管路数量	8个(4组×2),其中4条为备用管道	—	—	8个	12条注入管道	—	—
	盾壳管路布置形式	均布	均布	均布	均布	非均布	均布	—
注浆系统	注浆泵数量（台）	—	2	—	4	2	2	4
	储浆罐容量	—	6	—	6	7	10	8
泡沫系统	管路数量（个）	4(可注入泡沫、水)	—	—	4(可注入泡沫、水)	2		
	注入口分布	以中心向外辐射	以中心向外辐射	以中心向外辐射	以中心向外辐射	非均布	以中心向外辐射	—
管片安装机	额定抓举能力	—	—	115.2kN	—	约42kN	额定负荷8t	42kN
	形式	中心回转式,机械抓取	中心回转式,机械抓取	中心回转式,机械抓取	中心回转式,机械抓取	中心回转式,机械抓取	中空环形拼装	中空环形拼装
	驱动方式		液压	液压	液压	液压	液压	液压
	自由度	6	6	6	6	6	6	6

续上表

主要部件名称	细部部件名称	参数						
		S337海瑞克（土压平衡）	S181海瑞克（土压平衡）	S394海瑞克（土压平衡）	S475海瑞克（土压平衡）	DIA6260-MG罗宾斯（土压平衡）	S344海瑞克（泥水）	1650三菱（泥水）
管片安装机	移动行程（mm）	纵向2000 举升1000	纵向2000 举升1000	纵向2000 举升1200	纵向2000 举升1000	垂直700 轴向500	垂直3000 移动速度 6.5~41m/min 行速 4~1m/min	纵向500 伸缩长度400
	旋转角度（°）	±200	±200	±200	±210	±220	±200	±200
	控制方式	无线和有线	无线和有线	无线和有线	无线和有线	无线	无线和有线	无线和有线
螺旋输送机	形式	中心轴式螺旋	中心轴式螺旋	双螺旋	中心轴式螺旋	轴式	—	—
	筒体内径（mm）	900	900	700	800	800	—	—
	驱动功率（kW）	315	315	160	200	225	—	—
	最大扭矩（kN·m）	215	225	—	224	94	—	—
	转速（r/min）	0~22	0~22.4	0~22	0~22	1.6~16	—	—
	最大出土能力（m³/h）	400	300	285	385	280	—	—
	螺旋机闸门	液压式	液压式	液压式	液压式	液压式	—	—
皮带输送机	驱动形式	电机驱动	电机驱动	电机驱动	电机驱动	电机驱动	—	—
	皮带宽度（mm）	800	800	800	800	900	—	—
	皮带机长度（m）	45	45	52	45	49	—	—
	驱动电机功率（kW）	30	30	30	30	30	—	—
	皮带运行速度（m/s）	2.5	2.5	2.5	2.5	1.42	—	—
	最大输送能力（m³/h）	450	750	765	750	450	—	—

续上表

主要部件名称	细部部件名称	参数						
		S337 海瑞克（土压平衡）	S181 海瑞克（土压平衡）	S394 海瑞克（土压平衡）	S475 海瑞克（土压平衡）	DIA6260-MG 罗宾斯（土压平衡）	S344 海瑞克（泥水）	1650 三菱（泥水）
后部设备	冷却系统（套）	1(泵、油冷却器、阀)	1(泵、油冷却器、阀)	1(泵、油冷却器、阀)	1(泵、油冷却器、阀)	1(泵、油冷却器、阀)	—	1(泵、油冷却器、阀)
	注浆设备（个）	4(注浆 A、B 液系统)	2	—	4	2(单液注浆)	—	4(注浆 A、B 液系统)
	发泡系统（套）	1	1	—	1	1	—	1
	控制室（个）	1	1	—	1	1	—	—
	高压电缆卷筒(个)	1(用于前进过程中连续供给高压电)	—	—	无	1	—	1(用于前进过程中连续供给高压电)
	水管卷盘	双线型(进水与排水)	双线型(进水与排水)	—	双线型(进水与排水)	双线型(进水与排水)	—	—
	二次通风设备(台)	1	1	—	1	1	—	1
	管片送进系统	管片送进器、管片吊车	管片送进器、管片吊车	—	管片送进器、管片吊车	管片送进器、管片吊车	管片送进器、管片吊车	管片送进器、管片吊车
	数据采集系统	VMT	VMT	—	VMT	1 套	—	—
	自动导向系统	SLS-T 激光导向系统	SLS-T 激光导向系统	—	SLS-T 激光导向系统	PPS	—	—
	后部拖车	4 + 连接桥，轨道行进，开式结构	4 + 连接桥，轨道行进，开式结构	—	—	连接桥 + 7 个门式台车	4 台	—

续上表

主要部件名称	细部部件名称	参 数						
		S337 海瑞克（土压平衡）	S181 海瑞克（土压平衡）	S394 海瑞克（土压平衡）	S475 海瑞克（土压平衡）	DIA6260-MG 罗宾斯（土压平衡）	S344 海瑞克（泥水）	1650 三菱（泥水）
供电	初级电压（kV）	10	10	10	10	10	10	10
	次级电压（V）	400	380	400	400	400	400	380
	变压器容量（kV·A）	2000	2000	2000	2000	2500	1600	2500
	控制电路电压(V)	24/240	24/230	24/23	24/240	100	24/230	110
	照明电路电压(V)	220	220	220	220	100		220
	阀工作电压（V）	24	24	24	24	100	24	110
	频率(Hz)	50	50	50	50	50	50	50
	PLC 系统	西门子 S7 400	—	—	西门子 S7 400	三菱		
功率配置	刀盘驱动（kW）	945	945	—	945	900	630	900
	盾构推进（kW）	92	75	—	92	55		92
	管片安装器（kW）	45	55	—	45	55		50
	油过滤器（kW）	11	18.5	—	11	—		16
	吊运设备（kW）		—			7.4		
	螺旋机驱动（kW）	200	315	160（螺旋机1）、110（螺旋机2）	200	225	—	200
	注浆系统（kW）	37	30		37	22	—	50

续上表

主要部件名称	细部部件名称	参数						
		S337海瑞克（土压平衡）	S181海瑞克（土压平衡）	S394海瑞克（土压平衡）	S475海瑞克（土压平衡）	DIA6260-MG罗宾斯（土压平衡）	S344海瑞克（泥水）	1650三菱（泥水）
功率配置	皮带输送机（kW）	30	30	30	30	30	—	
	润滑系统（kW）	0.37	—		0.37	1.5	—	0.37
	油冷却器（kW）	18	—		18	11	—	18
	总装机功率（kW）	1502.24	1764		1502.24	1320	—	
保压泵渣系统	液压岩石破碎机	—	—	—	—	—	石料大小450mm	
	泥浆排放泵	—	—	—	—	—	5个，功率350kW	315kW
	供给泵	—	—	—	—	—	3个，功率350kW	250kW
盾构机泥水输送系统	隧道内排泥管直径(mm)	—	—	—	—	—	DN300，进浆量800m³/h	250mm
	泥水压力自动控制系统	—	—	—	—	—	—	250mm
	泥水输送管理系统	—	—	—	—	—	DN300，排放速度900m³/h	200mm
	泥水输送检测系统	—	—	—	—	—	—	200mm

Chapter 2

魁奇路站—祖庙站区间盾构施工技术

执笔人 The Author

魏康林 ▷

高级工程师，国家注册监理工程师，注册咨询工程师，广佛线首通段施工1、4标项目总监

执笔人 The Author

郭建军 ▷

专业监理工程师

第二章 魁奇路站—祖庙站区间盾构施工技术

第一节 工程概况

一、工程概况

1. 线路和限界

本标段共有三个区间,其中魁奇路站—季华园站区间和季华园站—同济路站区间隧道均在佛山市汾江南路和汾江中路底下通过,线路呈南北走向,横跨的道路有魁奇路、绿景一路和影荫路。同济路站—祖庙站区间隧道线路从同济路站出发,下穿密集建筑房屋后,向东转入建新路到达祖庙站,线路在佛山市城门头路、建新路下通过。横跨的道路有卫国路、祖庙路(见图2-1)。

2. 主要技术指标

魁奇路站—季华园站区间:左右线总长2602.0358m,左线为直线,右线有2个半径2500m的平面曲线,曲线总长120.722m,占区间总长度的4.6%。线路位于城市主要交通道路汾江南路下,场地地形起伏小,地面高程为6.9~8.4m,线间距13~15m。

季华园站—同济路站区间:左右线总长2381.5134m。共有2个曲线段,曲线半径为3000m。线路位于城市主要交通道路汾江中路下,场地地形起伏小,地面高程为6.9~8.4m,线间距为13m。

同济路站—祖庙站区间:左右线总长2005.008m,共有2个曲线段,曲线半径分别为2000m和300m。线路一部分位于城市主要交通道路汾江中路下,一部分穿过地面建筑物,场地地形起伏小,地面高程为6.9~9.4m,线间距13.18m。

3. 建设工期

合同开工日期为2007年6月22日,竣工日期为2009年9月28日。盾构隧道实际始发和贯通时间分别为:左线2007年12月6日始发,2009年11月28日贯通;右线2008年1月18日始发,2009年11月20日贯通,分别历时723d和672d,掘进情况见表2-1。

图2-1 工程位置图

计划完成数量与实际完成数量表　　　　表 2-1

日期(年-月)	计　划（环）		实　际（环）	
	左线	右线	左线	右线
2007-12			盾构始发 67	
2008-01	150	10	187	盾构始发 3
2008-02	200	100	161	73
2008-03	200	200	77	247
2008-04	150	200	101	204
2008-05	100	150	227	165
2008-06	67	150	47	138
2008-07	0	67	0	37
2008-08	0	0	过站	0
2008-09	60	0	二次始发 69	0
2008-10	150	0	166	过站
2008-11	200	40	19	二次始发 43
2008-12	0	150	0	134
2009-01	0	100	0	99
2009-02	0	200	0	212
2009-03	20	200	29	186
2009-04	150	110	207	126
2009-05	200	0	234	过站
2009-06	20	0	88	三次始发
2009-07	0	100	三次始发	80
2009-08	150	150	135	169
2009-09	200	150	223	147
2009-10	200	150	195	180
2009-11	127	116	124	80

盾构机从魁奇路站始发到祖庙站吊出(见图 2-2)工期有滞后,原因主要包括以下几个方面:

(1)车站提供过站条件的时间滞后,其中左线等待过站时间约为 40d,右线等待过站时间约为 76d。

(2)左线 1121 环处盾构机刀盘结泥饼,处理故障用时 97d。

(3)左线掘进至 872 环处,由于里水桥桩基托换工程施工进度滞后,导致河涌两侧钢管桩

(打入隧道范围内)未能及时拔除,需等钢管桩拔除后才能继续掘进,因此造成暂停掘进8d。

(4)2008年12月19日右线掘进至1033环,12月20日转班暂停掘进,12月21日开始掘进时发现螺旋机被障碍物卡住,经过9d的故障排查才得以恢复掘进。

(5)盾构机过站及维修、始发反力架安装及拆除、负环的拼装及拆除占用的时间过长。左线盾构机过季华园站及始发架安装、负环的拼装共占用34d,右线盾构机过季华园站及始发架安装、负环的拼装共占用54d。

(6)右线掘进至1030环后,盾构机进入全断面砂层,施工难度加大,地面沉降较大,采用地面跟踪注浆,控制地面沉降,因此影响掘进速度。另外,由于地面跟踪注浆需占道施工,而白天汾江南路车流量较大,只能尽量安排在晚上注浆。

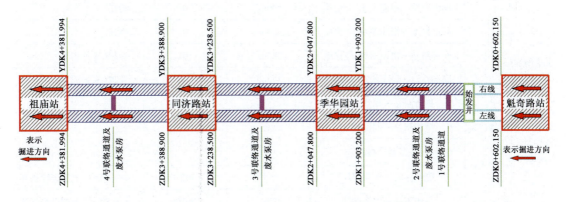

图2-2 魁奇站—祖庙站区间线路掘进示意图

4. 工程投资

1) 工程范围

本标段工程主要由一组双孔单线盾构隧道区间组成,全长6988.6072延米,联络通道4个,废水泵房3个,其中YCK1+305、YCK2+702.096、YCK3+808.295里程的联络通道与废水泵房合建。

2) 主要工程量及造价

本标段工程主要工程量见表2-2。

主要工程量及造价　　　　表2-2

项目			数量	造价(元)	备注
主体工程	盾构隧道	魁奇路站—季华园站	1301.05m	100104906	造价包含附属工程
			1301.0358m		
		季华园站—同济路站	1190.7m	93316167	造价包含附属工程
			1190.8134m		
		同济路站—祖庙站	989.2m	94404390	造价包含附属工程(包含桩基托换、阀板托换、联络通道,且该区间有591m隧道为小半径隧道,且大部分在砂层和建筑物下方通过)
			1015.808m		

续上表

项　　目		数　量	造价(元)	备　注
主要附属工程	桩基托换	影荫路桥桩基托换	8 根桩	2996886	直径 1200mm
		同济路站—祖庙站 58 号房屋	房屋保护	0	直径 800mm
	阀板托换	同济路站—祖庙站 49 号房屋	591m³	1449074.63	托换
		同济路站—祖庙站 54 号房屋	621m³	0	拆迁
		同济路站—祖庙站 55 号房屋	272m³	0	拆迁
		同济路站—祖庙站 57 号房屋	402m³	0	拆迁
		同济路站—祖庙站 59 号房屋	299m³	0	拆迁
		同济路站—祖庙站 60 号房屋	324m³	0	拆迁
		同济路站—祖庙站 62 号房屋	285m³	0	穿越(未加固)
		同济路站—祖庙站 64 号房屋	320m³	0	穿越(未加固)
	联络通道	魁奇路站—季华园站	4 个	1138577	
		季华园站—同济路站			
		同济路站—祖庙站			
	废水泵房	魁奇路站—季华园站	1 个	199566	(各 30m³)上部设检修井
		季华园站—同济路站	1 个	199566	(各 30m³)上部设检修井
		同济路站—祖庙站	1 个	199566	(各 30m³)上部设检修井
	盾构过站		4 台次	1200000	合价包干
	大型设备进退场费		1 项	1719312	合价包干

二、施工环境

1．本标段的工程特点及难点

1)盾构隧道穿过地面建筑物较多

季华园站—同济路站区间需穿过影荫路桥桩;同济路站—祖庙站区间,穿过密集建筑区。

2)盾构隧道穿越地质条件差

隧道大部分穿越地层为软弱地层,其中〈2〉地层总长度约为 223m,〈3〉地层总长度约为 766m,〈4〉地层总长度约为 574m,〈5〉地层总长度约为 285m,〈7〉地层总长度约为 910m。软弱地层约占整个隧道长度的 79%,地质条件差,且大部分地段存在上软下硬情况。

3)线路坡度变化大,大坡度掘进

同济路站—祖庙站区间线路在同济路站北端三次始发后,先以 0.2%(坡长 170m)、2.9%(坡长 220m)和 1.103%(坡长 200m)的坡度下降,右线再以 0.55%(坡长 500m),左线以 0.5394%(坡长 500m)上升到达祖庙站西端隧道。最大纵坡为 2.9%,对应坡长为 220m。

4)盾构始发和到达次数多

整个隧道共需进行三次始发和三次到达。

5）任务重、工期紧、需协调关系多

共需完成 6988.6072 延米盾构隧道和 2 个车站的修建；附属工程也较多，包括地面建筑如影荫路桥桩基托换以及同济路站—祖庙站之间密集建筑群桩基托换和阀板整体托换工作，工程任务紧，对外协调关系多。

6）隧道埋深浅

本工程区间隧道埋深最大为 17.2m，最小为 9.2m，隧道埋深浅，且隧道大部分处于软弱地层中，隧道掘进控制难，且地面为市政主干道，地面沉降控制要求高。

7）盾构隧道需过小转弯半径

盾构在同济路站—祖庙站区间为 300m 小曲率半径隧道，共 428.21m。

2. 地层及构造

本标段地貌形态为冲积平原，地面高程 6.9～9.4m。区间第四系海陆交互及冲积层在局部地段发育，厚度在 1.1～4.8m 之间。区间软土发育，分布广泛且厚度较大，由南往北含水量较丰富的淤泥质砂层、砂层厚度变大。基岩埋深较为稳定，揭露中风化岩面埋深为 18.5～29.4m。根据地层的成因类型和岩性特征、风化状态等，将本区间岩土层共分为九大层，见图 2-3～图 2-8。

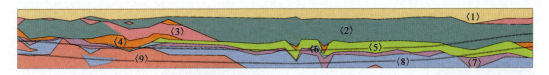

图 2-3　魁季盾构区间右线地质纵断面图（郭建军　绘）

〈1〉人工填土层；〈2〉淤泥质土层；〈3〉砂层；〈4〉冲洪质土层；〈5〉残积填土层；〈6〉岩层全风化带；〈7〉岩层强风化带；〈8〉岩层中风化带；〈9〉微风化岩层。以下图 2-4～图 2-8 数字含义同此

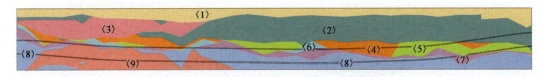

图 2-4　魁季盾构区间左线地质纵断面图（郭建军　绘）

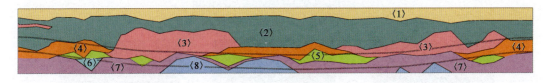

图 2-5　季同盾构区间右线地质纵断面图（郭建军　绘）

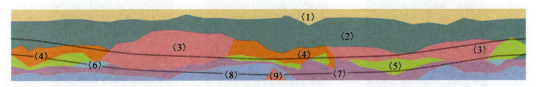

图 2-6　季同盾构区间左线地质纵断面图（郭建军　绘）

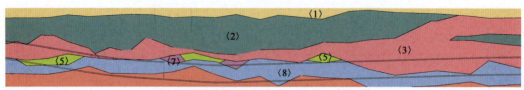

图2-7 同祖盾构区间右线地质纵断面图(郭建军 绘)

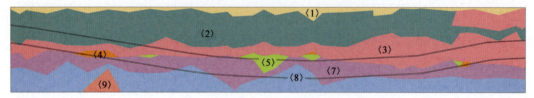

图2-8 同祖盾构区间左线地质纵断面图(郭建军 绘)

盾构隧道洞身地质情况:

魁奇路站—季华园站区段隧道洞身地层以〈2-1〉淤泥、淤泥质土、〈4-1〉粉质黏土、〈7〉强风化泥岩泥灰岩、〈8〉中风化泥岩泥灰岩、〈9〉微风化泥岩泥灰岩为主;季华园站—同济路站区段隧道洞身地层以〈2-2〉淤泥质土、〈3-1〉粉细砂、〈3-2〉中粗砂、〈4-1〉粉质黏土、〈5-2〉硬塑状残积粉质黏土、〈7〉强风化泥岩泥灰岩、〈8〉中风化泥岩泥灰岩为主;同济路站—祖庙站区段隧道洞身地层以〈3-2〉中粗砂、〈7〉强风化泥岩泥灰岩为主。各区段隧道洞身地层情况见图2-9和图2-10,各区段各地层所占比例见表2-3~表2-5。

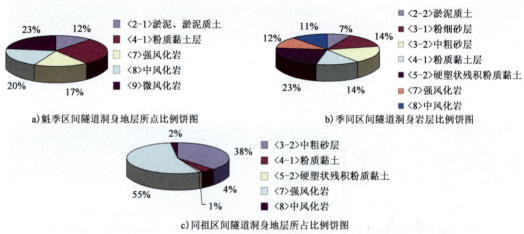

图2-9 各区间隧道洞身地层饼图

图2-10 钻探岩芯(广东水电二局 提供)

隧道洞身穿越地层统计表(魁奇路站—季华园站)　　　　　表2-3

地层编号	特　征	地层符号	岩石抗压强度(MPa)	长度(m)	所占地比例(%)
〈2-1〉	淤泥、淤泥质土	Q_4^{mc}		151.21	11.6
〈4-1〉	粉质黏土层	Q_3^{al}		371.16	28.5
〈7〉	强风化岩			221.26	17.0
〈8〉	中风化岩		2.6~8.25	261.21	20.1
〈9〉	微风化岩		6.93~13.2	296.21	22.8

隧道洞身穿越地层统计情况表(季华园站—同济路站)　　　　表2-4

地层编号	特　征	地层符号	岩石抗压强度(MPa)	长度(m)	所占地比例(%)
〈2-2〉	淤泥质土	Q_3^{mc}		82.5	6.9
〈3-1〉	粉细砂层	Q_3^{al}		167.5	14.1
〈3-2〉	中粗砂层	Q_3^{al}		226.7	19.0
〈4-1〉	粉质黏土层	Q_3^{al}		162.5	13.7
〈5-2〉	硬塑状残积粉质黏土			272.5	22.9
〈7〉	强风化岩			146.5	12.3
〈8〉	中风化岩		2.1~9.4	132.5	11.1

隧道洞身穿越地层的统计情况表(同济路站—祖庙站)　　　　表2-5

地层编号	特　征	地层符号	岩石抗压强度(MPa)	长度(m)	所占地比例(%)
〈3-2〉	中粗砂层	Q_3^{al}		371.84	38.1
〈4-1〉	粉质黏土	Q_3^{al}		41.84	4.1
〈5-2〉	硬塑状残积粉质黏土			11.84	1.3
〈7〉	强风化岩			541.84	55
〈8〉	中风化岩		2.0~8.9	21.84	2.4

本标段各区间隧道洞身地层情况饼图如图2-9所示。

3．地质构造

根据区域地质资料,本区间不存在断裂构造、褶皱、断陷、土洞和溶洞,场地稳定性较好。

4．主要工程地质和水文地质特性

本区间不存在地表水体,仅地下水对地铁施工有影响。本场地地下水类型主要为第四系孔隙水及基岩裂隙水,第四系孔隙水存在于淤泥质粉细砂层〈2-2〉中,该地下水略具有承压性。基岩富存裂隙水,但其透水性较弱。同时,在淤泥质粉细砂〈2-2〉与基岩之间有相对隔水的冲积、残积粉质黏土层相隔,使淤泥质粉细砂层〈2-2〉中的地下水与基岩裂隙水连通性稍差。地下水对混凝土和钢结构有弱腐蚀性。

5. 地貌

本标段工程地貌形态为冲积平原特征,地质构造较为简单,无较大断层穿过,基岩为第三系莘庄组宝月组下段(E_2b^1)岩层,地表水系不发育。

6. 建筑物、构筑物和地下管

本标段盾构机通过季同区间时须下穿影荫路里水桥桩,该桥有 8 条桩侵入隧道,在盾构通过前采用桩基托换进行保护。

魁祖区间盾构工程线路上对掘进有影响的建筑物主要集中在同祖区间,该区间受隧道掘进影响的 4 层以上的房屋有 11 幢,其中位于线路上的有 10 幢,基础主要有天然基础、锤击灌注桩和钻孔桩等形式。桩身地层主要位于〈2-1〉、〈2-2〉、〈2-3〉、〈3-1〉、〈3-2〉等软弱地层中,桩底大部分位于隧道顶,其中 49 号楼在盾构通过前采用整体筏板加固进行保护,54~56 号楼在盾构通过前已被拆除,58 号房屋的桩基础侵入隧道需进行桩基托换。

魁祖区间盾构工程线路上对掘进有影响的地下管线主要有:

(1) 季同区间:该区间 130~140 环段有一条给水管 $\phi300mm$,埋深 1.43m;250~260 环段有一条煤气管 $\phi200mm$,埋深 1.43m;310~710 环段有一条与右线隧道平行的给水管 $\phi800mm$,埋深 1.61m。

(2) 同祖区间:该区间 30~190 环段有一条给水管 $\phi800mm$,埋深 1.36m;290~300 环段有一条煤气管 $\phi200mm$,埋深 0.85m;310~320 环段有一条给水管 $\phi600mm$,埋深 1.36m;390~440 环段有一条给水管 $\phi800mm$,埋深 1.51m;550~630 环段有一组电力管线 1100kV,埋深 0.56m;570 环至祖庙站段有一条给水管 $\phi1000mm$,埋深 1.6m;610 环至祖庙站段有一条煤气管 $\phi100mm$,埋深 1.55m。

第二节 盾 构 机

一、盾构机参数及配置

本工程使用两台旧的三菱土压平衡盾构机(见图 2-11),进场前针对本工程地质条件及隧道的特点,对盾构机部分功能进行了改造。

二、刀盘和刀具

1. 刀具的选择、配置、适应性与磨损

用于本标段的刀盘是经过重新设计和制造的,刀盘质量 50t、宽 750mm、开口率 37%、挖掘直径 6300mm。刀盘配有中心双刃滚刀或切刀 8 把,正面及边缘配有 23 把单刃滚刀或切刀,共 39 个刃。开口槽密排刮刀 110 把。滚刀高出刀盘 150mm,刮刀高出刀盘 115mm,高差 35mm,如图 2-12、图 2-13 所示。

选择理由如下:

(1) 切刀:刀盘中心部位根据地质条件不同一般选用鱼尾刀、双刃或三刃滚刀、锥形刀、中心羊角刀,而本标段中心刀选择的是弧形切削刀,主要考虑是因为本标段盾构穿越地层 79% 为

图 2-11　三菱土压平衡盾构机（广东水电二局　提供）

图 2-12　刀盘（郭建军　摄）

图 2-13　弧形切削刀（郭建军　摄）

软土、软岩层，21% 为岩层，穿越的岩层强度不高，以泥炭岩、泥砂岩为主，强度在 8~12MPa 之间，且中心部位大部分在软土与软岩中穿过。由于弧形切削刀是先行切削土体的刀具，为超前刀具。弧形刀在刮刀切削土体之前先行切削土体，将土体分割为块。弧形刀的切削宽度较窄，切削效率高。采用切削刀可显著增加切削土体的流动性，大大降低刮刀的扭矩，减小刮刀的磨损，提高切削土体的效率。另外，由于软土、软岩的强度不高对弧形切削刀的磨损不是很大，所以刀盘中心选择弧形切削刀可提高切削土体的效率和改善渣土的搅拌效果。

（2）滚刀：本标段隧道地质条件复杂多变，软土层与岩石层交替出现及同时存在，上软下硬的地质不能单一地选择切刀来进行切削掘进，况且滚刀配合刮刀在软土中掘进效果也比较理想，所以采用外周 8 把、正面 15 把滚刀的配置来完成岩层的主要切削任务。

（3）刮刀：刮刀是软土刀具，布置焊接在刀盘开口槽两侧，在千斤顶推力和刀盘旋转的作用下，刀刃和刀头部分插入土体内部不断将开挖面土体切削下来并收入舱内。

2. 不同区间的刀具配置情况及配置理由

（1）魁季区间前400环正面为13把弧形切削刀，边缘为10把滚刀，高度150mm；后468环刀盘正面及边缘23个刀位全部装备为弧形切削刀，高度150mm；中心刀全为8把弧形切削刀，开口槽边缘全部焊接刮刀110把，高度115mm，两种刀具高度差35mm。

配置理由：本区间隧道底埋深在18.5～23m之间，穿越地层有〈2〉、〈4〉、〈5〉、〈7〉、〈8〉、〈9〉。〈2〉、〈4〉、〈5〉划分为土层，〈7〉岩层进行标准贯入试验2次，平均击数54击；〈8〉层岩石天然抗压强度为6.27～7.65MPa，平均为7.07 MPa；〈9〉岩石天然抗压强度平均为12.5MPa。前400环线路全部为〈7〉、〈8〉、〈9〉岩层，且95%为〈8〉、〈9〉岩层，所以边缘刀全部为单刃滚刀。后468环主要穿越地层有〈2〉、〈4〉、〈5〉、〈7〉地层，虽有〈7〉、〈8〉岩层，但占隧道通过比例值较小，只需安装弧形切削刀就可顺利破岩。该区间前400环滚刀磨损量较大，中途左右线均在该区间399环处开舱换刀，磨损量在6～12mm范围内，刀具磨损量较大。后468环刀具磨损量较小，掘进过程中也没有换刀，贯通后刀具磨损量较小，在5～8mm之间。

（2）季同区间与同祖区间刀具配置相同，中心刀为8把弧形切削刀，正面及边缘刀位装有23把单刃滚刀，高度150mm，开口槽边缘全部焊接刮刀110把，高度115mm，两种刀具高度差35mm。刀具配置为滚刀与刮刀组合。

配置理由：两个区间隧道底埋深在15～27.5m之间，穿越地层主要为〈3〉、〈4〉、〈5〉、〈7〉、〈8〉。〈3〉、〈4〉、〈5〉划分为土层，〈7〉、〈8〉划分为岩层，基岩为第三系宝月组下段（E_2b^1）和莘庄组（E_1x）岩层。〈7〉岩层进行标准贯入试验5次，平均击数54击，〈8〉岩层主要岩性以棕褐色、灰黑色、灰褐色粉砂质泥岩、泥岩、泥灰岩为主，天然抗压强度在6.27～17.5MPa之间。由于岩石具有易风化、易软化的特性，造成岩体风化不均一，风化岩层厚度、岩面埋深变化较大，岩石软硬不一。另外在季同区间需穿过里水桥混凝土C30桩基础，所以需要安装滚刀来完成主要的破岩任务，如图2-14、图2-15所示。

图2-14 使用的单刃滚刀（郭建军 摄）

图2-15 工作面围岩（郭建军 摄）

不同刀具配置在各种地层组合中的适应性：

盾构在〈4〉、〈5〉、〈7〉、〈8〉复合地层中掘进，由于〈4〉、〈5〉地层黏性较大，如果刀盘安装的是滚刀，就有可能箍死刀具产生偏磨或土仓产生结泥饼现象。本标段魁季区间后半段这种地层所占比例较大,刀具配置为弧形切削刀和刮刀,刀具箍死产生偏磨现象基本不会发生。另外,由于该区间⟨7⟩、⟨8⟩岩层天然抗压强度低,对于弧形切削刀切削土体较为容易,只要渣土改良好、流动性好,推力和扭矩基本就不会太大,土仓温度也就不会太高,那么结泥饼现象就不会发生。

盾构在季同区间⟨3⟩、⟨5⟩、⟨7⟩、⟨8⟩地层中掘进,刀盘安装的是滚刀和刮刀。左线盾构掘进过程中曾发生过刀具磨损较大、箍死偏磨、刀盘结泥饼现象。这种地层渣土不好改良,该区间⟨3⟩层含泥量很小、含水丰富,为防止喷涌需要注入高分子材料吸收水分来进行改良,而⟨5⟩层黏性较大又需要注入泡沫和水来进行改良,在渣土改良上存在一定的矛盾。这样造成渣土改良不好,黏土就会逐渐箍住滚刀。另外,⟨8⟩岩层与砂层对刀具的磨损较大,其中边缘滚刀磨损量达到一定的程度后,开挖洞径也就会越来越小,最终导致盾构机推力和扭矩增大,土仓温度升高,刀盘结泥饼。左线在1125环处由于刀具结泥饼,致使掘进无法正常进行,在经过开舱换刀后才恢复掘进。

盾构在同祖区间⟨3⟩、⟨7⟩、⟨8⟩地层中掘进,曾发生过盾构水平与垂直姿态偏差较大的现象,原因与滚刀与刮刀开挖的深度有一定关系。当盾构从较软的砂层过渡到底部为小坡度的⟨7⟩岩层时,由于⟨7⟩岩层遇水易软化,滚刀切入时边缘土体向周边挤压造成开挖深度并没有切入深度那么大。另外,由于上部砂层较软,容易造成盾构顺着岩层坡度向上偏移,在上软下硬且有小坡度的地层中掘进,如果刀盘配备有仿形超挖刀,对于盾构姿态的控制及纠偏效果会更好。滚刀与刮刀在⟨3⟩、⟨7⟩、⟨8⟩地层中掘进,磨损量较大,滚刀掘进400~500m磨损量在6~10mm之间。

3. 刀具磨损的判断

刀具磨损严重是盾构在复合地层中施工遇到的最大难题之一。刀具磨损严重或失效后如果不能及时发现,可能导致刀盘磨损严重、变形、断裂、中心轴承损坏等问题发生。复合地层地质条件复杂,判断刀具磨损量多少并不容易。根据目前盾构施工的经验,通过以下几个方面的内容能基本判断刀具的磨损情况:

(1)刀具磨损后切岩效率必然会有所降低,掘进速度在同等条件下必定会放慢。

(2)刀具磨损后开挖洞径比磨损前会逐渐减小,这样造成盾体的磨阻力增大,进而加大千斤顶推力。

(3)由于推力增大切岩效力降低,那么刀盘扭矩也就会增大。

(4)由于扭矩增大,刀盘摩阻力也会增大,就有可能造成排出的渣土温度升高。

(5)边缘刀具比正面刀具磨损量一般要大,因为边缘刀行走路径要长且硬岩一般在下部。

三、同步注浆和二次注浆系统

配有两台液压驱动的注浆泵,将砂浆及外加剂(如水玻璃)泵入各自管道,在盾尾的注浆管道将浆液注入到开挖直径和管片外径之间的环形间隙。注浆压力及注浆量可以根据地质条件进行调节,并可通过注浆同步监测系统监测其压力变化。单个注浆点的注入量和注浆压力信息可以在主控室看到。在数据采集和显示程序的帮助下,随时可以观察和调节注入参数,如图2-16所示。

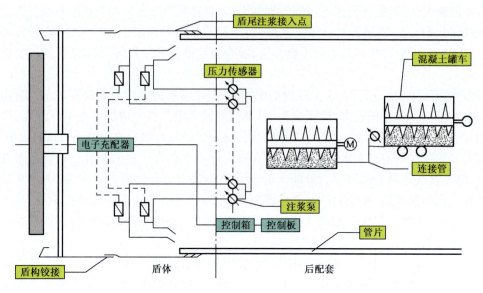

图 2-16　注浆系统(广东水电二局　提供)

实际操作时经常出现如下问题：
(1)长时间没注浆或注浆时间过长,浆管没有清洗,浆液在管道中结硬而堵堵塞管道。
(2)注双液浆时如果注浆泵压力不匹配,导致 B 液浆进入 A 液浆管道内引起结硬而堵塞管道。
(3)管路中支路部分清洗球清洗不到,使浆液沉淀而结硬。
(4)浆液中的砂含量太高,砂沉淀在管道中,使管道内径逐渐减小引起堵塞。
(5)浆管的三通部位在压浆过程中有浆液积存,时间累积后就沉淀凝结引起管道堵塞。
(6)管道堵塞后由于管道在盾体上,疏通管道比较困难花费的时间长。
(7)针对原系统容易出现的问题,对注浆系统进行了改进(见图 2-17),改进后有以下优点：①注浆系统简化简便；②管道的长度缩短了；③注浆点位灵活；④管道容易清洗；⑤浆液配比可优化选择。

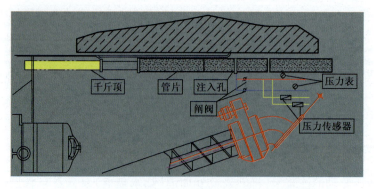

图 2-17　改进后的注浆系统示意图(广东水电二局　提供)

同步注浆系统能够及时填充管片背面的空隙,不但能减少地面的下沉,而且能及早稳定管片,保证隧道施工的质量。但施工过程中经常会发生一些问题,不能保证注浆的质量,常见的问题有：
(1)盾构开始掘进后,没有及时进行注浆或注浆效果达不到要求产生地面沉降。

(2)浆液质量不好,强度达不到要求,造成地层变形较大。
(3)盾尾密封效果不好,注浆压力又偏高,浆液从盾尾渗入隧道,造成有效注浆量不足。
(4)隧道埋深较浅时,压力过高造成对土体结构的扰动和破坏,使地面隆起。
(5)注浆压力不够,造成超挖空隙没有填充密实。
(6)浆液搅拌不均匀,造成管道堵塞。

预防措施有:
(1)做好设备保养工作,做到随时可以起动注浆系统,达到同步注浆的要求。
(2)对拌浆材料的质量进行有效的管理及选择最佳配合比,提高浆液的质量,保证压入浆液的强度。
(3)加强对盾尾的检查,及时注入盾尾油脂保证盾尾密封效果。
(4)根据隧道埋深情况及地质情况合理调整注浆压力。
(5)根据不同的地层情况选择正确的注浆压力,保证注浆填充密实。
(6)认真做好注浆工作,确保每个工序都能认真对待。

四、盾构机渣土改良系统

该盾构机渣土改良系统主要由泡沫注入系统、高分子注入系统、水注入系统三部分组成。各个系统主要由控制面板、注入设备、刀盘注入孔构成。

1)控制面板

控制面板位于盾构机 1 号台车操作室内,画面如图 2-18 所示。该显示器为液晶触摸屏,盾构机操作手通过触摸方式可以轻松开启各注入设备,通过该触摸屏可以无级控制各注入物的注入流量大小。盾构机操作手就是通过该控制面板进行渣土改良,调配出令人满意的渣土。

2)注入设备

如图 2-19 所示,注入设备主要采用挤压泵、高压注水泵两种,设备分布在 5 号台车与 8 号台车。挤压泵是高分子泡沫的注入设备,高压注水泵是水的注入设备。

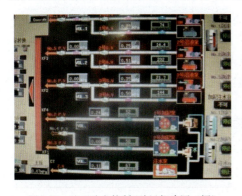
图 2-18 渣土改良控制面板(郭建军 摄)

图 2-19 渣土改良注入设备(郭建军 摄)

3)刀盘注入孔

刀盘上共设 7 个注入孔,其中 5 个注入孔分布于刀盘正面,各孔的功能及位置标记见图 2-20,2 个注入孔位于刀盘扇形孔处。每个注入孔通过中心轴、管路与注入设备连接,每个注入孔都有其独立的注入设备,按一孔一管一泵配置,注入孔试喷试验见图 2-21。

图 2-20　刀盘注入孔(郭建军　摄)　　　图 2-21　中心轴管道(郭建军　摄)

五、螺旋输送器

螺旋输送机安装于前体的底部,螺旋输送机从隔板到拖车沿中心线的上仰角为23°。在掘进时,开挖的渣土在底部,螺旋输送机伸往渣舱的一段为可更换的耐磨片。螺旋输送机内部为一个带轴的螺杆,螺旋输送机的螺旋片能够在渣土中伸缩。螺旋输送机的螺旋片分为两段,中间600mm部分有一段没有螺旋片,这样可以在软岩中形成土塞,以有效防止喷涌现象。

螺旋输送机通过一个液压马达带一个减速机驱动,其转速范围可以在 0~22r/min 内无级调速。螺旋输送机后端有两个加泥注入孔(2B×2),后料排出门设置在后端,闸门开度可根据需要进行调整。螺旋输送机后端有一个土压测量计,通过测量计可观察输送机内土压变化情况。

1)常见问题

(1)在富水砂层中掘进时容易引发喷涌。

(2)闸门不能关闭时,排出量过大造成土仓内压力陡降,可能引发地面较大沉降。

(3)在全断面砂层中掘进时如停机时间太长,容易造成螺旋轴固结扭转不动。

2)预防措施

(1)根据地层及出渣情况做好渣土改良工作,降低螺旋输送机转速及减小闸门开度和均匀开启闸门防止喷涌。

(2)做好日常检修保养工作,尽量减少故障发生。

(3)如需长时间停机,应安排机手值班,定时转动螺旋机。

第三节　盾 构 施 工

一、盾构机始发、到达姿态控制技术

1.盾构机始发姿态控制

1)特点

(1)始发阶段盾构主体在始发台架上不能进行调向。

(2)盾构机刀盘离开始发台架后未开始破端头时容易栽头。

(3)盾构机破除端头之后但部分盾体还在始发台架上容易栽头。

2)控制方法

(1)负环拼装转弯环对千斤顶行程差进行纠量。

(2)洞门安装导向轨。

(3)盾构机初始姿态定位略高于设计轴线(30mm 为宜)。

(4)在盾尾和车站中板之间安装有效的限位装置(见图 2-22,季华园站、同济路站左线始发)。

(5)适当调节负环管片两侧木塞的松紧度,以控制管片姿态,从而有利于盾构机姿态控制。

图 2-22　盾构机盾尾限位装置

(广东水电二局　提供)

2.盾构到达姿态控制

1)特点

(1)盾构机破除围护结构之后易栽头。

(2)部分盾体上接收台架时控制困难。

(3)盾尾拖出最后一环管片瞬间姿态变化大。

2)控制方法

(1)破围护结构前盾构机就保持一定的上下铰接角度姿态略高于设计线推进。

(2)对接收架位置进行调整来适应盾构姿态的需要。

(3)管片选型要提前,管片姿态需保持略向下。

总结盾构机姿态控制,主要是能够将管片姿态、盾构前体姿态、盾尾姿态、设计线形四者相互平衡的一种控制方法。

二、渣土改良技术

在盾构掘进中常遇到的黏土层主要有〈4〉、〈5〉、〈6〉地层,盾构机在黏土层掘进中,若渣土改良未达到一定的效果,渣土的流动性不理想,极易在刀盘、土仓中形成泥饼,渣土不能充分排出,刀具无法切入掌子面,造成掘进效率降低,甚至无法掘进。

本工程最常见的黏土层为〈4-1〉地层,渣土改良所用的改良剂主要以泡沫、水为主,该地层渣土改良各参数控制见表 2-6。

黏性土层渣土改良各参数　　　　　表 2-6

控 制 参 数	控 制 方 法
泡沫	泡沫溶液配比为 3%,发泡率约为 10%,注入率 8%
水	通过目测出土干稀状况、螺旋机扭矩、螺旋机压力等参数进行调整用水量
掘进速度	在黏性土层中为保证有足够的渣土搅拌时间,掘进速度不宜过快,一般控制在 20~30mm/min
刀盘转速	若螺旋机出土类似面条状,必须用闸门切断达到顺畅出土时,说明渣土搅拌远不够,应该尽可能地提高刀盘转速(地层较稳定情况下)
注入孔	泡沫注入孔应均匀布置于刀盘正面

三、盾构始发、到达盾体注浆技术

1.同济路站盾构始发盾体注浆技术

1)同济路站始发端头加固情况

同济路站始发端头加固采用新二管旋喷方法,加固范围为始发端头纵向长度10.5m。靠近车站的两排旋喷桩加固至地面,桩底至隧道底以下2m,其余旋喷桩实桩范围为隧道顶以上3m至隧道底以下2m。加固区隧道范围主要为〈4-1〉、〈3-2〉地层,具体地质情况如图2-23所示。

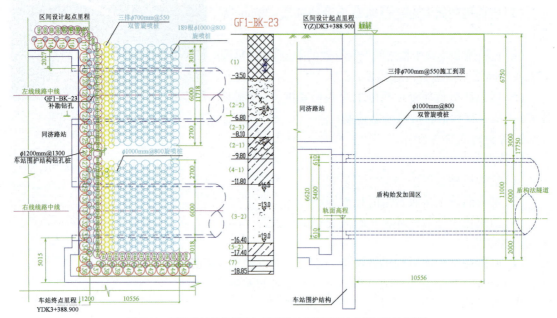

图2-23 同济路站始发端头加固图及地质剖面图(来源于设计图纸)

2)盾体注浆

盾构始发存在以下风险:

(1)一般端头加固体为隧道上下各3m区域。当盾构机刀盘进入加固区时,盾尾注浆孔还未进入加固体,此时环形间隙无法填充,土压无法建立。若加固体局部没有达到加固效果就会形成渗漏通道,就有可能存在端头塌陷的风险。

(2)刀盘出两排旋喷桩加固范围时,环形间隙未填充,土压无法建立,存在端头塌陷风险。

针对以上风险,分别在盾构机的前盾、后盾钻好注浆孔,并配备球阀、注浆管路,在始发期间进行盾体注浆,解决以上两大风险。此方法有可能存在盾体被固结住的问题,这就需要在掘进过程中把握好注浆时间、注浆压力、停机时间、间歇性机动时间的控制。始发具体注浆步骤及参数见表2-7。浆液配比为($1m^3$):水750kg,膨润土400kg,32.5水泥150kg,水玻璃与浆液比为1:15。

盾体注浆参数   表2-7

注浆时机	注浆孔位	注浆量(m^3)	备注
前盾注入孔进入内衬墙与连续墙范围	前盾注入孔	1~3(双液)	此次注浆为停机补浆 视洞门漏浆情况调整注浆量
前盾注入孔进入加固区	前盾注入孔	1~3(双液)	掘进时或停机时补浆(视注浆压力调整)
后盾注入孔进入内衬墙与连续墙范围	后盾注入孔	1~3(双液)	掘进时间歇性注浆 停机时补浆
后盾注入孔进入加固区	前盾与后盾注入孔	1~3(单液或双液)	掘进时或停机时补浆(视注浆压力调整) 视洞门漏水情况、推力大小调整注浆模式

注:以上盾体补浆工序持续到可以进行0环或1环管片洞门补浆。

2. 祖庙站盾构到达盾体注浆技术

1)祖庙站到达端头加固情况

祖庙站西端头加固采用 4 排 $\phi1000@800mm + 5$ 排 $\phi1200@1000mm$ 的新二管旋喷桩,在纵向长度 7.16m 的范围内进行加固处理,新二管旋喷桩设计桩长为 23.6m,桩底至〈7〉强风化泥灰岩层(隧道底以下 2.0m),其中靠近连续墙的两排旋喷桩为通长实桩,其余旋喷桩实桩范围为隧道顶以上 3.0m 至隧道底以下 2.0m 共 11.0m。加固区隧道范围主要地质为〈3-1〉、〈3-2〉砂层,具体地质情况如图 2-24 所示。

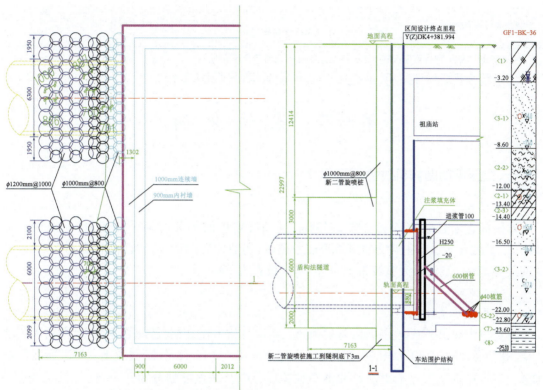

图 2-24 祖庙站到达端头加固图及地质剖面图(来源于设计图纸)

图 2-25 洞门环形间隙注浆效果(郭建军 摄)

2)盾体注浆

由于到达端加固区长度小于盾体长度,当刀盘出加固区时,管片注浆未能及时填充环形间隙,在高水头压力下容易形成洞门涌水涌沙,造成端头塌陷风险。针对此风险,初步决定采用在洞门增加钢盖筒来保证盾构机出洞(见图 2-24)。但通过采用盾体注浆进行封堵后方环形间隙的过程中,发现土仓可以安全降压,经此推断后方环形间隙已成功封堵,不需要安装钢盖筒就可以安全出洞。具体盾体注浆、土仓降压、刀盘出洞步骤及参数见表 2-8,到达端洞门浆液成型效果见图 2-25。

注 浆 参 数　　　　　　　　　表 2-8

注浆时机	注浆孔位	注浆量(m³)	备 注
前盾注入孔接近加固边缘时	前盾注入孔	3(单液)	停机拼装管片时进行盾体注浆,注浆时观察土仓压力,进行间歇性注浆及调整注浆量,若土仓压力3h后下降不到10kPa,则可以停止盾体注浆,并适当转动刀盘及螺旋机,进入下一环掘进准备
前盾注入孔进入加固区	前盾注入孔	3(单液)	
后盾注入孔接近加固区边缘且前盾注入孔未出加固区	前盾注入孔 后盾注入孔	3(单液)	
刀盘距洞门约1000mm时	前盾注入孔 后盾注入孔	1~3 (单液或双液)	注浆后约12h进行土仓降压

注:若降压不成功,则反复进行盾体注浆及土仓降压操作,直到降压成功。

经过精细化盾体注浆后,最终降压成功,使盾构顺利到达车站。

第四节　案例分析

一、土压平衡盾构机过砂层技术

1. 工程概况

本区间左右线长度均为2381.5134m,区间线路平面上共有两个曲线段,曲线半径为3000m。线路位于城市主要交通道路汾江中路下,场地地形起伏小,地面高程为6.9~8.4m,线间距为13m。隧道最大纵坡为2.32%,对应坡长为260m。

2. 施工环境

1) 工程地质条件

本标段为冲积平原地貌特征,基岩为第三系宝月组下段岩层,区间岩土层划分有:人工填土层(Q_4^{ml})、海陆交互相沉积层(该层划分为三个亚层:〈2-1〉淤泥、淤泥质土,〈2-2〉淤泥质粉细砂,〈2-3〉粉质黏土)、上更新世冲洪积坡积层(Q_{3+4}^{al+pl})(该层划分为三个亚层:〈3-1〉粉砂,〈3-2〉中粗砂,〈4-1〉粉质黏土)、〈5-2〉残积类硬塑状粉质黏土层、〈7〉强风化岩层、〈8〉中风化岩层,如图2-26所示。

图2-26　区间岩芯(郭建军　摄)

2）水文地质条件

地下水补给主要分为大气降水垂直渗流补给和地表径流补给。本区间第四系砂层中孔隙水含量较丰富，砂层与〈7〉强风化岩层界面处基岩风化节理裂隙发育良好，透水性中等。基岩裂隙水主要通过砂层越流补给及地表水径流补给，具有承压性。从左线1125环搅拌桩及袖阀管注浆加固体的抽芯芯样中可以反映出来，芯样在17～20m处成桩效果不理想。

3）砂层环境

季同区间主要有两段砂层，前段砂层为997～1180环，后一段为1487～1597环。前段砂层埋深在3.5～14m之间，砂层特征为浅灰、灰白色、饱和、中密、级配良好，含少量黏粒，砂质成分以石英砂为主，含水量丰富。掘进时盾构机土仓中部压力为150～170kPa。后段砂层与前段砂层相比较，砂层含水量减小，黏粒含量（10%）增大，灰黄色，砂层厚度变小，隧道埋深减小。砂层颗粒分析结果如表2-9所示。

砂层颗粒分析结果表　　　　　表2-9

钻孔号	深度(m)	砾 20～2mm %	粗砂 2～0.5mm %	中砂 0.5～0.25mm %	细砂 0.25～0.075mm %	粉黏粒 <0.075mm %	砂层描述
BK12	10.6～10.8		2.7	28	33.3	37	粉砂
BK17-1	8.05～8.25	3	12.3	10	38	37	粉砂
BK17-2	12.95～13.15	4.3	28.7	24	12.7	30	中粗砂
BK23	13.05～13.25	14	41.7	18.6	10	16	粗砂

3．过砂层发生的问题

在997～1180环掘进过程中，盾构机主要经历了两大类型地层的掘进：全断面砂层掘进、上软下硬地层掘进。其后对两种地层掘进的各参数进行分析，在全断面砂层掘进中没有喷涌现象、土压设定正常、注浆饱和的情况下还是沉降超限，排除了掘进参数的原因后，最后认为造成地面沉降的主要原因是刀盘侧向开口率过大，在刀盘的旋转过程中上部砂土进入土仓量较大，从而造成地面沉降。在上软下硬地层中掘进，由于掘进速度慢，下部岩层裂隙水丰富，掘进过程中渣土改良难度大，时常喷涌、出土不受控从而造成地面沉降。所以盾构机过上软下硬地层，刀具配置必须合理，确保掘进速度；注入吸水能力较强的渣土改良剂可以有效控制喷涌，保持土压平稳掘进。

发生的问题：地表沉降大、路面塌陷、水管爆裂、喷涌、螺旋机固结、刀盘故障、结泥饼、刀具磨损严重。

4．沉降变化规律

根据盾构通过季同区间的砂层实践发现，当隧道埋深在14～16m位置处，盾构掘进造成的影响在施工完成后4～7h内将会反应到地面。地面沉降影响范围比较明显，纵向在盾尾至刀盘前2环内变化较大，横向在隧道中心线两侧各3～5m内变化最大。以1118环为例分析如下。

2009年1月18日右线1118环处发生过一次比较大的沉降，综合盾构掘进时间和地面监测沉降量变化图可以分析出地面沉降变化规律（见图2-27、图2-28）。1月15日17:33,1115环掘进拼装完成，刀盘位置在1118环处；15日22:00地面监测结果显示1118环单次沉降量为

-0.9mm,累计沉降量为-23.6mm。1月17日11:29掘进拼装完成1118环;1月17日22:00地面监测结果显示1118环单次沉降量为-18.8mm,累计沉降量为-32.5mm;1月17日21:38分1120环掘进拼装完成,刀盘位置在1124环,盾尾在1118环。1月18日9:00地面监测结果显示1118环单次沉降量为-96.8mm,累计沉降量为-137.9mm。从以上分析可以看出,盾构掘进过程中对地面的影响在刀盘前有少量变化,盾体上方变化量较大,管片拖出盾尾时沉降量最大。

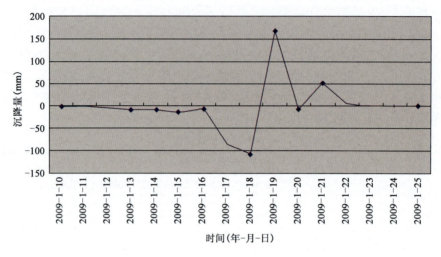

图2-27 1118环地面沉降变化曲线(郭建军 绘)

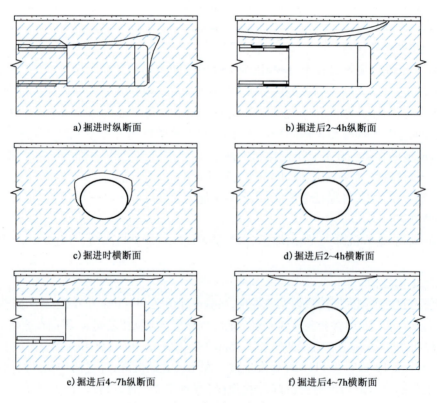

图2-28 路面沉降示意图(郭建军 绘)

5. 砂层掘进参数

盾构通过季同区间砂层,从1103环开始进入〈3-2〉粉细砂层、〈5-2〉硬塑状残积粉质黏土层及〈7〉中等风化岩组成的复合地层,该段复合地层为比较明显的上软下硬地层。由于〈7〉中等风化岩天然抗压强度为11MPa左右,盾构掘进时推力、扭矩较大。〈5-2〉硬塑状残积粉质黏土层遇水强度易降低,表面稍有光滑、韧性中等需注入泡沫进行改良。〈3-2〉粉细砂层扰动后易液化形成流沙,需要注入TAC高分子聚合物材料进行改良。以1114~1123环为例分析,具体掘进参数如图2-29所示。

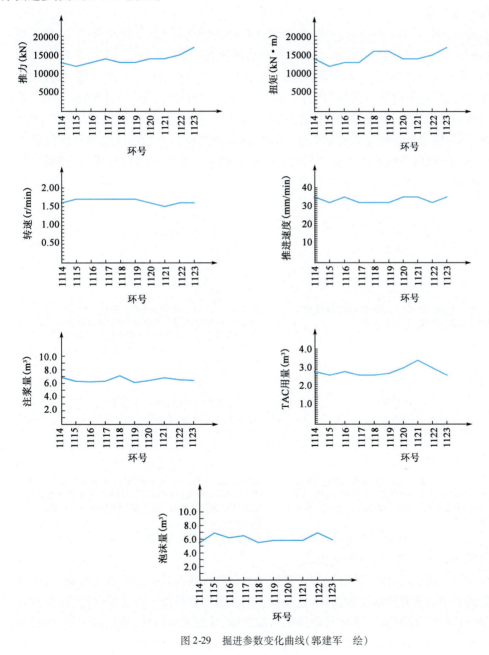

图2-29 掘进参数变化曲线(郭建军 绘)

从图 2-29 可以看出,盾构在该段复合地层中掘进推力在 15000～19000kN 范围内,扭矩在 1300～1800kN·m 范围内,推力和扭矩较大的主要原因是下部〈7〉强风化岩层强度较高,加上刀具有所磨损。推进速度控制在 22～32mm 之间,由于下部为〈7〉强风化岩层,推进速度太快会造成盾构机跳动增大进而加大对上部砂层的扰动,造成顶部砂粒涌入土仓造成地面沉降加大。为防止喷涌控制出土量,改良土体时 TAC、泡沫的注入量应根据地质情况和出土情况适量调节。

6. 盾构过砂层采用的技术措施

1) 土体改良技术

盾构机通过 997～1178 环这段砂层,掌子面处在〈3-1〉粉细砂层,下部少量〈5-2〉黏土层及〈7〉强风化岩层。隧道埋深在 13～16.5m,顶部砂层厚度在 3.5～6.5m。〈3-1〉砂层呈饱和稍密～中密状、透水性强、含水量丰富。盾构通过时,砂层经过刀盘刮入土仓内液化呈流沙状,造成出渣困难,排出的渣土放置一段时间后,上面为水,下面为粉细砂,分层比较明显。为了改良粉细砂做到顺利排出渣土,掘进过程中向土仓内注入 TAC 高分子材料,浓度在 0.5%～6.5% 之间,加入比例应根据地质情况做适量调整。TAC 高分子溶液与土仓内液化粉细砂经过搅拌后,可使渣土变为糊状,达到渣土改良的目的。季同区间有多种地层组合形式,各种地层组合加入的改良剂也有所不同,具体参数如图 2-30 所示。

对于〈3-2〉全断面砂层,只需要注入TAC高分子材料,比例在0.5%~7.5%范围内

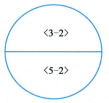

对于〈3-2〉、〈5-2〉组合的地层,除注入TAC(0.5%~7.5%)的高分子材料外,必要时还要注入水、分散剂(0.5%~7.5%)和泡沫(3%)来改良渣土,注入量TAC(3~8m³)、分散剂(3~8m³)、泡沫(5~8m³)

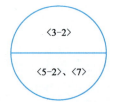

对于〈3-2〉、〈5-2〉、〈7〉组合的地层,除注入TAC(0.5%~7.5%)的高分子材料外,必要时还要注入水、泡沫(3%)来改良渣土,注入量TAC(3~8m³)、泡沫(5~8m³)

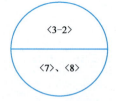

对于〈3-2〉、〈7〉、〈8〉组合的地层,除注入TAC(0.5%~7.5%)的高分子材料外,必要时还要注入水、泡沫(3%)来改良渣土,注入量TAC(3~8m³)、泡沫(5~8m³)

图 2-30 不同地质环境条件下添加剂使用量图(郭建军 绘)

2) 保持舱压大于土压 20～30kPa 模式

盾构在砂层中通过时,由于砂层经过刀盘扰动后自稳性较差且砂层的渗水性能大,地下水流动容易带动掌子面及外周沙土脱落,产生流沙。引起流沙的另外一个主要原因,是在打开闸门排土时,舱内压力下降打破了土体与舱内压力的平衡,从而造成流沙,增加出土量,引起地表沉降。通过季同区间这段砂层证实,当舱内压力与土压力差值太大时会对砂层的原状结构造

成破坏,而差值太小又达不到目的。实践证明,当舱内压力大于土压20~30kPa时可以达到最佳效果。建立舱内压力大于土压力的方法,可以根据地质条件使用以下几种措施相互配合完成:

(1)减小螺旋机的排土速度,减小闸门开口率。
(2)加大千斤顶推力,提高推进速度。
(3)使用气压辅助设施向土仓内注入气体建立压力。
(4)向土仓内注入改良液体建立压力。
(5)掘进时正确保持舱内渣土填充量,稳定舱内压力。

3)减小刀盘外周开口率

盾构机刀盘转动时会对周边的砂土造成扰动,造成砂土松动脱落进入土仓内。另外,在打开闸门排土时对砂层有一定的拉力使砂土流入舱内,从而增加出土量,加大地表沉降。减小刀盘外周开口率,可以有效阻止脱落的砂土进入土仓内,进而减小了出土量,减小地表沉降。

4)建立土仓U形填充量

盾构在掘进前由于砂层中孔隙比大,渗透性强,建立的压力会慢慢减小,让土仓内充满砂土可以保持土仓内外压力的平衡。掘进过程中由于有千斤顶的推力、辅助压力的协调,土仓内渣土填充量可以逐步减小,让渣土有充分的搅拌空间,利于排土。掘进完成时,由于将要进行管片拼装千斤顶回程使盾构机有少量回退现象,压力有所下降。在拼装管片时尽量使土仓内充满渣土,这样可以减小土仓压力损失,保证掌子面稳定。

5)适量增加环与环之间的间隔时间,制定日掘进量

根据过997~1128环这段砂层的经验,发现当盾构机连续推进时地表沉降明显增大,特别是管片拖出盾尾时更加明显。分析认为,当盾构机连续掘进时对砂层扰动加剧,反应到地表沉降时间减短,事实证明当掘进完成一环后,间隔一段时间待盾尾管片注浆后再掘进下一环,地表沉降有所减小。

6)盾尾及时注浆

由于盾构开挖直径为6300mm,比管片外径6000mm要大,当管片拖出盾尾时,上部砂层经过扰动后会迅速往下沉,进而造成地表沉降加大。如果能及时填充间隙,就可以减小上部砂层下沉。所以当管片注浆孔位一拖出盾尾立刻开始注浆,便能及时填充间隙,进而减小上部砂层下沉。注浆材料可选择双液浆,注浆时应根据地质情况调整初凝时间,注浆压力在0.35~0.4MPa,不可过大,以防对管片造成破坏。

7)地面超前引孔,地下密切监视,相互配合掘进

季同区间左右线基本位于汾江中路下方,由于汾江路为水泥混凝土路面。刀盘前地面监测值不能真实反映刀盘前方地表沉降值。只有在刀盘前地面引孔观察才能真实反映沉降值。当观察到地面沉降值较大时,及时反馈给隧道内暂停掘进,待地面注浆加固后再恢复掘进。反之,当盾构机掘进过程中发现出土量增加或土压急速变大,也应立刻通知地面进行注浆加固,做好应急准备,实施过程如图2-31所示。

地面注浆可选择双液水泥浆。引孔位置可在隧道和刀盘前正上方,管插入深度可根据沉降大小而定。注浆时间以周边不再冒气泡为准。

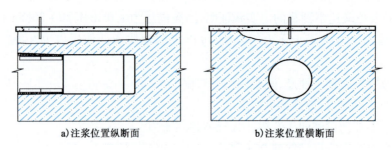

图 2-31　地面超前引孔实施示意图（郭建军　绘）

8) 加密监测频率，及时反馈信息

盾构正常通过时监测频率为 2~3 次/d，其监测项目有地表沉降监测、建筑物沉降及倾斜监测、土体位移监测、地下水位监测等。出现异常情况时应增加地面监测频率，及时采集地表和周边建筑物沉降数据。当监测数据变化较大时，应仔细分析同时反馈信息，指导地面及时采取注浆加固等措施，必要时应进行多次注浆加固。隧道内采取及时调整掘进参数、外加剂比例、管片注浆等措施。

9) 做好盾构机的维修保养工作

盾构机在砂层中掘进时，应做好正常的检修保养工作，确保盾构机正常掘进。转班期间安排值班，对盾构机做定时试转工作，避免造成螺旋机内砂土固积，导致螺旋机扭矩太大无法启动。

10) 做好应急准备

盾构在砂层中通过是盾构工程施工的重点、难点之一。季同区间汾江中路为城市主要交通道路，路面车流量大、周边建筑物也多。地表沉降大易造成交通堵塞、周边建筑物倾斜开裂等异常情况。承包商除应做好详细的应急预案外，还要在物资、技术及人员组织方面做好准备，提高抢险反应速度。

二、盾构通过未经加固建筑物施工技术

1. 工程概况

同祖区间盾构穿越 63、64 号建筑物，是本标段内盾构施工掘进最难、风险最大的艰难地段。本次盾构所穿过区域为佛山市最繁华商业区，路面人员及车辆多，社会影响大。线路正上方建筑物未采取任何加固保护措施。掌子面下部为强度较高的〈7〉、〈8〉岩层，中上部为 5~10m 厚的〈3-1〉、〈3-2〉砂层，属于典型的上软下硬地层，且砂层含水量丰富，砂粒洁净，粉粒土含量只有 14.3%。控制地面沉降和建筑物不均匀沉降的难度极大。

2. 建筑物概况、地质、水文及周边管线情况

1) 建筑物概况

63 号房屋为四层混凝土框架结构，建于 1980 年，首层高为 4m，桩长 7m，单桩承载设计值为 120kN。基础为直径 340mm 锤击灌注桩，桩顶承台 36 座，横向柱距 5.5m，纵向桩距 8.2m。该楼首层为沿街商铺，共计 10 家，二层以上为职工住房。

64 号号房屋为"V"字形，建于 1980 年，四层混合结构。桩基础为直径 340mm 锤击灌注桩，桩长约为 13m，原桩单桩竖向承载力为 250kN。桩顶承台 42 座，横向柱距 5m，纵向桩距

7m。首层为沿街商铺,二层为废弃车间和出租屋,三层为公司办公室,四层为职工宿舍和杂物房。

图 2-32 为 63、64 号建筑物。

2) 建筑物与隧道关系

建筑物与隧道的平面关系如图 2-33 所示。

建筑物与隧道的剖面关系如图 2-34 所示。

盾构左右线从 63 号房屋下方斜穿通过,在纵剖面上左线盾构拱顶离桩底距离为 10.16~10.83m,右线盾构顶离桩底距离为 9.62~10.07m。盾构右线从 64 号房屋下方通过,在纵剖面上盾构拱顶距离桩底距离为 2.662~3.510m。

图 2-32 63 号、64 号建筑物(郭建军 摄)

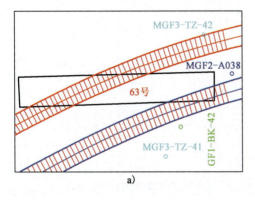
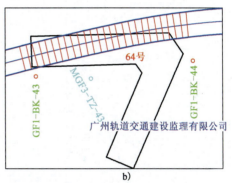

图 2-33 63 号、64 号建筑物与隧道平面关系图(来源于设计图纸)

3. 施工措施

(1) 盾构在上软下硬地层中掘进时,采取的施工措施有:

①采取土压平衡模式掘进。

②降低刀盘转速,减小对土体的扰动。

③均匀开启闸门开度,减小舱内土压波动。

④快速同步注双液浆,快速固结土层与管片间的间隙,达到稳定土体及管片的作用,防止土层应力释放造成隧道顶土体下沉。

(2) 盾构在软弱砂土地层中掘进,采取的施工措施有:

①升高土仓压力,使土仓内压力大于掌子面水土压力 20~40kPa,减少上部砂土涌入土仓。

②每环分成四个阶段(375mm/段),每段以 15m³/斗控制出土量,如果每一段出土量超出控制量,就应减小螺旋机速度及闸门开度来控制出土量。

③进入建筑物前开舱加焊挡板减小刀盘边缘开口率,降低上部砂土进入量来减小出土量,如图 2-35 所示。

(3) 在高土压模式下掘进防止刀盘结泥饼也是本工程难点之一,采取的施工措施有:

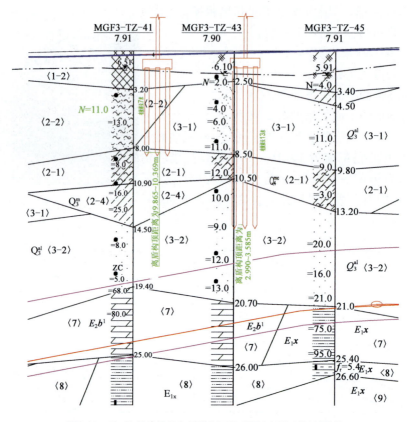

图2-34 63、64号建筑物与隧道剖面关系图(来源于设计图纸)

图2-35 改造盾构机刀盘减小开口率(郭建军 摄)

①根据排出渣土的流动性来判断向土仓内的注水量及泡沫量。

②掘进过程中经常检查出土温度,根据温度情况调整掘进参数,减少结泥饼现象发生。

(4)在富水砂层中掘进,防止喷涌也是本工程的难点之一,采取的施工措施有:

①掘进过程中注入高分子材料,通过高分子材料来凝合砂层中的水分进行渣土改良,减少喷涌的发生。

②在同济站始发时通过改造加长盾构螺旋机的长度、增加双闸门并加长前端没有螺旋叶片段形成土塞效应,进而有效防止喷涌现象发生,如图2-36所示。

图 2-36　改造盾构机加长螺旋机中轴(郭建军　摄)

4. 盾构通过前对建筑物的保护措施

(1)在盾构机到达前,63、64号两幢建筑物人员和家具进行临时搬迁安置,以保证施工期间建筑物内没有人员活动。

(2)63、64号两幢建筑物首层商铺、出入口、楼梯口在盾构通过前全部封堵,以保证在盾构通过时无人员及车辆进出。

(3)盾构通过时切断楼内供水、供电、燃气等可能产生危险的管线。

(4)盾构通过前对房屋做好鉴定工作,对房屋进行拍照留证。

5. 地面监测控制措施

(1)做好加密监测布点工作。

(2)收集监测点的原始数据。

(3)制订监测施工方案。

6. 掘进控制措施

左右线盾构在进入建筑物前就开始采取满舱掘进模式,进入建筑物后采取以下措施掘进,最终顺利安全地通过了建筑物。

(1)总结前期过相同地段、地层时的掘进参数,并根据沉降数据将掘进参数进行优化,以及对盾构机操作手进行专项技术交底,杜绝盲目开机。

(2)采用土压平衡模式掘进,利用聚合物结合泡沫、水、膨润土等改良渣土,控制土压在260~270kPa、土压波动在20~40kPa内,有效控制刀盘及盾体上方沉降。

(3)严格控制出土量,禁止超排现象产生。当发生喷涌或超排时,要求盾构机操作手立即通知地面人员,对该环处地面进行封闭,然后做地面钻孔检查、分析并进行地层注浆以减小地表沉降对建筑物的影响。

(4)当盾构停机拼装管片时盾构可能会往后回退,要求拼装时其余千斤顶还应保持推力。

(5)严格控制盾尾管片注浆,以注浆饱满不漏浆为控制标准,注浆压力控制在0.35MPa,每环注浆量不少于$6m^3$,以双液浆为主单液浆为辅,有效控制盾尾上方沉降;必要时停机进行二次补浆,有效控制后续沉降。

(6)适当调整停开机时间,即在上环完成掘进之后,结合地表沉降观测数据,适当推迟下环开始掘进的时间,待地层沉降稍微稳定后,再开始掘进,起到有效减少因频繁扰动同一地层而产生的叠加沉降的作用。

7. 盾构掘进过程中掘进参数分析

1)土压控制

以左线2238环为例(图2-37为2238环掘进参数),掘进前螺旋机前压力为197kPa,排土过程中压力建高后螺旋机前压力最高为223kPa,最低为187kPa,压力波动在8~20kPa范围内。这就说明要保证土仓内外的压力平衡最少应该建高土压20kPa,但由于排土过程中受到渣土改良及地质的影响,排土时压力波动可能还会增大。所以为了使土仓内不会产生负压,掘进前要求盾构机操作手必须在停机压力220kPa的基础上再建高20~40kPa的压力。掘进2238环前土仓中压力为220kPa,掘进排土过程中建立土压最高为278kPa,中土压最低为262kPa,压力波动在8~16kPa范围内。这样土仓内压力始终波动不大且舱内压力大于掌子面水土的压力,进而保证了掌子面的稳定。

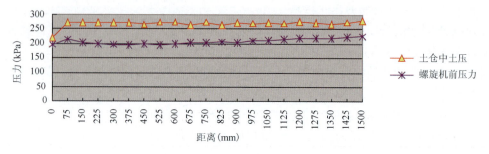

图2-37　2238环掘进参数(郭建军　绘)

2)推力、扭矩的控制

以盾构推进2236~2246环时为例,刀盘底部〈7〉、〈8〉岩层强度在6~8.5MPa范围内,掘进时推力值达到14000kN、扭矩值达到1100kN·m,千斤顶速度可达到40mm/min左右。所以按照这样的参数值平均每天以8环的速度往前推进,达到了快速通过的目的。图2-38为2236~2246环掘进参数。

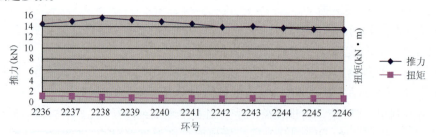

图2-38　2236~2246环掘进参数(郭建军　绘)

3)刀盘转速、螺旋机转速

在相同推力的情况下刀盘转速越快,产生的扭矩越小,对土体的扰动也就越大,反之刀盘转速慢对土体的扰动就小。左线在63号楼房下方(2236~2246环)通过时,刀盘转速控制在1.2~1.4r/min范围内,尽可能减少对上方土体的扰动。螺旋机转速控制在4.5r/min左右,基本可以保持进土量与出土量的平衡关系,不至于产生多出土造成压力波动大,也不会造成排土不及时造成土量积累难改良的情况发生。图2-39为2236~2246环掘进参数。

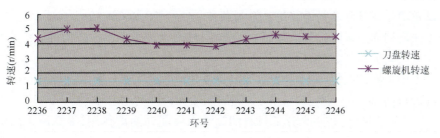

图 2-39　2236~2246 环掘进参数（郭建军　绘）

4）TAC、泡沫与注浆

隧道顶上部砂层含水量高,掘进时需要注入 TAC 高分子材料来防止喷涌,注入量应根据砂层厚度及含水量的多少来做相应调整。左线掘进 2236~2246 环过程中注入量控制在 $3.5m^3$ 左右便能满足要求（见图 2-40）。掘进过程中还需要注入泡沫并压气来建高土仓压力,保证以土压平衡模式来掘进,同时可以改良渣土的和易性及流动性便于渣土排出。盾构推进后要进行同步注浆,保证管片与地层之间的空隙能够及时得到填充,以尽量减少上部土层的沉降量。注浆压力控制在 0.35MPa。注浆应快速同步,双液浆充填应饱满密实,注浆量控制在 $8.3m^3$ 左右,必要时还应进行二次注浆。

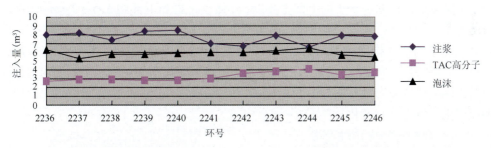

图 2-40　2236~2246 环掘进参数（郭建军　绘）

5）出土量控制

控制出土量是控制地面沉降的主要方法之一。理论出土量约为 $46.72m^3$,根据以往经验渣土切削脱落后实际松散方量在 $65m^3$ 左右。出渣斗每节装土量为 $15m^3$,要求每环出土量不能超过四斗,理论上每掘进 375mm 出土一斗。掘进过程中如果低于 375mm 就出土一斗时,要求减小螺旋机的速度及闸门开度来降低出土量。掘进 2236~2246 环过程中渣土排出量全部控制在低于 $68m^3$ 范围内。图 2-41 为 2236~2246 环出土量图。

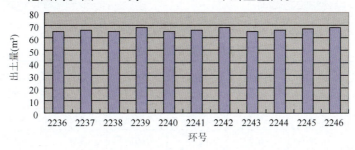

图 2-41　2236~2246 环出土量图（郭建军　绘）

8. 土压盾构过建筑物及砂层掘进技术的共性

总结本次盾构通过未经加固的建筑物的施工经验，发现土压平衡盾构机过建筑物、过砂层之间存在一些共同的特性，归纳后有以下几点。

（1）采取土压平衡模式掘进，应能够准确控制土仓压力、出土量，减小扰动、快速通过，达到控制沉降的目的。

（2）注入高分子材料，利用高分子材料的高吸水性能和润滑作用，提高渣土的塑性、流动性，防止泥饼问题产生；提高渣土的和易性，达到增塑、保压、防止喷涌的作用，保证出渣正常。根据本次盾构过建筑物及砂层施工经验，添加高分子材料在本工程类似地层的沉降可控制在5mm范围内，能够满足盾构沉降控制的要求。

（3）采用快速掘进，快速注双液浆，快速固结土层与管片间的间隙，达到稳定土体及管片的作用，防止土层应力释放造成土体下沉。

（4）加强地面监测，及时反馈地面建筑沉降信息指导施工，使盾构掘进参数更加合理。

三、盾构机回转角变化较大原因分析及对策

左线从131环开始回转角以 $0.05° \sim 0.12°$ 的速率增长，到186环处时，回转角已达到 $-7.90°$。该阶段盾构机掘进掌子面上部主要以⟨7⟩强风化岩和下部约 $1.5 \sim 2.0m$ 厚的⟨8⟩中风化岩层为主。⟨7⟩、⟨8⟩岩层分层明显，遇水后岩层结构变化较快、瞬间松散，强度变小（图2-42）。其间为了纠回盾构回转角，曾试用过加大推力、减小刀盘转速、刀盘正反转推进、采用铰接推进、增加盾尾右边配重等措施纠正回转角。但结果始终不能达到预定的要求，且每次采取相应的措施后盾构姿态都有明显的变化（表2-10为原始掘进参数表）。采取以上措施后，经分析相应产生了以下几点变化。

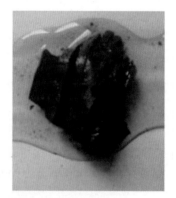

图2-42 ⟨7⟩岩层遇水前后对照图（郭建军 摄）

171～194环原始掘进参数　　表2-10

环号	铰接角度（上下）(°)	铰接角度（左右）(°)	回转角(°)	变化量(°)	推力(kN)	扭矩(kN·m)	刀盘转速(r/min)	千斤顶速度(mm/min)
171	0.39	0.31	-6.10	0.17	15568	858	0.9	27
172	0.38	0.19	-6.27	0.17	15015	925	0.99	32
173	0.34	0.23	-6.34	0.07	14331	986	0.99	33

续上表

环号	铰接角度（上下）(°)	铰接角度（左右）(°)	回转角(°)	变化量(°)	推力(kN)	扭矩(kN·m)	刀盘转速(r/min)	千斤顶速度(mm/min)
174	0.51	0.32	−6.42	0.08	14246	1021	0.99	39
175	0.81	0.34	−6.56	0.14	14749	976	0.99	38
176	0.81	0.34	−6.69	0.13	14673	1008	0.99	42
177	0.73	0.15	−6.81	0.12	14023	750	0.99	35
178	0.84	0.15	−6.91	0.10	13765	837	0.99	42
179	0.88	0.19	−7.00	0.09	13446	903	0.99	42
180	0.88	0.19	−7.06	0.06	13594	1029	0.99	42
181	0.93	0.20	−7.14	0.08	14145	981	0.99	40
182	0.93	0.19	−7.24	0.10	14524	891	0.99	40
183	0.68	0.18	−7.37	0.13	14164	952	0.99	41
184	0.55	0.12	−7.54	0.17	14055	955	0.99	41
185	0.52	0.31	−7.76	0.22	14610	746	1.07	35
186	0.75	−0.09	−7.90	0.14	15005	842	1.24	33
187	0.81	0.15	−8.05	0.15	14522	731	1.24	37
188	−0.14	0.16	−7.99	−0.06	14549	1039	0.57	37
189	0.11	0.01	−7.90	−0.09	13682	1092	0.55	43
190	0.17	0.02	−7.65	−0.15	13023	1364	0.67	50
191	0.07	−0.02	−7.37	−0.28	12855	1263	0.86	51
192	0.14	0.12	−7.18	−0.19	11832	1080	0.86	48
193	−0.21	0.25	−6.94	−0.24	13024	1348	0.69	53
194	0.89	0.26	−6.79	−0.15	12207	1111	0.69	53

（1）在推进131～162环过程中都是采用刀盘正前方向左方向掘进。由于三菱盾构机刀盘向左方向往前推进时，当达到一定的扭矩后盾体应该向右旋转。但该过程中回转角不但没有减小，反而以0.04°～0.12°的速率发展。

（2）由于采用刀盘向左转动时回转角还是增大，所以在推进163环时尝试刀盘向右方向推进。其结果是回转角变化量更大，推完163环后比上一环增加了−0.34°，回转角达到了−4.72°。

（3）在推进172～186环时，由于使用铰接推进，铰接角度减小，俯仰角增大，增加盾尾配重，导致推完186环后盾构垂直姿态变为（前−78/中−142/后−134）。

（4）由于〈7〉层遇水强度变低，推进172环前刀盘扭矩始终无法增大。为了获取较大扭矩，在推进172环后加大了千斤顶推力，增加千斤顶速度（最快达到60mm/min），减小刀盘转速，但刀盘扭矩增量还是较小，回转角还是以−0.07°左右的速率增加。

（5）经过反复使用各种措施掘进后，回转角还是不能得到控制。在推进185环时曾在盾体上注入单液浆来增加盾体的摩阻力，最后分析该方法无效果。

（6）由于发现回转角变大时水平和垂直姿态都不是很好，不能在短时间内拉平左右和上下的铰接行程差，促使回转角慢慢地发展，也不能拉直盾构姿态来纠正回转角。

186环前采用各种方法仍不能有效控制回转角的增大，经研究采取以下措施掘进：

(1)由于盾构机的垂直姿态偏差较大,铰接的行程差也较大,这种盾体姿态下不利于回转角的纠正。因此决定采用主千斤顶加上主动铰接的千斤顶一起推进,以保证增加推力的同时能够提供较大的扭矩,同时通过主动铰接的反复收、拉也能保证逐步缩小铰接的行程差,这两点均有利于盾体回转角的纠正。

(2)加大千斤顶流量,采用主千斤顶与铰接千斤顶同时作用来加大贯入度获取最大扭矩。

(3)充分利用启动时刀盘扭矩大的特点来重复动作,获取较大扭矩。

(4)掘进时每一个动作分两次进行,先用铰接推进,再收缩盾构后体,尽量保证盾构垂直姿态变化量最小。

(5)减小刀盘转速,建高土仓压力,辅助增加扭矩来进行推进。

按照预定方案推完187(累计1850)~194环(累计1857)后,回转角以-0.09°~-0.24°的速率逐渐减小,达到-6.79°。根据相关掘进参数变化关系(见图2-43)分析掘进结果,总结如下。

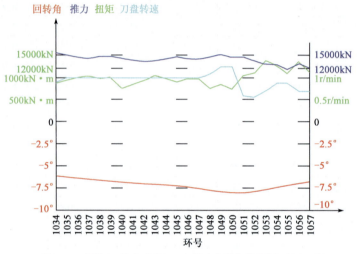

图2-43 回转角、推力、扭矩、刀盘转速参数曲线图(郭建军 绘)

(1)首先用主推千斤顶推进,推进过程中同时加上铰接千斤顶合力推进,这样刀盘可以获取最大扭矩。

(2)降低刀盘转速也可以获取较大扭矩,1851环刀盘转速为0.574r/min,产生的扭矩比上一环大了308kN·m,结果回转角减小了-0.06°。1850环回转角为-8.05°,1851环为-7.99°。

(3)推进过程中上下左右铰接行程差越小,越容易纠正回转角。1854环推完后上下铰接角度为0.02°,产生的回转角变化量为-0.25°。

(4)掘进过程中,利用拼装机顶住一片管片停留在盾构右侧进行掘进,利用管片的重量来人为地造成盾构右侧比左侧要重一点,进而造成盾构的重心向右侧倾斜来辅助纠正回转角。应注意管片要顶紧牢固,以防掉落后砸坏底部千斤顶(见图2-44)。

图2-44 拼装机右侧顶着一片管片掘进(郭建军 摄)

(5)当盾构每掘进一环基本上回转角往上增大-0.1°,通过计算弦长得出回转角每增加0.1°,盾体旋转4.18mm。利用管片螺栓孔比螺栓大6mm的条件,拼装时尽量向右靠拢,这样可以保证管片姿态尽可能不完全跟随盾构姿态。

(6)由于三菱盾构机千斤顶都是以单根独立往后伸出,所以会存在一定量偏离。这样就会产生管片姿态不完全跟随盾构机姿态的情况。

(7)掘进过程中最前一环管片后体都是用螺栓紧固在后面的管片上的,所以当盾构姿态产生向上旋转时,管片旋转的量比盾体旋转的量要小,这样就形成了成型管片产生的旋转比盾构机回转角产生的量要小。

四、盾构始发反力架顶脱及解决办法

盾构机在同济站第三次始发过程中,出现过整个支撑反力系统受力变形,反力架往后及往上明显移动的情况,简述如下。

1. 顶脱过程及原因分析

左线盾构机在同济站始发拼装完-2环后,检查发现用于固定盾构机台车轨道的纵向槽钢(始发前槽钢顶住反力架)向一边偏移,进而发现始发反力架松脱并往后及向上产生了移动。移动值为向上抬升了2cm,往后移动了4cm。经分析,造成松脱的原因有以下几点:

(1)车站底板的高程偏低是主要原因。盾构始发时车站底板高程比设计高程低了200mm且平整度较差,这样造成始发架高程定位存在很大的困难(见图2-45)。

图2-45 底板高程差及防上翘措施(郭建军 摄)

(2)由于反力架的长度是按照设计高程进行加工的,在安装反力架的时候需要在下部垫H型槽钢来增加高度才能保证钢环的安装位置,加上车站预埋钢板位置与设计不符,造成预埋钢板与反力架不能焊接连成一体,这样反力架的稳定性就存在很大的隐患。

(3)由于底板浇筑高程低于设计高程太多,始发架底部需要增加大量的钢板才能保证始发架的高程,这样始发架的高程精度很难控制,进而造成盾构未能按照预先设计的最佳姿态始发,盾构始发后垂直姿态一路朝下发展,拼装完-2环后盾构垂直姿态变为前-69mm、中-26mm、后13mm。为了使盾构姿态发展变缓,采取在盾尾上部增加钢压板(见图2-45)来阻止盾尾继续往上翘起。加上压板后在推进过程中盾尾与压板的摩阻力明显增大造成千斤顶推力由正常始发的5000~6000kN变为9000~12000kN。当千斤顶推力增大后作用于反力架上

的推力也就随之增大。由于反力架的支撑全部为圆钢斜撑,当推力达到一定程度后向上的分力就会把反力架往上抬升。第一次加固后继续推完 -1 环后反力架底部预埋钢板在大推力的作用下被整体往上抬升了 8cm 左右,预埋钢板的锚固钢筋全部被拉断,顶部 3 条 H 型槽钢全部受压变形,部分斜撑预埋钢板也被拉起(见图 2-46)。

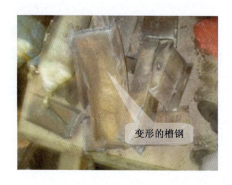

图 2-46 槽钢变形预埋钢板拉起图(郭建军 摄)

(4)此次盾构始发,车站结构与前几次有一定的不同,始发扩大端的长度比前几次要长 4m 左右,不能安装水平支撑。这虽不是导致反力架变形的主要原因,但对于反力架往上抬升有一定的影响。

2. 处理措施

整个始发过程共发生过两次往后及向上移动,解决办法如下。

第一次反力架抬升后采取的加固方法:

(1)在反力架下部与预埋件之间加焊 4 块肋形钢板来加固反力架的底部。

(2)在反力架顶部增加 4 条 H 型槽钢顶到车站中板防止反力架往上抬升(见图 2-47)。

图 2-47 加焊肋板与增加槽钢图(郭建军 摄)

(3)用 H 型槽钢把圆钢斜撑加焊连成一个整体以防止斜撑变形。

第二次抬升后采取的加固方法:

经过第一次加固后盾构继续往前推进,在拼装完成 -1 环后反力架继续往后移动了 2cm 及向上移动了 8cm。最终采取的方法为:

(1)在底板斜撑根部打 φ100mm 的孔,插入钢管增加反力架的反力来阻止反力架继续往后移动。

(2)把顶部4条被压弯的H型槽钢全部换成φ600mm的圆管钢撑(见图2-48)。

图2-48　增加圆管和插入钢管图(郭建军　摄)

(3)对反力架所有的焊缝进行加焊加固及增加型钢连成整体受力(见图2-49)。

图2-49　加焊图(郭建军　摄)

3.小结

经过二次加固再往前推进时反力架没有继续移位,完成了始发的任务。通过总结这次始发发现以下几点内容在今后的始发过程中有一定的借鉴意义:

(1)车站浇筑底板时高程一定要控制好,对于盾构始发姿态和始发架定位都有重要作用。

(2)车站预埋件的位置一定要准确,锚固钢筋可以相应增加几根防止在大推力的作用下被拉断。

(3)安装反力架支撑时如果能够采用水平支撑尽量采用水平支撑,当条件受限的情况下安装斜撑时角度不能太大,斜撑与反力架最顶部的连接点不能高于钢环的顶部外切线与垂直外切线的交点位置。

五、盾构机掘进姿态控制及纠偏

广佛施工一标盾构土建工程选择了两台日本三菱土压平衡盾构机,同祖区间1664~1780环左右线盾构姿态均出现不同程度的栽头或上超现象,尤以右线上下偏移量更为明显,下面以右线掘进过程中遇到的情况为例加以分析。

1.地质情况

(1)地质勘察详图上显示右线出加固区后一直到1680环段为全断面〈3-2〉砂层,隧道底部为 1～3m 的中粗砂层,颜色为灰色、灰黑色。

(2) 从 1680 环开始检查出渣渣样发现,中粗砂含量明显减少,黏粒含量也明显减少,粉细砂含量明显增加,渣样颜色由灰黑色迅速变为灰白色(见图 2-50)。

(3) 从 1689 环开始检查出渣渣样发现,中粗砂含量又逐渐增加,黏粒含量也逐渐增加,粉细砂含量明显减少,地质详图(见图 2-51)显示下部为〈7〉强风化岩层,渣样颜色由灰白色变为灰黑色、黑色。

图 2-50　渣样图(郭建军　摄)　　　　图 2-51　1664～1750 环地层情况(郭建军　绘)

2. 超限过程

同祖区间右线于 6 月 28 日在同济站第三次始发。本次始发设计在竖曲线及平面曲线上始发,竖曲线坡度由车站段的 0.2% 到出加固区后变为 2.8%。此次始发由于车站的原因盾构始发垂直姿态为(前 -81/中 -82/后 -63)。盾构机从 -3 环开始进入加固体到盾尾(1675 环)完全脱出加固体,垂直姿态最大下沉在 1672 环处(前 -179/中 -205/后 -174)。由于偏移量较大经总体研究后决定调整线路。调线后掘进正常,但从 1678 环开始盾构前体再次下沉,到 1691 环盾构姿态变为(前 -96/中 -169/后 -159)。通过采取纠偏措施盾构机掘进完 1700 环后盾构姿态变为(前 6/中 -8/后 -30)。继续往前推进到 1720 环盾构垂直姿态变为(前 90/中 180/后 186),由于偏差太大,只好再次调整线路。二次调线后,由于减小铰接角度的时间太早、上收下伸的量太大导致盾构机继续往上抬,到 1735 环盾构垂直姿态变为(前 77/中 163/后 162)。采取各种纠偏措施后,直到 1770 环盾构垂直姿态变为(前 -5/中 14/后 25)。刚正常不久,又由于收缩铰接的原因,到 1791 环垂直姿态又变为(前 -74/中 -106/后 -89),最后直到 1809 环盾构姿态才完全恢复正常。期间盾构垂直姿态出现过二次下栽、二次上超、再次下栽的过程。该过程可以分五个阶段进行说明,造成超限的主要有以下三个方面原因。

3. 第一阶段:始发阶段栽头原因分析

1) 人为原因

(1) 此次右线始发时,同济路站洞门钢环中心在洞门浇筑混凝土前,由于基准点下沉和人工安装的原因,使洞门钢环中心在高程上偏移设计中心 -43mm,在浇筑混凝土过程中,由于人工操作的原因,造成钢环再次下沉 -38mm,这样始发前钢环中心高程累计偏移中心线 -81mm。

(2) 对于同济站钢环往下偏移的现象,只考虑到盾构机出了加固体后将在 2.8% 的竖曲线上掘进,并没有按0.2%的坡度始发。当盾构机刀盘掘进至前3环(1666环),发现盾构姿态就已加大向下趋势,而此时盾构机并没有完全进入加固体,无法打开铰接进行纠偏,造成盾构机姿态继续朝下发展。

(3)当盾构机掘进1668环时,盾构垂直姿态偏差已经较大,但此时没有及时进行人工测量复核,导致不能及时发现倾角仪俯仰角存在错误。

(4)当1671环盾构垂直姿态达到-208mm,加大铰接角度后,建议再掘进2环,但实际却掘进了4环,最终只有通过调整线路才能得到解决。1667～1674环掘进原始记录见表2-11。

1667～1674环掘进原始记录表　　　　表2-11

环号	掘进完成时间 (月-日-时)	地层	垂直姿态(mm)			铰接角度 (上下)(°)	俯仰(°)	管片型号
			前	中	后			
1667	7-3-23:30	〈3-2〉	-132	-133	-109	0.34	-1.17	R3
1668	7-4-12:02	〈3-2〉	-185	-168	-123	0.55	-1.12	P2
1669	7-5-00:02	〈3-2〉	-200	-196	-144	0.78	-1.28	R3
1670	7-5-22:28	〈3-2〉	-197	-202	-154	0.78	-1.2	L11
1671	7-6-02:21	〈3-2〉	-192	-208	-169	0.78	-1.1	P10
1672	7-6-20:21	〈3-2〉	-179	-187	-174	0.75	-1.01	L2
1673	7-6-22:38	〈3-2〉	-155	-186	-173	0.52	-0.98	P10
1674	7-7-01:35	〈3-2〉	-143	-171	-161	0.44	-1.04	P2

2)机器原因

(1)在掘进行1666环处,中控室电脑显示垂直姿态为(前-126/中-120/后-99),刀盘是一个头朝下的姿态,此时应调整上下铰接差进行纠偏,而盾构机操作室电脑显示为(前-98/中-107/后-77),刀盘是一个头朝上的姿态,误导了盾构机操作手没有调正铰接差进行纠偏,进而加大了高程偏差的发展,掘进过程中推进参数原始记录表见表2-12。

调线后1675～1687掘进原始记录　　　　表2-12

环号	完成时间 (月-日-时)	地层	垂直姿态 (mm)			铰接角度 (上下) (°)	俯仰 (°)	千斤顶分区 油压(kPa)		管片垂直姿态 (mm)	管片型号	盾尾间隙拼前(mm)		盾尾间隙拼后(mm)	
			前	中	后			上	下			上	下	上	下
1675	7-7-05:13	〈3-2〉、〈7〉	26	-15	-16	0.43	-1.06	15.0	14.8	30	P10	65	12	60	10
1676	7-7-18:55	〈3-2〉、〈7〉	36	14	13	0.19	-1.28	17.3	15.5	43	L2	68	15	65	15
1677	7-8-02:15	〈3-2〉、〈7〉	46	34	36	0.13	-1.42	17.2	16.8	66	P10	68	17	58	14
1678	7-8-08:17	〈3-2〉、〈7〉	31	33	52	0.26	-1.61	16.3	16.4	82	P2	38	20	58	21
1679	7-8-12:53	〈3-2〉、〈7〉	1	18	67	0.32	-1.81	15.9	16.1	86	L10	66	25	47	23
1680	7-8-17:24	〈3-2〉、〈7〉	-13	20	77	0.56	-1.98	17.0	17.3	96	P2	59	19	47	21
1681	7-8-22:56	〈3-2〉、〈7〉	-41	9	82	0.6	-2.2	17.0	17.7	98	R3	56	27	45	23
1682	7-9-04:05	〈3-2〉、〈7〉	-73	-12	76	0.73	-2.33	19.0	19.1	79	P2	61	24	31	34

续上表

环号	完成时间 (月-日-时)	地层	垂直姿态 (mm)			铰接角度 (上下) (°)	俯仰 (°)	千斤顶分区油压(kPa)		管片垂直姿态 (mm)	管片型号	盾尾间隙拼前(mm)		盾尾间隙拼后(mm)	
			前	中	后			上	下			上	下	上	下
1683	7-9-14:41	⟨3-2⟩、⟨7⟩	-162	-67	54	0.72	-1.39	19.3	19.5	60	L10	51	26	33	38
1684	7-10-00:01	⟨3-2⟩、⟨7⟩	-183	-83	51	1.12	-2.81	14.4	21.3	39	L9	53	34	31	35
1685	7-10-07:20	⟨3-2⟩、⟨7⟩	-194	-109	37	1.39	-2.63	13.3	20.2	9	L10	55	32	30	40
1686	7-10-16:47	⟨3-2⟩、⟨7⟩	-249	-180	-43	1.44	-2.43	13.7	22.3	-34	P2	48	37	26	38
1687	7-11-02:16	⟨3-2⟩、⟨7⟩	-330	-243	-99	1.43	-2.55	12.1	21.8	-69	P10	51	37	47	19

(2)在同济站内更换维修测量设备时,没有选择与盾构机匹配的原装测量设备,造成了实测俯仰角与盾构机显示俯仰角存在+0.3°的差值,误导盾构机操作手未能及时加大调整上下铰接行程。

3)地质原因

由于三菱盾构机刀盘前体重量比后体要重,而且由于出加固体后,盾构机底部存在较厚的⟨3-1⟩软弱粉细砂层,加上盾构机在2.8‰的竖曲线上掘进,当盾构机刀盘出现朝下的姿态后,很难在短时间内让盾构机刀盘抬头。

4. 第二阶段:继续栽头原因分析

1)地质原因

(1)右线盾构机在掘进1678环过程中开始姿态为(前46/中34/尾36),是朝上的,铰接角度为0.13°,俯仰角为-1.42°。从表2-13可以看出推完1678环后铰接角度变为0.26°,说明推进过程中加大了铰接角度,刀头应该是继续朝上,但结果是刀头往下掉了15mm,俯仰角度变为-1.61°。从勘察详图上看该环刀头位置隧道下部为3m左右的砂层,根据出渣情况发现渣样由中粗砂变为粉细砂,颜色由灰色变为灰白色。进一步查看原始数据发现,当盾尾到达该位置时,也就是拼装完1683环后,盾尾也往下掉了24mm(见表2-12)。

相同的情况在左线也发生了,左线盾构在掘进1682环过程中开始姿态为(前35/中-8/尾-5),盾构垂直姿态是头朝上的姿态,铰接角度为0.50°,俯仰角度为-1.10°。推完1682环后铰接角度为0.67°,说明推进过程中铰接角度加大了,刀头应该是继续朝上才对,但结果刀头往下掉了27mm,俯仰角度变为-1.22°。从出渣的情况同样发现渣样由中粗砂变为粉细砂,颜色由灰色变为灰白色。进一步查看原始推进数据发现当盾尾到达该位置时也就是拼装完1687环后盾尾也往下掉了24mm。

综合上面的内容基本可以判断当盾构机在该段砂层中推进时,由中粗砂进入粉细砂的过程中,由于隧道底部有3m左右的砂层,加上盾构掘进时对土体的扰动和砂层本身标贯击数小、黏粒含量少,导致盾构机发生整体下沉。相同的情况为什么右线1691环最终垂直偏差量达到(前-96/中-162/尾-159),而左线1691环最终垂直偏差量为(前-57/中-118/尾-103)。查看原始掘进记录可以看出当右线出现刀头下沉时铰接角度只有0.13°。在出现下沉的过程中虽然采取加大铰接角度来进行纠偏,但相对于下沉速度,加大角度的量还是不够,所以滞后效应导致后面几环下沉量继续增加,造成1691环最终管片垂直姿态偏差量达到-143mm。而左线出现刀头下沉时铰接角度已经有0.50°,下沉过程中采取加大铰接的措施纠偏基本可以控制俯仰角不出现大的变化量,最终偏移量控制在允许范围内。

(2)盾构机在2.8%的竖曲线上推进,容易导致刀头往下而发生偏移。

2)机器原因

(1)三菱盾构机主机长8.77m,而重心在刀盘往后2.95m左右位置,说明前体比后体要重,加上盾构机在2.8%的竖曲线上推进更加大了俯仰角度,俯仰角度大影响每环向下的变化量也就随着加大。

(2)由于测量系统出现故障不能正确显示出盾构机的即时姿态,误导了盾构机操作手未能及时采取纠偏措施。

5. 第三阶段:盾构抬头的原因分析

1700～1716环掘进原始记录见表2-13。

1700～1716环掘进原始记录　　　　表2-13

环号	完成时间(月-日-时)	地层	垂直姿态(mm) 前	中	后	铰接角度(上下)(°)	俯仰(°)	千斤顶分区油压(kPa) 上	下	管片垂直姿态(mm)	管片型号	盾尾间隙拼前(mm) 上	下	盾尾间隙拼后(mm) 上	下
1700	7-14-14:34	〈3-2〉、〈7〉	6	-8	-30	-0.21	-1.41	18.2	11.3	-45	P2	75	32	62	16
1701	7-14-17:30	〈3-2〉、〈7〉	18	5	-19	-025	-1.42	18.2	11.1	-36	L1	71	22	62	11
1702	7-14-20:12	〈3-2〉、〈7〉	28	16	-11	-0.28	-1.43	19.1	11.1	-24	P2	65	31	64	31
1703	7-14-23:00	〈3-2〉、〈7〉	41	31	4	-0.32	-1.45	19.3	11.2	-17	P10	67	25	68	8
1704	7-15-01:55	〈3-2〉、〈7〉	56	42	9	-0.38	-1.43	18.9	11	-1	L11	66	22	60	12
1705	7-15-04:32	〈3-2〉、〈7〉	71	58	23	-0.44	-1.43	18.9	11.1	12	L1	65	30	68	20
1706	7-15-07:16	〈3-2〉、〈7〉	84	79	36	-0.63	-1.51	18.6	10.4	22	R9	65	25	66	35
1707	7-15-11:38	〈3-2〉、〈7〉	96	102	57	-0.85	-1.66	19.1	10.1	36	L1	60	58	58	15
1708	7-15-15:26	〈3-2〉、〈7〉	104	113	68	-0.85	-1.71	18.7	10.5	57	P2	61	18	39	18
1709	7-15-18:48	〈3-2〉、〈7〉	111	127	88	-0.84	-1.77	18..2	10.9	80	L10	55	28	46	19
1710	7-15-21:37	〈3-2〉、〈7〉	119	142	106	-0.92	-1.87	17.0	10.1	88	P2	55	29	52	15
1711	7-16-00:11	〈3-2〉、〈7〉	118	153	123	-0.93	-2.02	17.1	10.1	109	P10	58	30	59	25
1712	7-16-09:34	〈3-2〉、〈7〉	123	165	140	-0.93	-2.11	16.6	13.6	119	P2	58	28	48	18
1713	7-16-13:38	〈3-2〉、〈7〉	104	154	153	-0.63	-2.21	15.9	14.1	126	L10	55	26	48	12
1714	7-16-16:50	〈3-2〉、〈7〉	104	158	170	-0.42	-2.20	16.7	14.5	130	L9	60	34	52	18
1715	7-17-01:09	〈3-2〉、〈7〉	115	162	162	-0.59	-2.16	14.3	13.1	137	P10	60	37	56	25
1716	7-17-03:25	〈3-2〉、〈7〉	119	170	167	-0.68	2.20	16.4	12.3	128	P2	59	30	61	25

1)地质原因

(1)从盾构机出渣的情况来看,从1693环开始,底部出现〈7〉地层,到1713环后,掌子面底部有近2m的〈7〉岩层,在20环的距离内,由0缓慢变成2m,是一个约6.5%的斜坡。上部为〈3-2〉下部为〈7〉岩层的典型上软下硬地层,加上盾构姿态为朝上姿态,更加大了盾构机向上抬头。

(2)从1715环后可以看出当盾尾偏差量比中体和前体都要大的时候,俯仰角为-2.16°,铰接角度为-0.59°。继续掘进后盾尾不但没降反而往上抬,分析认为当千斤顶推力作用在管片上时,以刀盘为支点,前方土体提供的阻力小于管片的反力时,盾尾只有往上抬。

2)人为原因

(1)在盾构机采取盾尾压管片、合理分配千斤顶分区油压、更换测量设备的措施后,盾构机推完1700环后,垂直姿态为(前6/中-8/后-30)。承包商为了防止盾构机再次发生栽头,没有加大铰接角度,只采用了-0.21°~-0.44°的小铰接姿态往前推进了7环,这样盾构前体垂直姿态平均以12mm的速度往上递增,推完1707环后,盾构已形成(前96/中102/后57)的向上姿态,延迟了纠正盾构垂直姿态的最佳时间。

(2)当盾构在1713环出现整体朝下的姿态后,为了防止刀盘下沉太快,再次出现下栽的现象,收缩了上部铰接千斤顶,减小了铰接角度,造成1719环推完后,管片姿态向上偏差198mm,事后分析,此时应保持铰接角度,加大千斤顶推力,使刀盘嵌入〈7〉层更深,然后再逐渐调整垂直向下姿态,纠正向下的趋势,进而减小盾构向上的偏移量。

6. 第四阶段:二次调线后盾构垂直姿态继续上抬的原因分析

二次调线后1721~1730环掘进原始记录见表2-14。

二次调线后1721~1730环掘进原始记录 表2-14

环号	完成时间(月-日-时)	地层	垂直姿态(mm)			铰接角度(上下)(°)	俯仰(°)	千斤顶分区油压(kPa)		管片垂直姿态(mm)	管片型号	盾尾间隙拼前(mm)		盾尾间隙拼后(mm)	
			前	中	后			上	下			上	下	上	下
1721	7-19-17:05	〈3-2〉〈7〉	61	139	135	-1.02	-2.47	13.7	13.5	129	P10	63	27	61	15
1722	7-19-20:11	〈3-2〉〈7〉	61	135	133	-0.93	-2.42	12.8	12.9	129	P2	65	32	61	12
1723	7-20-01:00	〈3-2〉〈7〉	53	105	133	-0.18	-2.19	12.5	12.6	122	P10	65	20	52	20
1724	7-20-03:45	〈3-2〉〈7〉	69	117	112	-0.68	-2.10	12.6	13.4	117	P2	60	25	65	15
1725	7-20-07:13	〈3-2〉〈7〉	73	126	105	-1.00	-2.15	13.6	12.9	104	L3	66	26	68	15
1726	7-20-12:26	〈3-2〉〈7〉	76	125	100	-1.01	-2.09	12.3	12.3	104	L2	66	19	59	17
1727	7-20-16:06	〈3-2〉〈7〉	95	137	104	-1.06	-2.01	13.3	11.9	103	P10	61	39	59	16
1728	7-20-19:12	〈3-2〉〈7〉	98	143	112	-1.05	-2.05	16.8	13.4	100	L2	67	28	55	21
1729	7-20-23:30	〈3-2〉〈7〉	92	144	118	-1.05	-2.05	16.6	14.1	95	P10	60	36	56	34
1730	7-21-02:08	〈3-2〉〈7〉	90	146	124	-1.05	-2.19	13.8	12.8	124	P2	54	37	51	35

1)人为原因

第二次调线后,1721环管片姿态为(前61/中139/尾135),在逐渐减小铰接角度往前推完1723环后,垂直姿态变为(前53/中105/尾133)。在这个过程中,为了防止刀盘下降太快,影响管片姿态,把铰接角度由-1.02°变为-0.18°。再往前推进过程中,俯仰角逐渐变小,刀盘上抬太快,盾尾下降也比较快,是造成二次调线后盾构机上抬的主要原因。

2)地质原因

盾构机俯仰角小对于底部为〈7〉层和上部砂层标贯击数为12的掌子面不利,更不利于刀盘往下切岩。为了防止刀盘继续往上抬,选择下部部分千斤顶不用来进行掘进,使俯仰角增大,迫使刀盘往下,使盾尾上抬。掘进1730环后,垂直姿态变为(前90/中146/尾124)。最终证明增大俯仰角有利于盾构垂直方向纠偏。

3)机器原因

盾构机没有超挖刀在大铰接角度推进过程中,对于底部为⟨7⟩强风化岩层采取加大铰接的措施很难达到预期效果。

7. 第五阶段:1788环下栽的原因分析

1)人为原因

1772环推完后姿态为(前-16/中11/尾32),铰接角度为0.02°,俯仰角度为-1.81°。推进1773环过程中盾构机操作手把上部铰接伸为60mm、下部铰接缩为52mm,把铰接角度由正变为负。促使刀头往下掉了-6mm,盾尾往上抬了12mm,俯仰角变为-1.99°。推进1774环过程中虽然有采取收缩上部铰接和伸出下部铰接的措施来进行纠偏,但从数据上可以看出刀头继续往下掉了-24mm,盾尾没变。说明推进过程中盾构机操作手没有根据刀头下降速率来增加铰接角度,接着推进1775环时还是根据推上环的数值来增加铰接角度。上一环0.10°-(-0.09°)=0.19°,本环0.32°-0.10°=0.22°,增加0.22°显然是不够的,是不能控制刀头下降速率的,导致刀头继续往下掉了-15mm。这样滞后效应最终导致1788环盾尾垂直姿态最大偏差值为-103mm。

2)环境原因

盾构机在2.6%的坡度上推进俯仰角较大,只要上一环刀头往下掉一点,那么对下一环的影响就比较大。这也是前面几次栽头时刀头下降快的原因之一。

8. 小结

掘进中的盾构机在地层中所处的有效间隙极小,整个盾体四周及刀盘正面都被地层包裹得严严实实,仅有的空间只有管片和盾尾间的空隙(盾尾间隙)以及非常小的盾体环形间隙(该间隙取决于保径刀的刀径和地层的稳定性),所以姿态的控制就是通过各种手段改变这两种间隙的大小、趋势来控制盾构机的走势。

通过广佛1标上千环的姿态调整得到证明,每次的盾构纠偏过程都发现,盾头的姿态变化并不明显,变化的只是盾尾和盾中的姿态。譬如盾构机出现栽头时,我们必须伸长底部铰接或回缩上部铰接,改变盾尾间隙及盾体环形间隙,此时盾尾会上翘,盾中会沉下去,但盾头基本无明显反应,形成后体向下趋势大于前体,从而进行盾构姿态的纠偏,并非加大铰接角度盾构机就会抬头。其实盾构姿态纠偏对于盾构姿态控制来说只反映了一个方面,还有一个方面不容忽视,即管片选型;因为不同的管片选型形成不同盾尾间隙,不同的盾尾间隙所影响的姿态控制程度也不同。所以盾构姿态必须以盾构姿态纠偏与管片选型相结合来控制。

对于有经验的盾构机操作手,能够根据推进时的管片姿态以及下一环所要装的管片型号、点位来对本环盾构机姿态进行调整,而且在姿态差的时候,纠偏是随着盾构机推进进行纠偏。纠偏量从小到大,因为随着盾构机往前移,盾尾所包裹的管片长度越来越短,整个盾尾自由度则越来越大,所以纠偏量从小到大;如果在盾尾自由度小的时候就开始急纠,那么就很有可能不但姿态没得到控制而且还造成管片错台、破裂。

盾构机姿态控制概括起来就是要能够将管片姿态、盾构前体姿态、盾尾姿态、设计轴线四者相互平衡来对盾构机进行姿态控制,总结有以下几点:

①在上软下硬地层中速度不宜太快;②硬地层过渡到软土层时应提前开启一定的上下铰

接角度;③下坡变缓时、平坡过渡到上坡时盾构机控制在设计轴线上方推进;④上坡变缓时、平坡过渡到下坡时盾构机控制在设计轴线下方推进;⑤无论左右转弯,盾构机都宜沿着设计线路的内弧推进;⑥及时做好人工测量工作,保证能得到正确的盾构机姿态数据来指导掘进。

六、螺旋机事故及处理

1. 螺旋机中轴断裂事件

由于季华园站未具备盾构出洞条件,左线盾构停留在魁季区间到达端加固区近半个月。再次恢复掘进时,螺旋机内渣土已失水固化,在启动螺旋机的瞬间,由于螺旋机扭矩过大,造成螺旋机杆发出脆响声断裂(见图2-52)。

处理方法:通过拆开螺旋机对螺旋机断裂处重新焊接加固。

总结:在盾构停机期间,应安排人员对刀盘系统、铰接系统、螺旋机、注入系统等制定一个定时的、合理的热机维护制度。

2. 全断面砂层卡螺旋机事件

右线盾构过季同区间全断面砂层期间,在恢复掘进时,发现螺旋机无法转动。排除了设备故障原因,判断是由于砂失水密实后,将螺旋机包裹住而无法转动导致的。

处理方法:通过对螺旋机中部进行开孔掏砂后,减小螺旋机摩阻力。封闭开孔后再次启动螺旋机(见图2-53)。

图2-52 螺旋机杆断裂(郭建军 摄)

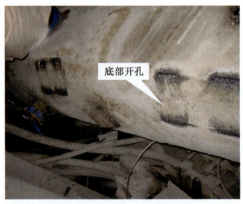

图2-53 螺旋机开孔(郭建军 摄)

图2-54 土仓底部螺旋机断裂并弯曲(郭建军 摄)

总结:在全断面砂层掘进停机期间,必须做好停机准备。在最后一环掘进时往土仓内注入膨润土,增加渣土含泥量,避免因砂沉积密实包裹螺旋机。

3. 盾构贯通时断螺旋机事件

右线盾构季同区间贯通时,盾构出洞速度达到40mm/min,围护结构内大块素混凝土及钢筋将靠近土仓底部一端的螺旋机中轴卡断(见图2-54),且断裂的螺旋机轴插入刀盘辐条内侧,造成螺旋机轴断裂弯曲无法使用。

处理方法:由于盾构刀盘已全部露出洞门,为减小出洞风险,剩余的少量混凝土用风炮机快速清除。盾体顶到帘幕板收紧后,把扭断的中轴从刀盘内取出,待盾构推到车站中段后拆开螺旋机把剩下的中轴取出,并重新加工一段新的螺旋机中轴与未弯曲的螺旋机轴进行二氧化碳气体保护焊接。

七、中心回转接头开裂事故及处理

在左线季同区间,盾构过全断面砂层,由于千斤顶推力大、刀盘扭矩达到上限值、掘进速度慢、发生喷涌、地面沉降超限,判断盾构机中心回转接头有故障、刀具磨损、结泥饼,随后盾构停止掘进,对地层进行加固开舱。加固完成开舱后,发现中心轴与刀盘的连接处已开裂(见图2-55),刀具磨损严重,回旋接头密封失效(见图2-56)。

图2-55 中心轴与刀盘连接处开裂(郭建军 摄)　　图2-56 新刀与磨损后刀对比图(郭建军 摄)

1. 盾构掘进过程

左线盾构机于2008年9月5日在季华园站二次始发,进入1067环后隧道正面上半部及拱顶范围分布有大量的〈3-1〉、〈3-2〉地层,隧道底部分布有少量的〈7〉地层,掘进地段隧道拱顶主要为〈2-1〉、〈2-2〉、〈3-1〉地层,掌子面主要为〈2-2〉、〈3-1〉、〈4-1〉及少量的〈7〉地层,其中〈3-1〉地层占大部分,隧道拱顶埋深在11.5~16.1m。盾构在掘进1067环前采用土压平衡模式,严格控制出土量和土仓压力,重点控制渣土改良,掘进过程中通过采用高分子TAC材料进行渣土改良,取得一定的效果,掘进速度在30mm/min左右。但在掘进1067~1086环过程中,由于地层突变,渣土改良效果欠佳产生喷涌,使出土量难以控制,引起该地段地表出现了较大的沉降。根据监测显示,地面沉降量最大值为1067环处 - 88.9mm。在发现这一状况后,迅速组织人员从地面钻孔进行灌浆回填并对地面进行定时监测。通过灌浆回填后,地面沉降值稳定在 - 49.3 mm。从1075环(ZDK2 + 358.2)开始,盾构掘进参数产生恶性变化,刀盘扭矩由1075环之前正常掘进的1500kN·m增加到1075~1106环的2800kN·m左右,从1103环的2200kN·m逐步增加到2900kN·m左右;推力由1075环的14000kN上升到21000kN左右;速度由1116环的26mm/min逐渐下降到1125环的8mm/min左右。在此恶劣工况下盾构机经常出现因扭矩过高,刀盘跳闸停转的现象,同时由于盾构掘进速度较慢,渣土改良欠佳,地面沉降得不到有效的控制。盾构自2008年11月3日掘进完1117环之后由于掘进工况进一步恶化,一直处于半停机状态。

2. 原因分析

根据盾构掘进过程及底部地层为⟨6⟩、⟨7⟩的实际情况分析,主要存在刀盘扭矩大、千斤顶推力大、掘进速度慢、渣土改良效果不明显、出土量难以控制、喷涌、地面沉降大等几个方面的问题,估计刀盘出现结泥饼现象,进而分析可能是因为回旋接头密封失效,导致泡沫和其他外加剂不能注入到刀盘前面从而造成刀盘结泥饼。

1) 土仓结泥饼

(1) 黏土层较厚,从1078环开始,螺旋机出土有很大部分是黏泥,注入剂对此土层很难进行改良。本黏土层由泥灰岩风化残积形成,灰黑色、硬塑,黏性很好,透水性很差,取出的渣样在室温下风化2~3d后即变得强度很高。本段在掘进过程中为控制地面沉降,掘进参数采用较高土压(210kPa以上);为保证渣土改良质量,刀盘转速采用高转速(2~2.3r/min)掘进;从1108环开始,刀盘扭矩达到3000kN·m左右。在高温高压情况下本黏土层极易结成泥饼。

(2) 掘进过程中喷涌频繁、渣土温度较高。从1117环开始,掘进时土压有急剧波动;根据相关地质补勘资料,开挖断面拱顶有1~2m的⟨3-1⟩砂层,本地层含水丰富,在土仓有效容积变小的情况下极易产生喷涌;从1116环开始,经常产生喷涌现象,且喷出的渣土温度较高(达40℃以上);刀盘冷却水温度由正常时的33~34℃逐步上升到40℃。

2) 中心回转接头处添加剂泄漏

(1) 根据以往经验,刀盘在结泥饼后,刀盘注入孔会有不同程度的堵塞,注入剂有部分不能进入土仓,而盾构机在掘进过程中所有的注入泵均有流量进入土仓。

(2) 根据对刀盘回转中心轴的检查,回转轴的密封油脂中掺杂有砂土,油脂颜色有明显变化;手感回转中心轴有明显急转现象,数值化测量最大偏差值达5.8mm,已超过标准要求的5mm。

根据上述原因分析认为:在土仓隔板处回转接头的注入通道已经不密封,注入剂很难注入到刀盘与掌子面上。图2-57为回转接头示意图。

3. 处理经过

通过采用新二管高压旋喷桩对刀盘前端的土体进行加固。加固范围为横向12m(盾壳两侧各外扩2.85m),纵向6m(刀盘前3m);加固厚度为从中盾体至刀盘前端3m范围内加固到隧道拱顶以上9m,其余部位加固到拱顶以上3m,桩底以盾壳或进入⟨7⟩地层0.5m为准。加固完成后,盾构机缓速推进到加固区内(刀盘进入加固区域3m),再通过盾构机前盾体上的注入孔对盾壳周围与加固体之间的间隙进行注浆封堵,堵住因刀盘超挖产生的空隙,待确定土仓内无孔隙水后开舱检查。开舱检查发现中心轴与刀盘的连接处已开裂且刀具磨损严重。连接处开裂直接导致了回转接头密封失效。刀盘磨损严重及密封失效导致了刀盘扭矩增大、舱内温度升高进而产生刀盘结泥饼。经过对中心轴清洗后采用二氧化碳气体保护焊对裂缝处进行加固,并重新安装螺栓与盾体连接及更换刀具。经过采取上述措施,盾构顺利到达了同济路站。

4. 总结

掘进期间必须做到经常开舱检查,以便进行必要的维修和改造。

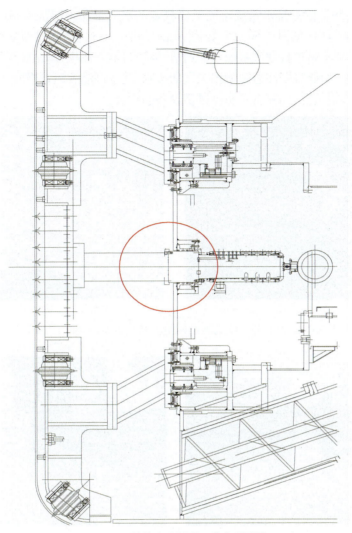

图 2-57　回旋接头示意图（三菱公司图纸）

八、闸门爆油管事件

左线 1125 环关舱后恢复掘进，盾构处于上软下硬地层，渣土改良不理想，流动性过高，必须不间断开关闸门来控制排土量及土压的稳定，在掘进不到 10 环内连续两次闸门油管爆裂，闸门无法及时关闭，在高水头压力下近 $100m^3$ 的流沙不断从闸门涌入隧道（见图2-58），造成路面塌陷，所幸处理及时未造成事故。

处理方法：用备用气压装置将闸门关闭，用重锤敲击闸门强行关闭，对地面进行回填、注浆。

总结：对于频繁操作某设备时，必须认真考虑有可能出现的故障及所造成的后果，制订相应的技术保障措施，如对老化的管路进行更换，增加一套液压闸门，加长螺旋机等。

九、隧道因暴雨被淹事件

2009 年 8 月 12 日凌晨，佛山遭受 4 年来最大一次短时集中强降暴雨袭击，由于同济路站地势较低(见图 2-59),附近排水系统未能及时排走的水大量涌入同济路站底板,瞬间水位上升并涌入左右线隧道内(见图 2-60),幸好抢险及时,在 1～3d 内盾构机即恢复了掘进。

处理方法:封堵车站顶板往底板涌水的通道,隧道口堆积泥坝,车站底板增加水泵。

总结:盾构施工中要特别注意强暴雨天气的雨水、河水倒灌及运输中断、雷击等风险,应及时收集局部天气预报信息,提前备足防洪排涝设备和物资。

图 2-58　隧道内的涌沙及地面回填(郭建军　摄)

图 2-59　同济路站(广东水电二局　提供)　　图 2-60　右线盾构机操作室(广东水电二局　提供)

Chapter 3

桂城站—祖庙站区间盾构施工技术

执笔人 The Author

魏康林 ▷

高级工程师，国家注册监理工程师，注册咨询工程师，广佛线首通段施工1、4标项目总监

执笔人 The Author

吕荣海 ▷

专业监理工程师

执笔人 The Author

李浚沅 ▷

本标段总监代表

第三章 桂城站—祖庙站区间盾构施工技术

第一节 工程概况

一、工程概况

1. 线路

桂城—朝安—普君北路—祖庙盾构区间土建施工项目,线路呈东西向(见图3-1),隧道单线总长4975.76m,轨面埋深约为14～22m,区间线间距13m。隧道管片内径5400mm,外径6000mm,标称隧道限界(建筑限界)为5200mm。

祖庙—普君北路站区间:左线长745.053m(长链0.683m);右线长744.370m;左右线合计1489.423m。区间线路为单线坡,最大坡度0.917%,在里程Y(Z)DK4+920处设置联络通道。线路平面上左右线各有2个曲线段,最小曲线半径为350m,曲线段长度占总长80.0%。

普君北路站—朝安站区间:左线长912.792m(长链0.548m);右线长913.34m;左右线合计1826.132m。区间最低处设置废水泵房(兼作联络通道)。曲线半径1500m,曲线段长度占总长10.0%。

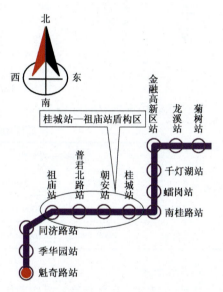

图3-1 桂城站—朝安站—普君北路站—祖庙站盾构区间线路地理位置图(来源于设计图纸)

朝安站—桂城站区间:左线长827.323m;右线长831.834m;左右线合计1659.157m。区间最低处设置废水泵房(兼作联络通道)。最小曲线半径为350m,曲线段长度占总长89.1%,线路纵断面中,区间线路较平缓,最大纵坡为2.7%,对应坡长200m。

2. 建设工期

本标段合同工期为:2007年8月30日至2009年8月30日(含验收)。合同计划2台盾构机于2008年3月先后从桂城站西端头始发,2008年9月到达朝安站;2008年10月二次始发,2009年3月到达普君北路站;2009年4月再次始发,2009年7月到达祖庙站东端头盾构吊出。2009年7月30日区间隧道全部完工。

但由于跨地区的征地、借地、管线迁改等协商事宜对工程的工期产生了较大的制约,致使2007年7月30方进场,而桩基托换和端头加固、场地移交及施工又耗时较长,至2009年2月

26日第一台盾构机才从桂城站始发。为了保证总工期目标的实现,在原合同2台泥水盾构的基础上,又增加了2台泥水盾构从普君北路站始发,到祖庙站吊出,方满足了工期要求,隧道于2009年12月底和2010年3月底先后贯通,掘进示意图如图3-2所示。

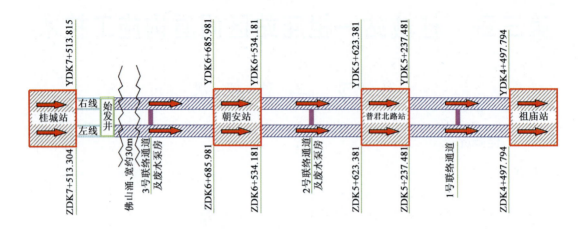

图3-2 桂城站—祖庙站区间掘进示意图

各区间盾构掘进时间见表3-1。

区间盾构隧道工程盾构作业时间表　　　　　　　　　　　　　　　　表3-1

区间 线路	桂城站—朝安站		朝安站—普君北路站		普君北路站—祖庙站	
	始发	到达	始发	到达	始发	到达
左线隧道	2009-02-06	2009-07-29	2009-08-27	2010-03-24	2009-07-18	2009-12-06
右线隧道	2009-04-13	2009-08-19	2009-09-08	2010-02-10	2009-08-18	2009-12-31

3. 工程投资

桂城—朝安—普君北路—祖庙盾构区间土建工程合同中标价为224699658元,包括工程施工、完工和修补缺陷等费用。本区间主要工程项目合同投资情况见表3-2。

本区间主要工程项目投资情况一览表　　　　　　　　　　　　　　　表3-2

序号	单价号	工程项目及名称	单位	单价	合价	备注
1	1.1	桂城—朝安站盾构区间			77961977	
	1.2	前期准备及辅助设施工程			3525379	
	1.3.1	隧道掘进、弃土、管片拼装及同步注浆	延长米	27549.88	45636100	
	1.3.3	管片预制	延长米	9315.74	15431430	
	1.4.3	联络通道及集水井(不含加固)	个		446601	
	1.4.6	车站端头加固	项		169.0380	投标价
	1.4.8	桩基托换	根	12386.16	2080874	

续上表

序号	单价号	工程项目及名称	单位	单价	合价	备注
2	2.1	朝安—普君北路站盾构区间			75398786	
	2.2	前期准备及辅助设施工程			2372780	
	2.3.1	隧道掘进、弃土、管片拼装及同步注浆	延长米	27195.7	49552469	
	2.3.3	管片预制	延长米	9315.58	16969995	
	2.4.3	联络通道及集水井(不含加固)	个		373290	
	2.4.6	车站端头加固	项		1690380	投标价
3	3.1	普君北路—祖庙站盾构区间			69488895	
	3.2	前期准备及辅助设施工程			6571264	
	3.2.4	周边建筑物保护	栋	74418.85	1190702	
	3.3.1	隧道掘进、弃土、管片拼装及同步注浆	延长米	26834.38	39915603	
	3.3.3	管片预制	延长米	9316.58	13858226	
	3.4.2	联络通道(不含加固)	m³		86222	
	3.4.4	车站端头加固	项		1998387	投标价

二、施工环境

1. 地层

本段区间处于蠕岗西断裂和蠕岗断层之间,区间岩性分别如下:

朝桂区间:基岩为白垩系上统大塱山组黄花岗段(K_2d^2),主要为褐红色泥岩、泥质粉砂岩,局部夹砾质粉砂岩、细砂岩,与下伏地层整合接触;白垩系下统白鹤洞组(K_1b),岩性为紫棕~暗红色含砾粗砂岩、砂砾岩夹细砂岩及薄层泥岩,以粗碎屑岩为主,岩质较软,岩石软化系数小于0.75,是典型的易软化、易风化岩石。

普朝区间:基岩为白垩系上统大塱山组黄花岗段(K_2d^2),主要为褐红色泥岩、泥质粉砂岩组成,夹含砾粉砂岩、细砂岩、砾岩,偶见泥灰岩,呈薄层—中厚层状,与下伏地层整合接触。岩质较软,岩石软化系数为0.39~0.56,是典型的易软化、易风化岩石。

祖普区间:下第三系古新统莘庄组(E_1x),上部以暗紫红色、暗红褐色钙质泥岩、泥质粉砂岩、粉砂质泥岩、砂岩为主,夹石膏,岩质较软,岩石软化系数为0.58,风化系数$k_f=0.4~0.5$,是典型的易软化、易风化岩石。

三个区间地下水类型主要为第四系孔隙水及基岩裂隙水,第四系孔隙水存在于粉细砂层〈3-1〉、中粗砂层〈3-2〉、及粗砾砂层〈3-3〉中,该地下水不具承压性;基岩赋存一定量的裂隙水,但其透水性相对较弱。本区间地下水丰富,对混凝土结构具有弱腐蚀性,对混凝土中钢筋具有中等腐蚀性。

本区段岩土工程地质条件和水文地质条件均属中等复杂场地,朝桂区间地质剖面图如图3-3~图3-8所示。

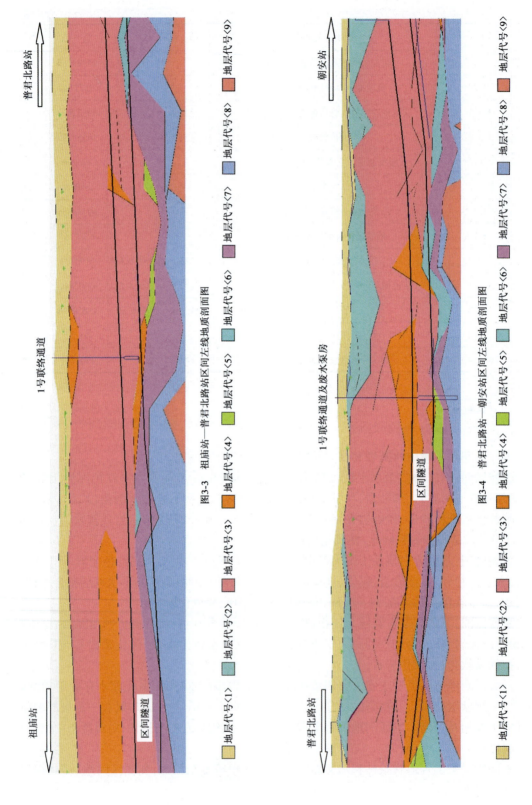

图3-3 祖庙站—普君北路站区间左线地质剖面图

图3-4 普君北路站—朝安站区间左线地质剖面图及废水泵房

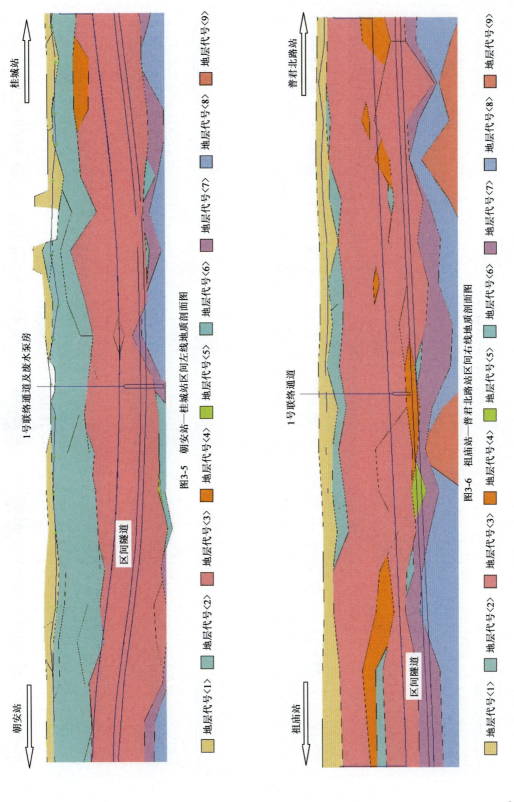

图3-5 朝安站—桂城站区间左线地质剖面图

图3-6 祖庙站—普君北路站区间右线地质剖面图

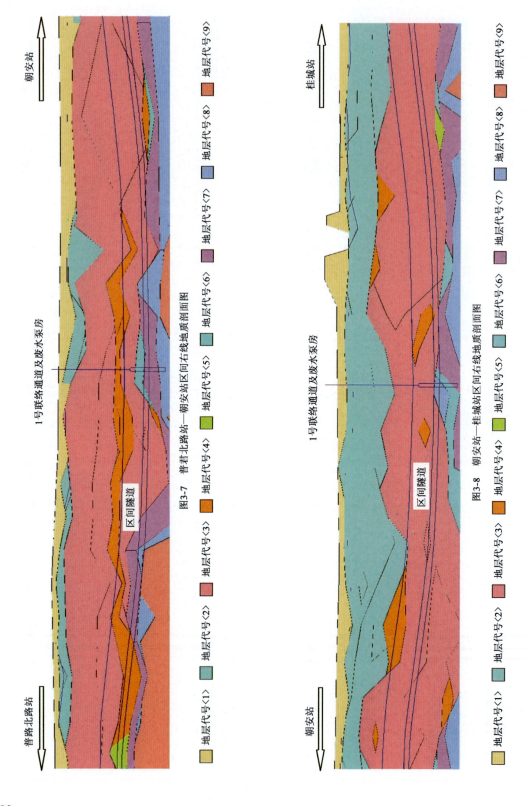

图3-7 普君北路站—朝安站区间右线地质剖面图

图3-8 朝安站—桂城站区间右线地质剖面图

2. 主要工程地质分层和水文地质特性

1）地质分层

(1) 人工填土层（Q_4^{ml}）。

(2) 海陆交互相沉积层。

(3) 陆相沉积砂层（Q_3^{al}）。

(4) 陆相沉积土层（Q_3^{al}）。

(5) 残积土层。

(6) 基岩及基岩风化层。

(7) 强风化层。

(8) 中风化岩层。

(9) 微风化岩层。

其地基土岩层颗粒分析见表3-3。

地基岩土颗粒分析表　　　　　表3-3

名称	统计项目	颗粒组成(mm)(%)					有效粒径 d_{10}	中间粒径 d_{30}	平均粒径 d_{50}	界限粒径 d_{60}	曲率系数 C_c	不均匀系数 C_u
		>2	>0.5	>0.075	>0.01	>0.002						
淤泥质土	最大值	—	10.8	32.3	38.3	15.2	0.003	0.013	0.033	0.050	1.250	16.670
	最小值	—	0.0	0.0	0.0	0.0	0.000	0.000	0.000	0.000	0.000	0.000
	平均值	—	2.6	9.9	11.9	4.9	0.001	0.004	0.011	0.016	0.737	10.557
	标准差	—	4.192	13.584	18.578	7.598	—	0.006	0.017	0.025	—	—
	变异系数	—	1.644	1.365	1.555	7.598	—	0.006	0.017	0.025	—	—
	标准值	—	6.0	21.2	27.3	11.2	—	0.010	0.025	0.036	—	—
粉细砂	最大值	5.3	28.0	37.2	1.4	1.2	0.086	0.316	0.383	0.424	2.740	4.930
	最小值	0.0	0.0	0.0	0.0	0.0	0.000	0.000	0.000	0.000	0.000	0.000
	平均值	0.9	8.5	18.7	0.3	0.3	0.030	0.070	0.108	0.123	1.083	3.250
	标准差	2.164	11.647	13.579	0.586	0.502	—	0.127	0.171	0.194	—	—
	变异系数	2.45	1.373	0.727	1.673	1.673	—	1.829	1.587	1.575	—	—
	标准值	2.7	18.1	29.9	0.8	0.7	—	0.175	0.250	0.283	—	—
粉质黏土	最大值	—	28.5	23.8	9.6	29.2	0.061	0.068	0.253	0.343	0.460	78.000
	最小值	—	4.8	8.8	1.0	2.7	0.001	0.006	0.064	0.078	0.220	5.620
	平均值	—	16.6	16.3	5.3	15.9	0.031	0.037	0.159	0.211	0.340	41.810
粉细砂	最大值	22.7	36.9	37.6	1.8	3.4	0.104	0.319	0.502	0.701	3.020	10.460
	最小值	0.0	0.0	4.2	0.0	0.0	0.000	0.000	0.000	0.000	0.000	0.000
	平均值	4.2	15.3	14.3	0.4	0.6	0.048	0.081	0.117	0.141	0.828	2.416
	标准差	7.657	13.334	9.529	0.729	1.129	0.038	0.132	0.182	0.225	1.231	3.491
	变异系数	1.844	0.871	0.667	1.630	1.744	0.795	1.617	1.561	1.599	1.488	1.445
	标准值	7.2	20.7	18.1	0.7	1.1	0.071	0.135	0.190	0.232	0.281	3.967

续上表

名称	统计项目	颗粒组成(mm)(%)					有效粒径 d_{10}	中间粒径 d_{30}	平均粒径 d_{50}	界限粒径 d_{60}	曲率系数 C_c	不均匀系数 C_u
		>2	>0.5	>0.075	>0.01	>0.002						
中粗砂	最大值	30.5	44.3	19.6	1.8	2.1	0.272	0.497	1.016	1.451	3.050	6.820
	最小值	0.0	18.5	1.2	0.0	0.0	0.000	0.000	0.000	0.000	0.000	0.000
	平均值	5.9	29.9	6.8	0.8	0.9	0.101	0.179	0.302	0.388	1.118	3.670
	标准差	11.556	10.729	6.226	0.748	0.949	—	0.200	0.366	0.515	1.292	2.950
	变异系数	1.968	0.356	0.910	0.988	1.072	—	1.116	1.211	1.329	1.156	0.804
	标准值	14.4	37.8	11.4	1.3	1.6	—	0.328	0.573	0.769	0.051	6.106
全风化泥质粉砂岩	最大值	28.5	12.6	12.5	13.3	28.8	0.059	0.065	0.236	0.555	0.130	9.410
	最小值	28.5	12.6	12.5	13.3	28.8	0.059	0.065	0.236	0.555	0.130	9.410
	平均值	28.5	12.6	12.5	13.3	28.8	0.059	0.065	0.236	0.555	0.130	9.410

2）水文地质

区间地下水类型主要为第四系孔隙水及基岩裂隙水,主要富水层为粉细砂〈3-1〉、中粗砂层〈3-2〉、砾砂层〈3-3〉,透水性中等。淤泥质粉细砂层〈2-2〉、全风化岩〈6〉、强风化岩〈7〉及中风化岩〈8〉富水性中等,透水性较弱,其余地层富水性极弱,为微透水层或不透水层。

地下水对混凝土结构具有弱腐蚀性,对混凝土中钢筋具有中等腐蚀性。

隧道穿越地层主要为粉细砂层及中粗砂层,部分穿越强风化泥质粉砂岩。

3. 建（构）筑物和地下管线

线路呈东西向,穿过老城区、繁华地段的商场、马路、学校、公园、工业厂房、办公楼、居民楼等建筑物。隧道上方存在大量的地下管线,包括自来水管、消防水管、排污管、排污箱渠(4.8m×2.5m)、煤气管、高压电缆、电信、网通、联通、移动光纤、电视线路及检查井、化粪池等,给地面施工的管线迁改工作带来了极大的困难并增加了工作量。

三、工程重难点

本施工单位是第一次使用泥水盾构,存在施工难、工期紧、任务重、施工场地小等困难。

本工程隧道施工线路从大量高楼和民房下穿越,部分民房的桩基础紧贴盾构隧道,有的桩基伸入到隧道中,盾构掘进过程中需要进行桩体切割。

盾构施工的区间较长,要求施工测量精度高且控制测量技术可靠。

第二节 盾 构 机

一、盾构机参数及配置

1. 盾构机主要参数

本标段使用2台德国海瑞克公司制造的泥水平衡式盾构机,开挖直径为6.28m,总长

77.755m，总配置功率1369kW，最大掘进扭矩5213kN·m，最大推进力为34210kN，最大掘进速度可达6cm/min，最小水平转弯半径300m。盾构机采用西门子公司的S7-400PLC自动控制系统控制，可在地面监控室对盾构机的掘进进行实时监控。

盾构机主要由以下系统组成，分别是推进及铰接系统、刀盘及驱动系统、管片拼装系统、泥水回路系统、同步注浆系统、二次注浆系统、集中润滑系统、盾尾密封系统、水冷却系统、工业用气系统、开挖舱保压系统、电气及中央控制系统、数据采集系统、SLS-T隧道激光导向系统，这些系统分别安装在盾构机的盾体和车架上。

盾构机具体参数详见本书第一章表1-4。

2. 刀盘和刀具

刀盘示意图及实体图如图3-9、图3-10所示。

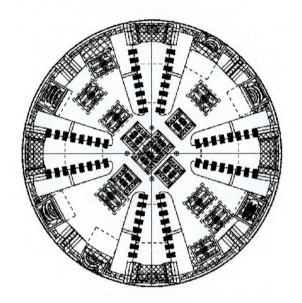 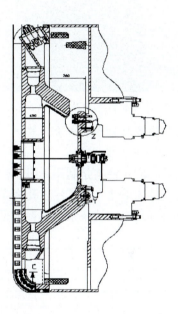

图3-9 刀盘布置平面示意图

图3-10 刀盘布置实体图（吕荣海 摄）

刀盘驱动可以使刀盘在顺时针和逆时针两个方向上实现 0~2.5r/min 的无级变速。
本工程刀盘刀具的布置既要考虑对软土掘进的适应性，又要考虑对硬岩区段掘进的适应性。本工程使用的刀具类型及数量为：

(1) 边缘区双刃滚刀计 6 把。

(2) 边缘弧形刮刀（周边刀）计 16 把。

图 3-11　球齿双刃滚刀实体图（吕荣海　摄）

(3) 正面齿刀（刮刀）计 64 把。

(4) 正面区双刃滚刀计 8 把。

(5) 中心区双刃滚刀计 6 把。

正面区滚刀和中心区滚刀可根据需要与齿刀互换，每把滚刀最大受力为 250kN。

双刃滚刀选用球齿型，该滚刀具有较高的耐磨性。整刀的启动转矩调整在 35N·m 左右，具有良好的密封性，采用金属浮动密封和防尘密封两道密封，保证泥浆不进入轴承腔及轴承润滑油不外泄，进而使滚刀在长距离掘进中也能保持良好的润滑而不发生偏磨现象，双刃滚刀如图 3-11 所示。

3. 同步注浆和和二次注浆

1) 同步注浆

盾构同步注浆是利用 2 组 4 台同步注浆泵来实施，注浆管路从台车左侧走道板下方直接连接壳体内的 4 个同步注浆孔来实现，注浆压力及冲程可由控制系统单独控制，可实现单个孔位的加强注浆。注浆泵功率参数见表 3-4，注浆系统配置图如图 3-12 所示。

注浆系统功率表　　　　　　　　　　　　　　　　　　　　　表 3-4

泵	2 组	容量	6m³
功率	2t		

图 3-12　盾构内二次注浆双液浆管路及与管片螺栓孔的接头（吕荣海　摄）

地面配备一套 MHZS50 型搅拌站供应 2 台盾构机掘进用注浆材料。

在同步注浆砂浆罐前部还配备了 2 组 4 个小型注浆泵，可用于与同步注浆系统进行双液浆注浆，其管路及控制均分开设置。

2)二次注浆

在本工程后期实施了二次注浆补充加固,其主要是在连接桥下平台上配备了2台27GZ60/120型注浆泵,利用管片吊装螺栓或管片预留注浆孔结合特定的双管混合注浆管头对脱出盾尾的管片进行背后填充。一般是注入双液浆以便快速稳定管片,其管片注浆管路接头如图3-12所示。

4. 泥水分离、处理系统

本工程采用康明克斯(北京)机电设备有限公司生产的两套MTP-1000型泥水处理系统、一套1800m^3调浆系统,以及一套80m^3/h制浆系统,单台泥水分离系统在使用过程中泥浆处理最大流量830m^3/h,平均流量600m^3/h。

1)泥水分离系统

(1)泥水分离系统设计主要参数

泥浆最大处理量:1000m^3/h。

泥浆分离前相对密度:平均1.3,最大1.4。

泥浆分离后相对密度:平均1.1,最大1.2。

出渣能力:150m^3/h。

(2)泥水分离系统工作流程

①筛选:层式振动筛选机(型号:VS-1833)。

筛选出:大于4mm的颗粒。

②萃取、脱水:

a. 以高低落差方式送浆至砂泥分离机(型号:SFR-1000×160)。

萃取出:0.074~4mm颗粒(74μm~4mm),即大于74μm颗粒。

b. 倾式振动脱水筛(型号:VDS-1833)。

脱水至含水率为18%~20%。

c. 排碴。

③二次萃取、脱水:

a. 以高低落差方式送第二步浆至超细颗粒回收机(型号:SC-1000×24)。

萃取出0.020~0.074mm颗粒,即大于20μm颗粒。

b. 超高频振动脱水筛(型号:HVDS-1833)。

脱水至含水率22%~25%。

二级分离和三级分离系统如图3-13所示。

c. 排碴。

图3-13 泥水分离系统二级分离和三级分离设备图(中铁三局 提供)

④沉淀、使用:第三步的浆液,排至沉淀槽中沉淀,取用最后一池上层的浆液。

2)调制浆系统

(1)因土层情况不同,当泥浆分离系统处理的泥浆不能满足送浆的泥水指标或需用量的要求,须由调制系统补充调制浆。

(2）调制浆主要材料：膨润土、CMS、工业烧碱。盾构出洞时，视洞口泄漏情况，可往洞口适当注入堵漏剂，堵漏剂材料：木屑、云母、CMS。

（3）调制浆系统作用：

①本标段盾构在全断面砂层中掘进，泥水分离系统的泥浆量不能满足使用，经计算每环需要补充调制浆量为 25～30m^3。

②在盾构停止掘进或泥水分离系统检修期间，采用调制浆系统拌制新浆。

（4）调制浆系统组成：

①CMS 加料、CMS 槽、搅拌子系统。

②膨润土加料、皮带机、新浆搅拌槽子系统。

③加水和膨润土预膨胀、搅拌子系统。

④新浆槽（$2\times20m^3$）、新浆泵、新浆搅拌器（新浆拌制时间 25min）、新浆储备槽（储存拌制后的调制浆，$3\times100m^3$）。

⑤CMS 搅拌槽、CMS 搅拌器、CMS 储备槽（储存化学浆液）、CMS 泵、分配阀、加水设备。

⑥将搅拌后的 CMS 化学浆液送入新浆槽与膨润土混合搅拌成调制浆液使用。

（5）清水分系统组成：清水槽、清水泵、水封泵、液位控制器（当液位控制器检测到极低位时，严禁开启清水泵和水封泵）。

（6）调制浆采用新浆的措施：

①单一黏土结构。其作用在于提高泥浆的动切力，提高泥浆悬浮携带"结核状钙质结构层"钻渣能力防止堵管。

②砂土混合结构。作用在于提高泥浆的 pH 值，加速 Q_2 粉质黏土分散形成自然造浆，HL泥浆复合剂用于提高泥膜质量，稳定 Q_{4-1} 砂层的开挖面。

③单一砂土结构。为改善泥膜质量、提高堵漏止水效果。

3）调整槽与剩余槽

（1）设备装置：

①减速搅拌器、搅拌液：槽内母液为分离系统处理之浆液，根据参数进行新浆补充搅拌。

②高位液位计：控制浆液液位，防止浆液外溢及泵体空吸运转损坏。

③差压式密度计：检测调制浆液的技术指标密度泵。

④循环泵：为了充分搅拌浆液，辅以循环泵加以循环搅拌，根据需要打开其管路上的阀门，进行密度人工检测。

⑤调整泵、剩余泵：当两个槽内的浆液不能满足技术要求时，利用调整泵和剩余泵相互进行补充，再次进行调整。

（2）容积：200m^3/只。

4）电气与监控系统

（1）电气系统

系统总功率：360kW。

供电方式：630kVA 箱式变压器（3 台）、3 路 400A 电源。

动力电源：380V（50Hz）三相交流电（用于各动力设备）。

控制电源：直流24V（用于直接操作、指示灯、电磁阀），交流220V（单相，用于间接操作控制电源）。

仪表电源：24V（用于PLC模块、传感器）。

系统保护：电气箱体均采用户外型结构，防护等级IP54；各动力设备均有漏电、短路、过载等保护功能。

启动方式：功率>37kW电机采用Y-Δ启动控制方式；功率≤37kW电机采用直接启动控制方式。

（2）监控系统

①设备状态监测：

a. 动力设备运行状态。

b. 阀件开启状态。

c. 传感器检测实现数据。

②故障检测：

a. 设备故障。

b. 运转故障。

c. 电源故障。

③设备运行控制：

a. 操作模式分"就地"与"中央"两种，采用日本三菱公司PLC控制系统。

b. 人机界面分为：系统、报警、调整、清水。

二、盾构机适应性评价

1. 掘进刀具磨损情况

因本工程使用的2台盾构机为新监造的泥水盾构，在盾构连续掘进完成2个区间约1750m后，整盘滚刀磨损较小，最大磨损量约5mm；刀具边缘的球齿未见大的损坏，只有一把边缘刀出现了偏磨，偏磨量约30mm；个别齿刀出现了丢失。综合来说，本地层对刀具的磨损较小，球齿滚刀相对适合此地层的施工。贯通后的刀具情况如图3-14、图3-15所示。

图3-14 盾构贯通后的刀盘边缘刮刀
（吕荣海 摄）

图3-15 盾构贯通后的刀盘双刃球齿滚刀
（吕荣海 摄）

2. 同步注浆浆液配置

本工程根据用砂质量、细度、含泥量不同,设置了不同的配合比。前期采用的是河砂,砂细度模数为1.6,后期采用了盾构掘进分离砂,细度模数为1.1的特细砂,含有一定的浆液膨润土残留,经过试验,能满足设计要求。其配合比(水胶比)比较见表3-5。

本工程同步注浆配合比比较表　　　表3-5

砂细度模数	水泥 (PO42.5R)	粉煤灰 (Ⅲ)	砂	外加剂 (膨润土)	水	初凝时间 (min)	终凝时间 (min)	抗压强度 (28d) MPa
1.6	1	1.89	5.63	0.47	2.73	345	425	2.5
1.1	1	1.24	3.20	0.2	1.54	255	330	2.9

3. 注浆参数和效果

在盾构掘进过程中,根据掘进情况进行注浆参数的设置,一般在砂层中掘进,设置的注浆压力为2.6~3bar,注浆量一般在5m³左右;在隧道弧度较大(半径350m),砂浆稠度较小的情况下,最大注浆量为8m³。根据明挖段管片处理开挖出的地层显示,注浆效果明显,局部虽未形成整环(12点位无砂浆层),但管片周围土体密实,有一定的强度,注浆能满足要求。管片背后注浆层如图3-16所示。

图3-16　隧道管片背后注浆层(吕荣海　摄)

4. 对盾构机及其主要系统的评价

本工程中使用的泥水平衡式盾构机整体来说完全能满足本标段地层的盾构掘进,但对个别部位或系统进行改进优化后将更有利于本工程地层的掘进。

对本标段地层中此盾构机掘进不适宜的系统或部位作简要分析:

泥水舱内的破碎机未设置反循环或洗舱系统:当舱内有大量混凝土块和钢筋时,容易造成破碎机油管破裂,影响正常掘进。本工程第一次始发时,加固端头素混凝土连续墙提前破裂就发生了此事故。由于无泥浆反循环系统(洗舱系统),混凝土块积聚在管口,用泥浆加压、减压方式进行反冲,造成了管路破裂,最后采取了开舱检查维修。但在后期的盾构切割建筑物桩体过程中,分离出的混凝土块较均匀,一般均在3~8cm之间,最大的22cm,也未出现堵管等异常现象,破碎机起到了很大的作用。

刀盘配置:刀盘全部采用滚刀,未配置超挖刀,在风化岩层(泥岩)中盾构超限的纠偏过程中,边缘滚刀不利于形成超挖空间,纠偏相对困难。

盾尾铰接:盾尾铰接拉力最大可设置到1100t,在大幅纠偏过程中盾尾卡死后不能将盾尾直接拖出,需要借助外挂千斤顶方可脱困。而且本盾构机采用的是被动铰接,对纠偏及姿态调整不利。

泥浆伸缩管处设置的软管:因长度极短(50cm左右),在小曲线半径掘进时严重制约了管路接驳,浪费较多时间。

盾尾内设置的泥浆隔膜泵:经常堵在内部筛网,必须经常拆开清洗,因此所抽排的泥浆中不能含有泥沙,且维修频率较高。

泥水分离系统:在砂层中掘进非常适合,分离效果很好。但在黏土层中掘进时,黏土结块黏附在分离筛板上不能脱落,循环泥浆大部分从筛口溢出,造成较大的场地泥浆污染。

第三节 盾构施工

一、盾构通过建筑物桩基托换、切桩施工

1. 案例——盾构穿越建筑物的桩基托换

1)工程概况及地质、水文情况

(1)工程概况

桂城—朝安区间靠近桂城站有4栋建筑物,共计168根桩基侵入隧道(未计算已拆除的159号建筑物),建筑物原有桩基础类型均为锤击灌注桩;隧道埋深较浅,在10~16m,该区段采用减震道床,道床高度820mm;对侵入隧道的桩基进行了桩基托换。各房屋的参数表见表3-6,桩基托换房屋总平面图如图3-17所示。

桩基托换房屋参数表　　　　　　　表3-6

编　号	建筑物名称	锤击灌注桩桩径(mm)	地面高程(m)	室内高程(m)	承台底埋深(m)	桩顶高程(m)	桩长(m)	桩底标高(m)	承载力(kN)	首层净高(m)
151-1	大豆村仓库A5	340和450	7.4	7.6	1.95	8.55	21.5	-12.95	300	3
152-1	南海计生委培训楼A5	420	6.6	6.9	2.05	4.95	18	-13.05	400	3
152-2	南海计生委办公楼A4	340	6.6	6.9	1.5	5.5	17	-11.5	350	3
157-1	南海第二建筑设计室职工宿舍A7	450	6.6	6.9	2.05	4.95	20	-18.05	500	3

(2)工程地质及水文地质情况

桩基托换段具体地质分布情况如图3-18所示。

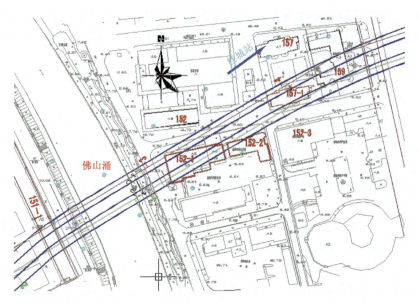

桩基托换房屋157-1、152-2、152-1、151-1号共4栋房屋,159号房屋在盾构掘进前已拆除

图3-17 桩基托换房屋总平面图

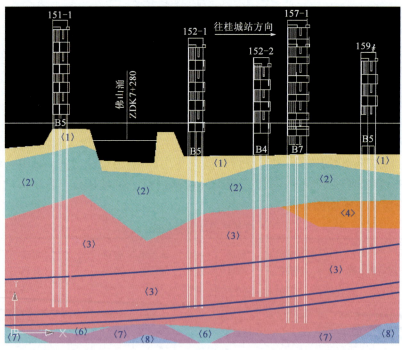

159号建筑物在掘进前拆除,但桩基部分未拔除,隧道内部分仍需进行切割,4栋建筑物共需切割168根桩。而在1m影响线范围内的桩共有215根。〈1-1〉杂填土;〈1-2〉素填土;〈2-1〉淤泥、淤泥质土;〈2-2〉淤泥质粉细砂;〈3-1〉粉细砂层;〈3-2〉中粗砂层;〈4-1〉粉质黏土;〈6〉全风化岩层;〈7〉强风化层

图3-18 隧道、桩基托换地质剖面图

2)桩基托换工程

(1)桩基托换设计方案

设计方案中采用桩径为800mm、1000mm的钻(冲)孔灌注桩和托换梁、板等形式对原有桩基进行托换,在隧道结构线外1m范围外设置直径800mm(局部直径1000mm)钻孔灌注桩,托换梁一般为高2m、宽1~1.5m的钢筋混凝土结构,托换板为800mm厚的钢筋混凝土结构,托换梁与原结构桩间凿毛清理后采用黏结剂进行处理,与原结构承台下部空隙采用预埋注浆管形式进行填充。桩基托换梁示意图如图3-19所示。

(2)桩基托换施工步骤及顺序

①房屋周围新托换钻(冲)孔桩施工,首层净高较大的室内桩机冲孔、冲孔桩钢筋笼及桩体抽芯检验如图3-20~图3-22所示。

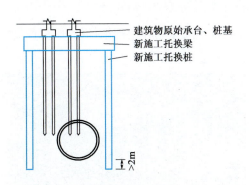

图3-19 桩基托换梁示意图

图3-20 桩基托换使用的改装后可冲孔的钻机（吕荣海 摄）

图3-21 托换桩成品钢筋笼（吕荣海 摄）

图3-22 新托换桩抽芯检验芯样（吕荣海 摄）

②房屋内部、周围基坑土方开挖及托换桩施工。新托换桩要在房屋内部施工,首层建筑物地面以及建筑物周围需进行开挖,土方开挖深度为2.75~4.85m。浅基坑采用放坡防水,表面做好硬化护坡；因地层较差,相对较深基坑采用放坡加喷锚及拉森钢板桩支护的施工方法进行开挖。室内基坑开挖边线为沿新托换梁的外边,预留1m的工作位作为开挖边线,按1:1.5的比例进行放坡。边坡支护形式如图3-23所示。

③基坑开挖及原桩体、承台清理。基坑开挖后,要对原桩体、承台进行清理、凿毛、洗刷,以

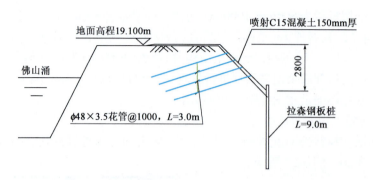

图 3-23 近河堤侧的首层桩基托换土方开挖及支护方式(尺寸单位:mm)

及对原桩体、承台进行补强,在托换梁、板混凝土浇筑以前要涂刷界面剂进行处理,以便新旧混凝土的紧密结合。原基础加强及桩体清理如图 3-24、图 3-25 所示。

图 3-24 用于加强原结构基础的工字钢　　　　图 3-25 基坑开挖后的原桩体清理
　　　　（吕荣海　摄）　　　　　　　　　　　　　　（吕荣海　摄）

④托换梁、板钢筋绑扎,混凝土浇筑。托换梁钢筋笼及成品梁体如图 3-26、图 3-27 所示。

图 3-26 托换梁钢筋验收(吕荣海　摄)　　　　图 3-27 已浇筑的托换梁(吕荣海　摄)

⑤基坑回填与房屋恢复。基坑回填要待托换梁、板结构质量检验合格后进行,回填按相关规范进行,并按房屋业主要求进行原状恢复。

(3) 桩基托换工程中的注意事项

①桩基托换是技术性、风险性很高的工作,同时也是依赖信息化程度很高的工作。施工监测是工程成败的重要一环,监测内容包含:建筑物的沉降、倾斜及裂缝观测,地面沉降及裂缝观测,地下水位观测。

所有水准点均应与不受施工影响的较远的水准点联系,并绘制沉降与时间关系曲线。裂缝观测应在裂缝位置予以标明,并记录大小及发展。

②监测频率:

a. 在桩基托换过程中,按每天2~3次进行监测,发现异常要加密,一般每2h一次。

b. 在托换完毕的两个星期内,要进行监测工作。此时仅监测被托换柱的沉降,第一周监测频率为每天一次,第二周为每两天一次,监测数据应及时反馈。

c. 从盾构机到达建筑物下部开始,到盾构机通过建筑物的两个星期内,需对地表沉降及建筑物倾斜、不均匀沉降、裂缝开展情况进行监测。盾构机通过时每天监测两次,其他时间每两天监测一次,监测数据应及时反馈。

③监测值控制要求。沉降监测一般以经过计算得出的数据为依据,地表下沉允许值为10mm;房屋不均匀沉降允许值为$0.002L$(L为框架梁跨长);房屋倾斜不允许大于$0.004°$。

④监测设备的精度要求见表3-7。

监测设备精度要求统计表 表3-7

序　号	仪器设备名称	精　度	数　量
1	精密水准仪	0.01mm	1
2	配套的水准尺	0.1mm	1
3	裂缝观测镜	0.1mm	2
4	全站仪	角度1″线位移0.1mm	1

⑤本桩基托换工程中,房屋总沉降量很小,最大为6mm。

⑥监测质量保证措施:

a. 测点布置力求合理,应能反映出围护及托换施工过程中结构的实际变形和应力情况及对周围环境的影响程度。

b. 测试元件及监测仪器必须是正规厂家的合格产品,测试元件要有合格证,监测仪器要定期校核、标定。

c. 测点埋设应达到设计要求的质量,并做到位置准确、安全稳固,设立醒目的保护标志。

d. 监测工作由专门的量测小组负责完成,并由多年从事监测工作及有类似工程监测经验的工程师负责,小组其他成员也是有监测工作经历的工程师或测工。

e. 监测数据应及时整理分析,每周进行一次小结。监测报告应包括阶段变形值、变形速率、累计值,并绘制沉降曲线、历时曲线等,做必要的回归分析,及对监测结果进行评价。

f. 如发现监测数据异常,应立即复测,并检查监测仪器、方法及计算过程,确认无误后,立即上报给业主、监理,以便采取措施。

2. 案例——盾构过(切割)桩

1)工程概况

桂城—朝安区间隧道左右线累计切割桩体168根(左线66根,右线102根,其中有47根为159号建筑物拆除后遗留的旧桩),具体切割桩情况见表3-8。

朝桂区间盾构机过桩情况统计表　　　　　　　　　　表3-8

建筑物编号	左线盾构切桩	右线盾构切桩	备注
159	19	28	已拆除建筑物
157-1	18	25	
152-2	0	4	
152-1	7	30	
151-1	22	15	
合计	66	102	总计168

2)盾构机过桩掘进施工技术

(1)盾构过桩掘进情况

本工程切割的第一根桩是159号建筑物的1号桩(见图3-28),为了能很好地掌握过桩的各种参数,为以后的桩体切割积累经验,过桩前经过了多个专题会议讨论,主要是从掘进速度和总推力来控制。

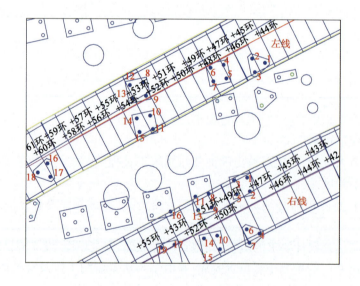

图3-28　本工程盾构切割的第一根桩及桩位示意图(中铁三局提供)

①采用小推力、慢速度掘进,目的是为了防止刀盘在碰到桩体前,桩已折断,速度过快就不能将桩体切碎,容易造成堵舱、堵管,如多个桩体同时断裂,在挤压的作用下,很可能会碰损未经桩基托换的桩体,所以要缓慢地靠近桩体,逐步切削。

②在掌控好上述参数的同时尽量快速通过,如速度过慢,长时间的泥浆循环而进尺较少,会极大地增加掌子面的沙土流失,造成失稳、塌方,从而会造成上部建筑物结构的破坏。而在泥浆参数方面,根据计算结合地层实际情况,泥浆参数选择如下:泥浆相对密度1.17～1.21,泥浆黏度20～25s。

在第一个切割桩的掘进过程中(41环),刀盘离桩约50cm时掘进速度就由正常的30mm/min降低到10mm/min,转速加大,速度降低,推力下降,流量比正常掘进时稍大,与正常时掘进的39环掘进参数比较见表3-9。

朝普区间盾构掘进左线39～50环的掘进参数表　　　　表3-9

项　　目	正常掘39环	切桩41环	切桩49环	切桩50环
总推力(kN)	10656	10232	8918	9103
刀盘扭矩(N·m)	1108	707	745	826
刀盘转速(r/min)	0.73	0.97	1.05	1.01
掘进速度(mm/min)	31	10	14	14
泥水舱上部压力(bar)	1.28	1.23	1.35	1.3
气舱压力(bar)	1.78	1.67	1.75	1.75
泥浆相对密度	1.17	1.19	1.17	1.18
泥浆黏度(s)	19.6	23	22.5	22.8
进浆流量(m³/h)	656	653	670	702
出浆流量(m³/h)	698	671	738	711

在159号建筑物基础下掘进的过程中未出现任何异常,平台处分离出的混凝土块直径较小,基本在10cm以内,最大的约13cm(见图3-29、图3-30),而地面的监测结果显示基本无沉降,也给下一步建筑物下切桩提供了很好的参考。

图3-29　盾构切桩时分离出的混凝土块
（吕荣海　摄）

图3-30　盾构切割左线第一桩桩体的混凝土块
（吕荣海　摄）

在左、右线盾构掘进中,单环切割桩最多的为189环,单环切桩7根(见图3-31),其掘进参数详见表3-10。

盾构左线187～195环盾构掘进参数表　　　　　表3-10

项　目	187环	188环	189环	190环	191环	192环	193环	194环	195环
总推力(kN)	8745	8477	9440	8743	8230	8324	7980	8322	8453
刀盘扭矩(N·m)	676	736	688	643	668	834	695	700	676
刀盘转速(r/min)	0.85	1.0	1.16	0.85	1.02	1.15	1.05	1.0	1.03
掘进速度(mm/min)	35	12	20	15	15	20	20	15	28
切口压力(bar)	1.57	1.56	1.55	1.56	1.54	1.53	1.53	1.54	1.53
气舱压力(bar)	2.07	1.97	1.98	1.91	1.96	1.95	1.95	1.91	1.97
进浆流量(m³/h)	560	585	616	601	594	595	560	568	512
出浆流量(m³/h)	648	635	650	712	689	645	625	619	573
备注		切桩	切桩		切桩	切桩	切桩	切桩	

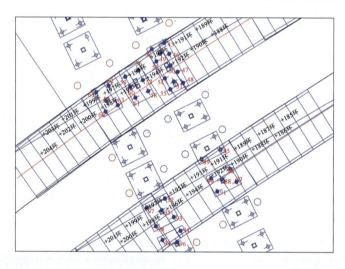

图3-31　朝桂区间151建筑物桩基础与左右线盾构隧道平面位置示意图(中铁三局　提供)

根据切割桩时上部建筑物、地面沉降监测、建筑物倾斜结果显示，在盾构机过桩过程中，建筑物平均单次沉降均小于1mm(监测点布置在建筑物室内柱上)，个别点位在盾构机经过时累计最大沉降达12mm，但根据对建筑物的连续观察，并未发现有裂缝或损坏之处。此处隧道埋深平均不到15m，盾构机设置压力比实际计算压力值稍高20kPa左右，能够保证地面沉降较小，同时也不会造成隆起。刀盘转速控制在1.0r/min，根据掘进速度控制总推力和扭矩，要随时注意穿透力的变化，关键是要保证盾构的匀速推进，减少对建筑物桩体的应力冲击。盾构机的推进速度和姿态控制直接影响到土体沉降，因此在穿越时适当放慢了盾构的掘进速度，掘进速度控制到15～20mm/min，即一环的掘进时间约控制在80～100min，以尽量减少对土体的扰动。泥浆循环要根据分离出的渣样进行细节控制，如果混凝土块较大、较多，可适当加大泥浆循环流量，在本工程中混凝土块单面最大为22cm，出浆流量最大达到了810m³/h。过桩期间的分离物如图3-32～图3-34所示。

图 3-32　盾构过桩期间分离出的素混凝土块（吕荣海　摄）

图 3-33　过桩时排出的 $\phi 6.5$、$\phi 8$、$\phi 10$、$\phi 12$ 桩靴钢筋
（吕荣海　摄）

图 3-34　过桩期间排出的 $\phi 75$ 钢管
（吕荣海　摄）

(2) 盾构过 (切割) 桩注意事项

①在整个盾构机掘进过程中，加强人工复核盾构机姿态的频率，及时调整盾构机姿态，尽量减小掘进轴线误差，以准确的姿态穿越基础，减少纠偏，保证盾构机平稳穿越。

②严格按同步注浆配合比进行浆液配置，根据掘进速度控制注浆速度，保证浆液能同步、平稳注入，控制地层变形，及时稳定管片。

③做好二次注浆准备，根据地面沉降及房屋变形情况、隧道监测情况对管片实施二次补充注浆，利用管片吊装螺栓孔压入浆液，但要严格控制压力，防止对建筑物桩体造成损害。

④加强对房屋柱体沉降的监测，正常时 2 次/d 的监测频率，切割桩体时加强，同时有专人对地面进行巡视，及时发现异常及地面冒浆、沉降现象。

二、盾构小曲线施工

根据设计图纸，本区间隧道最小平曲线半径为 350m，接近盾构机的最小设计转弯半径为 300m，属小半径隧道。盾构在小半径曲线段掘进具有以下施工难点：一是小半径区间段掘进易产生管片错台和裂缝；二是小半径曲线隧道轴线比较难于控制；三是隧道整体因侧向分力向弧线外侧偏移；四是盾构掘进时，纠偏量较大，对土体扰动的增加，易发生较大沉降量。因此，小半径曲线段盾构掘进施工是本工程的难点之一。

1. 小半径曲线段盾构掘进施工采取的常规措施

（1）根据设计曲线半径及盾构直径计算铰接角度，开启盾构铰接装置，预先推出弧形趋势，为管片提供良好的拼装空间。

（2）严格控制油缸的分区推力，适时调整盾构姿态，防止推力不均造成管片偏位、破损。

（3）加强盾构同步注浆，防止管片侧向偏移，及时进行二次注浆。

（4）严格控制盾尾间隙，防止由于盾尾间隙过小，造成管片错台、开裂。

（5）选用铰接式泥水平衡盾构机进行隧道掘进，在小曲率曲线上充分利用"铰"的作用，使盾构铰接调整到曲率半径技术参数内，利于曲线段的掘进。

2. 应注意的事项

1）纠偏量

在盾构掘进过程中，加强对推进轴线的控制，盾构的曲线推进实际上是处于曲线的切线上，因此推进的关键是确保对盾构机的控制，由于曲线推进盾构环都在"纠偏"，因此做到勤测勤纠，而每次的纠偏量尽量小，确保楔形块的环面始终处于曲率半径的径向竖直面内。同时为控制管片的位移量，管片拼装在适当时候采用软木楔子，以减少位移，从而达到有效地控制轴线和地层变形的目的。

2）注浆量

由于曲线段推进增加了曲线推进引起的地层损失及纠偏次数的增加导致了对土体的扰动的增加，在曲线段推进时控制同步注浆量，每环推进时根据施工中的变形监测情况，随时调整注浆量及参数，从而有效地对轴线进行控制。在注浆过程中，控制浆液质量及注浆量和注浆压力。根据施工中的实际情况及变形监测情况，随时调整注浆参数，从而有效控制轴线。

曲线段推进导致土体损失的增加。由于设计轴线为圆滑曲线，而盾构是一定长度的直线，在盾构推进过程中，实际掘进轴线为一段段的折线，且曲线外侧泥浆流量又大，造成曲线外侧土体的损失，并存在施工空隙。

因此在曲线段推进过程中在进行同步注浆时增加对曲线段外侧的压浆量，以填补施工空隙，加固外侧土体，使盾构顺利沿设计轴线推进。

3）管片拼装

为控制盾构推进曲线，管片拼装采取"居中拼装"法。若管片无法居中拼装，且曲线管片无法满足纠偏时，采用软木楔子进行调整，使管片处于较理想状态，确保管片拼装质量，使推进轴线控制在要求范围内。

三、泥水盾构机砂层中带压开舱作业

在本工程三个区间4台盾构机的掘进过程中，共进行了4次换刀作业，累计15次进出舱，而且都是非计划性开舱换刀，地质选择性较差。

1. 开舱目的

（1）普祖区间开舱是由于盾构机累计穿过房屋并切割基础灌注桩计96条后，出现残留钢筋堵塞在舱内泥浆出口格栅前后、管口及管前段，需进行开舱清理。

(2)朝普区间开舱是由于地质情况变化,出现相对的上软下硬地层,隧道上部为砂层,底部为⟨6⟩、⟨7⟩地层,盾构机在掘进过程中沿⟨7⟩地层缓坡逐渐向上抬头,出现垂直姿态超限、盾尾卡死现象,在纠偏过程中采用了多种纠偏措施,需开舱检查刀盘、刀具磨损及进行换刀。

2. 开舱条件

由于上述目的的开舱为非计划性开舱,对地质选择性较差,在隧道的正上方及隧道范围内基本全部为砂层,仅在隧道底部存在厚度 0~1m 左右的⟨6⟩、⟨7⟩地层,对开舱时掌子面稳定作用不大,且砂层中的含水量较高,渗透系数高,可以说是全断面砂层。而且盾构机上面为新建成的兆祥路,车流量多,两侧房屋密集,商铺集中,开舱存在较高的风险。

3. 带压换刀

本工程中采用带压开舱换刀,根据环境条件及地质情况,选用泥水压泥模带压开舱作业。其工作原理就是在泥水舱内注入特制的膨润土浆液,通过加压和保压系统,使泥浆逐渐渗透入掌子面土体若干厘米,特制浆液嵌入到土体颗粒间的缝隙,形成一层可支承稳固正面土体的"泥膜"。这层"泥膜"使掌子面土体变得较稳定和不渗水,从而达到开舱的目的。

本工程按泥浆渗透形成 5cm 厚度泥膜来设计。经试验压入舱内的泥浆相对密度为 1.09~1.15、黏度约 75~80s,保证在泥水舱形成稳定的护壁泥膜,在作业过程中再启动备用空压机和备用电源,以保证整个压气开舱作业过程中的压力稳定。

本工程共进行泥模带压开舱 15 次,其中普祖区间开舱 3 次,朝普区间开舱 12 次,共换刀 19 把,并清理出大量残留钢筋,单次泥膜稳定时间达到 14h,开舱作业均取得了较大成功。

4. 开舱作业过程(见图 3-35)

1)制浆

制浆材料采用专业制浆膨润土和配合剂,利用专业制浆产品的以下几个特点:

(1)高浓缩、高造浆率。

(2)极佳的悬浮输送能力。

(3)作用时间长,可以长时间保持泥浆性能稳定。

(4)可形成薄的、致密的滤饼层以防止泥浆漏失。

(5)可消除黏土与页岩的水化膨胀,胶结黏附,防止刀具糊钻。

(6)可承受中度的硬水和低 pH 值水。

对于不同的地层形成泥膜需要的量不同,在目前的地层中,选用适合砂层中使用的配比,具体配比经过实验室试验调配后确定。

2)注入泥浆

采用分次注入的方法,每次通过砂浆车运输进的泥浆约为 $6~7m^3$。通过放置在连接桥平台上的注浆泵、改装后的注浆管连接 V11/V12 阀压入泥舱。在注浆的同时,打开下部 V32 出浆阀将舱内原浆排出进行置换。置换的过程要平缓进行,通过注浆泵的注入量和排浆阀的出浆量来控制压力、液面平稳。

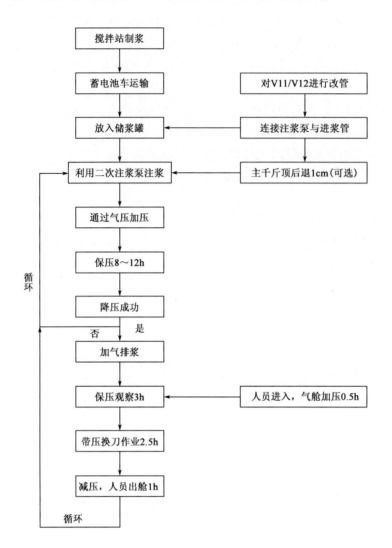

图 3-35 泥膜护壁开舱作业流程图

通过计算,土仓内的泥浆量大概为 40m³。泥浆注入的过程中,每注一车,对排浆阀放出的泥浆进行参数测定。一般当排出的泥浆黏度到达 40~60s 时,就基本满足了制备泥膜需要的泥浆浓度,可开始加压制备泥膜。

3)加压形成泥膜

在注入泥浆前,通过详细计算,重新确定此时的切口压力。地面没有建筑物,附加荷载为 0,先按静止土压力公式计算,再做适当修正。

加压强度为当前地层中切口压力的 1.2~1.5 倍,具体情况根据加压时地面的监测情况决定。当地面监测发现超过 5mm 的隆起时,确定为最高允许压力。

加压时通过分次加压的方式,先提高到切口压力的 1.1 倍,稳压 10min,联系地面监测,根据监测情况,进行下次加压。

当地面出现小于 5mm 的隆起时,决定最终的压力,进入到下一阶段的保压过程。

4) 保压

当达到设计压力后,进行保压,保压一般持续8~12h。

在保压过程中,注浆罐中保留适当的泥浆,控制室内安排不间断观察。泥浆进行过一定的渗透后,压力会有一定的下降,此时通过注浆泵继续向舱内补浆,直至液面和压力恢复到最大允许压力。

5) 减压检验

通过8~12h的保压和持续补浆,泥膜已经形成一定规模。形成的泥膜是否能够提供带压作业时的围护作用,需要通过降压来做初步的判断。

通过排浆逐步将切口压力回调至原切口压力的9/10倍,液面随之降低。降到切口压力后,开始进行观察3~4h。

如发现切口压力有逐渐上升的趋势,液面有逐渐上涨的趋势,则说明泥膜形成不理想,掌子面仍有漏水的通道,恢复压力后继续注入新制泥浆,进行新一循环的泥膜建立。

如发现切口压力没有发生变化,则进入到换气排浆的阶段。

6) 换气排浆

开舱换刀作业必须进入到泥水舱内,而通过排浆只能降低气压舱内的液面,要想降低开挖舱内的液面,同时建立气压,必须将气体通过中隔舱板上部,直接注入到开挖舱内,在气体注入的同时,进行浆液的排出,整个过程必须平稳缓慢地进行,避免出现浆液排出过快造成上部欠压的情况出现。气压可以适当增加一点,通过气压的作用来加快浆液的排出。

7) 开舱

最终的目的是开挖舱内和后面气舱内的气压要达到一致,并且两个舱内的泥浆液面下降到不影响换刀作业的高度后,才可以打开中隔舱板与开挖舱板之间的人行通道密闭门,按正规程序进行换刀作业。舱内泥膜情况如图3-36所示。

图3-36 泥膜压浆带压开舱后掌子面情况(中铁三局 提供)

8) 切口压力及其他压力确定

此处切口压力计算按静止土压力计算取上限,主动土压力取下限,地面附加荷载取0。

静止土压力计算:

$$p_{fu} = p_1 + p_2 + p_3 = r_w \times h + K_0 \left[(r - r_w) \times h + r \times (H - h) \right] \tag{3-1}$$

主动土压力计算：

$$p_{fl} = p_1 + p_2 + p_3 = r_w \times h + K_a \left[(r - r_w) \times h + r \times (H - h) \right] - 2cK_a^{1/2} \tag{3-2}$$

式中：K_0——静止土压力系数，查表得〈3-1〉地层中为 0.389；

K_a——主动土压力系数，为 $\tan^2(45° - \varphi/2)$；

H——至盾构机顶部的地面高度；

h——至盾构机顶部的水位高度。

计算得出盾构机顶部的切口压力上限为 2.30bar，下限为 1.98bar。

泥膜加压形成需要的压力，按照以往成功的施工经验，比切口压力增加 0.5bar 左右。

形成泥膜后，为了维护开舱作业安全，带压作业时的气压选用要在上下限之间，即取 2.1bar。

5. 开舱小结

带压开舱换刀技术是其他同类型盾构特别是穿越沟渠、河流、海底等特殊地理环境时盾构掘进中换刀的主要手段，但在砂层中透水性高的特点决定了带压换刀手段很艰难，存在诸多不确定因素，特别是在城市主干道上带压换刀，风险极其巨大，一旦失败将带来灾难性的后果。考虑到这一点，开舱前召开了多次专家会议，并借鉴了广州及其他地区施工单位类似工程的成功经验，通过前几次开舱作业的实践，该方法无论是从操作的安全性、换刀的工效等方面均非常适合本标段的地层特点，已取得了累计 15 次成功。

四、盾构始发、到达端头加固施工设计

本标段 2 台盾构施工始发及到达各计 6 次，为了确保盾构始发和到达时的施工安全以及各地层的稳定，以防止端头地层发生塌陷或漏水、涌水等意外情况，应根据各始发和到达端头工程地质、水文地质、地面建筑物和端头结构的情况，进行综合分析，以决定具体的加固方案。本标段各始发和到达端头地层情况见表 3-11。

（1）本工程中采用的端头加固方法是外围三边素混凝土墙 + 中间满布水泥土搅拌桩（墙外、内侧各设一排旋喷桩），连续墙槽段接头及车站端头辅助以三管旋喷桩进行加固密贴止水，其设计加固范围一般为始发端头长度 9m，到达端头 10m，根据地层的不同再进行适当延伸。加固完成后，通过抽芯检测加固体质量，要求芯样完整、干燥、不松散，不存在水分及渗水通道。在盾构始发及到达前，从硐门处进行水平探孔，再次检查加固体质量，并有针对性地对端头进行补充加固，以保证始发、到达安全，其设计施工图如图 3-37 ~ 图 3-40 所示。

（2）加固体根据地层情况一般加固到隧道下 2m 或进入不透水层，隧道上部 3m 范围内，加固使用搅拌桩机功率不得小于 45kW，水泥掺入量不少于 15%，普通硅酸盐水泥强度等级不得低于 42.5 级，水灰比为 0.45 ~ 0.55，采用 4 喷 4 搅工艺，要求加固体无缝咬合。

各始发、到达端头地基相关因素一览表　　　　表 3-11

序号	端头位置	端头加固方式	地质情况	覆土厚度(m)	地表状况	端头结构	稳定性评价
1	桂城站始发端	φ600 旋喷桩 φ600 水泥搅拌桩 800mm 厚素混凝土墙	洞身全部为〈3-2〉层、覆盖层以〈1-1〉和〈2-2〉为主,地下水丰富	10.447	南海大道与南桂西路交叉口	车站主体结构	人工填土层、淤泥层和砂层较厚,稳定性很差;存在涌沙、塌陷的风险
2	朝安站到达端	φ600 旋喷桩 φ600 水泥搅拌桩 800mm 厚素混凝土墙	洞身为〈3-1〉和〈3-2〉层,覆盖层以〈1-1〉、〈2-2〉和〈2-3〉为主,地下水丰富	10.416	朝安北路	车站主体结构	
3	朝安站始发端	φ600 旋喷桩 φ600 水泥搅拌桩 800mm 厚素混凝土墙	洞身为〈3-1〉和〈3-2〉层,覆盖层以〈1〉、〈2-2〉和〈3-1〉为主,地下水丰富	11.66	朝安北路	车站主体结构	
4	普君北路站到达端	φ600 旋喷桩 φ55 袖阀管	洞身为〈3-1〉、〈3-2〉和〈5-2〉层,覆盖层以〈1-1〉和〈3-1〉为主,地下水丰富	9.99	兆祥路与福贤路交叉口	车站主体结构	
5	普君北路站始发端	φ600 旋喷桩 φ600 水泥搅拌桩 800mm 厚素混凝土墙	洞身为〈4-1〉和〈3-2〉层,覆盖层以〈1-1〉、〈3-2〉和〈4-2〉为主,地下水丰富	10.96	兆祥路与福贤路交叉口	车站主体结构	
6	祖庙站到达端	1200mm 厚素混凝土墙 φ600 旋喷桩 特种钢套筒	洞身为〈3-2〉和〈7〉层,覆盖层以〈1-1〉、〈3-1〉、〈2-3〉、〈4-2〉和〈3-2〉为主,地下水丰富	10.3	建新路与祖庙路交叉口	车站主体结构	

〈1〉人工填土层　　　　　　　　　　　　　　　〈3-2〉粉细砂
〈1-1〉杂填土　　　　　　　　　　　　　　　　〈4-1〉冲洪积粉质黏土层
〈1-2〉素填土　　　　　　　　　　　　　　　　〈4-2〉冲洪积可塑状粉质黏土层
〈2-2〉淤泥质粉细砂层　　　　　　　　　　　　〈5-2〉残积粉质黏土
〈2-3〉粉质黏土层　　　　　　　　　　　　　　〈7〉强风化岩层
〈3-1〉细砂层

(3) 三管旋喷桩要求高压射流的压力宜在 30MPa 左右,素混凝土墙采用 C20 的素性混凝土,桩身及墙体垂直度偏差不超过 1%,连续墙、旋喷桩桩底进入隧道底板下方不透水层分别不少于 2m、1m。

(4) 施工顺序要先施工中间和素墙外围的搅拌桩,再施工连续墙,槽段接头处旋喷桩最后密贴加固。

(5) 施工完毕后,应对旋喷桩、搅拌桩的加固体进行钻芯取样检验,其搅拌桩无侧限抗压强度砂土不小于1.2MPa,淤泥不小于0.5MPa,黏性土不小于0.8MPa,旋喷桩不得小于2MPa。

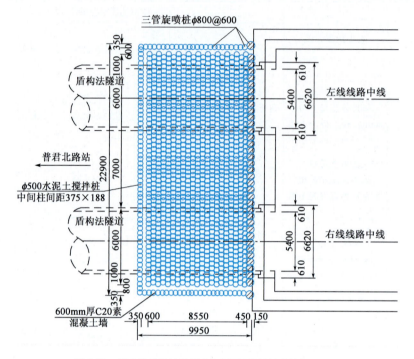

图3-37 朝安站盾构始发端头加固平面图(尺寸单位:mm)

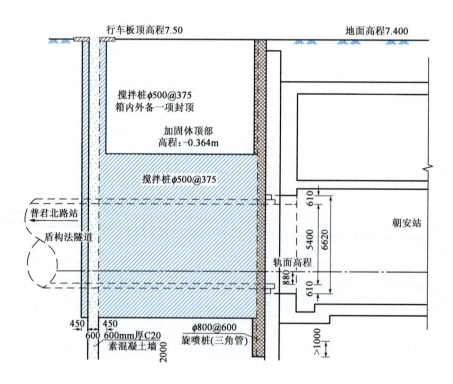

图3-38 朝安站盾构始发端头加固剖面图(尺寸单位:mm)

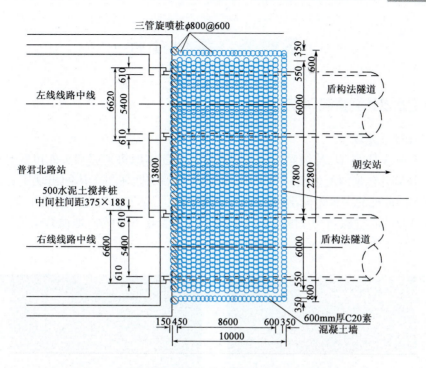

图 3-39 普君北路站盾构到达端头加固平面图(尺寸单位:mm)

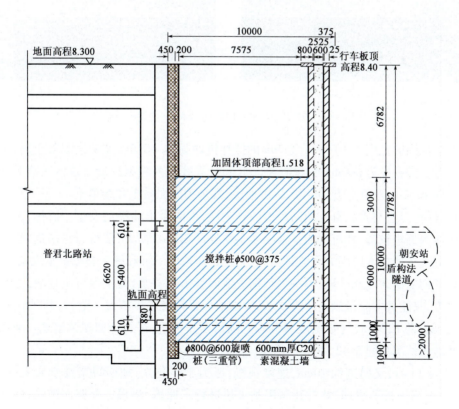

图 3-40 普君北路站盾构到达端头加固剖面图(尺寸单位:mm)

第四节 案例分析

一、盾构始发地面冒浆、塌方事件

1. 事件经过及处理

(1)2009年3月13日,桂城站左线盾构机进入加固体即将到达端头外包素混凝土墙,计划上午开始切割外包素混凝土墙。在7:30,素混凝土墙加固体与土体间出现了冒浆,端头素混凝土墙外约3m处的房屋地面出现了下沉,随即停止了掘进。当时盾构机土仓压力为上部84kPa,中部133kPa,气舱压力119kPa;VMT显示隧道长度8.71m。地面冒浆情况如图3-41所示。

图3-41 盾构始发时端头加固区出现冒浆(吕荣海 摄)

此端头加固区宽度为10.05m,是9m的搅拌桩加固体+0.6m宽的素混凝土墙,素混凝土墙外部还有一排直径为600mm的搅拌桩。区间分界线至外包素混凝土墙内距离为9m,端头处隧道埋深10.4m,隧道上方3m为〈2-4〉地层,其余为淤泥质土和杂填土。

经过分析,刀盘与素混凝土墙间距离计算错误,素混凝土墙提前发生了破坏,由于盾构在端头加固体内掘进较慢,环流造成了素混凝土墙外部粉细砂损失,使得刀盘前部、素混凝土墙外部及素混凝土墙处土层塌方环流排出,从而反映在地面下沉和施工缝隙冒浆现象。

随后计划快速通过此区域,但一进行掘进地面就出现冒浆,为了保持土仓液位及压力,避免继续塌方,只能加大流量满足压力要求,所以地面冒浆量逐步扩大。至11:45,掘进了37cm,土仓压力为上部127kPa,气舱压力105kPa。随后停止掘进,进行地面泥浆清理。地面冒浆掘进参数及地面情况如图3-42、图3-43所示。

(2)3月14日,又掘进约10cm,速度很慢,压力不能建立,地面冒浆逐步加大,已形成孔洞,随后对现场进行了清理,并对孔洞用黏土块进行了回填,将塌方处路面破除,然后浇筑约50cm厚混凝土进行反压。计划待混凝土有一定强度后再进行掘进。地面冒浆形成塌方孔洞及处理过程如图 3-44~图 3-47 所示。

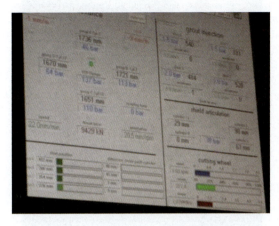

图 3-42　地面出现冒浆时盾构机掘进参数
　　　　（吕荣海　摄）

图 3-43　地面冒浆情况（吕荣海　摄）

图 3-44　盾构始发地面冒浆形成的孔洞（吕荣海　摄）

图 3-45　盾构始发冒浆形成地面下沉（吕荣海　摄）

109

图3-46 黏土块回填塌陷孔洞(吕荣海 摄)

图3-47 塌陷孔洞混凝土回填处理(吕荣海 摄)

(3)15日下午约16:30再次开始掘进,掘进时,用黏土回填的孔洞仍大量冒浆,掘进约12cm后停止,又开始清理地面泥浆。掘进时地面情况如图3-48所示。

(4)在16日环流及掘进过程中,发现舱内压力不稳定,环流量有时上不去,地面由原来一个冒浆处发展至多个,分离机分离出较多混凝土块,最大约20cm。分析推断,可能是因为提前将素混凝土墙破坏,混凝土块造成了堵舱,随后联系了海瑞克厂家进行协助处理。掘进过程地面及分离情况如图3-49、图3-50所示。

(5)17日,从上海调潜水员,准备进舱摸清管路是否堵塞。2天内进行了准备工作,检查结果发现舱内管口未堵塞,但在P2.1泵检查口内也掏出几块碎砖块,决定继续掘进,尽快通过此区域。

(6)随后几天,进行了盾构强行推进,提高了泥浆供应能力,对地面泥浆及时进行清理。当盾构机刀盘通过素混凝土墙冒浆处约3m,冒浆量逐步减小,但地面下沉区域逐步向前移动,在塌方区域钻孔进行了地面注浆稳固土体。当间歇性地掘进27.06m时(VMT数据显示),监测显示地面沉降稳定、恢复正常,此时气压可控制在136kPa。

2.事件发生原因分析

(1)因计算错误,盾构在未建立压力的情况下已经将端头加固外包素混凝土墙破坏,引起地面塌方。

图 3-48　混凝土回填孔洞后盾构掘进过程中地面冒浆（吕荣海　摄）

图 3-49　盾构机掘进过程中地面冒浆引发孔洞周边塌陷（吕荣海　摄）

（2）此处连续墙施工时对原土结构造成了扰动，使得土体和混凝土墙间缝隙出现气体渗漏，在冒气、冒浆的过程中带走了大量泥沙，而逐步形成了空洞，也引发了周围土体的塌陷。

（3）发现地面冒浆时，地下已形成了一定的空洞，由于担心引起大的塌方，适当提高了舱内压力，造成了地面泥浆污染严重，不得不停机处理。

（4）素混凝土墙提前破坏，混凝土块较大，不能进入刀盘由泥舱内排出，又因加强刀盘转动，加大泥浆循环，从而进一步引发了掌子面周围及上部土方的流失，空洞变大，引起了大范围的塌方。

(5)盾构掘进出现异常,处理时间过长,加剧了险情的恶化。

图3-50　盾构机过素混凝土墙掘进过程中排出的混凝土块(吕荣海　摄)

二、厂房地面塌方事件

1. 工程概况

该区域厂房位于环市镇大豆工业区内,该地段为老城中村工业区厂房,地铁里程从 ZDK7+208~ZDK7+132,房屋调查编号15,具体平面位置如图3-51。厂房均为天然基础,240 砖墙、钢梁木排架、瓦片顶棚结构,基础埋深约50cm,外墙表面无装饰,厂房内部分割墙均是由地面直接砌筑的120砖墙,高度3.5~4m,如图3-52~图3-53。盾构穿过区域为全断面砂层,具体地质剖面图如图3-54所示。

(红色部分为塌方区域和盾构机位置,刀盘距塌方边缘约1.5m)

图3-51　厂房地面塌方与盾构位置示意图(吕荣海　绘制)

图3-52 地面塌方厂房外观(吕荣海 摄)

图3-53 地面塌方厂房北外墙立面(吕荣海 摄)

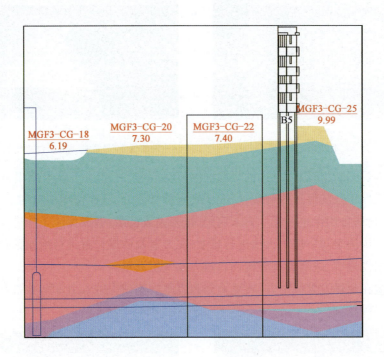

图3-54 厂房地面塌方地段地质剖面图(图中方框显示为事故地段)
〈1-1〉杂填土;〈2-1〉淤泥、淤泥质土;〈2-2〉淤泥质粉细砂;〈3-1〉粉细砂层;〈7〉强风化层;〈8〉中风化岩层

2. 事件经过及处理

2009年5月14日凌晨,在掘进、拼装完成217环后,6:30推进油泵阀发生了漏油现象。在进行维修期间,发现厂房内的120mm厚中隔墙出现了小的裂缝,宽度约2～3mm。根据9:30监测数据显示,距掘进区最近的厂房外墙点D11-6(210环位置)的沉降为 -6.3mm;18:00沉降 -1.4mm,累计 -7.7mm。期间未进行掘进,盾构保压气压为1.98bar,20:30～21:20掘进完成218环后,盾构机推进油泵阀再次漏油停止了掘进。掘进时参数如下:推力8520kN,扭矩687kN·m,速度31mm/min,切口压力、气压分别为158kPa、201kPa,注浆压力300kPa,注浆

量 6m³。

5月15日8:30~10:00之间,盾构机气舱压力出现了波动。而此时盾构机前体刚好位于厂房内中隔墙下方,造成了中隔墙裂缝加大、加长,宽度约6~10mm,D11-6点处的地面也出现了细的裂纹,宽度1~2mm(见图3-55)。而此时监测点D11-6再次沉降 -6.9mm,累计 -14.6mm。监理巡查人员立即通知施工单位并报告监理部、业主,同时要求施工单位立即监测,提出下一步的处理方案,并要求尽快维修设备恢复掘进。期间盾构气压波动频率较快,波动范围为219~221kPa。此时项目部已完成了对厂房区生产人员的疏散工作,厂房停工。

图3-55 盾构掘进过程中引发的厂房中隔墙裂缝(吕荣海 摄)

根据现场人员判断,是因为推进油泵漏油停机时间较长,造成了掌子面塌方,从而使舱内泥浆波动返窜入保压系统保压阀管道,造成了气压异常波动,从而使地面出现了沉降造成墙体开裂,而左线盾构的备用保压系统一直未启用、也未完成调试,造成保压工作进一步的滞后。

事故应急小组决定对厂房内人员进行疏散;在刀盘及盾尾位置进行地面钻孔勘测,明确地层是否稳定及出现塌空;适当提高盾构切口压力及气压设置。

14:50,根据在现场刀盘侧前方、盾尾上部和盾尾后侧钻探的3个φ50孔察看,地板下部未形成空洞(见图3-56)。

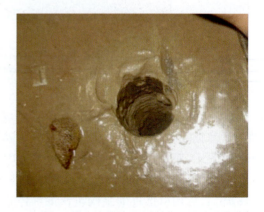

图3-56 盾构位置钻孔勘查地板下方情况(吕荣海 摄)

由于切口压力提高,中隔墙的裂缝宽度已减小到 3~6mm,监测数据也显示 D11-6 点沉降 -0.6mm,累计 -15.2mm(见图 3-57)。

16:00 完成对厂房内设备的覆盖,对中隔墙进行加固保护。加固方法如下:首先凿除裂缝周围的批荡层,并清刷干净,用超细水泥加环氧树脂混合进行勾缝处理。对裂缝发育较大的地方,拆除裂缝附近的两皮砖,对上下两个接触面进行环氧砂浆抹面处理后,用环氧砂浆砌砖回填密实,用超细水泥混合环氧树脂批荡,表面采用白灰抹面收光,如图 3-58 所示。

图 3-57　切口压力提高后厂房中隔墙人字形裂缝
(吕荣海　摄)

此时已完成了厂房区内地面布点的初始结果测量,厂房内地面隧道上方共设置 11 个临时监测点,监测显示盾构刀盘前部沉降 -0.4mm,其余盾体上方及盾尾后方点沉降较小,平均 -1.1mm,最大为刀盘前方的 8 号点沉降 -2.5mm,地面未发现裂缝。

18:30 盾构机完成维修,并开始推进 219 环,当时压力设置为切口 154kPa,气压 209kPa,注浆压力 300kPa,注浆量 5.5m³。此时 D11-6 监测点沉降 -4.6mm,8 号点沉降 -3.4mm,累计 -6.0mm,盾体附近 2 个点沉降约 -2mm,其他点均较小。在 15 日 23:30~24:00 掘进完成 220 环,其掘进参数正常:推力 8790kN,扭矩 862kN·m,刀盘转速 0.62r/min,速度 45mm/min,切口压力、气压分别为 153kPa、195kPa,注浆压力 290kPa,注浆量 5.6m³。此时气压就有所波动,但波动范围较小。

图 3-58　中隔墙裂缝加固处理(吕荣海　摄)

5 月 16 日凌晨 1:00 监测数据显示,刀盘前部监测点沉降较大,最大为 9 号点 -28.9mm,累计 -32.9mm;此时已能感觉出 8、9 号点位置的地面下部有小部分空洞,地板上也发现了轻微的裂纹。4:00 测量结果显示 9 号点沉降 -2.1mm,累计 -35mm;8 号点累计 -25.5mm,D11-6 累计沉降 -23.2mm,监测点布置如图 3-59。在 8、9 号点位置跺脚时,地板已有颤抖的感觉。数据及时反映到控制室及值班经理处,希望能够尽快掘进穿过此区域,而此时盾构机正在接驳泥浆管。

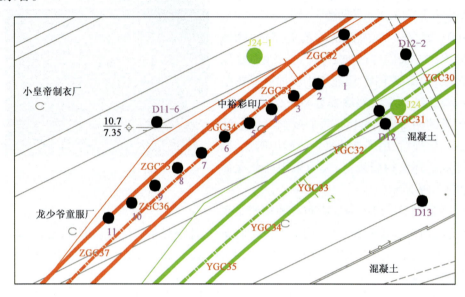

图 3-59 厂房内增设的监测点布置平面图(中铁三局提供)

5:00 左右,刀盘前部即 8、9 号监测点位置地面发生了塌方沉降(见图 3-60),共分为 3 次塌方下沉,塌方沉降区域最终形成约直径 5m 的圆坑,最深处约 2m,整个塌方过程大约持续了 20min,在 6:00 时稳定。同时,控制室显示切口压力波动较大,最低时为 136kPa,气压舱内液位急速上升,面板上的红灯已点亮,气压也瞬时升高,然后盾体保压装置已自动泄压,为了防止泥浆从泄压孔溢出,盾构操作手报告项目部后立即进行了泥浆排除,但液位仍无法降低,造成了地面塌方。此时刚好厂房内无生产人员,塌方区域只有一台货架(见图 3-60),现场值班人员立即上报了项目部,并在附近做了警戒。

图 3-60 厂房地面塌方区域及设备情况(李瀚霆 摄)

6:34 开始掘进 221 环,掘进时气压舱液位仍较高,也无法下调,切口压力为 141kPa,气压 195kPa,波动还未稳定,压力较难控制不能调整;掘进时推力 9030kN,扭矩 600kN·m,速度 42mm/min。

7:30掘进完成后,将塌陷区域内杂物、货架搬运出坑外,然后用砂石进行回填(见图3-61)。盾构需继续掘进,但尽量调整参数,将压力稳定并适当提高。

在9:30、13:30、15:30分别完成了222、223、224环的掘进,其掘进参数如下:推力9100kN,扭矩668kN·m,速度30mm/min,切口压力156kPa、气压为211kPa;压力也逐渐得到了控制。监测数据显示,每3h盾构附近点即沉降1~3mm,至17日0:00时,沉降基本稳定,约为0.4mm。而此时厂房内地面也完成了混凝土面的覆盖(16日下午

图3-61 厂房地面塌方区域砂土回填
(李瀚霆 摄)

17:00即回填完毕,晚上完成了顶部30cm厚C20混凝土覆盖层)。

5月17日上午厂房恢复正常生产,盾构掘进未停止,顺利通过该区域,后续的检查显示此区域稳定。

3.事件原因分析

(1)在盾构进入厂房时压力设置就偏低,未充分考虑厂房及内部荷载压力,5月15日掘进过程中切口压力就有所波动,使厂房中隔墙裂缝,当时未对压力进行适当的调整,使得压力波动,地板下砂层有所遗失。

(2)厂房内地面未设置监测点,不能真实反映厂房内的地面沉降情况,即使后来施作了监测点,也不标准,厂房业主不允许钻孔埋设钢筋,所监测的数据不能起到准确的指导作用。

(3)裂缝发生后,在钻孔勘测时,选点部位不正确,由于厂房设备的影响未能选取到盾体的正上方位置,而根据塌方后的地层情况查勘,当时刀盘旁的钻孔下部有较多的石子和水泥块,其自稳性较高,未能真实反映当时底板下的沉降、空洞情况,未能及时地做出处理。

(4)盾构机推进油缸泵故障,维修时间较长,使得盾构机在此处停机时间较长,在保压过程中压力产生了波动,已造成了掌子面不稳定,同时在掘进完成220环时,掘进速度较快为45mm/min,对掌子面又造成了较大的扰动,在拼装管片、接驳泥浆管过程中耗时又较长(6h),最终造成了掌子面失稳、塌方。

(5)掌子面塌方后,泥浆压入气压舱使得液位上升,保压系统气压开始自动泄压,就造成了掌子面反复压力波动、塌方,地面即发生了塌方下沉。

(6)操作人员及管理人员经验不足,不能根据掘进时的些许异常情况及时作出反应和提出意见、应对措施,而且厂房内部监测点设置不合理或根本不允许设置,也造成盾构掘进的关键指导数据的不准确,从而造成此后果。

(7)设备维修保养不足,未储备常用的维修配件,故障维修时间、停机时间过长,在此地质情况下带来更大的风险。

4. 经验总结

（1）根据盾构穿过区域的环境等实际情况，结合地质条件合理设置各掘进参数，要充分考虑地面荷载及上部结构的影响，交底要严格执行，要随时进行抽查。

（2）在反应如此敏感的区域，建议盾构压力设置要比实际计算值稍高（一般可取20～30kPa之间），将能更有效地控制地面的沉降，虽在掘进过程中地面有轻微的上升，但在充足注浆的情况下，都能保证地面及上部结构的安全。

（3）要求施工单位加强教育、交底，加强对设备的维修、保养工作，对常出现故障的设备及配件要提前储备，发生故障时能够及时地完成维修工作，减少停机对上部地层造成的影响。

（4）督促施工单位一定要每日认真进行设备的必检项目检查，并做好记录，有异常情况要及时地提前处理、预防。

（5）对地面监测点进行详细的排查，监测点一定要按规范要求施作，必须打穿地面埋设钢筋，使监测点能够准确地、真实地反映地面土体沉降情况。

（6）在初期压力波动等异常情况出现时，就要引起足够的重视，能够及时地反映在操作指令的变化上，要彻底寻找异常发生的原因，然后对症下药，及时排除。

（7）险情发生后，应争取各方力量督促承包商作出快速反应，防止险情进一步扩大并减小险情造成的社会影响。

三、盾构到达涌水涌沙事件

朝普区间右线到达端位于普君北路与兆祥路交汇处，端头南边紧贴佛山市华丰纺织厂宿舍楼，如见图3-62、图3-63所示。

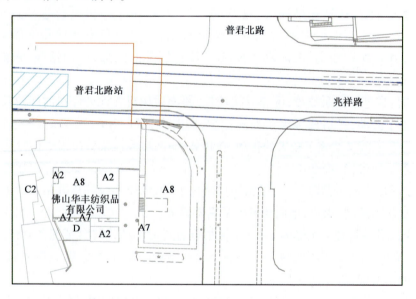

图3-62　盾构到达涌水、涌沙事故地点平面示意图

图 3-63　盾构到达端头处宿舍楼东北侧及西侧立面图（吕荣海　摄）

1. 事件经过及处理

（1）2010 年 1 月 31 日 7:15,朝普区间右线盾构掘进完成 604 环后约 20min,硐门 4 点方向（盾构机掘进方向的 8 点位置）出现了涌水、涌沙,此时刀盘还距硐门帘布约 1m。现场值班人员立即汇报并组织人员进行抢险,在硐门处用砂袋进行反压堵水,同时通过盾构机中盾环向注浆孔从 9 点位置注入聚氨酯进行止水。在整个反压过程中,硐门 4 点位置出现间隙性涌沙、涌水,间隙性流量比较大。在 9:55 时,硐门 8 点位置也出现了涌水、涌沙现象,现场分析应该是 4 点钟泥砂通过土仓窜流至 8 点位置,经过反复压实及注入聚氨酯,至 10:15 硐门渗漏基本停止。到达硐门处渗漏情况如图 3-64 所示。

上午 10:25 确定了以下主要抢险措施:

①在房屋周边打斜孔和垂直孔,发现空洞立即进行回填,同时要保证每个孔均要注浆。

②采用惰性浆液（膨润土 + 水玻璃）或砂浆将盾构机土仓填实,防止上部砂层塌方。

③利用盾构机二次注浆系统,对盾尾后 10 环进行二次补浆,保证管片后全部注满,一方面加强管片稳定,防止管片应力损坏,另一方面进行孔洞回填、止水。

④利用径向孔在盾体上方注入聚氨酯,起到隔水作用;同时复紧管片螺栓,做好隧道变形监测,并立即对隧道内最靠近硐门处的管片进行纵向刚性拉结。

⑤对房屋桩基进行注浆加固,利用桩间与桩底的注浆加固,稳固桩体周围的土体和对桩体产生托力。

⑥预埋应急注浆管（袖阀管）,尽量在靠近房屋一侧设置 2~3 排,配置专业的注浆队伍,作为重要建筑物保护的专项措施。

⑦盾尾后部的 10 环管片二次补浆完成后,开始重点处理盾体及刀盘处的土体加固,并防止盾构机在推进时挤坏硐门帘布及压板;同时可在刀盘外部的墙体上钉海绵条、棉被等,截留渗漏出的泥砂,减小塌方。

（2）隧道内对管片进行二次补浆并复紧管片,盾体周边进行聚氨酯封堵,至 17:00 硐门未发现任何漏点（见图 3-65）。

a) 7:58 砼门情况

b) 8:41 砼门情况

c) 9:55 砼门情况

d) 10:07 砼门情况

图 3-64　盾构到达端头砼门涌水涌砂堵漏应急过程（吕荣海　摄）

（3）31日晚上，在房屋下方距车站连续墙6m处探明一个化粪池并发现其已下沉，随即用混凝土进行了回填，共计37m³。

（4）2月1日上午仍对房屋与端头处进行勘察并注浆，但发现化粪池周边的4个注浆孔建立不起压力，大量注浆后仍不返浆，推断其下部可能为孔洞，要求继续注浆直至返浆，或进行扩孔后回填砂石料。端头应急加固及塌方勘察如图3-66所示。

图 3-65　盾构到达端头 17:00 砼门情况
（吕荣海　摄）

图 3-66　盾构到达端头应急袖阀管注浆加固及塌方区域勘察（吕荣海　摄）

2月1日下午,由于注浆加固原因,到达井口南侧地面及围墙已出现了隆起裂缝(见图3-67)。

图3-67　盾构到达井口南侧地面因注浆而裂缝(吕荣海　摄)

(5)2月2日上午,在房屋西侧及吊出井南侧钻孔计划进一步稳固房屋,其2个钻孔只注浆1个,压力较大。下午14:00进行了综合分析,根据2d的注浆加固情况及现场检查情况(监测)显示,孔洞填充注浆已完成,房屋西北角及围墙已出现隆起,可暂停空洞注浆加固。但要求在隧道结构边线与房屋间设置2排袖阀管进行系统注浆,袖阀管纵向间距为0.8m,在化粪池附近间距设置为0.5m,深度为18m,需钻入〈7〉地层中,袖阀管10m以下部分全部设置为花管,其中靠近房屋的一排袖阀管要进行注浆,另一排在盾构掘进过程中跟踪注浆。

原建筑物桩基长度为18m,桩底已进入下部的〈7〉地层,而隧道底部为地下16m,对其建筑物桩基础的影响较小,在化粪池处打一个垂直探孔,直至〈7〉地层中,再进行注浆找出渗漏通道。

立即检查硐门环板、帘布的稳定情况,进行二次加固,防止盾构出洞时拉脱。利用盾构机径向孔注入聚氨酯,以便形成一道闭合的隔水层,同时要观察土仓内是否有水泥浆流入或渗出,以便判断注浆效果。

(6)2月3日上午11:50,26号孔(距基坑边约2.5m)注浆过程中发现硐门3点位置出现了水泥浆渗漏现象,同时在检查土仓时发现舱内在相同位置发生了水泥浆渗漏(见图3-68、图3-69),为此进行了间歇性的反复注浆,同时对盾体及地面进行了细致的补浆加固,对刀盘刀具空隙用钢板进行了焊接封堵,并准备了出洞方案。

图3-68　到达端头补充注浆加固时洞门渗漏
(吕荣海　摄)

图3-69　到达端头补充注浆泥舱内出现水泥浆
(吕荣海　摄)

(7)2月4日,端头准备好各种应急材料后,对砌门及刀盘间多余空隙用海绵条进行了填塞,随后开始清理刀盘前砂袋,清理过程中砌门无渗漏,在清理完成后盾构机匀速推进,同时从径向孔注入聚氨酯。至18:25,终于将帘布勒到前盾位置,推进过程中基本无渗漏,随后开始进行环向封堵。盾构刀盘出洞过程如图3-70所示。

a)砌口与盾体间隙填塞海绵条

b)防止再次渗漏堆码砂包防护

c)拆除反压砂包

d)地面应急物资准备

e)刀盘前部焊接的防护钢板

f)砌门底部反压砂包揭除

g)盾构刀盘出洞完成

图3-70 盾构刀盘出洞及应急措施准备(吕荣海 摄)

(8)2月11日凌晨,盾构推进,盾尾脱出管片,期间在5点位发生了涌水现象,同时带出少量砂,在推进过程中不停地从管片吊装孔注入大量聚氨酯,终于顺利脱出管片。盾尾出洞过程如图3-71所示。

a) 盾尾出洞前洞门漏浆

b) 洞门底部漏出的聚氨酯

c) 聚氨酯应急堵漏

图3-71 盾尾出洞时砼门漏浆及聚氨酯应急处理过程(吕荣海 摄)

2. 原因分析

(1)此端头处隧道埋深约10m,从地面往下15m均为〈3-1〉地层,隧道底为〈5-1〉地层,由于端头南侧房屋的影响,无法满足施工条件,将端头加固方式进行了变更,取消了端头外包素混凝土墙,直接用双管旋喷进行了加固。在端头中部垂直抽芯检验,芯样基本保持完整,但水平探孔时渗漏砂较多。随后利用水平探孔进行了补充加固,累计探孔42个,在后续的探孔中,孔内流出的均为清水。在破除完成砼门后,也未出现漏水现象。

(2)隧道边距房屋桩基础约2.2m,距加固体边不足1.2m,在此处16m位置左右的旋喷桩加固质量不能得到很好的保证。

(3)出洞时未对盾构机及配套设备进行全面检查,砼门破除完成后因维修设备而不能迅速出洞,在后来的推进过程中由于盾体对加固体的扰动及内侧未提供压力,致使加固体外部水压通过旋喷桩缝隙渗漏或击穿,逐步形成了渗漏通道,使得上部砂层分层塌方,反应在砼门即出现了间歇性的涌水、涌沙。

(4)水平探孔发生渗漏后,在注浆补充加固过程中,未设置砼门向外的放射性注浆孔,未能对盾体外围的土体进行补充加固。

3. 经验总结

（1）盾构始发、到达的风险系数较高，在端头加固时要严格对待，保证加固的质量，不能因地域等情况而降低加固的标准，减小加固的范围。

（2）始发、出洞时一定要提前对盾构机做全面检查、检修，保证各个设备能处于正常的工作状态，严防在关键时刻出现设备故障而不得不停机维修，人为地增加工程风险。

（3）盾构出洞过程中要选择合理的推进速度，刀盘在不影响盾体出洞的情况下要停止转动，减少对周围土体的扰动，要保证盾构机匀速前进，减少中途停顿。

四、隧道掘进垂直姿态控制及纠偏

1. 工程概况

1）工程简况

本工程左线盾构在137环掘进过程中出现了向上抬头趋势，致使盾构机上浮，垂直姿态超限严重，经过各种措施纠偏及调线等方案，待掘进至227环时，方将盾构机垂直姿态调整至设计允许范围内。具体姿态超限线路平面图如图3-72所示。

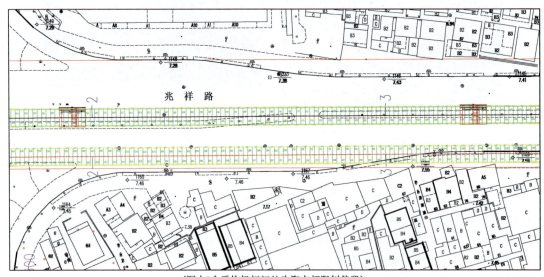

（图中2台盾构机标记处为姿态超限纠偏段）

图3-72　左线盾构姿态超限段线路平面示意图（中铁三局　提供）

2）工程地质及水文地质情况

区间地下水类型主要为第四系孔隙水及基岩裂隙水，主要存在于粉细砂层〈3-1〉、中粗砂层〈3-2〉及粗砾砂层〈3-3〉中，不具承压性；基岩赋存一定量的裂隙水，但其透水性相对较弱。

在隧道底部1m左右出现两个连续的〈7〉号地层起伏。隧道的中间为〈3-3〉砾砂层夹层。上部由〈3-1〉粉细砂层过渡到〈4-1〉粉质黏土层，具体地质剖面情况如图3-73所示。

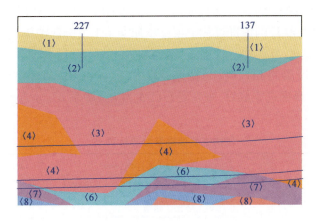

图 3-73 盾构垂直姿态超限段地质剖面图

〈1-1〉杂填土;〈2-1〉淤泥、淤泥质土;〈2-2〉淤泥质粉细砂;〈3-1〉粉细砂层;〈3-2〉中粗砂层;〈4-1〉粉质黏土;〈7〉强风化层;〈8〉中风化岩层

3)地面管线情况

隧道的北侧有一条纵向供水管路,水管为直径 800mm 球墨铸铁管,管中心距线路中心 6.35m。隧道南侧有一条纵向排污管,排污管为混凝土箱涵结构,截面尺寸为 2.5m×4.8m,箱涵中心距线路中心 9.1m。

2. 事件经过及处理

掘进中采取了各种纠偏措施,姿态纠偏过程中盾构机姿态变化曲线图如图 3-74 所示。

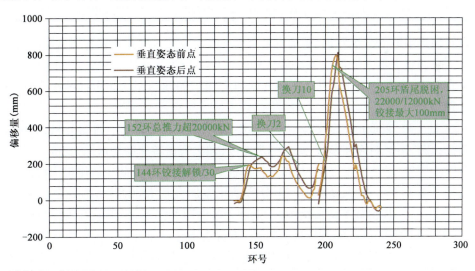

图 3-74 盾构垂直姿态纠偏过程曲线图(吕荣海 绘制)

1)盾构垂直姿态超限发生的初始情况

2009 年 9 月 21 日凌晨,普朝区间左线盾构机在掘进 137 环时,盾构机垂直趋势转变为正并出现了盾构机前点上浮的趋势,而盾构机垂直姿态变化不明显。在 137 环掘进完成后,盾构机姿态为水平前 2 后 -2,垂直前 -13 后 -16,垂直趋势 +1。而后的 138、139 环掘进过程中,由于施工经验的不足,盾构操作手未能结合地质情况进行掘进参数调整,未能意识到姿态超限

控制风险,盾构机垂直趋势变为+5,垂直姿态变为前25后-1。而此时盾构机正处于〈7〉强风化地层的上坡段,在140环的掘进过程中虽逐步加大了上下分区油压差,但远远不足以控制此时的盾构垂直趋势变化,反而趋势增加至+9,姿态变为前60后16。

随后在9月22日凌晨的141、142环掘进过程中,垂直姿态以每环前点上升40,后点上升30的速度增加,至142环掘进完成后,垂直姿态已变为前142后67,垂直趋势16。具体掘进参数见表3-12。

盾构主要掘进参数分析表一   表3-12

环号	垂直姿态(mm)		垂直趋势(mm)	仰俯角(°)	推进千斤顶行程(mm)				平均分区油压(bar)			管片选型
					A组		C组		行程差	上	下	油压差
	前	后			起始	终止	起始	终止	A-C			上-下	
136	-9	-14	1	-9	244	1751	294	1789	12	115	147	-32	P/1
137	-13	-16	1	-9	233	1756	276	1792	7	88	160	-72	P/11
138	3	-17	4	-5	242	1769	280	1820	-13	99	148	-49	L/3
139	25	-1	5	-3	275	1769	299	1796	-3	160	87	73	P/11
140	60	16	9	1	257	1753	289	1796	-11	205	126	79	L/3
141	101	37	14	5	251	1756	272	1791	-14	206	146	60	R/9
142	142	67	16	8	255	1785	267	1805	-8	199	110	89	L/3
143	167	96	15	7	282	1767	281	1755	11	209	71	138	R/9
144	190	144	10	3	265	1805	235	1751	24	225	69	156	P/1

经过对掘进参数的分析发现,盾构机垂直姿态发生变化其实是由操作因素所引起的,但是在当时是为了调整上下千斤顶行程差而设置的上下分区油压,未考虑到地层变化的影响,从而加剧了垂直趋势、姿态的变化。从140环开始纠正,但7000kPa的上下分区油压差也不能改善盾构机的趋势变化。

9月22日上午,采取的措施如下:①对管片姿态、盾构机姿态进行准确复核,验证VMT数据的准确性;②严格控制掘进参数,降低掘进速度,加大刀盘转速和切口压力,进一步加大上下千斤顶分区油压差,尽量下压机头,并加强管片选型以利于纠偏及防止盾尾出现渗漏。

其后掘进了143环,掘进过程中上下分区油压差加大到13800kPa,但姿态仍无较好的改善。9月23日下午,提出如下纠偏措施:①上下分区油压差仍不足,不能有效控制盾构机上升趋势,建议加大到25000kPa,同时铰接未打开,给机头下压增加了难度;②对管片姿态测量显示管片还未超限,VMT数据也正确;③打开铰接建立向下趋势并进行焊固,防止拉力过大而出现盾尾拉脱;④加大切开压力,从而加大扭矩,降低掘进速度至10mm/min左右,趋势变化控制在每环5mm以下;⑤限定姿态不能超过200mm,在此纠偏期间仍不能有效降低趋势,则建议进行开舱换刀,将周边滚刀更换为贝壳刀、刮刀等,有效加大超挖量。

随后在掘进过程中将上下铰接差拉至30mm后即进行了铰接焊固,但上下分区油压差只加大到15600kPa。在144环掘进完成后,趋势有所改变,由15变为10,垂直姿态前190后141。

在 145~147 掘进完成后,垂直姿态的前点已超过 200 变为 202,但趋势变为 -4。经过对纠偏量的控制,在 154 环时垂直姿态前点达到最高点 229,此时趋势为 -15;当掘进完成 158 环时垂直趋势为 -17,垂直姿态降到前 123 后 210。具体掘进参数见表 3-13。

10 月 2 日,要求在掘进方面要开始逐渐控制向下的趋势,向平缓调整。

盾构主要掘进参数分析表二 表 3-13

环号	垂直姿态(mm)		垂直趋势(mm)	仰俯角(°)	滚动角(°)	千斤顶行程(mm)		千斤顶油压(bar)		
	前	后				行程差 A-C	行程差 D-B	A	C	油压差 A-C
150	174	216	-9	-15	5	1		222	86	136
151	179	218	-8	-14	5	2	-4	243	72	171
152	175	225	-11	-16	6	20	-2	264	59	205
153	179	229	-11	-15	7	13	5	286	47	239
154	158	229	-15	-19	9	22	18	301	51	250

2) 盾构机及垂直姿态发生二次上浮

在 163 环掘进过程中,盾构机水平姿态也逐步增大至前 -50 后 -50,垂直姿态为前 136 后 183,滚动角 16°。为了防止出现双向纠偏困难决定采取以下措施:①改善泥浆质量,因推力为 22000kN,比正常掘进时偏大,同时铰接拉力增大为 8000kN,改善泥浆质量有利于更好地形成泥膜防止砂层塌陷减少盾构卡死现象;②增大扭矩和反复利用启动扭矩;③加大上下铰接,千斤顶行程至 50mm 后再焊接牢固;④纠偏过程中要稳定参数,严禁随意更改参数;⑤逐步加大左右千斤顶分区油压差,不得小于 7000kPa,上下油压差不小于 16000kPa。

而在 164 环掘进过程中(当时垂直姿态前 147 后 189,趋向 -9),盾构机垂直姿态再次发生上浮,虽立即加大了上下分区油压差,采取了前面的纠偏措施,但当 169 环掘进完成后,垂直姿态已变为前 240 后 253,垂直趋势 -3。掘进 5 环,盾构机垂直姿态前点上升了 93mm,后点上升了 64mm,垂直趋势减小了 6。

在 170 环掘进完成后,盾构机姿态又出现了下降的趋势,170 环掘进参数如下:推力 22430kN,扭矩 500~8000kN·m,刀盘转速 0.7~1.2r/min,掘进速度 3~10mm/min,上部分区油压 305bar,下部 27bar。掘进完成后垂直姿态为前点减小 8,后点增大 15,垂直趋势减小 5。其后,盾构机姿态逐渐开始向下调整,在掘进完成 174 环时,垂直姿态为前 177 后 274,垂直趋势 -21。考虑到纠偏太急,开始逐渐减少向下的趋势,减小上下分区油压差,具体姿态及参数变化见表 3-14。

至 188 环时,垂直姿态降到最低,前 11 后 61,垂直趋势 -11。前点累计下降了 221mm,后点下降了 207mm。可在 188 环掘进过程中,感觉到盾构机又有上浮的趋势;在 189 环推进时立即加大了上下千斤顶的分区油压差,但盾构机姿态仍发生了急剧上浮;190 环推进时分区油压差进一步拉大,直至 192 环掘进完成,盾构机垂直趋势已减小至 -1,垂直姿态此次前点上升了 86mm,后点上升了 39mm,具体参数见表 3-14。

盾构主要掘进参数分析表三　　　　　　表3-14

环号	垂直姿态(mm)		垂直趋势(mm)	仰俯角(°)	滚动角(°)	千斤顶行程(mm)		千斤顶油压(bar)		
	前	后				行程差 A-C	行程差 D-B	A	C	油压差 A-C
172	211	278	-14	-18	20	28	11	310	19	291
173	208	291	-18	-21	21	31	12	292	37	255
174	177	274	-21	-24	22	5	1	197	160	37
175	155	256	-21	-25	22	-4	-14	197	160	37
176	135	234	-21	-25	22	-4	-14	182	188	-6
177	113	210	-21	-24	22	-12	-3	172	148	24
178	97	188	-19	-23	22	-12	-10	139	128	11
179	88	165	-17	-20	22	-12	-12	166	137	29
180	79	147	-14	-18	21	-4	-8	176	146	30
181	66	134	-14	-18	21	0	1	184	134	50
182	56	121	-14	-17	20	2	2	190	99	91
183	45	110	-14	-17	19	3	9	193	78	115
184	32	101	-15	-18	18	13	2	204	97	107
185	30	85	-12	-15	17	28	-9	181	136	45
186	17	78	-13	-16	16	1	3	199	107	92
187	11	68	-12	-16	16	-4	2	203	119	84
188	11	61	-11	-14	17	-10	-2	195	138	57
189	13	63	-10	-14	16	3	10	227	87	140
190	27	63	-8	-11	18	9	-6	301	28	273
191	60	81	-4	-8	21	2	-10	315	16	299
192	97	100	-1	-4	23	-3	-3	318	23	295

3) 带压开舱检查及刀具更换

由于左线盾构一直在纠偏,掘进速度较慢,且纠偏出现反复,影响进度较严重,同时右线盾构距左线仅30余环,考虑到进度影响到右线的正常掘进,决定对左线刀具进行开舱检查。10月21～28日期间,右线盾构顺利超越左线,同时完成了左线泥舱泥膜护壁的建立及开舱准备工作。

10月28日、29日,对左线盾构机进行砂层中带压开舱换刀作业(刀具更换处地质情况见图3-73),将最外缘的滚刀(38～40号)更换一把新滚刀,保证轨迹线为3140mm,把次外缘的滚刀(37～39号)更换为改造后的羊角刀,羊角刀改造后轨迹线达到3145mm,此次共更换两把刀具。而检查发现刀具磨损不大,拆出的两把双刃滚刀仅在刃口及球齿处磨损约5～6mm,其余基本未见磨损。拆除的刀具及更换的羊角刀如图3-75、图3-76所示。

图 3-75　第一次盾构开舱拆除的双刃滚刀
（吕荣海　摄）

图 3-76　第一次盾构开舱更换的羊角刀
（吕荣海　摄）

刀具更换后,采取加大上下分区油压进行掘进纠偏,但由于前期掘进过程中垂直姿态的每环变化量大于弯环管片的楔形量,合理的管片选型也不能满足盾构机的姿态变化,盾尾与隧道管片间夹角增大出现盾尾卡死现象,也由于上下分区油压过大,管片出现了椭变,造成盾尾间隙上部在 120～150mm 之间,下部约 45mm,顶部推进油缸偏心受力,千斤顶撑靴顶推到的管片侧面宽度仅 10cm 左右,同时撑靴也出现倾斜(见图 3-77),使得上部管片均出现了不同程度的挤压碎裂及纵向裂纹。但垂直姿态前点仍以每环 40mm 的速度上升,趋势也在逐渐增大。

图 3-77　盾构机上部千斤顶偏心受力及盾壳内的擦痕(吕荣海　摄)

在 194 环掘进完成后,经总体设计多次优化线路,将 -0.34% 的坡度调整为 -0.18%。调整后,原 194 环管片姿态由原来的 +104 变为 -86,盾构机垂直姿态前 192 后 163,趋势 6,水平变为前 -9 后 -32,趋势 5。在 195～197 环掘进完成后盾构机姿态又上升到前 104 后 53,趋势 11。期间采取过的措施有:①增大上下分区油压差及总推力,以增加刀盘贯入度和扭矩;②拉大铰接行程,上下行程差至少要保持在 40mm 以上,将下部铰接焊死;③加快刀盘转速,加大环流量,避免泥舱出土口黏结堵管,并利用舱内压力反复冲洗;④将 1.5m 宽度管片更换为 1.2m 宽管片,有利于纠偏。

11 月 16 日,左线盾构掘进完成 198 环后,垂直趋势变为 13,姿态前点上升至 124,具体参数见表 3-15。

盾构主要掘进参数分析表四 表3-15

环号	垂直姿态(mm)		垂直趋势(mm)	仰俯角(°)	滚动角(°)	千斤顶行程(mm)		千斤顶油压(bar)		
	前	后				行程差 A-C	行程差 D-B	A	C	油压差 A-C
192	97	100	-1	-4	23	-3	-3	318	23	295
193	137	124	0	-1	25	-5	-6	299	67	232
194	171	155	3	0	27	14	1	284	56	228
195	23	-23	10	10	29	-30	-28	244	77	167
196	62	22	9	8	31	14	-3	262	38	224
197	104	53	11	9	33	27	-5	303	25	278
198	178	81	21	19	36	27	-11	260	107	153

11月25日完成第二次刀具更换,共更换掉8把边缘弧形刮刀,更换的刮刀外缘刀刃部分通过堆焊耐磨焊丝加高10~20mm。将边刮刀的开挖直径从6260mm增加至6280mm。

此次换刀后掘进198、199环,垂直姿态前点仍以每环50mm速度上升,变为229,纠偏无效果。

根据掘进情况分析,进行了第三次刀具更换,共计10把,其中6把边缘双刃滚刀全部更换,正面区8把滚刀更换靠近中心的4把,除38~40号、37~39号、34~36号更换为改造后的羊角刀外,其他刀具均更换为原装羊角刀。

具体刀具更换情况如下:13~14号、15~16号、17~18号、19~20号、29~31号、30~32号、33~35号刀具更换为原配置羊角刀,38~40号、37~39号更换为加长100mm羊角刀,34~36号加长70mm。拆除出的双刃滚刀和改造后的羊角刀如图3-78,更换刀具位置如图3-79。

图3-78 第三次开舱换刀拆除的双刃滚刀和改造加长后的羊角刀(吕荣海 摄)

刀具更换后,12月5~17日,完成了200~205环的掘进,调大了铰接油缸拉力,并通过在盾尾钢壳上进行钻孔观察及注膨润土浆液润滑、盾尾内焊接支点增加千斤顶直接顶推管片,当盾尾脱困后取消盾尾同步注砂浆,利用管片吊装螺栓孔注入惰性浆液(膨润土+水玻璃),起到止水及填充的作用,盾构机趋势才逐渐出现好转,本阶段掘进参数见表3-16。在205环掘进30cm后,垂直趋势达到最大+33,之后开始减小。待205环掘进完成后盾构机垂直趋势变为29,垂直姿态前733后596。期间,每环的掘进速度都非常慢,管片损坏严重,椭变、碎裂、连接桥顶部顶刮管片,管片环缝、纵缝变宽,螺栓无法紧固、管片渗水、盾尾渗漏等多次发生。特别是顶部管片,由于盾尾及管片折角较大而卡死,造成盾尾刷损坏,管片外皮保护层脱落,顶部管片挤裂,甚至出现纵向贯通裂缝(管片及盾尾刷损坏情况见图3-80),增加了后续的管片处理工作量(后期将所有超限、损坏的管片利用地面明挖竖井进行了拆除,重新浇筑箱涵形混凝土结构,保证隧道质量)。

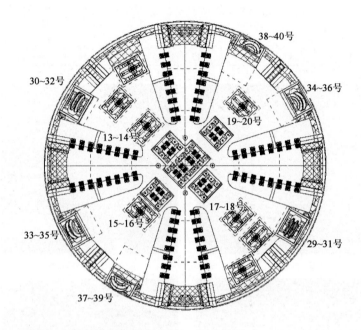

图3-79 第三次开舱换刀刀具更换位置及编号示意图(中铁三局 提供)

盾构主要掘进参数分析表五　　　　表3-16

环号	垂直姿态(mm)		垂直趋势(mm)	仰俯角(°)	滚动角(°)	千斤顶行程(mm)		千斤顶油压(bar)		
	前	后				行程差 A－C	行程差 D－B	A	C	油压差 A－C
199	229	150	17	15	37	65	25	—	—	—
200	324	190	29	27	39	－44	－30	—	—	—
201	401	247	33	31	41	－10	3	317	17	300
202	505	332	33	35	44	－11	－5	319	19	300
203	591	432	34	32	48	－3	57	313	21	292
204	674	520	33	31	52	21	11	318	17	301
205	733	596	29	27	55	9	23	319	16	303
206	768	664	22	20	56	87	37	316	10	306
207	793	730	13	12	57	54	54	320	16	304
208	792	787	1	－1	56	100	72	298	16	282
209	742	812	－15	－17	53	84	84	273	31	242
210	633	733	－21	－23	49	33	33	212	69	143
211	593	721	－27	－29	47	40	23	168	84	84

续上表

环号	垂直姿态(mm)		垂直趋势(mm)	仰俯角(°)	滚动角(°)	千斤顶行程(mm)		千斤顶油压(bar)		
	前	后				行程差 A−C	行程差 D−B	A	C	油压差 A−C
212	565	693	−27	−29	43	−2	7	119	117	2
213	534	856	−26	−28	40	−11	−5	83	152	−69
215	438	562	−26	−28	36	15	16	72	146	−74
216	395	519	−26	−28	32	4	12	64	165	−101
220	202	333	−28	−29	17	−7	−4	45	156	−111

a) 顶部管片裂缝

b) 管片错台

c) 盾尾卡死造成管片外部混凝土保护层损坏

d) 盾尾底部漏浆、漏气

e) 盾尾刷损坏

图 3-80　纠偏过程损坏的第三道盾尾刷(吕荣海　摄)

12月18日,由于趋势的逐渐变小,掘进速度提高。206~208环,盾构机垂直姿态逐渐减小至1,在掘进208环过程中,垂直姿态前点达到最高797;209环掘进完成后垂直姿态后点达到最高812mm,其后在掘进过程中,盾构机的姿态逐渐回落到设计轴线(坡度已调整为-0.18‰)附近。当掘进至第227环时,盾构机垂直姿态回落到设计允许偏差范围内并逐步减小。

在本阶段纠偏过程中采用了各种方法进行试验,主要采取了以下几种纠偏措施:①在盾体钢壳上进行钻孔,并安装阀门,一方面可以查看盾尾外部地层情况,另一方面可在掘进过程中释放压力,以便减小阻力;②在恢复掘进前,可利用盾体径向孔和盾尾钢壳的钻孔注入膨润土浆液进行润滑,减小盾体摩擦力,从而减小盾尾拉力(见图3-81);③调整铰接油压阀,使铰接拉力由8000kN变为10000kN,同时在盾尾钢体上焊接支点增加千斤顶直接顶推管片,对盾尾进行脱困(见图3-82);④由于盾尾内管片上部压力较大,损坏严重,特别是管片外侧由于千斤顶撑靴偏心受力顶坏管片,在上部增加一块4cm厚的整体钢板(见图3-83);管片底部由于千斤顶基本不受力,管片接缝易错台,缝隙大,断面不平且易渗漏(见图3-84),为此调整了拼装模式下的千斤顶顶推油压,并在管片背部塞入15cm厚海绵条和管片侧面粘贴较多软木垫,以便减小管片缝隙及渗漏;⑤用惰性浆液代替同步注浆砂浆,并利用吊装螺栓孔直接注入管片背后,可减小浆液对盾尾的握裹力,并能起到止水、填充和润滑作用;⑥将上下部的油缸铰接更换为刚性铰接(见图3-85)减小铰接的变化影响;⑦采取加大环流流量、增大或减小切口压力等措施进行压力反冲;⑧对连接桥进行改造(见图3-86、图3-87),减少连接桥顶部对管片的损坏等。

图3-81 盾尾钢壳上的钻孔注入膨润土浆液(吕荣海 摄)

图3-82 盾尾钢壳内焊接的支点及增加的千斤顶(吕荣海 摄)

图 3-83　顶部推进千斤顶偏心受力时增加的整体钢板(吕荣海　摄)

图 3-84　管片底部出现的错台、碎裂、渗漏(吕荣海　摄)

图 3-85　铰接油缸改装为刚性铰接(吕荣海　摄)　　　　图 3-86　连接桥第一次降低改装(吕荣海　摄)

4)恢复正常掘进

2009 年 12 月 29 日,掘进完成 233 环后,盾构机垂直姿态回落到前点 -15 后点 -15,垂直趋势 0,滚动角 0,并一直保持在设计轴线进行掘进。2010 年 1 月 2 日,由于考虑到刀盘外缘羊角刀超挖量较大,在控制地面沉降及掘进过程中难度较大,决定将最外缘和次外缘的大超挖量羊角刀更换为原装双刃滚刀,恢复正常掘进。超限纠偏完成后成型隧道如图 3-88 所示。

图 3-87　连接桥第二次降低改装（吕荣海　摄）

图 3-88　盾构垂直姿态超限纠偏后的隧道（吕荣海　摄）

3.原因分析及有效纠偏措施

1）原因分析

(1)项目部及盾构操作手未能详细了解地质分布情况,在地层发生变化时,未能及时、提前做到盾构机掘进参数的调整;当盾构机刀盘位于〈6〉、〈7〉地层斜坡面时,刀盘滚刀开始不能有效地贯入泥岩层中,致使后续掘进虽经过了纠偏措施进行刀头下压,但起不到效果。其前几次的超限及纠偏,起初应是因操作不当引起,但也受隧道底〈7〉地层起伏的影响。

(2)从 137 环开始,盾构机出现抬头趋势,未能意识到超限的风险及操作的难度,虽提出了多种纠偏措施,但只采取了常规的、简单的手段进行纠偏,致使议定的纠偏措施、方案不能彻底的落实到位，从而使盾构机纠偏不能起到很好的效果。

（3）在开始出现上浮趋势时，未采取果断措施下压机头，使得盾构机姿态及趋势逐渐变坏，不利于纠偏，给姿态纠偏带来了反复。

（4）由于左线上方为主干道，担心超挖过大造成地面塌陷，而且在未加固的砂层中进行带压开舱换刀，本身就具有相当大的风险，在做好了牺牲管片、牺牲路面的准备后，才更换了大超挖量的羊角刀。

（5）在纠偏过程中，由于盾体上升趋势比管片上升趋势快，盾尾与管片夹角逐渐增大，其摩擦力相应增加，使得管片出现了竖直方向的椭变，最大椭变量达8cm。而此时由于夹角原因，盾尾间隙上部达到15cm，在推进千斤顶顶推过程中，撑靴只能接触到管片宽度的1/3，再加上上下铰接差造成的盾体夹角，使得撑靴在管片上受力偏心，管片外部挤碎，在后期掘进中撑靴更是直接顶推到盾尾钢壳上，虽然控制室显示上部千斤顶油压达到32000kPa，但实际作用在管片上的力已大幅度地减小，给纠偏造成了很大难度。项目部为此在上部3组千斤顶处增加一块整体4cm厚的钢垫板，以增大管片的受力面积、减小管片损坏，同时对顶部千斤顶推力损失有一定的制约。

（6）在纠偏过程中未从盾构机本身考虑，未真正使得盾尾脱困。而围绕此问题，采取了如下措施，在更换了大超挖量的羊角刀后，再结合盾尾壳体内增加的千斤顶、注入惰性浆液止水润滑、建立铰接下弯趋势等措施，在盾尾真正脱困后，超挖的羊角刀才起到作用，综合各种措施、因素，方能纠偏成功。

（7）对地质状况了解不足，掘进前提供的地质勘查资料与项目部在纠偏期间进行补勘的地质资料存在很大的出入，特别是隧道底部及左右两侧的岩层分布差别较大。对地层的不了解，盾构机操作手与管理人员经验不足，对小的异常参数不重视；同时设备本身的运行缺陷未及时修正，纠偏过程中未找到制约纠偏的关键点，使得纠偏出现反复且难度加大。

2）纠偏处理措施

在整个纠偏过程中项目部召开过多次专家会议，咨询过很多有纠偏经验的盾构技术专家，得到了很多纠偏建议及措施，结合项目部意见对盾构机进行了纠偏，总结有效的纠偏措施如下：

（1）推进千斤顶上下本区油压，要保证设备调整至最佳状态，在本工程纠偏时上部千斤顶油压加大至32000~33000kPa，下部仅2500kPa左右，建立较大油压差下压机头。但由于管片的受力不均，引发了其他的连锁反应，上部管片受力过大造成顶部管片挤碎，甚至出现纵向贯通裂缝，下部基本不受力，使得管片环缝、纵缝变宽，造成渗漏、环断面出现错台等现象。

（2）更换刚性铰接。在盾构机纠偏后期阶段，盾尾出现卡死现象，盾尾与管片之间、盾尾与外界土体之间的摩擦力较大，对盾构机形成较大的制约，而铰接无法提供较大的拉力，在纠偏过程中非常不利。在更换刚性铰接后，一方面可以杜绝铰接拉脱事件，另一方面可将盾体连接成一个整体，避免由于盾尾卡死而出现机头晃动造成的趋势变化的假象。当盾尾脱困后，盾构机有了初始向下趋势，则更换为铰接油缸，逐步拉大铰接行程差并保持，建立向下趋势，稳步完成纠偏。

（3）如果盾尾未卡死，可以通过反复收缩铰接系统，使得刀盘有小量的后退，从而造成对刀盘底部的二次超挖，但掘进过程中要严格控制各参数，采用小速度控制，短期内能起到一定纠偏效果。

（4）在盾尾钢壳内开检查孔，并安装阀门，可以检查盾尾外部的地层情况，也可以将下部压力释放，有利于纠偏，而且可以由其注入膨润土浆液起到润滑盾尾作用，而减小盾尾摩擦力。

（5）盾尾内部钢体上焊接支点，增加千斤顶直接顶推管片，可将盾尾直接顶推出去，减少铰接拉力，便于纠偏。

（6）更换大超挖量刀具，有部分专家认为滚刀不适宜在〈6〉、〈7〉地层中掘进，建议采用羊角刀或刮刀，所以本工程纠偏成功也主要取决于大超挖量的刀具，可将外缘刀具和外缘弧形刮刀进行改造加长、加高，从而达到超挖的目的。

（7）取消同步注浆，直接从盾尾后管片吊装螺栓孔注入惰性浆液（钠基膨润土＋水玻璃，配合比要根据实验进行确认），起到止水、填充作用，还不会将盾尾及盾尾刷固死。

（8）由于纠偏时管片与盾尾间夹角较大，采用1.2m宽度管片，可有效地减小管片与盾尾间的摩擦。

五、先隧道后竖井大开挖端头封水措施

1. 工程概况

1）工程简况

本标段朝普区间左线盾构掘进至137环时，盾构姿态超限，在纠偏完成后，其超限最大区域由于纠偏时的应力集中造成了管片破损严重（见图3-89），根据地铁施工及设计要求必须对196~225环管片及隧道进行重新处理。该段隧道埋深约为15.5m，经过方案比选确定了采用地面竖井明挖法对该段隧道管片进行拆除，重新浇筑箱型混凝土结构。

图3-89　管片破损照片

竖井围护结构采用800mm厚钢筋混凝土连续墙，其连续墙外包尺寸为47.1m×9.2m，连续墙深度约25.6m，入岩2.5~3.5m，两侧连续墙距管片0.8m，两端墙距离需要拆除的管片边缘净距约0.8m，基坑开挖至隧道管片下80cm，约22.2m深，主体结构外包尺寸45.5m×7.6m，

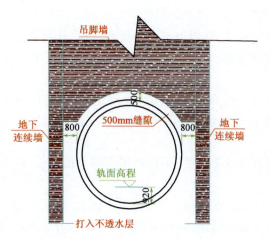

图3-90 围护结构端头吊脚墙设置示意图(尺寸单位:mm)

主体结构墙厚90cm,包含两端隧道管片各20cm。连续墙接口处设置半圆形6根旋喷桩进行止水,旋喷桩内部可以进行注浆封堵。

但地面连续墙两个端头与隧道交接处不能有效接触,存在较大的渗漏通道,旋喷桩加固也不能保证不会渗漏,为了广佛线的整体工期,确保基坑安全万无一失,最后决定在隧道管片上部吊脚墙处管片周边进行冷冻(端头吊脚墙示意图3-90)。因吊脚墙底部与管片顶部间距约50cm,隧道底部从隧道管片内部钻孔布设冷冻管,隧道上部采用地面垂直冻结。

2)工程地质

工程范围内的土层从上至下依次为〈1-1〉杂填土、〈1-2〉素填土、〈2-1〉淤泥质土、〈2-2〉淤泥质粉细砂、〈3-1〉粉细砂层、〈3-2〉中粗砂层、〈4-1〉粉质黏土、〈5-2〉硬塑性残积岩、〈7〉强风化层,如图3-91、图3-92所示,土层中含有大量承压水。

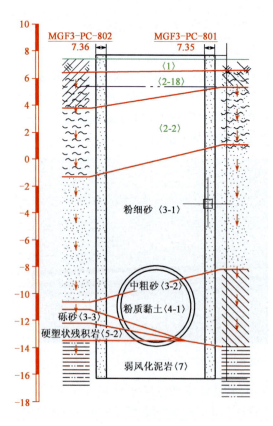

图3-91 隧道明挖结构西端头地质分布图

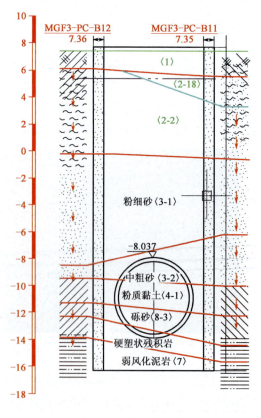

图3-92 隧道明挖结构东端头地质分布图

2. 端头加固封堵形式

本工程中管片处理段的关键点就是吊脚墙底部渗漏通道的封堵,为此在围护结构两个端头外侧又设计了独立的2个外挂素混凝土墙,形成2个端头加固区域,在此区域内靠近基坑侧设置了隧道周边封闭的冷冻管,以达到隧道周边渗漏通道的封堵。冻结管布设分为地面垂直冻结、隧道内盘管辅助冻结和隧道内斜孔冻结,斜孔设置在隧道4~8点位置。根据地质钻孔显示,基坑西端头地质较好,所以在西端头隧道内设置一排斜孔,东端头2排,地面垂直冻结孔均设置2排,采用全长冻结,冷冻管直贴管片外表面,在垂直冻结孔对应的隧道4~8点位置设置了3道冷冻盘管,辅助垂直冻结孔对吊脚墙下部通道的冻结。基坑西、东端头地面及隧道内实际钻孔位置如图3-93所示。

经过对所有冻结钻孔的倾斜率复测,发现最大的偏斜率是T4-6为0.8%,其他孔位均小于0.4%,对冻结壁的扩展影响不大。冷冻钻孔设备如图3-94所示。

3. 冻土帷幕发展推算示意图

选择隧道顶部(埋深15.31m)、西端头隧道底部管片与土体交界面、东端头隧道底部管片与土体交界面三个特征截面(依次编号为A、B、C截面),根据冻土的发展速度和冻结时间推算出冻土的发展厚度,截至4月17日各截面冻土帷幕的发展情况如图3-95~图3-99所示。

经过分析计算,各截面处最小冻结壁厚度见表3-17。

各截面的最小冻结壁厚度表(中国矿业大学提供)   表3-17

截 面 编 号	A	B	C
最小冻结壁厚度(mm)	1535	447	638

4. 管片后冻结冻胀压力监测分析

经过对隧道内管片后冻结冻胀压力监测(见图3-100)。在4月12日,管片后压力发生突变,迅速增加;4月18日压力达到最大值。分析得出的结论是:突变期内大量的未冻水发生相变,引起土体体积的急剧增长,但土体的变形受到限制,从而引起应力的剧增,是一个交圈的过程。在交圈完成后,冻胀压力逐渐减小并趋于稳定。

5. 冻结效果探孔检查

4月13日,对隧道内顶部管片的冻结情况进行钻孔检查,每个端头在10~2点钻孔6个,孔位设置在管片对应的地面垂直钻孔中间,深度平均430mm,经过连续多天的温度监测,各点温度变化不大。

经过分析讨论,确定4月17日开始土方开挖,如图3-101所示。

6. 经验总结

1) 方案选择满足工期要求

由于工期的原因,经过比较,选择了冷冻冻结施工,在施工过程中,又根据实际地质情况进行了冻结方案调整,地面冻结管由原设计的$\phi89$改为$\phi127$,加大了盐水流量,同时缩小孔间距;

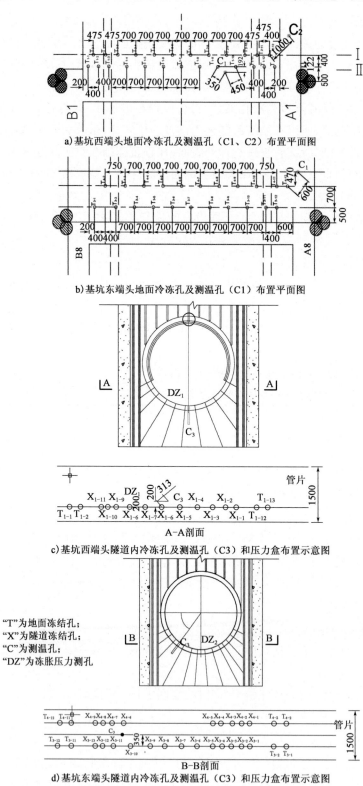

图 3-93 基坑西、东端头地面及隧道内实际冷冻钻孔及测温孔位置示意图(尺寸单位:mm)(中国矿业大学 提供)

地面东端头冻结孔打设完成后立即投入冻结运转,西端头排间距由700mm改为400mm,并采用错位布孔,使冻结壁在交圈时间上基本与东端头同步;隧道内采用100槽钢和钢板焊接的冷冻盘板布置在隧道4~8点位置,以补充、加强隧道顶部和侧面的冻结效果;增大了冷冻盐水的供应能力,地面和隧道分开供冷;隧道内盐水干管以通过透孔的方式进行供冷,减少了管路铺设距离,有效减少盐水冷量的损失。

图3-94 地面、隧道内冷冻钻孔设备及施工作业

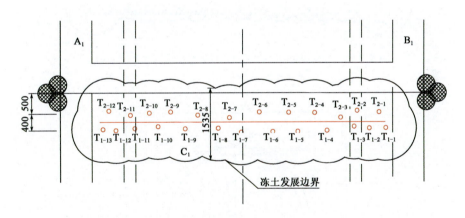

图3-95 西端头隧道顶部(15.31m埋深)处冻土帷幕发展示意图(尺寸单位:mm)
（中国矿业大学 提供）

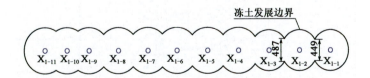

图3-96 西端头隧道内管片后冻土帷幕发展示意图(尺寸单位:mm)
（中国矿业大学 提供）

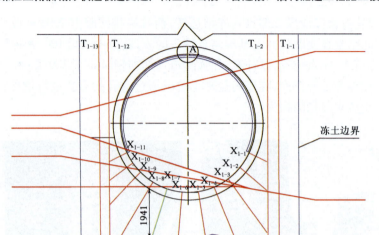

图 3-97　西端头隧道内管片后冻土竖向发展范围示意图(尺寸单位:mm)
　　　　(中国矿业大学　提供)

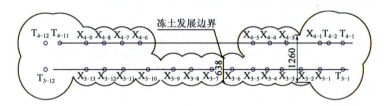

图 3-98　东端头隧道内管片后冻土帷幕发展图(尺寸单位:mm)
　　　　(中国矿业大学　提供)

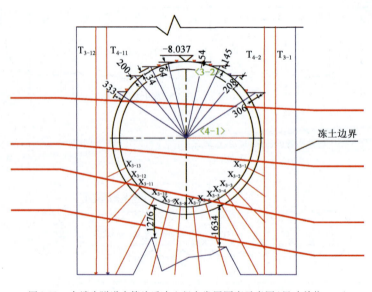

图 3-99　东端头隧道内管片后冻土竖向发展厚度示意图(尺寸单位:mm)
　　　　(中国矿业大学　提供)

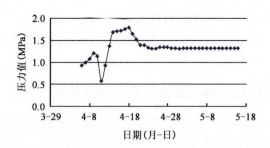

图 3-100　冻胀压力盒(DZ1)冻胀压力变化曲线(中国矿业大学　提供)

图 3-101　管片处理段管片拆除及主体结构施工(吕荣海　摄)

2）冻结过程顺利

冻结施工期间冻结孔钻孔垂直度偏差在设计允许范围之内,制冷系统运转正常、连续,盐水温度满足设计要求,盐水液位比较稳定,没有出现较大的盐水漏失的情况。

3）测温孔内测点温度变化情况基本稳定

2010 年 4 月 17 日根据对系统运转、盐水温度、土体温度、冻胀压力等因素的综合分析,认为冻结帷幕已基本达到封水效果,可以控制基坑内降水深度,在开挖土体过程中及时进行支撑架设,并在基坑端头暴露的连续墙上贴保温板以稳定冻结效果,取得了很好的效果。

4）采用冻胀压力辅助判定冻结壁交圈情况

根据对冻胀压力的监测,2010 年 4 月 12 日,管片后压力发生突变,迅速增加;4 月 18 日压力达到最大值,可以判定冻结壁已完成交圈;因而,在 4 月 17 日进行土方开挖是安全的。

5）冻结封水关键位置措施得当

本工程的关键是隧道顶部管片与吊脚墙下部的通道处土层的冻结效果,直接影响工程的成败。因管片相对于地层传热较快,且地面垂直冻结管实际位置与设计位置会有偏差,使得隧道上部冻土区域容易形成驼峰状导水通道,此外工期紧迫留给的有效冻结时间非常有限,故在施工中加强了对其的保温,并在采用 100 槽钢和钢板焊接的冷冻盘板布置在隧道内部以补充、加强隧道顶部和侧面的冻结,效果明显。

6)冻结端头暴露时间相对较短

基坑土方开挖后,迅速将暴露的冷冻面进行了封闭,在开挖到管片顶部后,及时在管片与吊脚墙交接处进行植筋浇筑混凝土封闭,并加快施工两端头主体结构,保证了基坑及隧道的安全。

六、管片拆除过程基坑围护结构接缝的涌水涌沙事件

朝普区间左线隧道管片超限后,采用了地面明挖法对超限隧道段进行了处理,当明挖基坑开挖至基底,原隧道管片拆除完成,在进行基底清理的过程中,发生了大的涌水涌沙事件,经过了3d基坑砂包反压和地面注浆,终于成功堵漏。

1. 工程简况

左线盾构从 201～225 环管片姿态超限严重,决定采用地面明挖处理方案对超限管片进行处理,196～225 环总处理长度为 45.1m。基坑连续墙外包尺寸为 47.1m×9.2m,连续墙深度约 25.6m,基坑开挖深至隧道管片下 80cm,约 22.2m,主体结构外包尺寸 45.5m×7.6m,结构厚 90cm,主体箱形结构各包两端管片约 20cm。

明挖结构基坑连续墙共 28 幅,其中 16 幅钢筋混凝土连续墙,2 幅钢筋混凝土吊脚墙,10 幅外挂素混凝土连续墙。从 2010 年 1 月 19 日开始施工,至 3 月 19 日浇筑完成最后一副连续墙。

2. 事件经过及处理

3 月 27 日开始土方开挖工程,至 5 月 13 日东端头开挖到基底设计标高。在拆除掉 B2 与 B3 连续墙接缝处的管片后,有漏水现象,当时检查发现,此处地层为砂层,漏出的水中未携带砂,呈黄色,现场分析是因接缝处水流出时冲刷到连续墙内部砂层中的黄泥所致。5 月 14 日,原隧道管片已全部拆除完成,基底已从东端 B8 连续墙处逐步清理至 B3 连续墙处,未采用钢筋锚喷形式处理过此接缝,仅用快干水泥进行了封堵及软管引流。14 日晚上约 19:00,距基底约 1.5m 处突然出现了大的喷涌,水中带有大量泥砂,现场人员立即汇报并组织抢险工作,从地面吊运砂包至基坑底部对接缝处进行反压,同时在接缝处注入了聚氨酯,下部砂包缝隙塞入棉絮,打算封堵漏水,但水压力过大,流速较快,聚氨酯均流走起不到作用。在继续堆码砂包的过程中埋入了引流钢管,地面上部至 15 日中午开始注入双液浆。同时在围墙外部马路上开始钻孔勘察下部是否空洞。晚上,开始在连续墙上植筋、砂包外挂钢筋网,外部喷射混凝土,在凌晨时分完成。在此期间地面混凝土破除后注浆过程中发现了距渗漏点约 3m 位置下部有空洞,适时进行了混凝土回填。

16 日早 9:00,在上部注浆孔开始注入聚氨酯,基坑内引流管开始封管,但封管完成后,西侧砂包堆与连续墙缝隙处出现渗漏,用棉絮和聚氨酯注浆根本无法堵塞,计划再用快干水泥封堵,用钢管引流,但堵塞一处,在另外一处又开始渗漏,且水流有变大的趋势,顶部的喷射混凝土层已出现了裂缝。当时地面一直在断断续续注入双液浆,继续在现有的反压砂包外,再堆码一层砂包,进行二次钢筋网锚喷,加强上部砂包堆加固并用砂包堆顶至南侧连续墙以提供砂包外移的反力。

17 日,在喷射混凝土完成后,渗漏抢险阶段性完成,当时地面上已注入了大量的聚氨酯、双液浆等,进行袖阀管注浆加固,下午开始准备地面系统注浆加固事宜,第一次共计设置了 14

个孔,计划注浆压力控制在 0.5~1MPa。根据当天 14:30 的基坑监测数据显示,B2 槽段内的侧斜监测管在 16m 处已累计位移 33mm,第三道支撑轴力在 3h 内增大约 1400kN,渗漏抢险过程如图 3-102 所示。

a) 15 日 9:13 砂包、棉胎反压及从地面注入聚氨酯堵漏

b) 16 日 9:00 引流管封堵

c) 16 日 10:00 砂包堆缝隙堵塞

d) 17 日 2:00 砂包堆顶部植筋挂网、二次处理

e) 18 日 10:00 最后的反压砂包堆

图 3-102 基坑连续墙缝涌水涌沙抢险施工过程(吕荣海 摄)

直至 18 日凌晨才开始正式注浆,在停止注浆的阶段内,测斜监测基本无变化,说明基坑测斜位移与注浆压力有很大关系。18 日又增加了 10 个注浆孔,共计 24 个,至 22 日凌晨 4:00 方全部完成注浆,共计注入约 46.7t 水泥,其中前期注入的 4 个注浆孔为双液浆,其他均为单液浆或袖阀管,个别孔位注浆量极少,压力上升很快。孔位布置如图 3-103 所示。

145

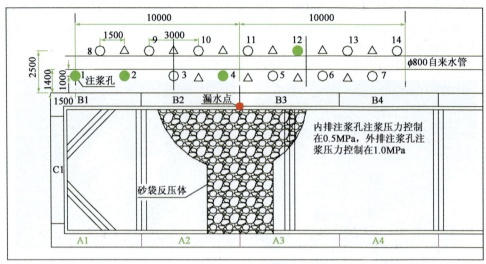

图3-103 第一次、第二次设置的24个注浆孔位图(尺寸单位:mm)（中铁三局 提供）

22日又设置了6个注浆孔,注浆压力1MPa,共注入5.6t水泥的单浆液,在24日凌晨注浆完成。孔位布置如图3-104所示。

24日晚上对渗漏点附近地面加固情况进行抽芯检查,发现其芯样内均含有水泥,个别部位含有水泥块,但不连续。芯样如图3-105所示。

经过对砂包下渗漏情况进行检查,25日晚上开始拆除下部反压砂包,每拆除约30~40cm即进行挂钢筋网锚喷,直至27日凌晨方全部拆除完成,过程中未出现渗水,说明注浆加固起到了一定的效果,27日上午完成垫层混凝土浇筑。

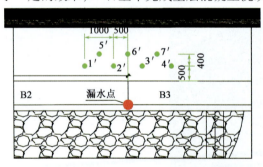

图3-104 第三次补强注浆平面布置图(尺寸单位:mm)
(中铁三局 提供)

图3-105 基坑渗漏接缝1m范围内的加固抽芯芯样（陈源 摄）

3. 事故原因分析

(1)在地面连续墙施工时,由于工期紧张,施工单位进场较多设备,但场地较小,在施工过程中显的较杂乱,设备较重,在行走过程中造成地面混凝土层破碎,导墙出现较小程度的变形,对连续墙的施工有一定的影响。同时为了给东端头冷冻管钻孔和西段头化工压力排污管迁改提供施工场地,施工场地布置更加紧凑,在工期控制上又有了一定的局限性。

(2)由于该处地层大部分为砂层,在旋挖钻机引孔过程中,经常出现偏孔,而在抓槽机抓槽过程中又由于地面布置的水管、排污管较多,砂层中含有石块,对地层扰动较大,塌孔现象相对增加,回填后重新冲孔效果也不理想,给连续墙的垂直度控制增加了很大的难度。在连续墙底部约3m为⟨7⟩风化岩层,且岩面不平,旋挖钻机和冲孔桩机在施工过程中也极易偏孔。

(3)在连续墙施工前,在开始的几幅连续墙内采用了砂包。而刷孔所采用的方锤有钢丝刷的一面实际上是弧形,且锤重量较轻,给刷孔留有一定的死角,不利于接缝的密贴。而此次喷涌的接缝处正是使用砂包填堵。

(4)在连续墙钢筋笼下放过程中,由于笼较长,放置到底部时不能准确就位,再加上连续墙泥浆质量控制不好,槽段底部泥浆比重较大,仅用抓槽机对槽段进行最后的清理后进行短时反浆即开始下放钢筋笼。一些钢筋笼下放完成后发现垂直度不太好,又不能完全吊出。钢筋笼较长,底部不可避免地会出现搭接缝隙,使连续墙留有了渗漏点。

(5)在基坑开挖前及开挖过程中,对各个接缝进行密贴钢板焊接或钢筋锚喷的措施不能彻底落实。

(6)管片接缝处出现小的渗水时,但当时未携带砂,该接缝处也相对较平坦,无错台。错台较大的B5、B6连续墙接缝渗水未来得及处理,就发生了突发性的喷涌事件。

4. 经验总结

在连续墙引孔及冲孔过程中,不可避免地会发生偏孔,只检验其上部的垂直度,在成孔和成槽后,未严格地采用其他方法进行槽段整体的垂直度检验。

在验收制作的二期槽段钢筋笼宽度时,只根据现场测量的两个一期槽段上部接口宽度进行了控制,不能测得底部的准确宽度。在一期连续墙垂直度出现偏差后,极易造成下部的喇叭口,开挖时出现渗漏。

泥浆质量未达到设计要求,由于没有取样器,泥浆质量指标测量时只能测其表面的泥浆,槽段底部泥浆仅能根据线锤进行感觉,不能对其进行严格控制。在下放钢筋笼过程中,如钢筋笼出现些许垂直度偏差,就会刮带槽壁泥砂,造成底部泥浆相对密度进一步加大,不利于钢筋笼的顺利下放、就位及混凝土的浇筑质量的提高。

先期的几幅连续墙,施工单位未采用泡沫板而采用砂包填堵工字钢,在刷槽过程中,连续墙底部不能完全冲刷干净,用测锤时手感存在很大的误差,影响到质量的严格控制。

工期紧张,对质量的严格控制形成了较大影响,发现小的问题,往往由于赶工期而被忽视,不能严格地按照规范要求实施,而正是因为种种小问题的累积,造成了后期的风险事故。所以百年大计,质量为先,在任何时候均要严格地控制每一个质量控制点,而不能被其他因素所左右。

Chapter 4

蠔岗站—桂城站区间盾构施工技术

执笔人 The Author

王利军 ▷

高级工程师

广州市地下铁道总公司建设事业总部土建五部部门经理

执笔人 The Author

雷正辉 ▷

工程师

广州市地下铁道总公司广佛线土建工程部主管

第四章 蠔岗站—桂城站区间盾构施工技术

第一节 工程概况

一、工程概况

1. 线路和界限

本项目由两个区间组成,线路呈北南转东西向(见图4-1),隧道单线总长4018.22m。轨面埋深约为12~22m,区间线间距16m。

桂城站—南桂路站区间:左线长1208.145m,右线长1100.515m。区间线路为节能坡,线路最大上坡坡度0.3%,最小下坡坡度0.385%,设置联络通道(兼作废水泵房)一处。隧道线路有2段平曲线和1段竖曲线,最小平曲线半径320m,最小竖曲线半径5000m。

南桂路站—蠔岗站区间:左线长848.883m(短链11.795m);右线长860.679m,设置联络通道(兼作废水泵房)一处。隧道线路有2段平曲线和4段竖曲线,最小平曲线半径320m,最小竖曲线半径3000m;线路最大上坡坡度2.2%,最大下坡坡度2.0%。

2. 主要技术指标

结构设计应保证结构有足够的耐久性,结构的设计使用年限为100年,结构的安全等级为一级。

3. 建设工期

本标段合同工期为:2007年8月8日至2009年12月8日(含验收)。合同计划2台盾构机于2008年6月先后从蠔岗南端头始发,2008年11月到达南桂路站,南桂路站过站,2008年12月从南桂路站西端二次始发,2009年6月到达桂城站东端头盾构吊出。2009年10月30区间隧道全部完工。

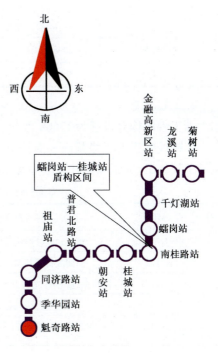

图4-1 蠔岗站—南桂路站—桂城站盾构区间线路地理位置图(来源于网络)

由于蠔岗站提供盾构始发场地较晚,2008年12月28日第一台盾构机从蠔岗站始发。2009年11月8日两个区间左右线全部贯通,2010年1月7日工程实体全部完成。两个区间掘进示意图如图4-2所示。

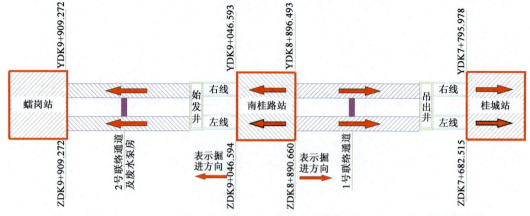

图 4-2 蟠岗站—桂城站区间掘进示意图

各区间实际掘进时间见表 4-1。

区间盾构隧道工程盾构作业时间表 表 4-1

线路 \ 区间	蟠岗站—南桂路站		南桂路站—桂城站	
	始发	到达	始发	到达
左线隧道	2008-12-28	2009-4-10	2009-6-15	2009-9-20
右线隧道	2009-2-10	2009-5-8	2009-7-5	2009-11-8

4．工程投资

本工程盾构总投资为 17608 万元。

广佛线施工 5 标段蟠岗—南桂路—桂城站盾构区间土建工程合同中标价为 16881 万元，包括工程施工、完工和修补缺陷等费用。各区间及主要工程项目投资情况见表 4-2。

本盾构区间主要工程项目投资情况一览表 表 4-2

序号	单价号	工程项目及名称	单 位	单 价	合 价	备注
1		蟠岗—南桂路站盾构区间			70384990	
	1.2	前期准备及辅助设施工程			2596900	
	1.3.1	隧道掘进、弃土、管片拼装及同步注浆	延长米	24566.11	41998914	
	1.3.3	管片预制	延长米	11929.66	20394660	
	1.4.3	联络通道及集水井(不含加固)	个		209998	
	1.4.6	车站端头加固	项		1059936	投标价
2		南桂路—桂城站盾构区间			98438432	
	2.2	前期准备及辅助设施工程			2153000	
	2.3.1	隧道掘进、弃土、管片拼装及同步注浆	延长米	24566.86	57510430	
	2.3.3	管片预制	延长米	11929.66	27927048	
	2.4.3	联络通道及集水井(不含加固)	个		77425	
	2.4.6	车站端头加固	项		1083881	投标价

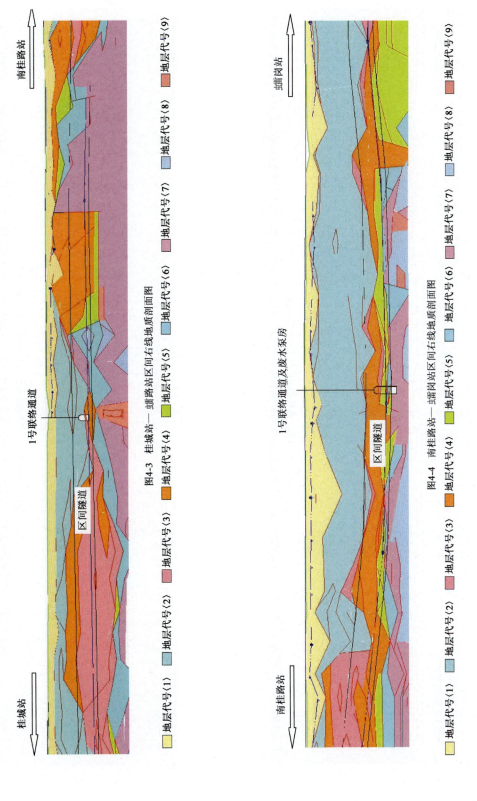

图4-3 桂城站—蠕岗站区间右线地质剖面图

图4-4 南桂路站—蠕岗站区间及废水泵房区间右线地质剖面图

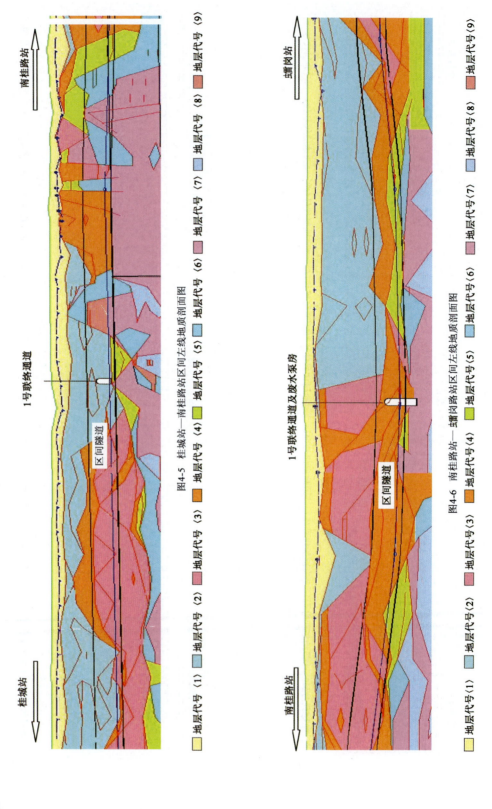

图4-5 桂城站—南桂路站区间左线地质剖面图

图4-6 南桂路站—螺岗路站区间左线地质剖面图

二、施工环境

1. 主要工程地质与水文地质特性

区间上部为海陆交互相沉积砂层和陆相冲积—洪积砂层、硬塑状残积土层,下部为白垩系下统白鹤洞组(K_1b)基岩,主要为薄层全风化泥灰岩、强风化粉砂岩、全风化炭质灰岩以及断裂破碎带。桂城站—南桂路站、南桂路站—蠕岗站区间左右线地质情况如图4-3~图4-6所示。

2. 建(构)筑物和地下管线

本标段主要处于佛山南海区中心的桂澜路和南桂东路上,蠕岗公园站位于桂澜路上加油站旁,南桂路—蠕岗公园区间线路主要沿桂澜路向南前行,桂澜路为市政干道,地面交通现状较为繁忙;南桂路站位于南桂东路与桂澜路交叉口西北角绿化广场上,桂城—南桂路区间线路主要沿南桂东路向西行进,南桂东路亦为城市主干道,道路两侧楼房密集。本区间地面建(构)筑物情况如图4-7~图4-10所示。

图4-7 桂澜路现场实拍图

图4-8 桂澜路现场实拍图

图4-9 桂澜路与南桂东路交界现场实拍图

图4-10 南桂东路现场实拍图

隧道沿线地下管线密集,周边主要管线种类有给排水、电力、通信等道路上的管线。这些管线、管道主要沿桂澜路和南桂东路埋设,基本上埋设在慢车道、人行道范围,快车道上很少,局部有横穿街道的管线,交叉路口地段地下管线多呈交叉网状布设。除排水管埋深较深外(最深达4.5m),其他地下管线、管道的埋设深度一般多在0.5~3.2m。

三、工程重难点

1）软弱地层中始发、到达的风险

广佛线施工5标桂南区间左右线盾构机均是在软弱地层,特别是在粉细砂层中始发及到达,对端头加固质量的检测与判断是否到位是一个风险。

2）盾构曲线始发掘进的风险

南桂区间左线二次始发在320m小转弯半径的缓和曲线内,盾构曲线始发对姿态控制的要求高。

3）过蠕岗东断裂构造破碎带的风险

桂南区间原详勘资料和第二次补勘揭示右线在YCK8+502～YCK8+732里程范围内为断裂带,宽度约为230m。左线在ZCK8+591～ZCK8+638（长度约为47m）以及ZCK8+734～ZCK8+767（长度约为33m）里程范围内为断裂带。断裂带与盾构隧道线路斜交,断裂带为碎裂岩,构造角砾岩。盾构在该段范围内掘进,可能会遇到大的孤石,造成环流堵塞,从而可能导致掌子面失稳引起地面塌陷,另外对刀具的选择也是一大考验。

第二节 盾 构 机

一、盾构机参数及配置

1. 盾构机选型

本标段盾构机主要穿越饱和砂层、淤泥、淤泥质土层,地质条件差,土层结构易受破坏,抗剪强度和承载力都低,易引起地面或周边建筑物沉降。另外,在本工程的南桂路站—蠕岗站区间局部地段,隧道洞身范围内出现上软下硬地层。

根据该标段的实际地质情况,盾构机在选型时对土压平衡和泥水平衡两种盾构机对地层的适应性（主要讨论切削面稳定效果和沉降影响两个方面）作了进一步比较,见表4-3、表4-4。

对上述两种情况进行综合分析的结果表明,软弱地层以及渗透系数较高的地层,适宜采用泥水式盾构工法。本标段最终采用地层适应性最佳的泥水平衡式盾构机。

图4-11 36%刀盘开口率示意图

2. 盾构机参数及配置

盾构机主要尺寸、技术性能和参数见本书第一节。

3. 刀盘和刀具

1）刀盘的改造

目前大多数泥水盾构机刀盘开口率都在25%左右,考虑到广佛线需在较长距离的高黏性地层中掘进。另外,刀盘圆周运动特性导致刀盘中心圆周运动速度低,渣土流动性差,在这类地层中极易形成泥饼,因而在广佛线施工前对刀盘进行相应改进。

（1）将刀盘的开口率提高到36%（见图4-11）。

切削面稳定效果比较表　　　　　　　　　　　　　　　　　　　　　　　　　　　表 4-3

项目		盾构形式			土压平衡盾构机				泥水平衡盾构机			
	分类	地质	N 值/强度（kPa）	渗透系数/含水率	是否适合	理由 A	理由 B	理由 C	是否适合	理由 A	理由 B	理由 C
切削面稳定效果	洪积黏土	腐殖土	0	$w>300\%$	△				△			
					×	○	○		△			
		粉质黏土	0～2	$100\%<w<300\%$	○				○			
					△	○	○					
		砂质黏土	0～5	$w>50\%$	○				○			
					△	○	○					
		砂质黏土	5～10	$w<50\%$	○				○			
					△		○					
		壤土	10～20	$w<50\%$	○				○			
					○							
		砂质壤土	15～20	$w<50\%$	○				○			
					○							
		硬质壤土	20 以上	$w<20\%$	○				○			
					○							
	砂质土	夹粉砂	5～15	$k<10^{-4}\mathrm{cm/s}$	○				○			
					△		○					
		砂	15～30	$k<10^{-3}\mathrm{cm/s}$	○				○			
					△		○					
		固结砂	30 以上	$k<10^{-3}\mathrm{cm/s}$	○				○			
					△		○					
	砂砾、卵石	砂砾	10～40	$k<10^{-2}\mathrm{cm/s}$	○				○			
					△		○					
		固结砂砾	40 以上	$k<10^{-2}\mathrm{cm/s}$	○				○			
					△							
		夹卵砂砾	40 以上	$k<10^{-2}\mathrm{cm/s}$	※				※			
					※				※			

注：1."是否适合"一栏中符号定义：○-原则上适合；△-有待进一步研究；×-原则上不适合。
　　2."理由"一栏中字母定义：A-切削面自稳性较差；B-水压平衡较难；C-切削难度较大。

地表沉降影响比较表　　　　　表4-4

项目					盾构形式	土压平衡盾构机				泥水平衡盾构机			
						沉降程度	沉降原因			沉降程度	沉降原因		
		分类	地质	N值/强度（kPa）	渗透系数/含水率		A	B	C		A	B	C
沉降影响	洪积黏土		腐殖土	0	$w>300\%$	大		○	○	大			○
						大	○	○	○	大			○
			粉质黏土	0～2	$100\%<w<300\%$	大		○	○	中			○
						大	○	○	○	中			○
			砂质黏土	0～5	$w>50\%$	中		○	○	中			○
						大	○	○	○	中			○
			砂质黏土	5～10	$w<50\%$	中		○	○	小			○
						中	○	○	○	小			○
			壤土	10～20	$w<50\%$	小		○	○	小			○
						小	○	○	○	小			○
			砂质壤土	15～20	$w<50\%$	小		○	○	小			○
						小	○	○	○	小			○
			硬质壤土	20以上	$w<20\%$	小		○	○	小			○
						小	○	○	○	小			○
	砂质土		夹粉砂	5～15	$k<10^{-4}$cm/s	大		○		中			○
						大	○			中			○
			砂	15～30	$k<10^{-3}$cm/s	中		○	○	小			○
						中	○		○	小			○
			固结砂	30以上	$k<10^{-3}$cm/s	小			○	小			○
						小	○		○	小			○
	砂砾、卵石		砂砾	10～40	$k<10^{-4}$cm/s	中		○	○	中			○
						中		○	○	中			○
			固结砂砾	40以上	$k<10^{-2}$cm/s	小			○	小			○
						小	○		○	小			○
			夹卵砂砾	40以上	$k<10^{-2}$cm/s					小			○
										小			○

注：1."沉降程度"一栏的定义：大-有可能危及地面建筑物；中-对地面建筑物危害较小；小-基本无沉降。
　　2."沉降原因"一栏的定义：A-因地下水位降低而造成沉降；B-切削面塌陷、切削后泥土刮入量过多；C-围岩应力释放，土体被扰动。

(2)增加刀盘防泥饼装置:在盾构机环流系统采石箱位置引出一条泥浆管,通过大功率渣浆泵将泥浆重新输送回土仓,泥浆经过特制的回转中心送浆装置,将循环泥浆输送至刀盘中心位置,如图4-12所示。

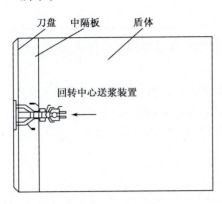
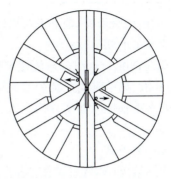

图4-12　回转中心送浆装置图

刀盘中心循环泥浆流量应大于$3.5\text{m}^3/\text{min}$,在这种流量条件下,通过刀盘中心冲刷和大流量的泥浆输送,增大土仓内循环,有效加强刀盘中心渣土流动性,降低高黏性陶瓷土的附着,同时提高排泥输送能力,从而有效控制泥水平衡式盾构机在高黏性陶瓷土地层掘进时的刀盘结泥饼问题。此外,在刀盘内壁和土仓隔板之间增设搅拌棒,增强渣土流动性。

2)刀具的选用

南蟠区间地层以软弱地层为主,对刀具磨损最大的就是始发和到达两道素混凝土连续墙,因此盾构始发前优化刀具的配置,中心刀采用了强化型鱼尾刀或中心齿刀,同时增大主切削刀具与刀盘面板和辅助切削刀具的高差。主切削刀具选择$H=140\text{mm}$或$H=170\text{mm}$的加强型贝壳刀或者齿刀等这类软土刀具,并与辅助切削刀保持约40mm高差,加大了开挖面与刀盘面板间空隙,增强切削下来的渣土的流动能力,提高刀盘的切削效率。

3)刀具的配置

刀具的详细配置:9把单刃边缘滚刀、30把贝壳刀、115把刮刀等,原中心滚刀位置进行了封堵,改装了贝壳刀,如图4-13所示。

图4-13　刀具配置

4. 同步注浆和二次注浆

1)同步注浆方式

采用挤压泵二管路(四注入点,分别是9点半、11点、1点、2点半位)同时注浆。注浆可根据需要采用自动控制或手动控制方式。当遇到地层较软、土体流动性较好时,可采用手动控制方式注浆,调整AB液的初凝时间,加大注入量等。

根据本标段的工程地质条件,选定既适用于同步注浆又适应管片注浆的双液型注浆材料。其配比见表4-5。

双液注浆材料配比和性能指标表 表4-5

A液(910L)				B液
水泥	皂土	延迟剂	水	硅酸钠
250~300kg	30~100kg	3~5kg	775~820kg	90L

在施工中,根据地层条件、地下水及周边情况,通过现场试验优化确定,双液注浆浆液的主要物理力学性能满足下列指标:

(1)A液:相对密度1.1~1.25,流速控制在10s左右,分离性1h在5%以内。

(2)A液+B液:黏结时间控制在15s以内,黏结时间过长时,会造成盾尾浆液的泄漏及注入率的增大。要求单轴抗压强度,在1~2h达到0.05~0.1MPa,1d达到0.3~0.5MPa,28d达到1.5~2.0MPa。

2)二次补充注浆方式

根据工程实际情况(如管片渗漏、隧道沉降等),在盾尾10环后的管片注浆孔进行二次(或多次)背填注浆,控制滞后沉降,减轻隧道防水压力。

(1)注浆压力

注浆压力采用0.1~0.3MPa的压力,但需要在考虑管片强度、土压、水压及泥土压等基础上,设定能够充分填充所需要的压力,同时要使压力均匀地作用于整个管片上。注浆压力大致选择为等于地层阻力(压力)加上0.1~0.2MPa的压力,注浆压力取值为0.2~0.5MPa。

(2)注浆量

注浆量按理论计算空隙量(从盾构外径面积扣除管片外径面积计算的量)的130%~180%,每环注浆量控制在4.5~6m³,实际施工过程中平均每环注浆6.83m³。

(3)注浆速度

同步注浆速度应与掘进速度相匹配,按盾构每完成1环1.5m掘进的时间内完成该环注浆量来确定其平均注浆速度,一般同步注浆速度为30~45L/min,太低的注浆流量容易造成注浆管堵塞。

(4)注浆结束标准

采用注浆压力和注浆量双指标控制标准,即当注浆压力达到设定值,注浆量达到设计值的85%以上时,即可认为达到了质量要求。

5.盾尾刷和油脂

盾尾钢丝刷结构如图4-14所示。

本标段盾构机盾尾油脂注入系统,由1台0.2kW的压缩空气式油脂泵,环向布置的12个注入孔,前舱6个,后舱6个,注入总管安装压力表,可以显示注入的油脂压力,施工中一般注脂压力为2.5~4MPa。

本标段平均每环注油脂34.4kg,实际每环平均使用量大大少于以往的平均每环盾尾油脂使用量。

每隔30环左右,采用盾尾全舱处理法,以保证油脂舱内有足够的量和压力,并清除盾尾舱内的杂物,具体做法是从内圈开始,当千斤顶推至1505mm处,从上往下在内圈单孔打入油脂,把相邻孔逆止阀打开至干净油脂溢出后停机,再从溢出孔处继续打油后把相邻孔打开,依次环向进行一周,再将千斤顶推至1877mm处,在外圈进行上述操作。

本标段保护盾尾密封的措施应用效果很不错,桂南区间1100m盾构掘进没有出现过一次盾尾漏浆现象,特别要提出的是始发初次注浆的时间控制,以往都是强调始发时盾尾一进去就马上注浆,而结果是一注浆就出现盾尾漏浆,从而损坏盾尾刷,通过广佛线几个区间的试验发现,始发初次注浆时间不宜太早,需等盾尾离开环板一定距离后再注,并且初次注浆压力不能过大,同步注浆压力一大要马上关掉,让盾构机往前走,最后再通过二次注浆来补充。

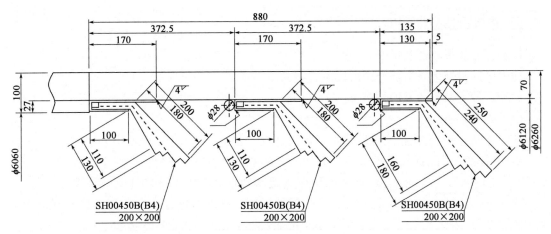

图4-14 盾尾钢丝刷结构示意图(尺寸单位:mm)

6. 泥水处理、分离系统

区间采用的"黑旋风"泥浆处理系统由一级除砂净化系统、二级除砂净化系统、排渣系统、回收泥浆槽和调配泥浆槽组成。

盾构施工时根据环境系统的设计选配泵送系统,保证泥浆的合理流量及压力输送至一级除渣净化系统的预筛器内,预筛器将泥浆中3mm以上的砂砾筛除,并使泥浆均匀分配至2台ZX-250泥浆净化装置中,经漩流除砂分离及细筛脱水后清除大部分$74\mu m$粒径以上的砂质颗粒,当盾构机在砂砾石层或中砂层掘进时,泥浆经一级除砂净化系统后已满足要求。这时可转换出浆口阀门,净化后泥浆可直接进入回收泥浆槽,由制浆系统的高速制浆机在调配泥浆槽内适时调浆后泵送回盾构机。

当盾构机在粉土、粉砂层掘进时,一级除砂净化系统不足以将泥浆相对密度及含砂量降至合理范围内时,可转换出浆阀门使泥浆进入二级除砂净化系统。漩流除砂器可将泥浆中剩余的$74\mu m$粒径以上的砂质清除,并同时一次性清除掉大部分$45\mu m$以上粒径的泥质颗粒。二次除砂后的泥浆由出浆口自流进入调整槽,经调浆后泵送回井下。

本泥浆净化系统,由一个迷宫式的沉淀槽(沉淀槽采用分级、分区的迷宫式布置)、调整槽和一个特大弃浆池等组成。

盾构机掘进后由排泥管排出的泥渣经过一级处理设备进行净化处理,若处理后的泥水含砂率满足要求,则可以直接排入一个迷宫式的沉淀槽进行溢流沉淀,否则排到二级处理设备进行进一步处理,然后再排入沉淀槽进行溢流沉淀。经过一级处理和二级处理筛选出来的渣土运送到指定的弃渣场堆放。泥浆溢流进入调整槽后,若泥浆量过剩则可以将泥浆排进弃浆池储存起来,泥浆量超出弃浆池容量时泵送到附近的运输船上运送到弃浆场;当泥浆量不能满足需求量时,则可以用抽浆机进行人工造浆进行补浆。当调整槽的泥浆浓度满足要求时要直接由送浆泵泵送到盾构机;若泥浆浓度太浓就加清水进行稀释;若泥浆浓度太低,则进行调节加大泥浆浓度后泵送到盾构机。

本标段掘进渣土处理使用的是新购第二代黑旋风,新购的第二代黑旋风渣土处理能力要比第一代强很多,分离效果很好,不足之处是在黏土地层中掘进时,一级处理出渣速度有点慢,偶尔会出现堵塞出渣口的情况。

二、盾构机适应性评价

1. 掘进刀具磨损情况说明

桂南区间根据地质情况分两阶段配置刀具。

1)第一段刀具配置及磨损情况

(1)刀具配置情况

桂南区间左线,南桂路站至联络通道加固体这一段里程范围内,保留中心鱼尾刀,将外圈31~39号主切削刀配置成单刃滚刀(31号刀轨迹线为2763mm,39号刀轨迹线为3140mm),9~30号主切削刀为贝壳刀,同时考虑到掘进距离较长,滚刀可能会出现偏磨现象,因此在31~39号主切削刀的轨迹线上再增加了一把贝壳刀。另外考虑到中心鱼尾刀磨损较大暂时又无法更换刀,因此在鱼尾刀边上增加了4把加长型贝壳刀,如图4-15所示。

(2)刀具磨损情况

由于盾构从南桂路站至联络通道穿越了破碎岩带,岩体强度较高,对刀具造成了很大的磨损,鱼尾刀边上增加的4把加长型贝壳刀全部脱落,详细刀具磨损情况详见表4-6,刀具磨损如图4-16所示。

左线始发至联络通道位置刀具磨损情况汇总表　　　表4-6

可换型刀号	类型	参考轨迹(mm)	刀具规格	南桂路站始发换刀情况	磨损量(mm)	磨损描述
9	双刃贝壳刀	822	90S		5.00	合金缺
11		911.1	90S		13.00	刀头被破坏
10	双刃贝壳刀	1000.2	90S		24.00	
12		1089.3	90S	洛阳九久	16.00	
13	双刃贝壳刀	1178.4	90S	洛阳九久	25.00	
15		1356.6	90S		19.00	
14	双刃贝壳刀	1267.5	90S		30.00	磨损严重、刀头被破坏
16		1445.7	90S		20.00	
17	双刃贝壳刀	1534.8	90S	株洲硬质	20.00	
19		1713	90S		90.00	刀具早期掉落
18	单刃贝壳刀	1629.3	140A		12.00	

续上表

可换型刀号	类　　型	参考轨迹(mm)	刀具规格	南桂路站始发换刀情况	磨损量(mm)	磨损描述
20	单刃贝壳刀	1802	140A		140.00	刀具掉落
21	单刃贝壳刀	1891	140A	洛阳九久	22.00	背部磨损严重
22	单刃贝壳刀	1979	140A	江钻170改装	25.00	磨损严重，耐磨焊磨光
23	单刃贝壳刀	2067	140A	江钻171改装	19.00	
24	单刃贝壳刀	2155	140A	江钻172改装	23.00	
25	单刃贝壳刀	2243	140A	洛阳九久	140.00	刀具掉落
26	单刃贝壳刀	2331	140A	洛阳九久	140.00	刀具掉落
27	单刃贝壳刀	2419	140A	洛阳九久	75.00	严重磨损，已无刀头
28	单刃贝壳刀	2507	140A	江钻170改装	37.00	
29	单刃贝壳刀	2594	140A	洛阳九久	88.00	磨损严重、已无刀头
30	单刃贝壳刀	2680	102.8P		29.00	磨损严重
31	滚刀	2763	103.7O		-9、齿厚-5、两侧磨尖、合金基本缺失	
32	滚刀	2842	107N		-6.00	三处偏磨-30、-16、-10,合金粒磨损严重
33	滚刀	2916	113.1M		-8、齿厚-2	正常磨损
34	滚刀	2982	110L		-12、齿厚-8、齿根-3	刀圈两侧磨损严重,合金较多脱落、母体有磨损
35	滚刀	3037	120K		-11、齿厚-2、缺一合金粒	
36	滚刀	3081	90J		-12.00	
37	滚刀	3114	90J		-3、齿厚-2	两处偏磨-12、-10,合金磨损较大
38	滚刀	3136	90J		-4、齿厚-1	
39	滚刀	3140.25	90J		-7、齿厚-1	耐磨焊全部磨光

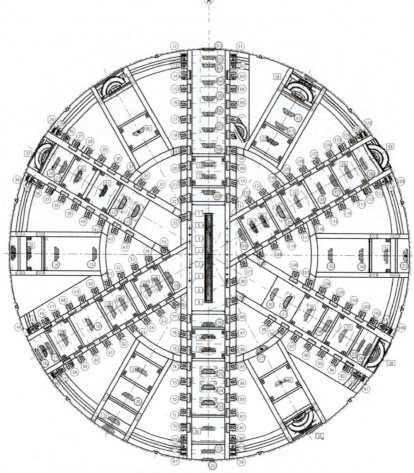

图 4-15 桂南区间刀具配置方案图

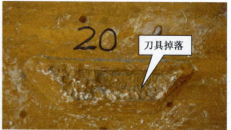

图 4-16 刀具磨损图

2)第二段刀具配置及磨损情况

盾构机掘进至联络通道位置进行了开舱换刀,更换了磨损过大的刀具,由于从联络通道到桂城这段里程内,隧道穿越地层以软弱地层为主,因此盾构机在桂城出洞时,刀具磨损较小。

2. 浆液配置

根据本标段的工程地质条件,选定既适用于同步注浆又适应管片注浆的双液型注浆材料,其配比见表4-7。

双液注浆材料配比和性能指标表　　　　表4-7

A 液(910L)				B 液
水泥	皂土	延迟剂	水	硅酸钠
250~300kg	30~100kg	3~5kg	775~820kg	90L

在施工中,根据地层条件、地下水及周边情况,通过现场试验优化确定,双液注浆浆液的主要物理力学性能满足下列指标。

(1) A 液:相对密度1.1~1.25,流速控制在10s左右,分离性1h在5%以内。

(2) A 液+B 液:黏结时间控制在15s以内,黏结时间过长时,会造成盾尾浆液的泄漏及注入率的增大。强度要求单轴抗压强度在1~2h达到0.05~0.1MPa,1d达到0.3~0.5MPa,28d达到1.5~2.0MPa。

3. 注浆参数和效果

1)注浆压力

注浆压力采用0.1~0.3MPa的压力,但需要在考虑管片强度、土压、水压及泥土压等的基础上,设定能够充分填充所需要的压力,同时要使压力均匀地作用于整个管片上。注浆压力大致选择为等于地层阻力(压力)加上0.1~0.2MPa的压力,注浆压力取值为0.2~0.5MPa。

2)注浆量

注浆量达到理论计算空隙量(从盾构外径面积扣除管片外径面积计算的量)的130%~180%,每环注浆量控制在4.5~6m³,实际施工过程中平均每环注浆6.83m³。管片注浆共消耗水泥4112t,注浆共消耗水玻璃613t,平均每延米注浆消耗水玻璃0.408t,比项目部的控制指标0.52t/m少21.5%,注浆配比约为15:1。

3)注浆速度

同步注浆速度应与掘进速度相匹配,按盾构每完成1环1.5m掘进的时间内完成该环注浆量来确定其平均注浆速度,一般同步注浆速度为30~45L/min,太低的注浆流量容易造成注浆管堵塞。

4)注浆结束标准

采用注浆压力和注浆量双指标控制标准,即当注浆压力达到设定值,注浆量达到设计值的85%以上时,即可认为达到了质量要求。

本标段注浆过程中没有出现过盾尾漏浆现象,特别要说明的是始发初次注浆时间控制较好。

4. 油脂的使用情况

项目使用的是三菱盾构机,开始掘进时,刀盘外周密封件、刀盘内周密封件以及其他部位需进行强制性连续供脂;一旦压力达到0.5MPa,其他部位停止供脂;压力介于0.5~0.7MPa,刀盘外周密封件、刀盘内周密封件间歇性供脂;压力超过0.7MPa,停止供入润滑油脂。

根据以往使用经验,按管片的外表面积来折算油脂使用量,一般为1400~1500g/m²,每环管片油脂使用量为39.6~42.4kg/环,考虑管片拼装错台、管片拼装接缝、钢丝刷损坏引起油脂外泄等影响因素,每环管片油脂使用量为45.2kg/环(按1600g/m²计算)。

左线盾尾油脂共注入124750kg,平均每环注油脂36.7kg,实际每环平均使用量少于以往的平均每环盾尾油脂使用量。主要是由于在本标段施工中,在管片止水条外侧增贴了海绵条,减少了管片外侧的间隙量,从而盾构掘进每米而产生的盾尾油脂损失量也大大减少,同时也有效防止了盾尾穿浆情况的发生,达到了节约成本和保护盾尾刷的目的。

5. 对盾构机及其主要系统的评价

由于合理地选择刀具,以及适度增大了刀盘的开口率,从而有效地防止了刀盘在推进过程中结泥饼;在联络通道加固区进行刀盘刀具的更换,以便更有利于盾构机在后期地层中的掘进。总体而言,盾构机整体适应性非常高。

第三节 盾 构 施 工

一、盾构穿越蠕岗东断裂破碎带施工技术

1. 工程概况

区间右线110~264环(长度约为230m)、左线175~206环(长度约为47m)以及82~104环(长度约为33m)范围内为蠕岗东断裂带。断裂带与盾构隧道线路斜交,该断裂走向15°~25°,倾向南东,倾角约68°~85°,断裂性质属正断层。断裂带区域隧道洞身穿越的岩性为碎裂岩、构造角砾岩,粒径较小,最大约11cm。角砾原岩为泥质粉砂岩和炭质灰岩,略具硅化,角砾间为黏土充填胶结,岩芯为半岩半土状,破碎带岩层属全风化~强风化类型。断裂层剖面见图4-17。

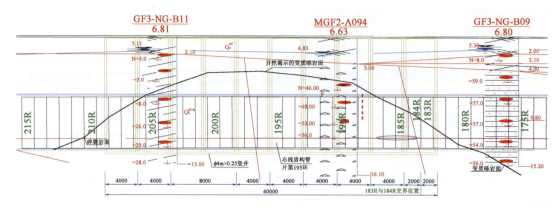

图4-17 断裂层剖面图

考虑到断裂地质复杂多变,在盾构施工前侧重在破碎带位置加密补充勘探10个钻孔(钻孔布置在左线北侧),以便进一步摸清断裂带区域内的地质情况,但第一次补勘没有碰到断裂带内的角砾岩或碎裂岩,在钻探过程中也没有跳钻杆现象,抽芯取样均为⟨4-1⟩、⟨5-1⟩地层。在实际施工过程中,左线盾构掘进至178环时地质发生明显突变,出现大量大粒径的角砾岩,最大粒径在40cm×20cm以上(泥水渣土分离后渣样见图4-18,拆泵石头样见图4-19、图4-20),岩石强度最高达到126MPa,与详勘以及第一次补勘所揭示的地质有较大出入。大粒径的角砾岩极易堵塞采石箱、泵、管路,严重影响了盾构掘进速度。左线盾构从178环掘进至211环过断裂破碎带耗时近25d,平均1.4环/d。

图4-18 泥水渣土分离后渣样

图4-19 拆泵石头样(1)

鉴于左线实际地质情况与详勘及第一次补勘存在较大差异,于2009年6月28日至7月6日对桂南区间断裂带区域又进行了第二次补充勘探,左右线共布置20个勘探孔,其中靠左线布孔4个,右线布孔16个,钻孔编号为B24～B43。目的是进一步摸清右线盾构穿越断裂带区域的地质情况,给盾构掘进提供依据。补勘抽芯结果显示除B32、B33、B34、B41、B43这5个孔外(东、西方向的边界孔),其余15个孔均在隧道高程范围内发现了角砾岩层(每个钻孔的岩面高程见表4-8)。岩层为硅化构造角砾岩,较为破碎,粒径不均,极硬,岩石天然单轴极限抗压强度最大达到126MPa,平均值为77.8MPa(相关试验数据见表4-9)。

第二次补充钻孔岩面高程汇总表　　　表4-8

孔　号	地面高程(m)	入岩面深度(m)	岩面高程(m)
GF3-NG-B24	6.92	9.10	-2.18
GF3-NG-B25	6.70	11.90	-5.20
GF3-NG-B26	6.71	9.45	-2.74
GF3-NG-B27	6.90	7.20	-0.30
GF3-NG-B28	6.88	3.40	3.48
GF3-NG-B29	6.72	10.30	-3.58
GF3-NG-B30	6.86	13.60	-6.74
GF3-NG-B31	6.70	7.10	-0.40
GF3-NG-B32	6.88	16.58	-9.70

图4-20 拆泵石头样(2)

续上表

孔 号	地面高程(m)	入岩面深度(m)	岩面高程(m)
GF3-NG-B33	6.70	16.40	-9.70
GF3-NG-B34	6.68	16.50	-9.82
GF3-NG-B35	6.80	12.20	-5.40
GF3-NG-B36	6.79	9.20	-2.41
GF3-NG-B37	6.67	8.30	-1.63
GF3-NG-B38	6.79	3.40	3.39
GF3-NG-B39	6.85	13.20	-6.35
GF3-NG-B40	6.86	7.20	-0.34
GF3-NG-B41	6.84	16.50	-9.66
GF3-NG-B42	6.80	11.50	-4.7
GF3-NG-B43	6.80	16.50	-9.7

该里程范围内隧道顶高程为-0.4m,隧道底高程为-6.4m

岩石单轴抗压强度试验成果汇总表　　　　表4-9

试样野外编号	取样深度(m)	物理性质指标		强度指标		
				单轴极限抗压强度		
		天然密度ρ (g/cm³)	饱和密度ρ_w (g/cm³)	干燥f_d (MPa)	天然f_c (MPa)	饱和f_r (MPa)
		平均值	平均值	平均值	平均值	平均值
GF3-NG-B25-1	14.90~15.20	2.52	2.5		99.3	83.7
GF3-NG-B24-1	10.50~10.65	2.59			120	
GF3-NG-B24-2	12.45~12.70	2.55	2.58		106	75.1
GF3-NG-B24-1	10.50~10.60	2.53			79.6	

续上表

试样野外编号	取样深度(m)	物理性质指标		强度指标		
		天然密度 ρ (g/cm^3)	饱和密度 ρ_w (g/cm^3)	单轴极限抗压强度		
				干燥 f_d (MPa)	天然 f_c (MPa)	饱和 f_r (MPa)
		平均值	平均值	平均值	平均值	平均值
GF3-NG-B24-2	13.20~13.30	2.29			26.2	
GF3-NG-B27-1	7.25~7.40	2.39			2.53	
GF3-NG-B27-2	10.00~10.20	2.57			126	
GF3-NG-B28-1	8.35~8.40	2.61			35.6	
GF3-NG-B28-2	10.25~10.40	2.52			29.9	

补勘完成后,根据每个钻孔的岩面高程绘制了角砾岩面的等高线图,并根据等高线图绘制了4个剖面图。从剖面图来看,左右线在断裂带区域内均有一个硅化构造角砾岩形成的山包侵入到隧道断面内,右线盾构过断裂带内硅化构造角砾岩山包所需切削岩层的体积是左线的3倍多。左线盾构过断裂带区域内的硅化构造角砾岩山包从178环掘进至211环用了25d,其岩面不到开挖断面的一半,掘进虽慢仍能保证每天掘进1.4环。由于右线也是采用泥水盾构机,右线从182~210环在全断面角砾岩层中掘进,在这种地层中掘进存在的最大问题就是大粒径的角砾岩堵塞环流,切削角砾岩的体积越多,堵塞环流的次数就越多,其施工难度要比左线高很多,若右线盾构机直接通过该角砾岩山包保守估计最少需要80d。

2. 左线过断裂带施工措施

左线盾构过破碎带角砾岩层采用了以下措施:

1)改装采石箱

当盾构在碎石较多、粒径较大并且地层含泥量较高的断裂带地层中掘进时,在采石箱的出口位置加焊"十"字形钢筋,防止较大粒径的碎石堵塞中继泵前后的弯管、软管,并防止直径大于13cm的碎石卡泵。

2)逆推正洗

当土仓出土口被碎石堵塞时,采用逆循环掘进,推进一定距离后再正循环洗土仓可以将土仓的渣土和碎石带出。

采取以上措施取得一定的效果,从178环掘进至211环用了25d,耗时近一个月穿过了该地层,同时为右线过该区域提供了宝贵的经验。

3. 右线过断裂带施工措施

1)线路调整

通过二次补勘发现,若按原设计线路右线从182~210环在全断面角砾岩层中掘进,施工难度很大。经过设计优化,将右线线路竖向调高2m,调线后隧道断面内硅化构造角砾岩体积比原线路减少近20%。线路调整前后隧道断面内角砾岩体积对比情况见表4-10。

线路调整前后左右线隧道断面内角砾岩体积对比情况表　　表4-10

线 路 方 案	代表环号(刀盘)	掘进距离(m)	断面内硅化构造角砾岩体积(m^3)	调线前后比较(%)	右线与左线比较(%)
右线原方案	182~210	42.00	1079.40	—	322.02
右线调整方案(垂直调高2m)	182~210	42.00	864.20	-19.94	257.82
左线方案	178~211	49.50	355.20	—	—

2)人工取除角砾岩石块

左线穿越断裂带耗时将近一月,而右线隧道断面内角砾岩体积是左线的2倍多,若不处理,盾构直接通过该区域最少需三个月,将严重影响广佛线整体工期,且风险较大。需采取辅助施工措施尽可能将右线隧道断面内的角砾岩清除,以方便盾构快速通过该区域,确保广佛线的工期目标。

(1)方案确定

图4-21　人工挖竖井现场

通过对人工挖竖井取砾、明挖法取砾、暗挖法取砾、盾构直接通过等多种方案从安全、工期、费用、对外界影响等多方面进行了论证和比选(见表4-11),最终确定采用人工挖竖井取砾的辅助施工方案,将隧道断面内的硅化构造角砾岩大部分清除,然后再通过盾构机的设备改造增加盾构机对这种硅化构造角砾岩地层的适用性,确保右线盾构机快速通过断裂带内硅化构造角砾岩形成的山包。图4-21为人工挖竖井现场情况。

人工取除角砾岩方案比选　　表4-11

方　案	工　期	前 期 工 作	费　用	外 界 影 响	最 终 效 果
人工挖竖井取砾	30d	只需借60m×10m场地,不需迁改管线,能快速施工	约200万	风险小、对外界的影响范围小	盾构10d通过,节省工期至少80d
明挖法取砾	80d以上	需迁改9条10kV电缆、一条供水管、一煤气管,不能快速施工,管线迁改时间最少需一个月	约300万	风险大、对外界的影响范围大	能达到目的,但对节省工期帮助小
暗挖法取砾	60d以上	不需迁改管线,但是需施工竖井,不能快速施工	约350万	风险大、对外界的影响范围大	能达到目的,但对节省工期帮助较小
盾构直接通过	90d以上	不需迁改管线	约200万	风险大、对外界的影响范围大	挖竖井过程中取出80cm×60cm×40cm的孤石,盾构根本无法通过

(2)竖井取砾方案

在183~209环的隧道正上方连续布置10个外径4m的竖井(见图4-22),竖井编号为1~10号(自西向东),采取跳井开挖的形式将角砾岩清除。施工顺序为:先施工单号竖井再施工双号竖井。竖井开挖采用人工挖孔桩的形式,护壁采用的是梯形护壁墙结构,隧道顶以上采用 C25 的早强商品混凝土进行浇筑,隧道开挖断面内则采用 C10 的特配混凝土进行浇筑。每节护壁高 1000mm,上下相邻的两节护壁搭接 100mm,护壁厚每节上部为 330mm,下部为 250mm。护壁配筋为:隧道顶 50cm 以上,竖向双层 $\phi14$ 钢筋间距 250mm、环向双层 $\phi10$ 的钢筋间距 100mm。隧道顶 50cm 以下至桩底标高则用玻璃纤维钢代替钢筋,竖向双层 $\phi14$ 钢筋间距 250mm、环向双层 $\phi14$ 的钢筋间距 200mm。

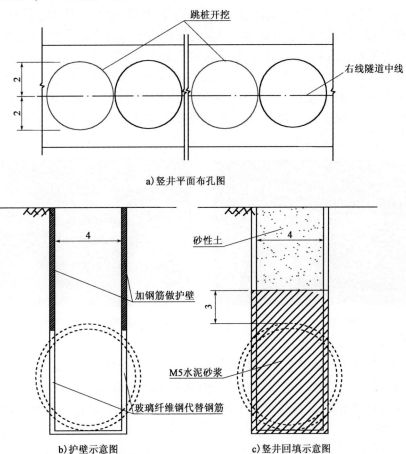

图 4-22 竖井取砾示意图(尺寸单位:m)

竖井开挖至隧道底标高后回填 M5 水泥砂浆至隧道顶 3m,然后再在水泥砂浆面上回填黏土至地面。由于设计竖井直径 4m,因此开挖过程中需视地层情况采用扩挖的方式尽可能将角砾岩清除。

(3)竖井取砾施工

①试挖竖井。完成竖井施工场地围蔽后开始试挖竖井,以判断该区域地下水情况。试挖竖井直径为 1200mm,开挖至约 5m 深位置发现硅化角砾岩(开挖面较干爽),与二次补勘揭示的岩面较吻合,但由于开挖面较小,开挖至角砾岩面后开挖很困难,鉴于这种工况施工单位向有关部门及时办理爆破手续。开挖至 6m 深位置,开挖面仍较干爽,判定角砾岩层以及上覆全风化层的透水性差,能满足竖井开挖的要求。试挖目的达到后于 22 日停止试挖竖井。

②管线处理。竖井开挖断面内有一个电力渠箱和一条供水管，若等管线迁改完成再施工竖井最少延误工期一个月。经与电力和供水部门协调，在施工过程中电缆悬吊保护，施工完成后由电力部门恢复电力渠箱，而供水管道则是用铁管替换原来的混凝土管，替换长度约60m。

③竖井施工。7月23日开始竖井取砾施工，第一批同时开挖了5个竖井，竖井编号分别为1、3、5、7、9号。由于开挖竖井的直径是4m，作业面大，挖岩比之前试挖容易，因此没有采取爆破。第一批竖井于8月8日全部开挖完成并开始回填，鉴于左线通过该区域频繁出现冒浆现象，因此竖井回填时，采用M5的水泥砂浆从竖井底回填至隧道顶3m。这样，既可以防止盾构机通过时地面出现冒浆，又可以防止地面沉降，并且还可以利用回填砂浆层进行开舱取砾、换刀。

第一批竖井回填完成后，于8月10日开始第二批剩余竖井开挖。由于工人熟练，因此第二批竖井开挖进度比较快，平均每天一节（取砾样详见图4-23、图4-24）。第二批的4、6、8号竖井在开挖8~10节时挖到几个粒径较大的孤石，最大粒径达到80cm×60cm×40cm（长×宽×高）。施工单位将4、6、8号竖井10~13节进行了扩挖。第二批竖井于8月23日全部施工完成，竖井取砾施工用时近1个月。

图4-23　第一批3号第10节取砾样照片　　　　　图4-24　第二批6号第7节取砾照片

3）盾构过硅化构造角砾岩施工情况

右线盾构于9月2日掘进至179环刀盘开始进入硅化构造角砾岩山包，盾构刚进入该区域时由于岩面较低对盾构掘进的影响较小。但9月3日盾构掘进至182环时出现了砾石卡管、卡泵、堵采石箱的情况，在掘进过程中采取了逆推模式，但是同样会堵塞送泥管，从182~184环耗费了整整4d时间。9月7日早上进行了第一次开舱，开舱发现土仓内堆存了不少砾石，土仓也结有泥饼。原本计划开舱后取砾、清泥饼、检查刀具，但由于盾构机尾部还未进入竖井施工区域，盾尾的地下水通过开挖间隙进到土仓内，因此未取砾、清泥饼，仅在土仓内送泥管口焊了一条钢筋，便于逆推时大石头不会出来堵管卡泵。送泥管口加焊钢筋后逆推效果比较明显，每天能掘进4环左右比左线掘进理想。

9月10日盾构掘进至192环时扭矩有所增大，怀疑是土仓内积存砾岩和刀具偏磨导致，因此进行了第二次开舱，第二次开舱地质情况较好，顺利地清除了土仓内的砾石、泥饼，并更换了三把偏磨刀具。关舱后逆推速度更快，能达到15mm/min，每天能掘进6环，环流也较顺畅。9月12日盾构掘进至203环刀盘在10号竖井的中心位置时进行了第三次开舱，此次开舱清理砾石、泥饼，并检查刀具然后恢复正推。9月13日盾构机顺利通过该区域。

实施效果：右线盾构过断裂破碎岩带的施工措施是结合左线的施工经验所制定的，针对性强，使得右线盾构机仅用10d的时间就成功穿越了40多米长的硅化构造角砾岩山包。

由于角砾岩强度较高,并且裂隙较多,因此盾构在此类地层中掘进配置滚刀是比较合理的,另外掘进过程中要控制速度以及刀盘转速,掘进速度太快或是刀盘转速过高都不能较好地切碎岩体,同时容易造成刀具的偏磨。

盾构在类似复杂的地层中掘进,尽可能地考虑逆推,土仓内堆积渣土过多时可以通过增加人闸系统来实现开舱清土仓,并可以随时检查更换刀具。

4. 地面冒浆、塌陷事故

2009年7月26日14:30左右,桂南盾构区间左线在盾构掘进至377环时,在交通疏解道(原路中央隔离花坛)部位地面,突然出现面积约 $4m^2$、深约 $2m$ 的塌陷。由于事故处置及时、措施得当塌陷没有造成任何第三方损失。

事故原因分析:事故发生地段盾构机处于蠕岗东断裂带(硅化构造角砾岩)尾声段,由于该段地质情况异常复杂,较大砾径块石不时出现,造成盾构机泥浆环流系统、泥浆泵出浆管堵塞,使盾构机土仓压力瞬时增大,泥浆击穿土仓上方软弱地层(原路中央隔离花坛迁改处)溢流至地面,使土仓压力骤然降低。如此反复,使该路段原路中央隔离花坛迁改处的混凝土和原道路路面混凝土脱离,造成该路段局部塌陷。

事故处理方案:事故发生后,立即拉出警戒区域,安排专人进行交通疏导,立即调动附近联络通道的机械设备和人员,对塌陷部位实施回填,共填砂 $8m^3$、混凝土 $6m^3$,经过约1.5h的施工,塌陷路面回填完毕。路面塌陷回填完毕后,经交管部门同意,对该部位进行了临时围蔽。为进一步控制路面沉降,确保交通畅通,项目部立即安排后续的地面补充跟踪压密注浆。当晚安排了一台地质钻机进场,7月27日在该部位完成压密注浆孔的钻设,并及时跟踪补注了水泥单液浆 $10m^3$,在地面跟踪补充注浆的同时,通过该段隧道管片吊装孔进行管片背后补充注浆约 $7m^3$(至地面出浆为止)。

二、曲线始发技术

桂南区间右线盾构在南桂路站二次始发是在320m小转弯半径的缓和曲线内,盾构曲线始发对姿态控制要求很高,施工操作过程中稍有失误都有可能导致超限、甚至是盾构无法到达,因此缓和曲线的始发、到达对于区间盾构的施工是一个风险点。

桂南区间右线盾构曲线始发风险控制措施如下:

(1)根据设计线型,在洞门环板位置往内弧线偏移3~5cm定一个点,在距离环板9m位置往内弧线偏移6~7cm定一个点,两点连成直线,再将直线往车站内延伸来确定始发托架的中心线位置(即盾构始发姿态),如图4-25所示。使得盾构机始发时沿曲线的割线掘进,待盾构机完全进入土体后再开启铰接用比设计曲线更小半径的实际曲线来拟合设计曲线。

(2)盾构始发井洞门端墙设计与始发曲线的割线垂直,确保洞门环板安装的密封性。

(3)为满足盾构曲线始发的空间要求,车站盾构始发井处负二层侧墙在盾构始发完成后施作。

针对盾构曲线始发而制定的割线始发措施实践证明是成功的。

①通过铰接和千斤顶的有效配合,使得盾构在小曲率半径内掘进能更加吻合计划曲线,并采用千斤顶全选模式有效保护好拼装管片。

②通过每环掘进过程中千斤顶的2~3次伸缩进行应力释放有效地保护管片。

③管片选型的线型法线比实际曲线适度超前,有效地控制盾构姿态和管片姿态。

④盾构在软弱地层中急转弯,角铰开启值要比理论值相对偏大。
⑤采用外弧线侧向双液注浆,防止盾构姿态和管片姿态向外弧线偏移。
⑥盾构掘进时让盾构机在水平上向曲线内侧偏移一定量,将盾构沿曲线的割线内弧线方向掘进,管片拼装时轴线位于弧线的内侧,以使管片出盾尾后受侧向分力向弧线外侧偏移时留有预偏量,减小千斤顶侧向分力与管片的夹角,降低侧向分力,有利于减少隧道向弧线外侧的偏移量。

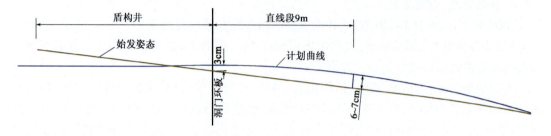

图 4-25　盾构曲线始发实际线型示意图

三、溶土洞处理技术

1. 工程概况

根据地质详勘资料揭示,桂南盾构区间右线 YDK8+300~YDK8+500,左线 ZDK8+300~ZDK8+640 里程范围内,部分地段有石灰岩分布,局部地段溶洞发育,地质详勘资料以及物探资料共揭示了 17 个溶洞,溶洞分布情况如图 4-26 所示。

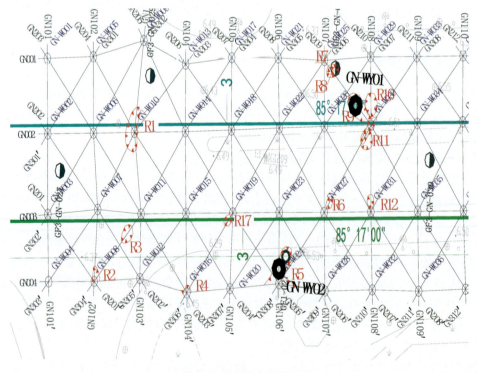

图 4-26　溶洞分布情况图

2. 溶洞的分布情况和地质情况

桂城至南桂路区间,对右线 YDK8+260~YDK8+560、左线 ZDK8+270~ZDK8+580 里程范围进行了补充物探勘察:平面上探测沿左、右线中线外侧 9m 的范围,在垂直方向上,探测隧道现设计结构顶板上 1m 和残积层顶面至底板下 10m 和溶洞底范围。物探勘察共揭示了 17 个溶洞,根据设计给定的溶洞处理原则,区间共有 11 个溶洞需进行填充处理,以确证盾构施工期间以及地铁运营期间的安全,需进行处理的溶洞的平面分布情况如图 4-27 所示。

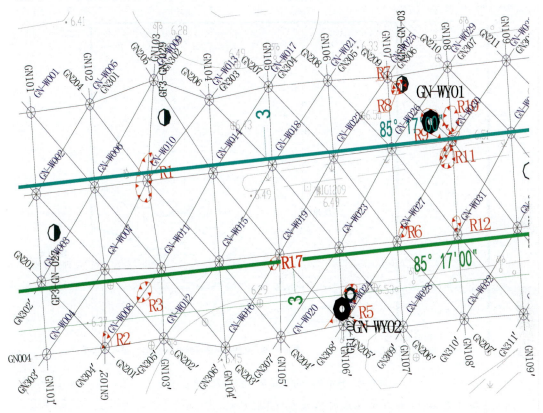

图 4-27 需填充处理溶洞的平面分布图

需处理的各溶洞详细地质情况如图 4-28~4-30 所示。

3. 溶洞发育情况

各溶洞之间的连通性较差,但在垂直方向上存在与下部(勘察范围外)可能存在的溶洞连通的可能,在水平方向上溶洞之间主要通过裂隙连通。其中编号为 MGF3-GN-W025、MGF3-GN-W026、MGF3-GN-W029 的三个钻孔基岩裂隙发育连通性较好。

4. 溶洞处理

1)溶洞处理原则

隧道轮廓线外侧 5m 以内溶洞需进行注浆填充处理;对于底板以下溶洞体,溶洞顶板中风化层或微风化层距隧道底层厚度小于 3m 的溶洞,需进行注浆填充处理。

2)溶洞处理方案

溶洞均采用袖阀管注浆的形式进行注浆填充,充填处理前先以原揭示到溶洞的钻孔为基准点,间隔2m向四周扩散在平面范围试探测溶洞的边界,并根据溶洞的充填情况,对探测洞径大于2m的无填充、半填充溶洞采用先灌砂再注水泥浆进行填充处理,对探测洞径小于2m或全填充的溶洞采用注水泥浆进行处理,对较大溶洞(如R5溶洞)则在周边孔注双液浆,中心孔注水泥浆。

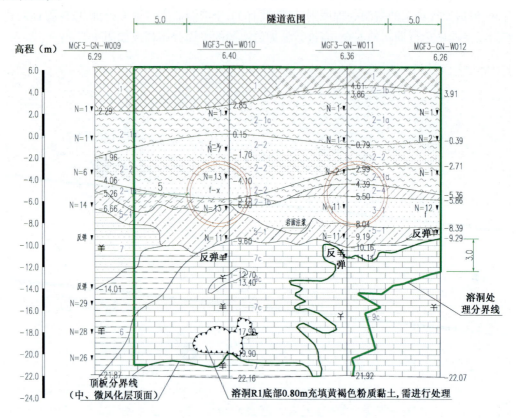

图4-28 溶洞R1与隧道结构关系图(尺寸单位:m)

(1)注浆孔布置:注浆孔采用梅花形布置,间距1.5m。
(2)注浆管:采用直径48mm硬质塑料袖阀管。
(3)注浆材料及配比:
单注浆配置:采用32.5级普通硅酸盐水泥拌制,水灰比0.5:1~1:1。
双液浆配置:
①水泥采用32.5级复合酸盐水泥,水灰比0.5:1~1:1。
②水玻璃:模数2.4~3.4,浓度30~40°Bé。
③双液浆混合后,现场试验失去可泵性的时间为60s。
④具体施工参数应根据实际情况、现场试验进行调整。
(4)注浆压力和注浆量。溶洞处理注浆压力控制在0.2~0.6MPa,注浆分3~4次进行;注浆速度:30~70L/min;注浆量以注浆压力控制,当注浆压力达到0.6MPa时停止注浆。

岩面注浆压力控制在0.1~0.15MPa,压力从0.1MPa逐步提高,维持0.15MPa在10~15min。

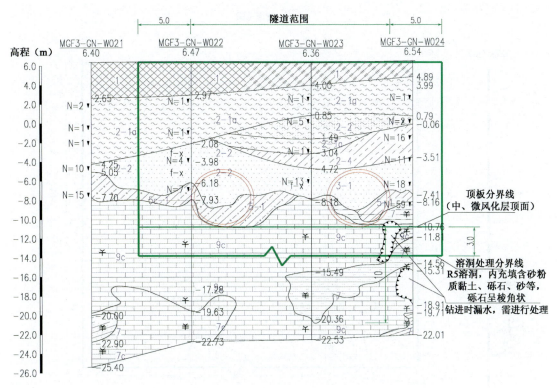

图4-29 溶洞R5与隧道结构关系图(尺寸单位:m)

(5)各溶洞与隧道结构关系,以及溶洞的填充情况、实际注浆量见表4-12。

桂南区间溶土洞处理情况一览表 表4-12

编号	高程范围		洞顶到结构底板的距离(m)	规模			实际注浆体积(m^3)	上覆岩层厚度(m)	填充物
	洞顶(m)	洞底(m)		长(m)	宽(m)	高(m)			
R1	-16.6	-20.1	7.67	5.8	3	3.5	36.9	0	部分填充粉质黏土
R2	-13.6	-14.9	4.71	2.1	1.7	1.3	0	0	流塑状含砂粉质黏土
R3	-14.7	-15.8	5.79	3.2	2.2	1.1	0	0.1	充填物不详
R5	-10.2	-19.1	1.18	5.6	5.4	8.9	106.1	0.6	粉质黏土、碎石、漏水
R6	-12.3	-13.7	3.26	1.9	1.2	1.4	0	1.0	填充物不详
R7	-10.5	-12.7	1.45	1.3	1	2.2	0	0	填充物不详
R8	-13.8	-14.9	4.75	2.7	1.7	1.1	0	0	填充物不详
R9	-12.2	-16	3.13	7.3	2	3.8	15.5	6.5	粉质黏土、灰岩碎块
R10	-15	-16.3	5.92	3.3	2.7	1.3	7	1.2	粉质黏土、灰岩碎块
R11	-15.4	-19	6.32	2.9	2.6	3.6	17.4	3.0	粉质黏土、灰岩碎块
R12	-14.5	-18.7	5.43	2	1.4	4.2	0	1.0	填充物不详

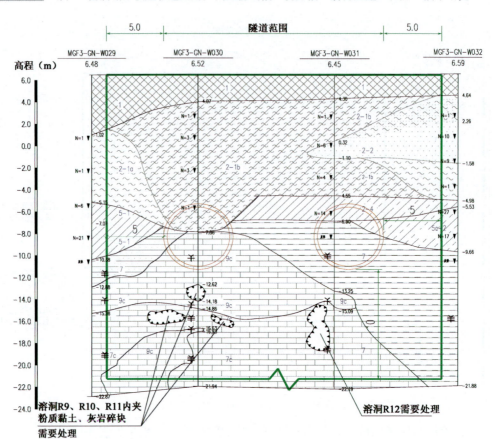

图 4-30　溶洞 R9、R10、R11、R12 与隧道结构关系图(尺寸单位:m)

四、隧道基底(软弱淤泥地层)加固技术

1.隧道底部地质条件

桂南区间隧道地处珠江三角洲中西部,沿线为珠江水网带西侧支流交错的平原区,根据本区地貌成因及形态特征,区内地貌单元为海陆冲积平原区。表层分布较多软土,砂层分布较广泛,透水性中等,富水性较好,易失稳和因失水固结造成地面沉降;隧道底部的海陆交互相淤泥质粉细砂〈2-2〉、粉细砂层〈3-1〉存在地震液化问题,液化等级轻微~中等,综合判断液化等级为中等,需进行加固处理。另外隧道底部局部为〈4-2〉地层,极软弱,标贯 0~2 击,为确保隧道在地铁运营期间的稳定,需提前进行加固处理。需加固处理地层的特征及分布如下:

〈2-2〉淤泥质粉细砂:浅灰色、灰色,饱和,松散~稍密状,含淤泥约 5%~10%,局部有淤泥薄层,含少量腐殖质,有腐臭味;土层广泛分布,基本连续。本层液化指数为 0.37~35.92,液化等级严重。

〈3-1〉粉细砂层:灰黄色、浅黄色、黄色,局部为灰白色,饱和,松散~稍密,局部中密。主要由石英中砂粒组成,约含 5% 的黏粒,砂粒级配普遍较差,局部级配较好。标准贯入试验实测击数为 $N=5.0~22$ 击,平均 14.0 击。本层液化指数为 0.06~12.84,液化等级中级。

〈4-2〉淤泥质土:灰黑色、灰色,流塑~软塑,局部可塑,含少量粉粒,零星分布,厚度为 0.60~3.50m。标准贯入试验实测击数为 $N=0~2$ 击。

2. 基底加固原则及加固范围

隧道轨面线下承载力小于 150KPa,且标贯小于 10 击的〈2-1〉、〈4-2〉软弱土层,通过判别砂层液化程度达到中等以上的〈2-2〉、〈3-1〉地层需进行加固处理;加固范围为隧道轨面线以下至软弱地层底,宽度以隧道结构两侧 2m 范围为界。左右线加固范围见表 4-13。

桂南区间隧道基底加固范围　　　　　表 4-13

区间	右 线			左 线		
	里程范围	长度（m）	区间左线长度合计（m）	里程范围	长度（m）	区间左线长度合计（m）
桂南区间	YDK7+880.000~YDK7+996.451	116.45	304.249	ZDK7+914.905~ZDK7+955.785	40.88	223.705
	YDK8+036.44~YDK8+120.238	83.79		ZDK7+996.455~ZDK8+070.000	73.54	
	YDK8+476.000~YDK8+580.000	104		ZDK8+144.000~ZDK8+160.28	16.28	
				ZDK8+486.000~ZDK8+579.000	93	

区间左右线合计:527.945m

3. 基底加固处理方案

土层液化对盾构隧道的危害主要是隧道下部的土层液化造成隧道的下沉变形,因此隧道抗蠕变或防振动液化,只加固隧道底部 90°范围,加固深度视隧道底砂层和淤泥层厚度而定。当隧底是淤泥层时,以采用水泥浆 + 水玻璃双液注浆为主;当隧底是液化砂层时,采用纯水泥浆单液注浆为主。两种地层均可根据情况采用单液和双液交替注浆。

(1)注浆孔布置。

为了满足注浆的需要,每环管片设置 3 个注浆孔,如图 4-31 所示,排距 1500mm。最外缘两注浆孔夹角为 72°,由于注浆浆液的扩散作用,加固范围可超过 90°。

(2)注浆管:采用复合袖阀钢注浆管,包括特制灌浆管芯、花管。

(3)注浆材料及配比:

①水泥:采用普通硅酸盐 42.5R 水泥。

②水玻璃:采用 40°Bé 的硅酸钠溶液。

③水:自来水。

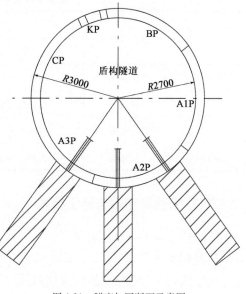

图 4-31　隧底加固断面示意图

④配比:水泥浆的水灰比为(0.6~1.0):1,水泥浆:水玻璃=1:(0.5~1.0)。

(4)注浆压力:砂层中注浆压力控制在0.2~0.3MPa,淤泥层中注浆压力则控制在1MPa以内。

(5)注浆结束标准:可采用注浆量控制和注浆压力控制。

①原则上加固区域内可定量进行注浆。

②在较高压力(外界水压+0.5MPa)条件下能够稳压3min,即可终止注浆。

③浆液沿注浆管壁上冒击裂封堵层。

④管片有抬升等异常情况。

实际施工过程中,在注浆的过程中要控制注浆压力和每环注浆量,注浆压力一般要控制在0.7MPa以内,每环注浆量则根据地质情况控制,实际注浆量每环约4.8m³,注浆结束后测量管片,隧道成型整体稳定性好。

五、端头加固与施工技术

(1)本工程盾构始发、到达端头左右线隧道拱顶及洞身主要为〈3-1〉、〈4-1〉地层,属软弱地层,覆土厚度在10m左右,地下水位高,存在涌水、涌沙和塌陷危险。为了确保盾构机始发进洞及到达的安全,需对始发、到达端头土体进行加固处理以改良土体的稳定性和防水性,确保盾构安全始发和到达。

(2)加固方法及范围:始发端头原设计采用搅拌桩+旋喷桩加固,实际施工时从安全角度出发,在始发端头增加了800mm厚一字形素混凝土连续墙,在到达端头增加了800mm厚U字形外包素混凝土连续墙,详见表4-14和图4-32~图4-34。本标段盾构多次始发和到达均未出现任何漏水、涌沙安全问题,大大地规避了软弱富水地层中盾构始发和到达的风险,取得了较好的效果,同时在广佛线得到推广应用。

盾构始发和到达端头加固方案汇总表　　　　表4-14

站　名	始发或到达	端头加固方案	
		原设计方案	实际施工方案
蟠岗站	始发端	搅拌桩+旋喷桩加固	搅拌桩+旋喷桩加固+一字形素混凝土墙
南桂路站	到达端	搅拌桩+旋喷桩加固	搅拌桩+旋喷桩加固+U字形外包素混凝土墙
	始发端	搅拌桩+旋喷桩加固	搅拌桩+旋喷桩加固+一字形素混凝土墙
桂城站	到达端	搅拌桩+旋喷桩加固	搅拌桩+旋喷桩加固+U字形外包素混凝土墙

六、联络通道加固与施工技术

1. 南桂区间1号联络通道

1)地层条件

南桂区间1号联络通道埋深比较浅,穿越地层主要为〈2-1B〉、〈4-1〉、〈2-2〉软弱地层,如图4-35所示。地层地下水丰富,自稳性差。

第四章 蟠岗站—桂城站区间盾构施工技术

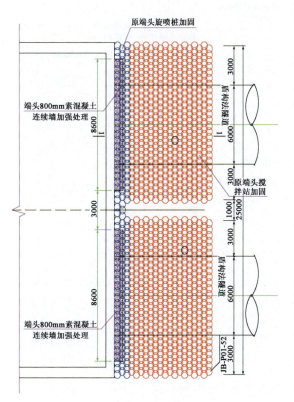

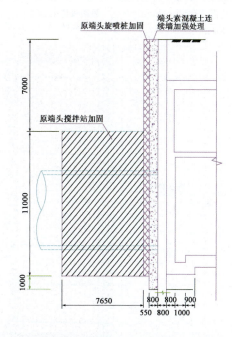

说明：
1. 蟠岗公园南端始发端头原设计采用旋喷桩加搅拌桩的形式进行加固处理，但是由于该端头原地质较差，为确保盾构始发破洞门的安全，因此在隧道左右两线紧贴车站围护结构边位置各做一道800mm厚的素混凝土连续墙进行加固处理。连续墙加固范围为8.6m×19m（宽×深）。
2. 左线素混凝土连续墙选用C20的瓜米石水下混凝土，选用的混凝土要先做配比试验，要求混凝土7d凝期强度控制在7~10MPa。右线素混凝土连续墙选用C10的水下混凝土，混凝土中要掺入一定量的膨润土来降低混凝土强度。将混凝土龄期强度控制在15MPa以内

图 4-32 始发端头原设计加固平面示意图（尺寸单位：mm） 　图 4-33 始发端头实际加固平面示意图（尺寸单位：mm）

2）联络通道加固方案

(1) 原设计采用水平冻结法加固，矿山法开挖施工。水平冻结法加固必须要在一条隧道贯通，另一条隧道过联络通道后才可实施，无法满足总体工期要求，施工时对联络通道加固方案进行了调整。

(2) 实际施工方案：隧道施工前从地面对联络通道处地层进行加固，加固主要以搅拌桩为主，配以素混凝土连续墙作外包止水，同时在连续墙与搅拌桩之间增加 1 排旋喷桩加强防水，以确保加固体的整体防水性能，如图 4-36 和图 4-37 所示。

搅拌桩采用 $\phi500@400$，旋喷桩采用 $\phi1000@700$ 三管旋喷。搅拌桩和旋喷桩入〈9C〉地层 0.5m，隧道顶 3m 以上为空桩。素混凝土连续墙采用 800mm 厚 C20 混凝土，长度从地面到进入〈9C〉地层 0.5m，其中进入隧道洞身范围内的 4 幅连续墙（图 4-37 中阴影部分）采用低标号砂浆混凝土，以便于盾构机刀具对其切削。

3）联络通道施工

在通道中间位置紧贴通道初衬边从地面施作了两个直径 1500mm 的钢套筒，钢套筒间隙为 60cm，如图 4-38 所示。在左线盾构机出洞，右线盾构机台车通过联络通道位置后，利用钢套筒施作工作竖井从地面向下开挖至联络通道，再往左右线开挖。

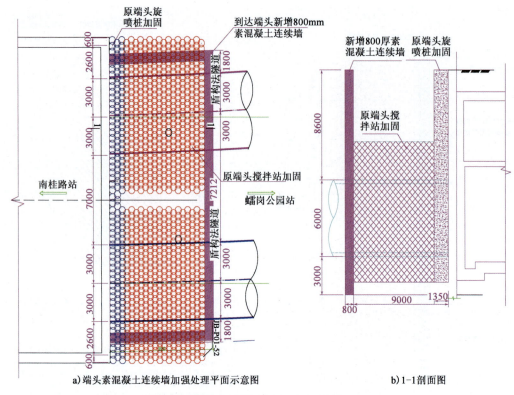

a) 端头素混凝土连续墙加强处理平面示意图　　b) 1-1剖面图

图 4-34　到达端头实际加固示意图（尺寸单位：mm）

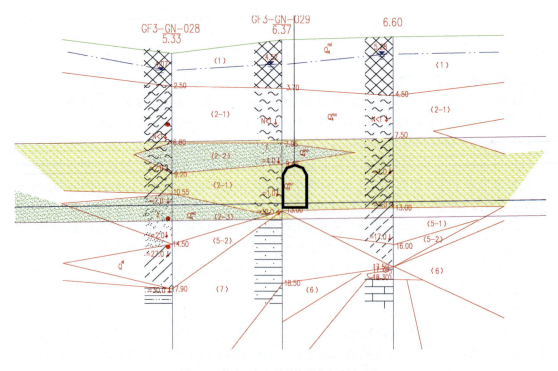

图 4-35　桂南区间 1 号联络通道地质剖面图

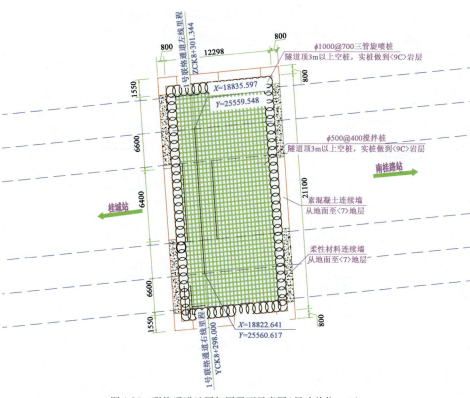

图 4-36　联络通道地层加固平面示意图(尺寸单位:mm)

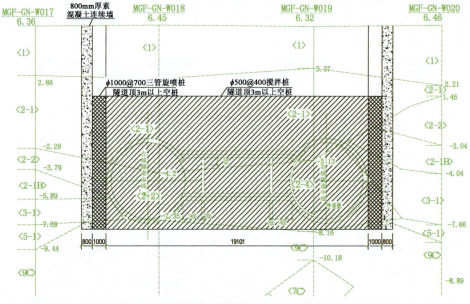

图 4-37　联络通道地层加固剖面图(尺寸单位:mm)

在竖井开挖前,在加固体范围内施作 4 口降水井,先行对加固体区域内未加固地层进行降水处理,同时在左右线隧道内打水平超前探孔,进一步检测加固体的加固效果,如防水效果不佳则再次从左右隧道内进行补充注浆,并加密小导管的数量进行补充注浆。

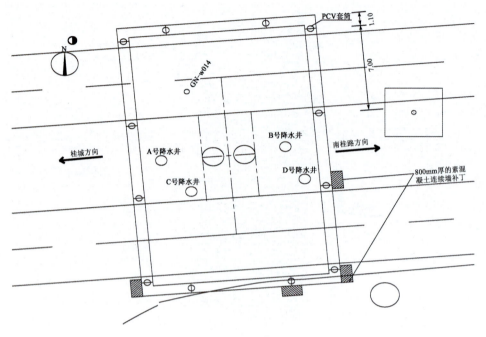

图 4-38 钢套筒布置示意图(尺寸单位:m)

2. 南蟠区间 1 号联络通道

1) 地层条件

南蟠区间 1 号联络通道埋深 15.8m，上覆地层从上往下依次为〈1〉、〈2-2〉、〈5-2〉，通道洞身主要处于〈2-2〉淤泥质粉细砂层中，地层自稳差，地下水丰富。泵房位于〈7〉、〈8〉地层中，地层相对较好如图 4-39 所示。

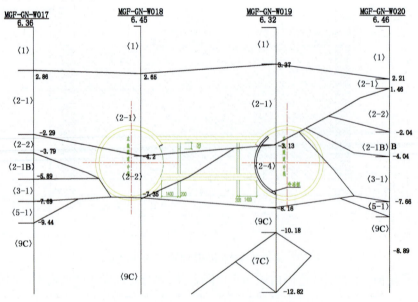

图 4-39 南蟠区间 1 号联络通道地质剖面图

2）联络通道加固方案

原设计采用水平冻结法加固,矿山法开挖施工。由于水平冻结法加固无法满足总体工期要求,施工时对联络通道加固方案进行了调整。

实际施工方案:鉴于联络通道所处位置地面的实际情况,并综合考虑广佛线的整体工期要求,从安全角度出发,隧道施工前,在左右线中间联络通道正上方施工一个 $5.2m \times 5.6m$ 的矩形竖井。竖井围护结构采用 600mm 厚 C30 钢筋混凝土连续墙,接头采用工字钢接头,竖井围护结构距隧道左右边线净距离 0.7m,深度入〈8〉地层 1m(底标高为 −14.5m)。竖井到左右线隧道中线之间采用 $\phi500@350$ 搅拌桩进行加固处理。搅拌桩的加固范围:横向从竖井边加固到左右线隧道中心线;纵向从联络通道中心线往南桂路站方向加固 4.3m,往蠕岗站方向加固 5.6m,加固深度入〈5-2〉残积土层不少于 2m。隧道顶 6m 以上为空桩,由于右线地质相对较差,搅拌桩加固深度大于 18m,因此右线加固范围搅拌桩施工时从地面下挖 2m,以此保证搅拌桩的加固质量。另外为确保连续墙的整体止水效果,在连续墙各槽段接口位置增加一根 $\phi800$ 三管旋喷桩进行止水,加固深度入不透水层 2m,实桩至地面。南蠕区间联络通道地层加固形式如图 4-40、图 4-41 所示。

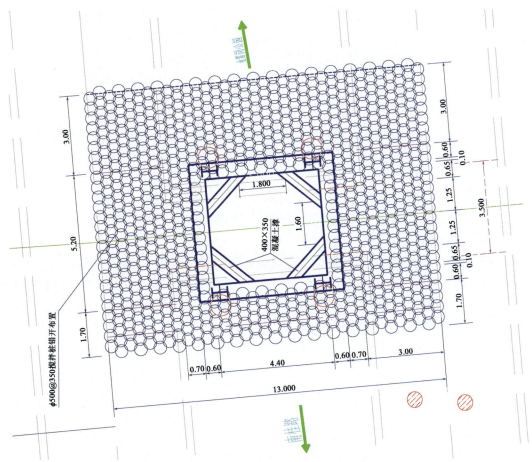

图 4-40 联络通道地层加固平面示意图(尺寸单位:m)

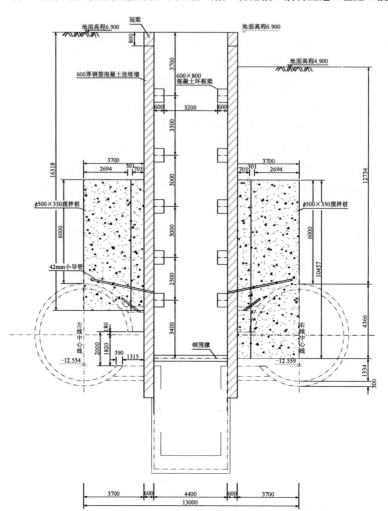

图 4-41 联络通道地层加固剖面示意图(尺寸单位:mm)

3)联络通道施工

为缩短工期待左线盾构机通过联络通道后就开始竖井开挖,完成泵房的施工。等待右线盾构机也通过联络通道位置后,通过连续墙上预埋钢管对竖井与隧道结构间进行超前小导管补充注浆,注浆完成后对加固体进行水平抽芯检验,检验合格后再在连续墙上开洞,开挖通道完成初支,待管片切除后再一次完成通道的二次衬砌施工。

Chapter 5

蠡岗站—金融高新区站区间盾构施工技术

执笔人 The Author

王利军 ▷

高级工程师
广州市地下铁道总公司建设事业总部土建五部
部门经理

执笔人 The Author

苏 宝 ▷

工程师
广州地下铁道总公司广佛线土建工程部项目经理

第五章 蠔岗站—金融高新区站区间盾构施工技术

第一节 工程概况

一、工程概况

1. 线路和限界

1) 蠔千区间(见图 5-1)

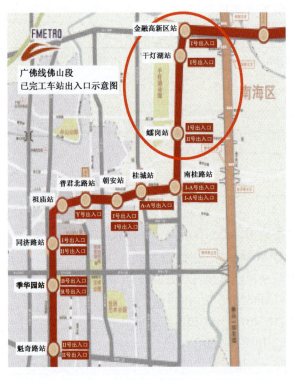

图 5-1 蠔岗站—金融高新区站盾构区间(来源于网络)

区间曲线半径为 2000m;最大坡度为 0.308%;最小坡度为 0.3%;轨面埋深为 12.6~15.1m。

2) 千金区间

区间最大曲线半径为 1000m,最小曲线半径为 350m;最大坡度为 2.095%,最小坡度为 0.61%;轨面埋深为 12.3~18.2m。

3）金融高新区站—蟠岗站掘进示意图（见图 5-2）

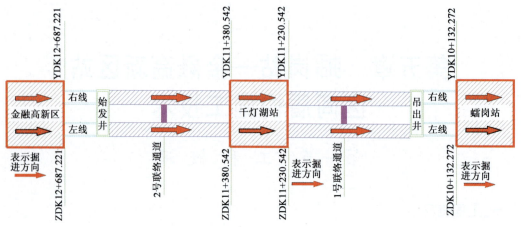

图 5-2　金融高新区站—蟠岗站掘进示意图

2. 建设工期

实际开始和完成时间见表 5-1。

各节点实际开始和完成时间　　　　　　　　　　　　　　表 5-1

区间/时间 线路	蟠岗站—金融高新区站	
	始发/开始（年-月-日）	贯通/完成（年-月-日）
蟠千左线	2009-2-11	2009-6-15
蟠千右线	2009-3-13	2009-6-26
千金左线	2009-7-14	2009-10-22
千金右线	2009-7-24	2009-10-29
竣工时间	2010-2-10	

3. 工程投资

本合同实际投资总金额为：172281807.9 元（扣质保金前）

其中永久工程设计：1690842 元（扣质保金前）

前期准备及辅助设施工程及其他：15793519 元（扣质保金前）

盾构区间隧道工程：134462625 元（扣质保金前）

盾构区间附属工程：16746119 元（扣质保金前）

材料价差：467686 元（扣质保金前）

合同外计量：3120288 元（扣质保金前）

二、施工环境

1. 地质构造

根据区域地质资料，佛山地区主要地质构造如下：

（1）蟠岗西断裂：走向 25°，倾向北西，倾角 65°～85°。断层大部分被第四系覆盖，沙涌一带有出露。构造岩以构造角砾岩为特征。断层上盘为第三系砂岩，下盘为白垩系红色岩系,属平移正断层。广佛地铁与该断层约在里程 YAK5+600 处相遇,在地域上为普君北路站附近。

(2)**蟠岗东断层**:走向 15°~25°,倾向南东,倾角 68°~85°,断层隐伏第四系之下,构造岩为构造角砾岩、断层泥和构造透镜体。下盘为石炭系,上盘为下第三系,属正断层。该断层产生较多的平行断层,广佛地铁与该断层相交于四处,约分别在里程 YAK8+000、YAK8+800、YAK10+800、YAK12+800 处遭遇,在地形上位处南桂路南海电力局附近,千灯湖站附近。

(3)**蟠岗断层**:位于上蟠岗东断层与蟠岗西断层之间,走向 10°~20°,倾向北西,倾角为 40°~80°。该断层属正断层,晚期为逆断层。本断层构造面特征为:硅化构造角砾岩、硅化岩相间出现,角砾呈不规则棱角状、尖棱角状,大小混杂,后期具磨圆特征及定向排列的眼球状。根据有关工程勘察资料揭示,该断层附近钻出有温泉,显示该断层有一定的活动性。广佛地铁与该断层约在里程 YAK6+600 处相遇,在地域上为朝安北路站附近。

2. 主要工程地质和水文地质特性

1)工程地质及其特性

工程地质及其特性如图 5-3~图 5-6 所示。

2)水文地质特性

蟠岗站至千灯湖站区间地下水主要为砂层潜水和强风化、中风化、微风化基岩中的裂隙水,石灰岩溶洞水。其中第四系海陆交互相沉积砂层和冲积—洪积砂层分布广泛,厚度大,地下水较丰富。层状基岩裂隙水主要存在白垩系大塱山组强风化砾岩和中风化泥灰岩中,富水性不大。碳酸盐岩类裂隙溶洞水主要赋存在石炭系石灰岩的裂隙及溶洞中,富水性中等~强。

千灯湖站至金融高新区站区间不存在地表水体,地下水主要类型为第四系孔隙潜水及基岩裂隙水,第四系孔隙水存在于淤泥质粉细砂层⟨2-2⟩、粉细砂层⟨3-1⟩、中粗砂层⟨3-2⟩中,该地下水略具承压性;基岩赋存少量裂隙水,但其透水性较弱。同时,在淤泥质粉细砂层⟨2-2⟩、粉细砂层⟨3-1⟩、中粗砂层⟨3-2⟩的地下水与基岩中裂隙水连通性稍差。

地下水对混凝土和钢结构有弱腐蚀性。

蟠岗站—千灯湖站—金融高新区站区间地下水对混凝土结构有中等腐蚀性,对混凝土结构中的钢筋有弱腐蚀性。

3. 地貌

蟠岗站—千灯湖站区间为珠江三角洲冲积平原,地形平坦,地面高程为 5.37~8.16m。

千灯湖站—金融高新区站区间为冲积平原地貌特征,地表水系不发育。

4. 建(构)筑物

隧道沿线建筑物较多,部分为桩基础,大部分为天然基础。

5. 地下管线

1)沿线地下管线概况

本区间管线材质、形状、埋深各不相同。其中电力管线为铜质,管沟截面尺寸为 1500mm×1000mm,埋深在 1.00m 内;给水管线有两种材质,其中钢管最大直径为 1000mm,铸铁管最大直径为 1000mm,埋深在 2.20m 内;排水管线有两种材质,其中最大直径为 1000mm,暗渠为方形,截面尺

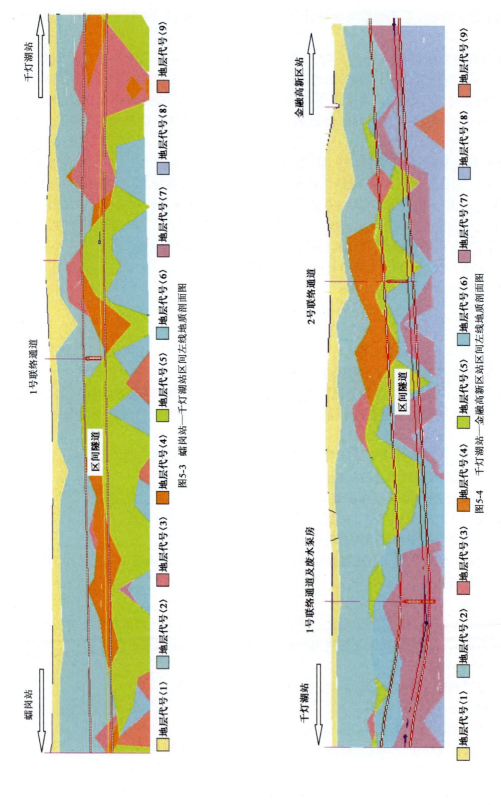

图5-3 蝙岗站—千灯湖站区间左线地质剖面图

图5-4 千灯湖站—金融高新区站区间左线地质剖面图

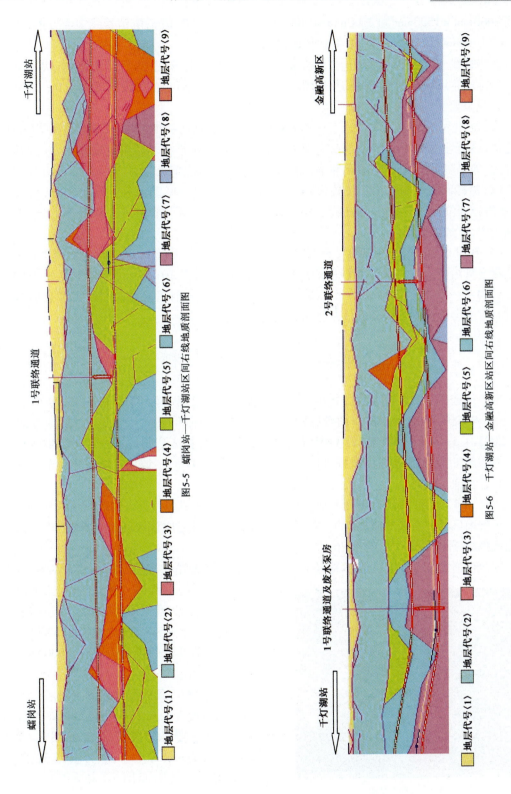

图5-5 蠔岗站—千灯湖站区间右线地质剖面图

图5-6 千灯湖站—金融高新区站区间右线地质剖面图

寸为 2000mm×1500mm 和 2000mm×1300mm，最大埋深在 7.10m；电信管线多为方形，最大截面尺寸为 400mm×300mm，埋深在 1.10m 内。

这些管线、管道主要沿街道、公路埋设，基本上埋设在慢车道、人行道范围内，快车道上较少。除排水管埋深较深外（最深达 7.10m），其他地下管线、管道的埋设深度多在 0~2.50m。

2）重点监测的管线

(1) 在里程 YCK10+815 处，有一条 8000mm 宽的连接河涌排水暗渠，与隧道呈 90°夹角跨过隧道，隧道埋深在 13~19m，洞身主要处于〈5-2〉地层，由于排水暗渠宽度较大，并且其水流量较大，如果暗渠出现破损情况，将有大量水侵入隧道，故应重点监测。

(2) 沿桂澜路两侧绿化带位置每隔 30~40m 有一条 $\phi 300$ 的混凝土质排水管，与隧道呈 90°夹角分别位于隧道两边，均在隧道中心线 15m 范围内，部分管道进入到隧道上方，排水管埋深较浅，应加强监测。

(3) 在里程为 YCK11+700~YCK12+400 范围内，有一条 $\phi 1000$mm、一条 $\phi 500$mm 的排水混凝土管沿隧道方向埋设，其埋深在 4~7m，隧道埋深在 10~18m，洞身主要处于〈3-1〉、〈4-1〉、〈4-2〉、〈5-1〉、〈5-2〉、〈6〉、〈7〉地层，由于排水混凝土管管径、埋深较大，并且盾构机在通过时可能会因为剧烈振动而危及管道，应加强监测。

第二节 盾 构 机

本工程选择了两台海瑞克公司的土压平衡盾构机，自编号为 S242 和 S243，分别于 2003年 11 月和 2003 年 12 月制造。两台盾构机均为海瑞克的标准配置，参数见本书第一章表 1-4。

2003 年 11 月和 2003 年 12 月两台盾构机出厂后立即投入广州地铁三号线市番盾构区间左右线的施工，每台盾构机完成掘进任务约为 1894 环（2841m）。该项目隧道分别于 2006 年 3月和 6 月贯通。

2006 年 12 月和 2007 年 1 月两台经维修改造后的盾构机先后投入到广州地铁五号线科韵路—车陂南区间左右线的盾构施工，于 2007 年 8 月及 9 月完成该区间的全部施工，每台盾构机完成掘进任务为 817 环，约 1226m。

这两台盾构机，盾构机前体直径 6.25m，刀盘开挖直径 6.28m。盾构机总装机功率为 1750kW。推进系统采用 24 个推进油缸，最大可产生 39890kN 的总推力；刀盘采用 8 个液压马达驱动，液压泵站电机总功率为 945kW，最大扭矩为 5350kN·m。盾构机的主驱动部件的设计寿命为 10000h。盾构刀盘图如 5-7 所示。

刀盘的特点和刀具的配置如下。

16Mn 钢刀盘直径 6.28m，厚 450mm（刀盘面板厚 60mm），为平面圆角辐条式，开口率 28%~27%，共分布 39 把滚刀（双刃 4 个、单刃滚刀 31 个），64把齿刀，16 把边缘刮刀（见图 5-7 和表 5-2）。

图 5-7 盾构刀盘图

正面滚刀、中心滚刀与齿刀的刀座相同,可与齿刀互换,均为背装式,可从刀盘背面换刀。滚刀最大受力 250kN/把,刀具破硬岩能力达 200MPa。

刀 具 配 置   表 5-2

刀具名称	刀具数量（刃）	刀间距（mm）	凸出刀盘面（mm）	直径（in）	合计	备注
边缘滚刀	8(单刃)	100	175	17	39	
正面滚刀	23(单刃)	100				
中心滚刀	4(双刃)	116				
边缘刮刀	(8+8)片		140		16	按左右两个旋转方向排列
中心羊角刀	4(双刃)	116	175			
超挖刀						旧盾构机有,但从未用过。新盾构机无
齿刀	64	80	140		64	中心滚刀、正面滚刀可直接换成羊角刀,边缘滚刀也可换成羊角刀,齿刀不能和别的刀具更换

刀具的高度组合:滚刀、齿刀高差 175 - 140 = 35mm。

滚刀主要用来切削〈7〉以上地层,齿刀主要用于切削〈6〉以下地层。在软土地段,齿刀和滚刀可以混装或全部安装齿刀。滚刀换成齿刀后,刀盘开口率增大,利于渣土入土仓,防止在中心区形成泥饼而影响进度。

根据隧道主要穿越的地层,本工程基本采用的刀具布置形式如图 5-8 所示。

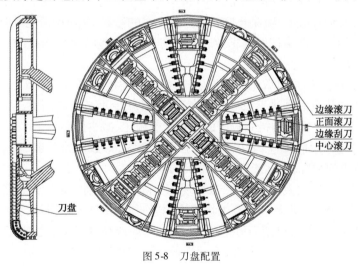

图 5-8 刀盘配置

第三节 盾 构 施 工

一、盾构机通过复杂地层掘进

盾构机在不同的地层中应当选用不同的掘进模式,盾构机的掘进模式有土压平衡模式、敞开模式、满舱模式、土压与气压混合模式四种。

(1) 对于〈6〉号地层或同一断面内上面是〈6〉号地层而下面是〈7〉~〈9〉号地层，由于围岩具有较高的稳定性，开挖面仅在长时间暴露条件下发生塌陷，刀盘本身的钢结构即足以维持开挖面的土体稳定，一般也均采用混合式掘进模式，土仓下部压力较大充满渣石以实现压力平衡，土仓上部压力较小或者为零。充分利用围岩的自稳性能快速掘进通过，停止推进时要提高土仓的土压力控制开挖面的稳定。但在这种地层中施工时，应严密监测地面沉降和出土量，一旦发现有异常，须立即更改为土压平衡掘进模式。

(2) 对于〈2〉~〈5〉号地层围岩，由于地层不能自稳，均采用土压平衡模式掘进。

(3) 当在地质情况比较复杂而又不易确定地层时，应密切监视土压显示、观察螺旋机的出土情况，并结合地面监测，判断开挖面有无涌水和塌陷现象发生，以便及时采取相应对策，确定掘进模式。

(4) 在富水的含水砂层中掘进时，有可能发生涌水、涌沙的情况，需要准备好化学添加剂，争取快速通过该区域。

二、盾构机通过〈2〉、〈3〉砂层掘进

蠔海区间和海南区间局部地段〈2〉、〈3〉砂层普遍分布分布。此类地层含水量较大，渗透系数较大，盾构通过时容易产生地表沉降量大，甚至涌水、涌沙情况。主要措施有：

(1) 综合隧道的工程地质和水文地质特性，对于喷涌高风险区段进行预加固处理，从而降低风险。

(2) 预先计算好过相应地段的水土压力，采用土压平衡掘进模式施工，施工中严格监控注浆质量，保持土仓土压力稳定，确保开挖面和上覆土层的稳定，并根据情况及时调整参数。

(3) 盾构机在始发时严格按照要求做好盾构密封工作，包括对盾构机的盾尾密封、铰接密封进行检查，确保密封效果。

(4) 在掘进过程中，加强对盾尾的保护措施，如加强盾尾的密封油脂等。

(5) 重点控制盾构机的掘进参数和掘进姿态，尽量减少不必要的纠偏，从而减少刀具的磨损和盾尾密封的损坏，保证盾构机有较好的密封状态施工，减少漏浆。

(6) 盾构掘进过程中向土仓内注入膨润土及聚合物，形成隔水泥膜，防止水从地层中渗出，提高土仓内渣土的稠度，使之能适应皮带机的输送。

(7) 在台车尾部设置双液注浆设备，根据现场实际情况每隔一定距离进行双液注浆，形成有效的止水环，减少土仓的水量。适当缩短浆液胶凝时间，保证注浆质量。

(8) 做好应急备案，如果喷涌不可避免的发生了，形成快速反应，按部就班把进度损失减小到最低。特别需要指出的是要做好人力的准备，以应对繁重的清理任务。

三、曲线段掘进管片扭转的控制

本工程四条隧道中出现了不同程度的扭转(顺时针扭转)，造成走道板铺设困难、行走不便等不利影响。管片扭转现象发生后，项目部对管片扭转的原因进行了分析，并制订了相应的纠正措施，实施后扭转情况有所改善，效果明显。

采取如下措施：

(1)控制刀盘转向,将盾构机滚动角控制在负值,控制范围为 -10°~0°。

(2)改变管片拼装顺序,先拼左侧管片,拼装过程螺栓要上紧,拼好后及时将千斤顶顶紧。

(3)拼装管片时,有意使管片向逆时针方向稍作错位,错位量以不影响下块管片的螺栓穿入为准。

(4)推进过程中,对管片螺栓进行及时复紧。

四、盾构掘进过程的尾刷更换

隧道掘进过程中由于尾刷磨损严重,出现盾尾漏浆现象,尾刷损坏造成盾尾回填注浆量无法保证,引起地面及建筑物产生较大沉降,同时漏出的砂浆造成隧道清理工作量加大及注浆材料的浪费。为此,左线在 149 环对尾刷进行了更换。由于技术准备充分,措施得当,尾刷更换期间,盾尾未出现渗漏水现象,尾刷更换顺利。尾刷更换后,漏浆现象明显减少,对保证注浆量,减少地面沉降创造了有利条件。

采取如下措施:

(1)选择合适的尾刷更换地层,最好是弱含水地层。

(2)要做好盾尾的管片注浆工作,尤其是对更换尾刷环的前一环最好采用双液注浆对整环管片注浆,封堵掘进形成的地下水通道。

(3)尾刷更换本着逐块拆除、逐块更换的原则进行。先拆除 B、C 块管片,对此处尾刷进行更换,更换顺序为由 12 点向两边扩散,然后拆除剩余 3 块,更换剩余尾刷。

五、砂层中掘进易塌方

本工程蟠岗站—千灯湖站盾构区间沿佛山桂澜路南北走向,区间地层含〈2-2〉淤泥质粉细砂层,平均厚度 5.71m,〈2-3〉海陆交互中粗砂层,平均厚度 2.32m、〈3-1〉粉细砂层,平均厚度 1.68m、〈3-2〉中粗砂层,平均厚度 4.18m。隧道范围主要为以上几种砂层,砂层为良好的富水和透水地层,饱含地下水,渗透系数为 8.62~29.11m/d。

由于砂层具有渗水系数大、粉细砂层易液化、黏性砂层流动性好等特点。因此,盾构机通过该地层时,受到扰动后地层的土力学特性易发生变化,若盾构开挖面或其上方存在较厚的砂层,当这些砂层受到扰动时易产生液化,液化后的砂土体从切口环位置或刀盘开口处流入土仓,致使出土量很难得到控制,从而造成上部土体塌方和掘进中的喷涌现象。砂层喷涌之后,需用大量时间进行清理,严重影响盾构施工进度。因此怎样减小对砂层的扰动,是安全通过砂层的首要问题。

针对这种情况,盾构掘进通过砂层段施工时一般采取"严格控制出土量,快速通过"的原则。

(1)盾构机在砂层中通过时,采取土压平衡模式掘进,增大盾构机的推进速度,降低刀盘转速,确保土仓压力以稳定开挖面。

(2)掘进前根据每环的总出土量推算每斗渣土对应的掘进距离。出土时通过调节螺旋输送机的转速或闸门开度控制出土量,采取逐斗控制出土量的方法控制。

(3)为控制出土量,首先向盾构机土仓中加入膨润土或聚合物等添加剂,改善土仓中砂、土、水混合物的流动性,使其成为一种塑性流动体,通过盾构机螺旋输送器和输送带流出,避免产生无法控制的喷涌现象。

(4) 改进盾尾注浆浆液配合比,加强盾尾注浆控制,进行管片背后二次注双液浆。

(5) 应严密监测和控制地表沉降。一旦发现有沉降出现,须立即采取措施进行地面加固。

(6) 过砂层前,做好充分的准备(如换刀、更换尾刷等),减少地层失水。

第四节 案 例 分 析

1. 工程概况

千灯湖站始发端地层从上至下主要为人工填土层、淤泥质粉细砂层、全风化泥质粉砂岩、强风化泥质粉砂岩,存在部分淤泥层和硬塑状残积土。端头加固原设计为地面采用一排厚600mm素混凝土连续墙和$\phi600@450$双管旋喷桩结合加固。混凝土连续墙从地面开始加固,深度达到盾构隧道底2m;旋喷桩桩顶位置为隧道顶4m,桩底进入〈5-2〉或〈6〉地层1m。

2. 事件发生过程简述

根据施工计划先进行左线始发端头的加固施工,用方锤修孔时,锤被卡住。卡锤发生后,立即采取了清孔的措施,希望能把方锤取出来。然而在清孔取锤过程中,泥浆从车站围护桩间流出,导致已完成的槽段塌孔,并将方锤埋在地下15m深的隧道范围内。在对漏浆位置进行处理,尝试从地面将锤取出的过程中,再次出现了漏浆问题。为确保工程的安全顺利进行,决定将左线连续墙改为两排$\phi400@300$单管旋喷桩,右线连续墙改为$\phi600@450$旋喷桩,其余加固按原设计,被卡住的方锤待洞门凿除过程中从洞门位置取出。方锤位置如图5-9所示。

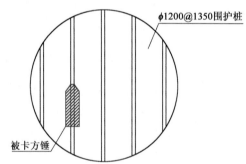

图5-9 方锤被卡位置(广州盾建提供)

3. 处理方案与技术措施

1) 地面加固

为安全、快速地将被埋在地下的方锤取出,在取锤前,对方锤位置进行补充加固。因此在施工两排$\phi400$单管旋喷桩的基础上,在方锤左右两侧各增加两根单管旋喷桩。

此外,为克服塌孔时土体位移导致的地下土体稳定性降低问题,靠近$\phi400$单管旋喷桩的两排$\phi600$双管旋喷桩顶做到地面位置。

2) 水平探孔

待旋喷桩加固达到设计龄期后,在洞门位置进行水平探孔试验。进行水平探孔的目的有两点:首先,检测端头旋喷桩加固的效果,确保洞门凿除的施工安全;其次,探明埋锤的具体位置,为下一步取锤做好准备。

3) 围护桩凿除

在完成水平探孔后,采用人工方式凿除围护桩。凿除过程中,特别注意围护桩桩身混凝土凿除完成后,靠近车站外侧的围护桩钢筋严禁割除,如图5-10所示。此部分钢筋是取锤时的重要安全保障,必须等方锤取出,盾构始发准备就绪后方可割除。

4) 取锤

(1)先在方锤上方的围护桩钢筋上设置两个吊点(吊点1、2),在盾构机刀盘上设置一个水平拉力点(吊点3),如图5-11所示。吊点1、2各挂一个10t的葫芦,吊点3为一5t葫芦。

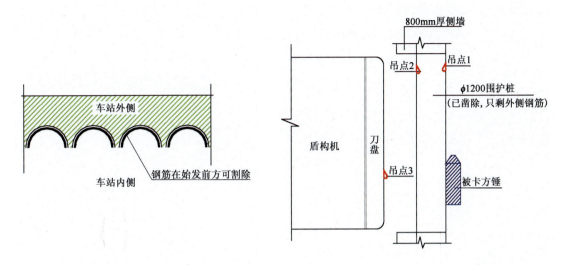

图5-10 外侧钢筋位置关系图(广州盾建提供)　　图5-11 吊点位置示意图(广州盾建提供)

(2)根据水平探孔确定的方锤位置,从水平探孔开始进行方锤的开挖。开挖过程按照探挖的原则进行,使用人工+风镐逐步将方锤暴露出来。在此过程中,对阻碍探挖的围护桩钢筋可进行割除,其余钢筋严禁切割。同时在方锤上焊接一个吊耳,焊接的吊耳靠近吊点3,以便水平拉出。

(3)待整个方锤全部暴露之后,切断方锤顶部与其连接的钢丝绳,并安装新的钢丝与吊点2的葫芦连接。对切断的钢丝绳,按其所在的位置在刀盘上设置2~3个葫芦将其从围护桩外侧拉出,当洞顶的钢丝绳露出后,将其切断。完成钢丝绳处理后,安装钢丝绳与吊点3的葫芦连接(吊点1为备用吊点)。完成连接后,拉动吊点2的葫芦,将方锤先拉动,并逐渐向上和向刀盘的方向移动。在此过程中,逐渐拉动吊点3的葫芦,与吊点2的葫芦配合,逐步将方锤从围护桩外侧位置取出。

5)方锤位置回填

当方锤完全从围护桩外侧取出后,应立即对原方锤位置进行回填,以保证盾构始发的安全性,回填使用现场拌制的水泥砂浆。

6)实施后效果

(1)在取锤的过程中,锤所在处的基坑无明显的渗水与漏水现象,证明补充加固起到止水及改良土体的作用。

(2)从洞门位置将方锤取出具有极大的风险,实际施工时,按照本文所述措施严格控制,从而实现安全顺利地取出了被卡的方锤,保证盾构机按照计划始发。

Chapter 6

金融高新区站—龙溪站区间盾构施工技术

执笔人 The Author

王利军 ▷

高级工程师

广州市地下铁道总公司建设事业总部土建五部部门经理

第六章 金融高新区站—龙溪站区间盾构施工技术

第一节 工程概况

一、线路

金融高新区站—龙溪站盾构区间线路呈东西向(见图6-1)。隧道单线总长5279.762m，其中左线长2637.365m，右线长2642.397m。区间共设置4个联络通道、1个废水泵房和1个中间风井，2号联络通道和废水泵房设置在中央风井内。

本区间线路沿线场地地形起伏小，地面高程5.37~7.70m，轨面高程-6.625~-18.069m，隧道埋深10~22m，区间线间距11~18m。线路最小曲线半径800m，线路纵断面设计中，区间线路较平缓，最大纵坡为2.49%。

二、建设工期

本标段合同工期:2007年9月1日至2009年8月31日(含验收)。合同计划2007年9月1日开始金龙盾构区间中间风井施工，2台盾构机于2008年4月先后从金龙明挖区间东端盾构始发井始发，2008年9月过中间风井，2009年6月到达龙溪站西端头盾构吊出井吊出。2009年7月31日区间隧道全部完工。

由于金龙明挖区间东端提供盾构始发场地比合同工期滞后16个月，为确保广佛线全线工期，本标段由原合同计划的2台盾构机掘进调整为4台盾构机掘进，分别从金龙明挖区间东端盾构始发井及龙溪站的左右线始发，沿海八路和龙溪大道南侧绿化带掘进，最终到达中间风井解体吊出。其中，龙溪站—中间风井段地质条件极其复杂，右线掘进缓慢，为保证工期，在三号联络通道位置增设了始发条件，左线S394盾构机在三号联络通道处始发井开挖之前切削连续墙自行通过，右线S181盾构机在该处进行了二次始发，并将地面始发场地由龙溪站转场至三号联络通道。区间掘进示意图如图6-2所示。

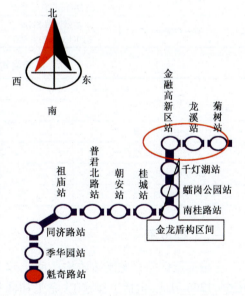

图6-1 金融高新区站—龙溪站盾构区间线路地理位置图

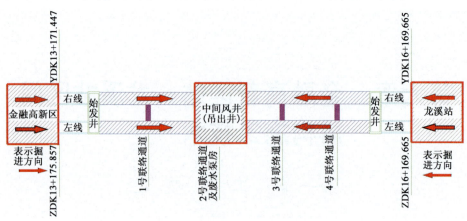

图 6-2　金龙盾构区间掘进示意图

2009年5月21日第一台盾构机正式始发掘进,2010年3月30日全线贯通,2010年9月30日工程实体全部完成。4台盾构机具体掘进里程及实际掘进时间分别见表6-1、表6-2。

掘进里程一览表　　　　　　　　　　　　　　　　　　　　　　　　　表6-1

盾构机型号	始 发 点	到 达 点	掘进长度(延长米)
S181 右线	龙溪站 YDK16+169.665	中间风井 YDK14+682.661	1487.004
S394 左线	龙溪站 ZDK16+169.665	中间风井 ZDK14+688.337	1481.328
S475 右线	金融高新区站 YDK13+516.768	中间风井 YDK14+672.161	1155.393
S476 左线	金融高新区站 ZDK13+521.800	中间风井 ZDK14+677.837	1156.037

区间盾构隧道掘进时间表　　　　　　　　　　　　　　　　　　　　　表6-2

线路	区间/时间	金融高新区站—中间风井—龙溪站	
		始发(年-月-日)	贯通(年-月-日)
金中区间右线		2009-7-29	2009-12-10
金中区间左线		2009-8-25	2009-12-31
龙中区间左线		2009-5-21	2009-12-30
龙中区间右线		2009-7-7	2010-3-30

三、工程投资

金融高新区站—龙溪站盾构区间土建工程实际总投资22432.1064万元,合同中标价为20266.3266万元,包括工程施工、完工和修补缺陷等费用。区间及主要工程项目投资情况见表6-3。

本盾构区间主要工程项目投资情况一览表　　　　　　　　　　　　　表6-3

单价号	开项名称	单　位	总价(元)	备　注
1	工程设计	项	7905000	
2	中间风井	项	14026574	

续上表

单价号	开项名称	单位	总价(元)	备注
2.1	前期准备及辅助设施工程	项	1506345	
2.2	风机房	项	5673001	
2.2.1	围护结构	项	2642236	
2.2.2	土石方	项	582432	
2.2.3	主体结构	项	2302840	
2.2.4	防水	项	145493	
2.3	风井及2号联络通道(含集水池)	项	1174227	
3	金融高新区站—龙溪站盾构区间	项	202389490	
3.1	前期准备及辅助设施工程	项	18552400	
3.2	盾构区间隧道工程	项	158758148	
3.3	盾构区间附属工程	项	7094145	
3.4	盾构方案调整(增加2台盾构机)	元	17984797	
3.5	3号联络通道新增始发井	项	9915444	
3.5.1	设计费	项	114188	
3.5.2	前期准备及辅助设施工程	项	939287	
3.5.3	围护结构	项	8861969	
3.5.3.1	地下连续墙	项	5709082	
3.5.3.2	钻孔桩工程	项	105581	
3.5.3.3	旋喷桩工程	项	499194	
3.5.3.4	基底注浆加固工程	项	448736	
3.5.3.5	增加中隔墙及搅拌桩等工程	项	2099376	

第二节 施 工 环 境

一、地层岩性

第四系地层厚8~18m。上部为第四系人工填土,厚0.5~4.5m,全新统海陆交互相沉积的淤泥或淤泥质土、淤泥质砂,厚0~16.50m;下部为上更新统陆相冲洪积形成的砂土层,厚0~17.00m;底部基岩残积形成的黏性土层,厚0~18.50m,基岩为白垩系上统大塱山组石围塘段泥质粉砂岩、砂岩等。在ZDK15+220~ZDK15+417里程范围内,为石炭系下统测水段(C_1dc)基岩,主要密集于五眼桥断裂两侧,其展布方向呈北—北东与断裂方向大致平行。金融高新区—龙溪站区间左右线地质剖面图如图6-3~图6-6所示。

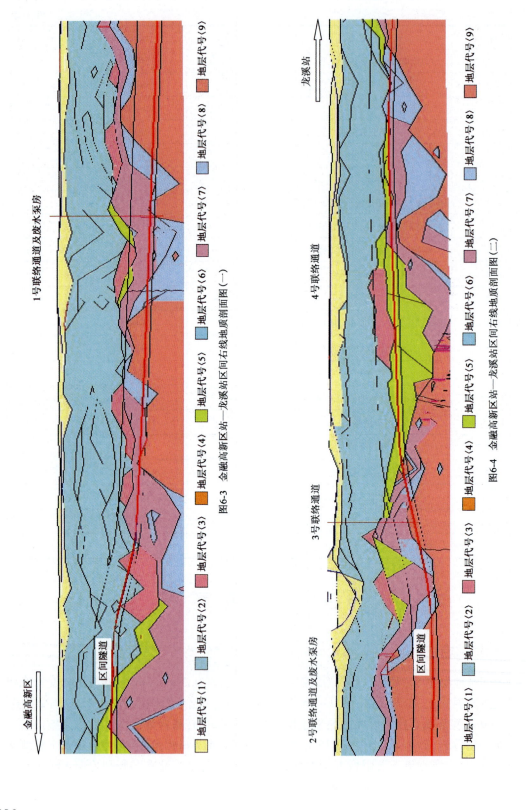

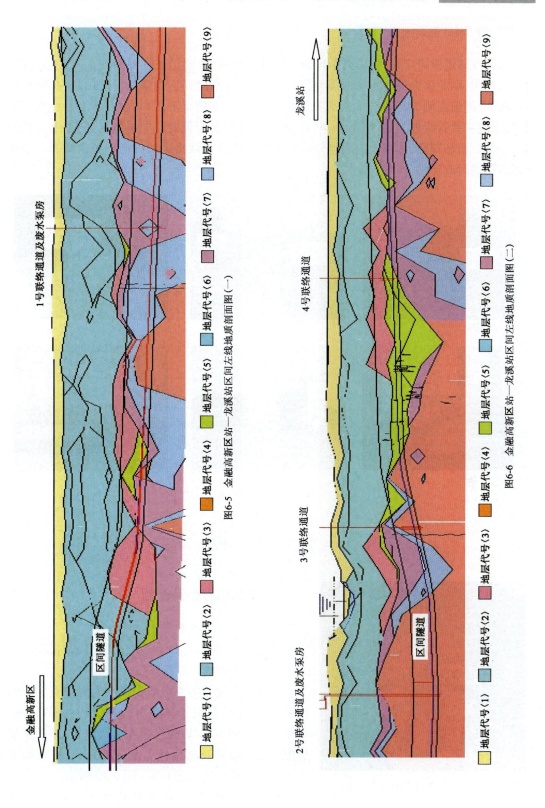

图6-5 金融高新区站—龙溪站区间左线地质剖面图（一）

图6-6 金融高新区站—龙溪站区间左线地质剖面图（二）

二、建(构)筑物和地下管线

本标段隧道横跨广州、佛山两个区域。在佛山境内,线路沿海八路南侧前行,下穿珠江支流进入广州,顺龙溪大道南侧花博园前行,经龙溪大道南侧到达龙溪站。佛山境内,隧道位于海八路下,隧道南侧20m外分布有大量的厂房和民居,北侧是五丫口大桥,隧道沿线地下管线较多,沿线主要管线种类有:给排水、电力、通信等道路上的管线。广州境内,隧道上方花博园内有少量厂房和花棚,龙溪大道南侧分布有少量管线,3号联络通道处有一条电缆和一条排污管道需要进行改迁,如图6-7所示。

图6-7 区间地面情况照片(黄振 摄)

第三节 盾 构 机

图6-8 S181盾构机刀盘(黄振 摄)

一、盾构机参数及配置

1. 盾构机参数及配置

盾构机主要尺寸、技术性能和参数见本节第一章。

2. 刀盘和刀具

本标段所使用的4台盾构机均为海瑞克生产的土压平衡盾构机,其编号分别为S181、S394、S475、S476。由于生产时间不同,盾构机除在刀盘配置、驱动系统和后配套台车布局及易用性方面有差别外,其余均无太大差异。刀盘构造如图6-8～图6-10所示。

S394盾构机是针对成都地铁卵石地层特别订

制,滚刀配置较多,其余 3 台盾构机是针对广州地铁复合地层订制。各刀盘的刀具配置见表 6-4。

图 6-9　S394 盾构机刀盘(中铁二局　摄)

图 6-10　S475、S476 盾构机刀盘(黄振　摄)

盾构机刀具配置一览表　　　　　　　　　　　　　　　　表 6-4

盾构机编号	单刃滚刀	双刃滚刀	刮刀	齿刀	开口率(%)	备注
S181	0	19	64	14	28	S181 盾构机未配置单刃滚刀
S394	12	30	28	16	28	
S475	31	4	16	64	28	S476 盾构机刀具配置与 S475 相同

二、盾构机适应性评价

1. 掘进分析

1) 龙溪站至中间风井区间掘进分析

(1) 线路概况

龙溪站—中央风井区间左线长 1481.328m、右线长 1487.004m,隧道埋深 10~20m,最大纵坡 2.49%,最小半径 800m。

(2) 地质条件

本段地质条件相对复杂,龙溪站至 3 号联络通道段地层以上软下硬为主,3 号联络通道至中央风井段地层以硬岩为主。隧道主要在〈2-1B〉淤泥、淤泥质土、〈2-2〉粉细砂、〈2-3〉中粗砂、〈7〉岩石强风化层、〈8〉岩石中风化层、〈9〉微风化岩层等地层中穿过。其中,3 号联络通道至中央风井段约有 380m 隧道为全断面〈9〉微风化岩地层,岩石抗压强度达 80~160MPa。地层岩样如图 6-11(土仓内拍摄)所示。

(3) 掘进速度

左右线分别采用 S394 和 S181 盾构机掘进,其日平均掘进速度见表 6-5。

图 6-11 龙溪站—中间风井局部地层(华铁监理 摄)

S394 和 S181 盾构机掘进速度对比表 表 6-5

区间线路	盾构机型号	掘进长度(m)	掘进时间(d)	平均掘进速度(环/d)
龙中区间左线	S394	1481.328	220	4.49
龙中区间右线	S181	1487.004	209	4.74

龙溪站至中间风井段地质条件极其复杂，始发时以砂层为主，底部有小部分岩层，部分红层，左线 S394 盾构机先期始发，在到达 3 号联络通道之前，两机均在 4 号通道加固区进行开舱检查，刀具磨损均较小。S394 盾构机到达 3 号联络通道处自行切割连续墙通过，过 3 号联络通道后，逐渐进入全断面岩层，岩石硬度最大达 160MPa，加上岩层裂隙发育，掘进速度较慢，时常出现喷涌现象，刀具磨损严重。S394 所配置的滚刀刀具较多且为国产江钻刀具，硬度大且脆，大量的刀圈出现崩裂，造成刀具更换频繁，日平均掘进速度不到 2 环/d。S181 盾构机在 4 号通道区域没有更换刀具，掘进至 4 号通道和 3 号通道之间时出现轻微结泥饼现象，由于该段地层中砂粒石英含量较多，加大了刀具的磨损，S181 盾构机在到达 3 号通道时，已无法自行切割 C40 混凝土连续墙，被迫在该处进行基坑开挖，人工凿除连续墙并对刀盘进行了整体更换。S181 盾构机过 3 号通道进入全断面岩层后，采用进口庞万力刀具，适应性较好，且刀盘开口间距较大，在破除岩块后能够顺利进入土仓，掘进效率较 S394 有较大提高，S181 在通过 3 号通道至中间风井区段时，掘进速度能达到 3 环/d，且刀具更换较少。

通过比较，两台盾构机在砂层或上软下硬地层掘进时差异不大，S181 盾构机最大掘进速度达 23 环/d，S394 盾构机也能达到 21 环/d。但在通过全断面硬岩时，针对卵石地层设计的刀盘刀具明显不能很好适应，刀具损坏严重，掘进速度过慢，造成裂隙水在土仓中大量聚集，喷涌较大，给施工带来较大困难。

2) 金融高新站至中间风井掘进分析

(1) 线路概况

金融高新站—中央风井区间左线长 1156.027m、右线长 1155.393m，隧道埋深 17～20m，最大纵坡 1.15%，最小曲线半径 2000m。

(2) 地质条件

本段隧道岩层变化大,软硬不均,隧道埋深 17～20m,隧道主要在〈3-2〉中粗砂层、〈7〉强风化带、〈8〉中风化带、〈9〉微风化带等地层中穿过。本段风化岩层大多为粉砂质泥岩、细砂岩及泥岩。岩石地层中泥岩占到 70% 左右,单轴抗压强度 3～52MPa;砂岩占 30% 左右,单轴抗压强度 65～80 MPa。第 500～770 环(405m)为全断面〈9〉微风化砂岩地层,局部岩层单轴抗压强度达到 80～100MPa。岩样如图 6-12、图 6-13 所示。

图 6-12　砂质泥岩岩样(取自 500 环)(华铁监理　摄)　　图 6-13　砂岩岩样(取自 590 环)(华铁监理　摄)

(3)掘进速度

左右线分别采用 S475 和 S476 盾构机掘进,其日平均掘进速度见表 6-6。

S475 和 S476 盾构机掘进速度对比表　　表 6-6

区间线路	盾构机型号	掘进长度(m)	掘进时间(d)	平均掘进速度(环/d)
金中区间左线	S475	1156.037	128	6.02
金中区间右线	S476	1155.393	135	5.71

S475 和 S476 为同期生产的两台新盾构机,配置完全相同,在掘进本标段之前,已在广州地铁三号线北延段完成约 2km 掘进,盾构机及其主要系统的磨合情况较好。两台盾构机的刀盘配置以单刃滚刀为主,滚刀数量介于 S394 和 S181 盾构机之间。两台盾构机总体掘进较为顺利,左右线平均进尺约 6 环/d(含刀具检查和换刀时间),最大掘进速度达 16 环/d。

2.掘进刀具磨损及更换情况

1)金融高新区站—中间风井区间

S475、S476 盾构机刀具配置情况:滚刀采用"洛阳九久"带球齿刀圈,刮刀及齿刀采用"深圳恒马"硬质合金刀具。

S475 盾构机始发掘进至 975m 处更换刀具一次,主要通过 200m 砂土层,525m〈7〉、〈8〉、〈9〉号混合地层,250m〈9〉号泥岩地层。

S476 盾构机始发掘进至 843m 处更换刀具一次,主要通过 210m 砂土层,543m〈7〉、〈8〉、〈9〉号混合地层,90m〈9〉号泥岩地层。

刀具磨损及更换情况见图 6-14 及表 6-7、表 6-8。

图 6-14　S475、S476 部分刀具磨损图（中交隧道局　摄）

S-475 刀具磨损及更换情况统计表　　　　　　　　　　　　　表 6-7

序　号	类　型	刀　号	磨损情况	更换情况
1	中心双刃滚刀	1、3 号	部分球齿丢失	更换
2		2、4 号	刀圈偏磨	更换
3		5、7 号	刀圈崩裂	更换
4		6、8 号	刀圈崩裂	更换
5	单刃滚刀	9 号	5～10mm	更换
6		10 号	5～10mm	更换
7		11 号	6～10mm	更换
8		12 号	5～10mm	更换
9		13 号	5～10mm	更换
10		14 号	5～10mm	更换
11		15 号	5～10mm	更换
12		16 号	5～10mm	更换
13		17 号	10mm	更换
14		18 号	10mm（少量球齿丢失）	更换
15		19 号	6～8mm	更换
16		20 号	大量球齿丢失	更换
17		21 号	10mm	更换
18		22 号	10mm	更换
19		23 号	无球齿	更换
20		24 号	5～8mm（少量球齿丢失）	更换
21		25 号	全部球齿丢失	更换
22		26 号	全部球齿丢失	更换
23		27 号	全部球齿丢失	更换
24		28 号	全部球齿丢失	更换
25		29 号	全部球齿丢失	更换

续上表

序　号	类　型	刀　号	磨损情况	更换情况
26	单刃滚刀	30 号	全部球齿丢失	更换
27		31 号	全部球齿丢失	更换
28		32 号	全部球齿丢失	更换
29		33 号	全部球齿丢失	更换
30		34 号	全部球齿丢失	更换
31		35 号	全部球齿丢失	更换
32		36 号	全部球齿丢失	更换
33		37 号	10~15mm	更换
34		38 号	5~8mm	更换
35		39 号	5~10mm(少量球齿丢失)	更换
36	齿刀	ARM1 左侧 5 号	丢失	更换
37		ARM1 左侧 15 号	刀齿崩	更换
38		ARM3 右侧 10 号	丢失	更换
39		ARM3 右侧 14 号	磨损严重	更换
40		其他	磨损轻微	未处理
41	边缘刮刀	ARM3 左侧刮刀	磨损严重	更换
42		ARM3 右侧刮刀	磨损严重	更换
43		其他	磨损轻微	未处理

S-476 刀具磨损及更换情况统计表　　　　　　　　　　　　　　　　　表 6-8

序　号	类　型	刀　号	磨损情况	更换情况
1	中心双刃滚刀	1、3 号	刀圈坏	更换
2		2、4 号	偏磨	更换
3		5、7 号	刀圈丢失	更换
4		6、8 号	刀圈坏	更换
6	单刃滚刀	9 号	10~15mm	更换
7		10 号	刀圈丢失	更换
8		11 号	刀圈坏	更换
9		12 号	5~10mm	更换
10		13 号	刀圈丢失	更换
11		14 号	5~8mm	更换
12		15 号	10~15mm	更换
13		16 号	5~10mm	未处理
14		17 号	10~15mm	更换
15		18 号	5~8mm	未处理
16		19 号	10~15mm	更换

续上表

序 号	类 型	刀 号	磨损情况	更换情况
17	单刃滚刀	20号	5~10mm	更换
18		21号	5~10mm	更换
19		22号	5~10mm	更换
20		23号	10~15mm	更换
21		24号	5~10mm	更换
22		25号	8~12mm	更换
23		26号	10~15mm	更换
24		27号	10~15mm	更换
25		28号	5~10mm	更换
26		29号	10~15mm	更换
27		30号	10~15mm	更换
28		31号	10~15mm	更换
29		32号	10~15mm	更换
30		33号	15~20mm	更换
31		34号	15mm	更换
32		35号	20mm	更换
33		36号	10mm	更换
34		37号	20mm	更换
35		38号	20mm	更换
36		39号	5~10mm	更换
37	齿刀		基本无磨损	未处理
38	边缘刮刀		均有不同程度磨损	未处理

2）龙溪站—中间风井区间

S181盾构机刀具配置情况：滚刀采用进口"庞万力"刀具，刮刀及齿刀采用"马鞍山"硬质合金刀具。S181盾构机在3号联络通道处对刀盘刀具进行了一次整体更换，盾构机过3号联络通道进入硬岩后多次开舱检查更换刀具，主要进行过3次大的刀具更换。

S394盾构机刀具配置情况：滚刀采用国产"江钻"刀具，刮刀及齿刀采用"洛阳九久"硬质合金刀具。S394盾构机在3号联络通道处进行过一次刀具更换，盾构机过3号联络通道进入硬岩后多次开舱检查更换刀具，主要进行过4次大的刀具更换。

刀具磨损及更换情况见图6-15、图6-16及表6-9、表6-10。

S181盾构机刀具磨损及更换情况统计表　　　　　　　　表6-9

序 号	类 型	刀 号	磨损情况	更换情况	更换时间及里程
1	双刃滚刀	1号	刀圈坏	更换	YDK15+276.932（刀具整体更换）
2		2号	刀圈坏	更换	
3		3号	刀圈坏	更换	

续上表

序号	类型	刀号	磨损情况	更换情况	更换时间及里程
4	双刃滚刀	4号	刀圈坏	未处理	YDK15+276.932（刀具整体更换）
5		5号	刀圈坏	未处理	
6		6号	刀圈坏	未处理	
7		7号	刀圈坏	未处理	
8		8号	刀圈坏	未处理	
9		9号	刀圈坏	未处理	
10		10号	刀圈坏	未处理	
11		11号	刀圈坏	未处理	
12		12号	刀圈坏	未处理	
13		13号	刀圈坏	未处理	
14		14号	刀圈坏	未处理	
15		15号	刀圈坏	未处理	
16		16号	刀圈坏	未处理	
17		17号	刀圈坏	未处理	
18		18号	刀圈坏	未处理	
19		19号	刀圈坏	未处理	
20	齿刀	64把	全部磨损	全部更换	
21	边缘刮刀	16把	全部磨损	全部更换	
22	双刃滚刀	5号	5~8mm	更换	YDK14+970.46
23		9号	5~8mm	更换	
24		10号	10mm	更换	
25		11号	5~8mm	更换	
26		14号	偏磨	更换	
27		16号	刀圈损坏	更换	
28		18号	5~8mm	更换	
29		19号	10mm	更换	
30	齿刀	0把	1~2mm	不更换	
31	边缘刮刀	0把	未见明显磨损	不更换	
32	双刃滚刀	1号	9~13mm	更换	YDK14+850.40
33		2号	9~13mm	更换	
34		3号	9~13mm	更换	
35		4号	9~13mm	更换	
36		5号	刀圈坏	更换	
37		6号	刀圈坏	更换	
38		7号	9~13mm	更换	

续上表

序 号	类 型	刀 号	磨损情况	更换情况	更换时间及里程
39	双刃滚刀	8号	9~13mm	更换	YDK14+850.40
40	双刃滚刀	9号	9~13mm	更换	
41	双刃滚刀	10号	9~13mm	更换	
42	双刃滚刀	11号	偏磨	更换	
43	双刃滚刀	12号	9~13mm	更换	
44	双刃滚刀	13号	刀圈坏	更换	
45	双刃滚刀	14号	9~13mm	更换	
46	双刃滚刀	15号	9~13mm	更换	
47	双刃滚刀	16号	偏磨	更换	
48	双刃滚刀	17号	9~13mm	更换	
49	双刃滚刀	18号	偏磨	更换	
50	双刃滚刀	19号	刀圈坏	更换	
51	齿刀	38把	大量崩齿	更换	
52	边缘刮刀	12把	崩齿磨损严重	更换	
53	双刃滚刀	7号	刀圈坏	更换	YDK14+813.33
54	双刃滚刀	10号	9~10mm	更换	
55	双刃滚刀	11号	偏磨	更换	
56	双刃滚刀	13号	5~8mm	更换	
57	双刃滚刀	14号	5~8mm	更换	
58	双刃滚刀	16号	10mm	更换	
59	双刃滚刀	18号	15mm	更换	
60	双刃滚刀	19号	10mm	更换	
61	双刃滚刀	9号	5~8mm	更换	
62	齿刀	3把	正常损耗	更换	
63	边缘刮刀	2把	正常损耗	更换	

S394盾构机刀具磨损及更换情况统计表 表6-10

序 号	类 型	刀 号	磨损情况	更换情况	更换时间及里程
1	单刃滚刀	1号	刀圈坏	更换	ZDK15+250.59
2	单刃滚刀	5号	刀圈坏	更换	
3	单刃滚刀	7号	刀圈坏	更换	
4	单刃滚刀	8号	刀圈坏	更换	
5	双刃滚刀	4号	刀圈坏	更换	
6	双刃滚刀	6号	刀圈坏	更换	
7	双刃滚刀	7号	刀圈坏	更换	
8	双刃滚刀	10号	刀圈坏	未处理	

续上表

序　号	类　型	刀　号	磨损情况	更换情况	更换时间及里程
9	双刃滚刀	11号	刀圈坏	更换	ZDK15+250.59
10	双刃滚刀	13号	刀圈坏	更换	
11	双刃滚刀	14号	刀圈坏	更换	
12	双刃滚刀	15号	刀圈坏	更换	
13	双刃滚刀	17号	刀圈坏	更换	
14	双刃滚刀	18号	刀圈坏	更换	
15	双刃滚刀	20号	刀圈坏	更换	
16	齿刀	15把	部分崩齿	更换	
17	边缘刮刀	1把	正常磨损	更换	
21	单刃滚刀	2号	5~8mm	更换	ZDK15+054.15
22	单刃滚刀	3号	刀圈损坏	更换	
23	单刃滚刀	5号	刀圈损坏	更换	
24	单刃滚刀	7号	5~8mm	更换	
25	单刃滚刀	8号	偏磨	更换	
26	单刃滚刀	9号	刀圈损坏	更换	
27	双刃滚刀	12号	5~8mm	更换	
28	双刃滚刀	16号	10mm	更换	
29	双刃滚刀	19号	1~2mm	不更换	
30	双刃滚刀	13号	未见明显磨损	不更换	
31	双刃滚刀	20号	9~13mm	更换	
32	双刃滚刀	15号	刀圈损坏	更换	
33	双刃滚刀	17号	9~13mm	更换	
34	双刃滚刀	25号	偏磨	更换	
35	齿刀	20把	刀圈坏	更换	
36	边缘刮刀	3把	刀圈坏	更换	
37	单刃滚刀	7号	15mm	更换	ZDK14+863.18
38	单刃滚刀	8号	9~13mm	更换	
39	双刃滚刀	11号	9~13mm	更换	
40	双刃滚刀	12号	9~13mm	更换	
41	双刃滚刀	13号	偏磨	更换	
42	双刃滚刀	14号	9~13mm	更换	
43	双刃滚刀	15号	刀圈坏	更换	
44	双刃滚刀	16号	9~13mm	更换	
45	双刃滚刀	17号	9~13mm	更换	
46	双刃滚刀	21号	偏磨	更换	

续上表

序 号	类 型	刀 号	磨损情况	更换情况	更换时间及里程
47	双刃滚刀	23号	9~13mm	更换	ZDK14+863.18
48		25号	偏磨	更换	
49		27号	刀圈坏	更换	
50		30号	刀圈坏	更换	
51		34号	刀圈坏	更换	
52	齿刀	7号	刀圈坏	更换	
53	边缘刮刀	10号	9~10mm	更换	
54	单刃滚刀	1号	偏磨	更换	ZDK14+825.3
55		2号	5~8mm	更换	
56		4号	5~8mm	更换	
57		6号	10mm	更换	
58		7号	15mm	更换	
59	双刃滚刀	11号	10mm	更换	
60		12号	5~8mm	更换	
61		13号	5~8mm	更换	
62		14号	5~8mm	更换	
63		16号	偏磨	更换	
64		19号	刀圈损坏	更换	
65		20号	刀圈损坏	更换	
66		21号	刀圈损坏	更换	
67		23号	刀圈损坏	更换	
68		25号	偏磨	更换	
69		27号	13mm	更换	
70	齿刀	16把	崩齿	更换	
71	边缘刮刀	4把	正常损耗	更换	
72	单刃滚刀	2号	偏磨	更换	ZDK14+750
73		3号	5mm	不更换	
74		5号	刀圈损坏	更换	
75		8号	5~9mm	更换	
76		9号	10mm	更换	
77	双刃滚刀	11号	8~12mm	更换	
78		15号	8~12mm	更换	
79		16号	8~12mm	更换	
80		17号	8~12mm	更换	
81		18号	8~12mm	更换	

续上表

序 号	类 型	刀 号	磨损情况	更换情况	更换时间及里程
82	双刃滚刀	19号	8~12mm	更换	ZDK14+750
83		22号	8~12mm	更换	
84		25号	偏磨	更换	
85		27号	刀圈损坏	更换	
86	齿刀	6把	正常损耗	更换	
87	边缘刮刀	2把	正常损耗	更换	

图6-15 S394盾构机刀具磨损图（黄振 摄）

图6-16 S181盾构机刀具磨损图（黄振 摄）

3. 对盾构机及其主要系统的评价

本标段所使用的4台盾构机为海瑞克在不同时期生产的同型号盾构机。经过比较分析，4台盾构机除了盾构的电控系统和操作软件进行了优化、部分小型设备的摆放有差异外，最主要的区别在于刀盘刀具的配置不同，盾构机的主要设备配置、技术参数等均相差不大。

4台盾构机刀盘开口率均为28%，但S394盾构机专为适应成都平原的卵石地层定制，由于滚刀数量配置较多，刀盘开口间距较小，在通过全断面硬岩时，被破除的大量石块由于不能迅速送入土仓，导致在刀盘前方与刀具进行摩擦，渣样呈细小颗粒状和糊状，刀具损坏严重。同时，由于掘进速度过慢，造成裂隙水在土仓中大量聚集，喷涌较大，给施工带来较大困难。S181盾构机比S394盾构机刀盘配置更适合在龙溪站—中央风井段掘进施工。

此外，S181盾构机于2000年由海瑞克旧机改造而成，且在广州地铁施工过多条线路，机械老旧故障率较高。而S394、S475、S476号盾构机相对较新，故障率较低，正常运转时间长。针对本标段复合地层，S475、S476号盾构机刀具配置较S181和S394更为合理，所以S475、S476号盾构机更适合本标段的掘进任务。

第四节 盾构施工

一、溶土洞处理

金龙盾构区间的土洞和溶洞，在发育程度、空间分布特征、规模大小等方面简述如下：

根据钻孔揭露及物探 CT 测试结果,溶洞分布在灰岩岩层中,主要发育于灰岩岩层的顶界面附近,密集于五眼桥断裂两侧,集中在 ZDK15+220～ZDK15+417、YDK15+225～YDK15+422 里程范围,有溶洞 53 个,土洞 1 个,其展布方向呈北—北东与断裂方向大致平行,区间溶土洞分布如图 6-17,洞内一般充填软塑～流塑状黏土及石灰岩碎屑。

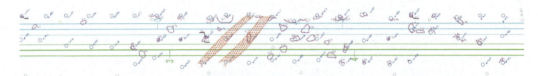

图 6-17 区间溶土洞分布示意图

土洞、溶洞平面上形态不规则,多为单个洞,少数为数洞(2～3 个)聚集成群。

垂直方向上,洞体较简单,多为单层洞,洞高为 0.40～6.70m,一般为 0.40～3.30m。洞体埋藏较深,洞顶高程为 -12.2～-23.1m,大多数发育在 -17.0～-22.0m,其中 MGF3-NH-W002、MGF3-NH-W008、MGF3-NH-W029 钻孔所见溶洞(R1、R2、R5、R7)在隧道结构高程范围内,其余溶洞分布于隧道结构底板高程以下,大多数溶洞的顶板距隧道底板为 1.0～7.6m。

溶、土洞的处理原则和方法与本书其他章节的相关介绍类似,故不做详细介绍。

二、玻璃纤维在围护结构配筋中的应用

1. 工程概况

龙溪站—中间风井段地质条件极其复杂,为确保关门工期不变(2010 年 1 月 31 日前广佛线隧道贯通),在 3 号联络通道位置增设了盾构始发、吊出的条件,预期综合考虑盾构机有可能在此直接通过,该处始发吊出井围护结构连续墙的配筋在两端洞门范围内由钢筋改为 GFRP 玻璃纤维筋。

由于 GFRP 筋具有强度高,刚度小,不能焊接等特点,因此在筋网制作上与传统钢筋网片制作工艺有所不同,特别是普通钢筋与玻璃纤维筋接头连接,连续墙钢筋网桁架制作,以及由于玻璃纤维筋刚度小、柔度大如何保证吊装过程中钢筋网的整体刚度等都是在施工中需要解决的难题。

2. 设计方案

3 号联络通道始发吊出井围护结构连续墙在隧道洞门段槽段长度由 6m 调整为 8m,洞门段连续墙配筋采用等直径的 GFRP 玻璃纤维筋替代钢筋,替代范围为洞身及洞圈外围 0.5m 范围内,GFRP 筋与钢筋的连接采用玻璃纤维筋接驳器,如图 6-18 所示。受力筋主筋直径 32mm,纤维筋最大强度达 600MPa。

3. 施工控制要点

1)接头连接

设计方案中,GFRP 筋与钢筋的连接采用玻璃纤维筋接驳器。由于玻璃纤维筋接驳器不能满足强度要求,在实际施工中,钢筋与 GFRP 筋连接采用两个 U 形钢卡扣扣牢的搭接方式,如图 6-19 所示。搭接长度 40d(d 为钢筋直径),保证在吊装过程中不会滑动。由于 GFRP 筋不能焊接,GFRP 筋内部连接使用较粗的铁丝绑扎。

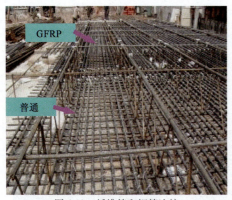 

图 6-18　纤维筋和钢筋连接　　　　图 6-19　钢筋与 GFRP 筋连接采用搭接方式
　　　（黄振　摄）　　　　　　　　　　　　（源天公司　摄）

2）桁架筋

洞门范围内桁架筋采用工厂定制的 GFRP 玻璃纤维 W 筋,如图 6-20 所示。由于用 GFRP 筋制作的筋网刚度不够,整个连续墙的筋网制作过程中,筋网内部需配置一定数量的钢筋桁架筋,以防止吊装时过度变形,如图 6-21 所示。洞门范围内的钢筋桁架筋在筋网起吊后放入导槽内时拆除,如图 6-22 所示。

 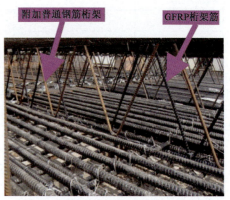

图 6-20　特制的 W 筋（源天公司　摄）　　图 6-21　GFRP 桁架筋与钢筋桁架筋并设
　　　　　　　　　　　　　　　　　　　　　　　　　　（华铁监理　摄）

3）筋网吊装

由于洞门槽段钢筋网体积大（8m×28m×0.8m）、质量大（31t）、刚度小,为保证吊装安全,经过设计计算,用两台 50t 和一台 28t 吊机从 3 个起吊点同时进行起吊安装。现场起吊情况如图 6-23 所示。

4. 实施效果

3 号联络通道围护结构连续墙洞门位置采用 GFRP 玻璃纤维筋替代普通钢筋,普通钢筋与玻璃纤维筋搭接采用 U 形钢卡扣连接,连续墙筋网洞门段桁架采用普通钢筋桁架与纤维筋桁架共同设置,在入槽过程中再人工切割掉普通钢筋桁架,既保证了筋网制作与吊装的安全,同时又避免了洞门段普通钢筋损伤盾构机刀具的可能,取得了很好的效果。

从材料成本、人工破除洞门、设备搁置费用等直接经济费用进行比较,每个洞门可节约投资约 38509 元,4 个洞门共节约投资 154036 元,若考虑端头加固费用可节约投资更多。经济比较见表6-11。

图6-22　工人在割除附加普通钢筋桁架
（源天公司　摄）

图6-23　3台吊机吊装筋网（黄振　摄）

连续墙洞门范围内采用GFRP玻璃纤维筋与采用普通钢筋经济比较汇总表　　表6-11

项　目	GFRP玻璃纤维筋	普通钢筋	备　注
材料成本	124185元	72694元	一个洞门
人工破洞费用	0	20000元	一个洞门
设备搁置费用	0	70000元	按每天1万元考虑
关键工期顺延	0	7d	
合计	124185元	162694元	
结论	一个洞门节约投资38509元且节省工期7d		

左右线两台盾构机直接切割围护结构进出洞门平均用时4h，减少了破洞门风险，缩短了工期，节约了投资，综合效益较高。

三、盾构机在联络通道处刀盘更换技术

1. 工程概况

本标段4台盾构机分别从金龙明挖区间东端及龙溪站西端盾构始发井的左右线始发，沿海八路和龙溪大道南侧绿化带掘进，最终到达中间风井解体吊出。由于龙溪站—中间风井段隧道长约1.5km，且地质条件极其复杂，为确保工期，在3号联络通道处预留了盾构始发或吊出条件，即在3号联络通道位置施作了长36.0m、宽23.7m，开挖深度约20m的基坑围护结构，围护结构采用800mm厚连续墙，基坑左右线采用800mm厚连续墙进行了分割。若龙中区间左线或右线盾构掘进不能满足总体工期要求，可随时在3号联络通道处开挖基坑，增加1台盾构机始发掘进至中央风井。

龙溪站—中间风井段：左线S394盾构机由于始发较早且掘进顺利，在3号联络通道处直接切削连续墙通过预留始发井完成该区间施工；右线S181盾构机始发较晚，在掘进至3号联络通道处切削连续墙时出现刀具磨损、刀盘损坏，无法掘进。先对盾体上方洞门端头地面进行临时加固，将右线基坑局部开挖，对刀盘进行了整体更换后重新回填。待盾构机及后备套台车全部通过新增始发井后，再次进行基坑开挖，并将龙溪站始发场地转场至3号联络通道处进行

剩余隧道掘进施工。

2. S181盾构机在3号联络通道刀盘更换

1）刀盘损坏情况

S181盾构机掘进至3号联络通道通过围护结构连续墙时,掘进速度缓慢,速度平均18mm/h,渣土呈粉末状,在刀盘进入端墙260mm后,渣土温度高达60~70℃,刀盘扭矩达到3750kN·m,任何加大推力的动作均会造成扭矩超限,以至盾构机无法前进,因此判断刀盘刀具严重损坏。通过后期基坑开挖后刀具检查证实了之前的推测,刀盘刀具损坏情况如图6-24所示。S181盾构机刀盘除中心滚刀形状尚完整外,其余滚刀均已偏磨,刀箱损伤严重,全部齿刀出现崩齿,刮刀和刀盘耐磨条全部磨平,刀具无法更换,刀盘无法及时修补,必须在3号通道基坑内整体更换刀盘。

图6-24 源天S181盾构机刀盘损坏实物图（黄振 摄）

2）刀盘更换施工方案

（1）端头加固

①地质条件。3号联络通道地层条件从上至下依次为〈1〉人工填土层、〈2-1B〉淤泥、淤泥质土层、〈2-2〉粉细砂层、〈2-3〉、〈3-2〉中粗砂层、〈5-1〉残积土层、〈7〉强风化岩层、〈8〉中风化岩层、〈9〉微风化岩层。隧道洞身范围主要以中粗砂、残积土层及强风化岩层为主。地层条件如图6-25所示。

②端头加固方案：

a. 在盾体上方,靠近连续墙端头采用搅拌桩进行加固。搅拌桩加固范围为长3m、宽

9.0m,桩径采用550mm,咬合150mm,桩长11~17m,隧道两侧桩长穿透砂层进入强风化地层,隧道上方桩底到达盾体。

b. 在搅拌桩外围打拉森Ⅳ型钢板桩形成U形止水帷幕墙。钢板桩施工范围为长8.6m、宽14m,钢板桩桩长11~15m,隧道两侧钢板桩打入深度为穿透砂层进入强风化地层,隧道上方钢板桩桩底距隧道顶部0.1m。钢板桩与连续墙接头位置采用3根双管旋喷桩进行止水。

c. 在隧道两侧搅拌桩加固体与钢板桩止水帷幕墙间各施作两口$\phi1000mm$降水井。降水井深度16m,过砂层进入土层2.5m,以确保基坑开挖破洞门及刀盘更换时,洞门端头地下水位降至砂层以下。

③端头加固时间:搅拌桩加固8d,钢板桩施工1d,降水井施工3d,共计12d。

(2) 基坑开挖

①基坑开挖方案。基坑内靠近东端墙4m处横向施作一排钢板桩,钢板桩与东端墙间开挖竖井,竖井开挖深度约18.5m,采用3道$\phi600mm$钢支撑做内支撑。竖井外侧钢板桩西端基坑采用放坡开挖,坡度按1:1~1:1.5控制。基坑竖井开挖如图6-26所示。

②基坑开挖时间共计3d。端头加固及基坑开挖设计方案如图6-27、图6-28所示。

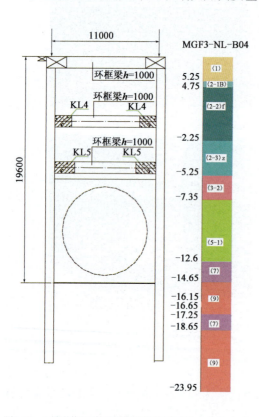

图6-25 3号联络通道地质横断面示意图(尺寸单位:mm)

图6-26 基坑开挖现场图片(黄振 摄)

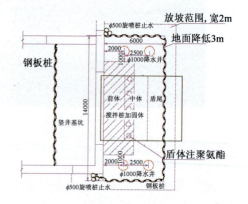

图6-27 端头加固平面布置示意图(尺寸单位:mm)

(3) 洞门破除

洞门破除采用静态爆破结合人工风镐凿除,洞门周边预留100mm范围用人工修凿,以保证洞门质量。洞门破除施工时间3d。

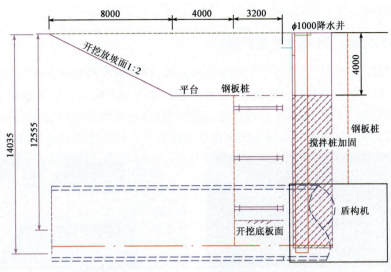

图 6-28 基坑开挖纵断面示意图(尺寸单位:mm)

(4)刀盘更换

3号联络通道地面原有一台备用盾构机,该盾构机与S181盾构机型号相同,其刀盘已修整完成,并更换好所有刀具。在连续墙洞门破除完成且S181盾构机向前推进2m进入基坑后,先拆除刀盘连接螺栓及各种管线,焊接刀盘吊耳,然后采用一台300t轮式吊车完成刀盘吊出、吊入作业。刀盘吊装由专业施工队伍完成,刀盘从拆卸吊出,并将地面准备好的刀盘吊入安装共用时18h。

(5)土方回填。

在刀盘更换完成后,从下向上拆除支撑、逐层回填土方,并将基坑内钢板桩拔出。为保证隧道底部土方回填密实度,防止盾构机恢复掘进时盾体下沉,隧道底部采用了沙袋回填。隧道与连续墙接口位置采用黏土回填。

土方回填时间1d。

3)实施效果

S181盾构机通过3号联络通道连续墙之前,由于对盾构机刀具磨损情况未进行检查评估,且对困难估计不足,因此并没有提前对该处洞门进行端头加固,等盾构机到达连续墙后,已无法实施系统可靠的加固,给盾构机进井换刀带来很大的安全风险。

本次端头采用搅拌桩加固、钢板桩帷幕截水、辅以降水井降水,得以使盾构机在不良地质条件下安全进井,并顺利完成刀盘更换。在洞门破除、盾构机推进及刀盘更换的整个施工过程中,未出现漏水涌沙的情况,从端头加固到土方回填完成共用时20d。复杂地质条件下进行整体刀盘更换在国内地铁尚属首例,其成功实施的关键点为:

(1)要保证洞口3m范围内搅拌桩的加固效果。

(2)在洞门破除、盾构机进井推进及换刀过程中,降水井必须时刻降水,且井内水位始终保持在砂层以下。

(3)在盾构机进入基坑的同时,需及时做好盾体及盾尾管片后的注浆止水。盾构机在推进前,盾尾管片要进行系统的注浆止水;盾构机在推进时,在盾体及盾尾管片注浆孔位置及时注聚氨酯封闭止水。

四、盾构机先隧后井临时始发井技术

S181盾构机刀盘更换完成通过3号联络通道后,为确保右线隧道掘进进度,同时又不影响龙溪站后续剩余工程及装修工程施工,故采用了将龙溪站右线始发场地转移至3号通道的施工方案。即先在3号联络通道右线新建始发场地,待始发场地新建完毕、始发井开挖完成后,将龙溪站始发场地停用,剩余隧道的掘进施工转移至3号联络通道进行,如图6-29所示。

图6-29 3号联络通道始发井现场及基坑成型(黄振 摄)

由于3号联络通道新增始发井采用了"先隧后井"施工技术,因此始发井口盾构管片开口、管片与连续墙接口止水以及隧道贯通后始发井口封堵等均是先隧后井二次转场掘进施工的关键。

1. 始发井口盾构管片拆除及加固方案

右线S181盾构机掘进过3号联络通道时,为预留始发井功能,靠近西端始发端墙2.5m处9环管片采用了通缝拼装的管片安装方法。在盾构机通过3号联络通道范围后,再次开挖基坑,当基坑开挖至隧道半径(即管片半径)以下0.5m时,对预留始发井口8环通缝拼装管片的上半圆管片进行拆除,保留下部(半圆)管片,如图6-30所示。

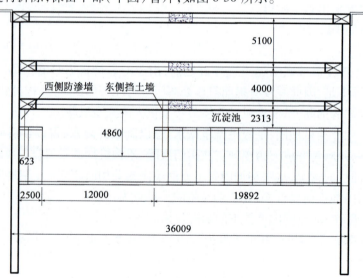

图6-30 3号联络通道始发井纵断面示意图(尺寸单位:mm)

1）始发井口盾构管片拆除方案

（1）清理需拆除管片的表面。

（2）在隧道内对需拆除管片及相邻管环进行型钢架支撑加固。

（3）用混凝土取芯钻机在管片上部 K 块位置钻取吊装孔，利用龙门吊的提升能力直接提升拆除 K 块。

（4）拆除 K 块后，拧松相邻两块管片的连接螺栓，将上半部分管片进行拆除。

2）始发井口管片加固方案

为了确保始发井口未拆除管片的稳定性，防止其移动变形，井口管片采用 20a 工字钢与连续墙连接固定，同时管片内部纵向两侧采用 20a 工字钢连接固定。此外，始发井基坑内未拆除管片部分，则在管片内部纵向采用 4 条工字钢固定连接，如图 6-31 所示。

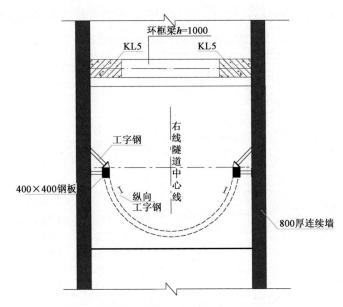

图 6-31　破除半圆管片支撑示意图（尺寸单位：mm）

3）始发井口管片拆除时间

共计用时 3d。隧道内型钢支撑架加固用时 2d，井口管片拆除用时 1d。

2. 管片与连续墙接口止水加固措施

S181 盾构机先隧后井过 3 号联络通道西端连续墙时，由于始发井西端头地面未进行任何加固处理，该处地质条件较差（见图 6-20），基坑开挖至隧道位置时，始发井西端洞门处管片与连续墙接口位置随时有涌水涌沙的风险。为确保基坑开挖安全，接口位置具体止水加固措施如下：

（1）基坑开挖前，利用管片吊装孔注双液浆封堵管片和连续墙接口缝隙，同时对连续墙以西 7 环管片进行系统背后注双液浆止水。

（2）利用 S181 盾构机过西端连续墙前在连续墙上布设的取芯孔作为注浆孔，注水泥浆对连续墙与管片的空隙进行二次封堵。

（3）基坑开挖至隧道与连续墙接口位置时，及时清理管片及连续墙表面泥土，并及时对环缝喷射20cm厚素混凝土,随挖随喷,避免环缝暴露时间过长漏水涌沙。待基坑开挖到位(开挖至隧道半径0.5m以下)后,在紧贴端头连续墙和管片接口位置施作一堵钢筋混凝土墙,对环缝进行加固,墙宽0.6m,比隧顶高1m。

通过以上几项措施,很好地解决了管片与连续墙接口位置涌水涌沙的风险,从基坑开挖至掘进完成,没有出现任何问题。

3. 始发井封堵方案

按计划工期,隧道贯通后须在10d内将隧道轨行区交予轨道施工单位进行铺轨作业。因此,所选择的始发井口封堵方案须满足铺轨时间要求。

1)封堵方案确定

通过对管片回拼、现浇上部结构、施作箱形结构三种方案从工期、费用以及对后续轨道工程施工影响等方面进行了详细比较,最后决定选用管片回拼方案。方案比选见表6-12。

3号联络通道始发井封堵方案比选表　　　表6-12

方案	具体措施	工期(d)	费用(元)	对后续轨道工程施工的影响	最终效果
管片回拼	利用井口下部管片,将上部管片回拼,并在上部管片外侧现浇30cm厚C40钢筋混凝土保护层	总工期6d。其中,管片回拼2d,防水施工1d,钢筋混凝土保护层施工3d	77220	管片回拼后,利用上部管片作底模施作钢筋混凝土保护层,对后续轨道施工无影响	工期最短、费用最少、对轨道施工无影响
现浇上部结构	利用井口下部管片,在下部管片上植筋,然后现浇60cm厚C40半圆形钢筋混凝土对井口进行封堵	总工期12d。其中,植筋4d,钢筋混凝土结构施工8d	131162	施作上部钢筋混凝土结构需在隧道内搭设脚手架、立模,混凝土浇筑完成不能马上拆除脚手架,对后续轨道施工有影响	费用较高,对轨道施工影响大
施作箱形结构	将井口下部管片拆除,该段施作箱形结构与两端隧道连接	总工期21d。其中,管片拆除1d,土方开挖、基底清理1d,垫层及结构混凝土施工19d	498000	结构施工时间长,对后续轨道施工影响大	工期长、费用高、对轨道施工影响很大

2)管片回拼方案

利用井口下部管片,将上部管片回拼,管片外表面施作防水涂料,并在上部管片外侧现浇30cm厚C40钢筋混凝土保护层。

(1)管片回拼

利用龙门吊起吊先拼装每环一侧管片,在管片对位后紧固相邻螺栓,然后利用支架支撑,再用同样的方法回拼另一侧管片,每环两侧管片连接固定好后再吊装回拼K块。

由于人工拼装管片的压紧度无法达到盾构管片拼装机的精度,在最后一环管片回拼时,拆除管片一侧环向止水条后才顺利拼入。

(2)防水施工

管片回拼完成后,为保证回拼管片的防水效果,在回拼管片外表面先用双组分聚硫胶对管片的每一条环缝和纵缝进行嵌缝,然后再在管片外表面施作双组分非焦油聚氨酯防水涂料。

(3)钢筋混凝土保护层施工

由于管片回拼采用了通缝拼装,为确保上部管片的整体受力和防水效果,回拼管片外表面防水涂料施工完成后,在管片外侧施作了30cm厚C40钢筋混凝土结构保护层,如图6-32所示。始发井口回拼所使用的管片除K块外,均为始发井开口时拆除保留的管片。K块由于拆除时钻孔破坏,因此全部采用新预制的管片。

图6-32 管片回拼后防水施工(华铁监理 摄)

4. 小结

S181盾构机在3号联络通道始发井管片开口前利用龙溪站的始发场地掘进,盾构机在始发井管片开口和风、水、电接驳转换期间停止掘进,待风、水、电接驳转换完成后利用3号联络通道新增始发场地继续掘进施工,同时龙溪站始发场地拆除,较好地解决了车站及区间的工期要求。

3号联络通道采用管片回拼方案,在运营一段时间后,通过监测管片的稳定性较好,未发现变形情况。但由于人工回拼管片精度低,部分管片出现错台情况,土方回填后在管片的接口位置仍能看到部分渗漏,通过后期隧道内封堵得以解决。考虑到该方案实施的时效性,在今后的施工中可以借鉴并使用。

五、不良地质条件下超前注浆加固地层换刀技术

1. 工程概况

S394盾构机掘进至里程ZDK15+062~ZDK15+054时,连续5环掘进速度仅为5~6mm/min,渣土温度较高,扭矩波动较大,并造成地面较大沉降。经过分析认为刀具磨损严重,导致掘进困难,所以决定进行刀具检查。由于此处地质条件差,隧道中上部为〈2-2〉淤泥质粉细砂层,容易塌陷,且地层受到了较大扰动,带压换刀难以实现。若采取地面加固,则必须征用农田,且施工工期较长。为避免以上困难,遂采用洞内超前注浆的方式对刀盘前方土体进行加固,在保证安全的情况下开舱换刀。

2. 地质条件

盾构机停机位置为ZDK15+054,隧道埋深11.1m,从上至下地层分别为〈1〉人工回填土

层0.9m、〈2-1B〉淤泥质土层2.1m、〈2-2〉淤泥质粉细砂层9.2m、〈5-1〉粉质黏土层1m、〈8〉中风化层1m,以下为〈9〉微风化层。

3. 超前注浆地层加固方法及其实施

先将盾构机土仓注满低强度砂浆,然后对刀盘前方地层进行超前注浆加固,待不良地层注浆加固完成有一定强度后开舱检查,开舱清理过程中对刀盘开口处等薄弱地方进行封堵,在确保安全的情况下进行换刀。

1) 土仓充注低强度砂浆

(1) 土仓内注砂浆目的:在掌子面形成加固体,封堵固结刀盘开口。

(2) 注砂浆方式:通过盾构机土仓壁的球阀向舱内注水泥砂浆,通过顶部球阀泄水。

(3) 注浆压力:注浆压力控制在1.5~2.5bar之间,避免压力太小地面出现沉降,压力太大对主轴承密封不利。

(4) 低强度砂浆配比(m^3):水泥:膨润土:砂:水 = 500kg:300kg:800kg:1000kg,初凝时间4h。

(5) 注浆量:注砂浆约35m^3,注浆过程中反转螺旋机,确保螺旋机不被水泥浆凝固,并连续压注主轴承密封油脂,确保密封不被击穿。

2) 超前注浆

S394盾构机中体设置有12个超前地质钻孔,其中底部2个,中部4个,顶部6个,超前地质钻孔的外插角为11°。利用顶部6个超前地质钻孔打入超前小导管,进行地层注浆加固,如图6-33所示。

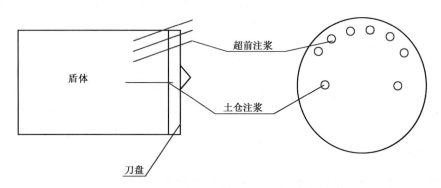

图6-33 注浆示意简图(中铁二局 提供)

(1) 小导管注浆材料:注浆管采用φ25钢管,钢管打入刀盘前方地层1.0m,进入地层钢管布置梅花状开孔,开孔间隔100mm,开孔直径5mm。

(2) 浆液配比:注浆采用水泥液浆,水灰比为1:0.8~1:1。

(3) 注浆压力:注浆压力控制在0.2~0.5MPa。压力达到后观察30min,如压力下降就继续注浆,待压力不再下降后关闭导管后方的球阀。

4. 小结

从开舱观察的情况看,基本取得了预期效果,在整个刀盘前方及切口位置形成了砂浆层,该层较硬且在上部有50cm厚。整个砂浆层形成的壳体将盾构机前体及刀盘包裹起来,其稳定性保证了换刀作业的安全。加固效果如图6-34所示。

图6-34 注浆加固效果(土仓内拍摄 中铁二局 提供)

六、上硬下软地层中的纠偏技术

1. 工程概况

S394盾构机掘进至里程ZDK15+083(724环掘进1m)处时,盾构机土仓突然失压,刀盘工作压力由原来120kPa降至70kPa,推进速度由原来25mm/min快速增长至60mm/min。操作手立即停止出土,盾构机又推进300mm后各项参数重新恢复正常,但盾构机姿态前点下沉8mm。在后来几环掘进中盾构机姿态一直向下沉,先后采取各种纠偏措施均未得到有效控制,单环下沉速度近30mm,且前点与后点垂直之差逐渐增大,最大趋势为-16mm/m,前后点之差70mm,直至掘进至里程ZDK15+063(737环)时盾构机整体趋势才得到有效控制。

2. 地质条件

1)详勘地质条件

根据详勘地质资料显示,在里程ZDK15+083～ZDK15+066(724～735环)段,隧道洞身范围地质情况为:上部0.6～2.4m为⟨8⟩中等风化岩层,下部3.6～5.4m为⟨9⟩微风化岩层。该段属于上软下硬地层,如图6-35所示。

2)开舱实测地质条件

S394盾构机掘进至里程ZDK15+074(730环)时,开舱对前方掌子面进行观察,发现实际地层与详勘资料显示有很大出入。隧道洞身范围内实际地质情况为:上部3m为⟨9⟩微风化岩层,中部1.5m为〈7〉中等风化岩层,下部1.5m为〈5-2〉硬塑粉质黏土层,如图6-36所示。掌子面上部清晰可见滚刀划痕,如图6-37所示,用锤敲打很硬,判断为〈9〉微风化岩层;掌子面下部土体较软,用锹可挖掘,岩性很软,均为黏土,如图6-38所示,判断为〈5-2〉硬塑粉质黏土层。

3）管片周边探测地质条件

管片拼装完成后,利用管片注浆孔用钢筋打入隧道四周围岩进行探测,发现720～724环隧道围岩岩性为上软下硬。从725～735环范围内,洞身上部岩性较硬,钢筋无法打入;下部地层较软,钢筋可以打入。735环后隧道围岩恢复为上软下硬。

3. 盾构机"磕头"原因分析

经分析,在里程ZDK15+066～ZDK15+083范围内存在透镜体,而81、83号地质详勘孔分别位于里程ZDK15+063及ZDK15+113处,故地质详勘孔未能显示该透镜体。"透镜体"造成局部"上硬下软",导致盾构机姿态难以控制。

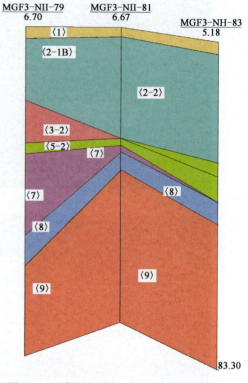

图6-35　地质纵剖面简图（来自区间详勘资料）

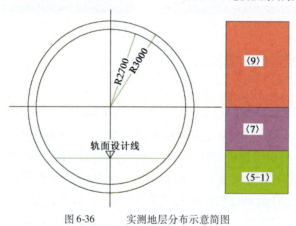

图6-36　实测地层分布示意简图

4. 盾构机"磕头"掘进参数

（1）盾构机掘进724～737环时四组千斤顶的推力如图6-39所示。

（2）参数分析。盾构机掘进724～735环时前点、后点姿态,以及盾构机掘进每环时的数据,如图6-40、图6-41所示。

在737环掘进前盾构机由于整体后点下沉合计132mm,前点下沉143mm。由于姿态趋势影响前点下沉196mm,后点下沉138mm,前点合计下沉340mm,后点合计下沉270mm。737环管片比设计低238mm。其中732～737环整体下降的速度为10mm/环,趋势保持-13mm/m。但在737环后半环掘进过程中趋势为-16mm/m。前点偏差达-360mm,后点偏差达-284mm。

232

图 6-37 刀盘上部掌子面

图 6-38 刀盘下部掌子面

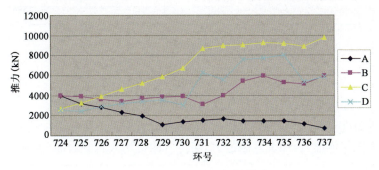
图 6-39 A、B、C、D 四组千斤顶推力

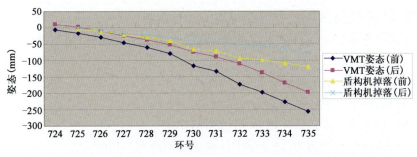
图 6-40 盾构机掘进 724~735 环时姿态

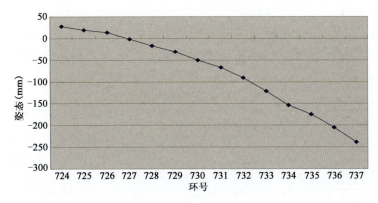
图 6-41 每环管片垂直姿态

5. 盾构机"磕头"纠偏处理措施

（1）对 VMT 系统进行检查,人工复核盾构机姿态及管片姿态,确保盾构机姿态数据的准确性。

（2）加大下部千斤顶推力,盾构机总推力控制在 20000kN 以上,如图 6-42 所示。共尝试以下 5 种掘进模式,盾构机纠偏效果不理想。

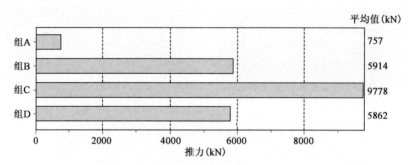

图 6-42 顶进油缸推力

①平衡左右千斤顶推力,增加下部千斤顶推力纠偏,控制效果不佳。

②保持①的掘进模式,上部稍带力造成上部超挖,盾构机下降趋势加快。

③保持下部千斤顶推力,加大左侧推力,保持盾构机切入右侧岩面,控制效果不佳,且难以切入右侧。

④保持下部千斤顶推力,加大右侧推力,保持盾构机沿岩面方向前进,控制效果一般,较向右掘进效果好,且速度也有所提高,但是不能控制整体沉降。

⑤保持下部千斤顶推力,盾构机左右蛇形前进,速度有所提高,但是当盾体水平姿态校正的时候盾体下降速度较快。

（3）盾构机"磕头"完全控制增加的处理措施:

①在盾构机前体下方利用径向孔注入聚氨酯。

②利用钢板将盾体下部铰接焊死,同时收上部铰接。

③调节盾构机液压系统压力,将下部千斤顶油压调高到 400bar。

④通过螺旋输送机中部加配重。

⑤保持满舱掘进。

（4）处理结果。通过以上措施,盾构机在掘进 738 环时盾体前点下降明显得到控制,掘进 739 环时前点偏离位移没有进一步增加,而随着后点的下降,每环以 5mm/m 的速度减少,见表 6-13。

738~742 环掘进时盾构机姿态　　　表 6-13

掘进环号	盾构机垂直姿态(mm)		趋势(mm/m)	备注
	前点	后点		
738	-360	-284	-17	
739	-369	-321	-10	停止磕头

续上表

掘进环号	盾构机垂直姿态（mm）		趋势（mm/m）	备 注
	前点	后点		
740	-367	-347	-5	
741	-361	-363	0	趋势完全控制
742	-358	-370	3	

七、盾构机过珠江支流施工措施

1. 工程地质概况

龙溪站—中央风井段区间隧道需下穿珠江支流，隧道里程为 Z(Y)DK14+935～Z(Y)DK14+800，全长135m。该段隧道位于直线上，左右线纵坡分别为坡度0.48%及2.49%的下坡，隧道埋深17.9～19.8m，珠江内水位约为1.5～3m。

该段隧道洞顶至地面地层分别为⟨2-1A⟩淤泥质土2～5.2m、⟨2-2⟩淤泥质粉细砂层5～10.8m、⟨3-2⟩中粗砂层0～3.1m、⟨7⟩强风化岩层1～2.9m、⟨8⟩中等风化岩层0～3.2m及⟨9⟩微风化岩层0～4m。隧道洞身地层主要为⟨7⟩、⟨8⟩、⟨9⟩号岩层，具体地质分层表见表6-14。

隧道过珠江支流段地层分布图　　　　　表6-14

里程范围	隧道洞身地层	地面至洞顶地层
Z(Y)DK14+935～Z(Y)DK14+905	⟨7⟩层0～3m ⟨8⟩层3～6m	⟨2-1A⟩层2.7～2.9m ⟨2-2⟩层8.2～10.8m ⟨3-2⟩层1.7～3.1m ⟨7⟩层1.8～2.9m
Z(Y)DK14+905～Z(Y)DK14+875	⟨8⟩层0～6m ⟨9⟩层0～6m	⟨2-1B⟩层1.9～2.6m ⟨2-2⟩层5～6.8m ⟨3-2⟩层1.7～2.2m ⟨7⟩层1～2.9m ⟨8⟩层0～3.2m
Z(Y)DK14+875～Z(Y)DK14+800	⟨9⟩层6m	⟨2-1B⟩层2～5.2m ⟨2-2⟩层5～6m ⟨3-2⟩层0～2.2m ⟨7⟩层1～2.9m ⟨8⟩层0～3.2m ⟨9⟩层0～4m

其中在里程 Z(Y)DK14+935～Z(Y)DK14+905 段，隧道顶部地质条件较差，盾构掘进过程中若控制不当，一旦江水与隧道贯通后果不堪设想。因此，盾构机在该段掘进时要认真检查设备的完好性，掘进施工过程中严格控制各项掘进参数，确保盾构过江安全。

2. 具体施工措施

（1）盾构机穿越珠江前实测珠江支流水深度，为盾构掘进土压设定提供依据。

(2)过江前对盾构机设备系统、刀具等做全面检查,为顺利过江提供机械保证。

(3)编制专项施工方案、应急专项方案、监测专项方案为盾构通过提供技术保证和安全保证。

(4)穿越浅覆土江床掘进参数:

①盾构机推进速度控制在 2~3cm/min。

②严格控制出土量,每环出土量控制在 $55m^3$ 以内,减少土体扰动。

③总推力控制在 10000~13000kN。

④刀盘扭矩 2500~3500kN·m。

⑤刀盘转速在 1~1.5r/min。

⑥盾构轴线控制偏离设计轴线不大于 ±20mm,江床沉降量控制在 +5~-10mm。及时纠偏,严禁在过江时超量纠偏、蛇形摆动。

(5)同步注浆控制。在盾构机掘进过程中进行同步注浆,注浆量控制在 $6~7m^3$,缩短浆液的凝结时间。使浆液充分填充盾尾后隧道外建筑空隙,以减少隧道周围土体变形而引起的对地表或桥基的影响。

(6)根据江床水深及上覆土层厚度,设定土仓压力,其波动值控制在 ±0.02MPa 以内。

(7)选取泡沫以及聚合物作外加剂,改良渣土,防止突涌而造成土体失稳和地表沉降。

(8)加强设备的维修保养工作,每日定时对设备进行检查工作,避免机械故障带来不必要的误工,确保施工的连续性。

(9)隧道在江底掘进方向为下坡方向,且地层岩石裂隙发育,出渣时易产生喷涌。因此采取以下措施防止产生喷涌:

①通过向刀盘、土仓注入泡沫,以改善渣土的和易性和塑性;在土仓及螺旋输送机内注入的防喷涌型聚合物,以利于螺旋输送机形成土塞效应,防止喷涌。

②盾构机在掘进过程中,加大同步注浆压力,优化同步注浆配合比,使注入的浆液能及时有效地填充管片与围岩之间的空隙。

③及时进行管片背后二次注浆,封堵盾尾来水。

(10)防止盾尾漏泥、漏水:

①盾尾油脂采用优质油脂,提高每环压注量到20kg以上,确保过江期间盾尾无漏浆现象。

②控制同步注浆的压力,以免浆液进入盾尾破坏盾尾刷,引起土体中的水渗入隧道,导致盾尾密封性能降低。

③在盾构工作面配置适量的双快水泥、木楔、回丝、海绵等堵漏材料及工具。

④必要时压注聚氨酯,通过聚氨酯来形成止水保护圈,以防盾体与管片之间建筑空隙过分增大,降低盾尾密封效果,引发盾尾漏泥、漏水。

(11)推进过程中加强盾构姿态控制,一旦发现偏斜现象,立即利用调整千斤顶编组去解决纠偏,同时加强同步注浆,使成环隧道保持稳定,提高纠偏效果。

3. 实施效果

通过以上措施,左右线盾构机顺利穿越珠江支流,仅在局部地段出现喷涌情况,未对施工造成影响。

八、过矿山法段空推技术

1. 工程概况

金龙盾构区间3号联络通道至中央风井段约有380m隧道在全断面中风化和微风化岩层中通过,特别是靠近中央风井约有220m隧道,岩石抗压强度达100~160MPa。S394盾构机在穿越该段地层时掘进速度较慢,刀具磨损严重,刀具更换频繁,掘进速度不到2环/d。右线S181盾构机由于始发较晚,且在3号联络通道进行了刀盘更换和始发场地二次转场施工,工期比计划工期严重滞后。为确保右线隧道于2010年3月底贯通,经过策划,利用中央风井作为矿山法隧道施工竖井,右线YDK14+682.661(中央风井)~YDK14+787.661(河堤边)段隧道采用矿山法开挖,接应从3号联络通道向中央风井掘进的S181盾构机,S181盾构机进入矿山法隧道后采用空推方案进入中央风井吊出。实际施工过程中由于S181盾构机掘进较为顺利,矿山法隧道接应段仅施工了80m,如图6-43所示。

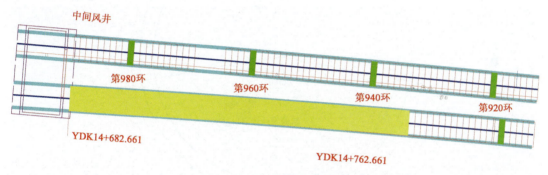

图6-43 矿山法空推段示意简图

2. 矿山法隧道设计与施工

1)矿山法隧道设计

(1)矿山法隧道开挖断面设计采用圆形断面,外径6.6m,内径6.4m,初支采用10cm厚喷射混凝土。为防止岩石掉块,矿山法隧道两腰及顶部挂设φ8mm、间距15cm×15cm钢筋网片。

(2)隧道底部60°范围内,为预留导台混凝土施工空间,开挖半径采用3.55m。

2)矿山法隧道施工

该段隧道岩石强度很高,隧道开挖采用上下台阶爆破法开挖,爆破采用光面爆破,平均每天进尺约2m。

3. 盾构机过矿山法段空推施工

1)导台设计与施工

(1)导台设计

导台设计采用30cm厚C40钢筋混凝土,半径3.15m,实施范围为隧道底部60°范围。导台配筋采用20cm×20cm的单层钢筋网片,钢筋网片纵向和横向主筋分别采用φ20mm和φ14mm的螺纹钢。

(2)导台施工

①排水盲沟施工。该段隧道靠近珠江支流,岩石裂隙发育,地下水丰富,平均每小时出水量达 $50m^3$,直接影响导台混凝土施工。因此,在导台钢筋绑扎以前,在导台底部设置排水盲沟,将水引到中央风井集水井。

排水盲沟截面采用 350mm×150mm,盲沟中并排铺设 3 根带眼的 φ100mmPVC 排水花管,并在管外包裹尼龙网防止杂物堵塞排水管道,在花管外填 3~5cm 碎石作反滤料。如图 6-44 所示。

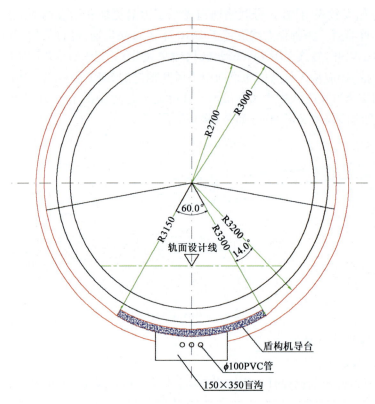

图 6-44　矿山法段盾构机导台及排水盲沟布置示意图

②导台施工。沿导台方向左中右布设 3 条 φ14mm 钢筋,其顶与导台顶齐平,形成 3 条纵向高程控制线。在钢筋网片制安完成后现浇 C40 混凝土,在混凝土浇筑完成后需对导台表面标高再次进行复核。

为防止盾构机在接触导台端部时,荷载较大破坏其端头在导台接收端预埋两块 150cm×10cm×2cm 钢板。

2)空推施工

(1)空推参数

推力 1300~1500kN,速度 20~30mm/min。

(2)回填豆粒石

矿山法隧道初支和管片之间存在大量的空隙,在管片脱出盾尾后,需要用填充物对管片后的空间进行填充,管片与初支之间空隙充填豆砾石在管片推出盾尾后在成形隧道内进行。为满足盾构过矿山法段管片背后豆砾石快速、高效充填的需要,豆砾石粒径为 5~10mm,采用混凝土喷射机3台(1台备用)从盾构机前方向后喷射豆砾石,喷射压力为0.5~0.6MPa。喷射管直径为50mm,输送豆砾石的管子用铁丝固定在刀盘上,管子长度超出盾构机长度70cm。充填标准:回填数量基本达到理论数量后,通过管片与围岩之间的空隙观察,直到注浆孔内充满豆砾石。由于喷射豆砾石施工的特殊性,需将豆砾石提前储运在矿山法隧道内,理论计算每延米需用豆砾石$1.2m^3$,考虑到矿山法隧道的施工误差,乘以富余系数0.8,豆砾石实际存储量按每延米$0.96m^3$使用。施工现场图片如图6-45所示。

图6-45 吹填豆砾石施工(黄振 摄)

(3)复紧管片螺栓

由于盾构机采取了空推的方式前进,无法模拟在地层中掘进的情况,由于盾构推进到矿山法隧道时推力较小,洞门附近的管片环与环之间连接不够紧密,因此需做好后20环管片的螺栓紧固和复拧紧工作,管片螺栓要用气动扳手复紧。

(4)空推注意事项

①空推施工前需再次检查隧道断面尺寸,若发现欠挖部位需及时处理。

②盾构机在进入矿山法隧道前30m时需精密控制其姿态,盾构机上导台前要求盾构机姿态比导台高2~3cm。

③盾构机接近矿山法隧道5m时,需降低推力,同时做好对导台接收端的保护。

④进入矿山法隧道前盾尾系统止水。

为了防止管片后部来水,盾构机在进入矿山法隧道之前,需对管片后部注双液浆进行封堵,在进入矿山法隧道之前的50环范围内,每间隔5环注浆制作止水环,并在全部施工完成后进行检测,如发现水量过大的现象需重新进行施工。

3)注浆施工

(1)二次注浆

由于管片背填注浆时,盾构机前方是敞开的,管片注浆效果可能不理想,须对管片进行补充注浆。每10环管片,在管片吊装孔开口检查注浆效果,若注浆效果不好,则进行补充注浆。

(2)地面注浆

由于管片上部的豆砾石会因为自身重力作用堆积在管片的下部,上部的空隙很难充满,为确保填充效果,采用在地面钻孔进行注浆。

①地面钻孔采用直径200mm的钻机进行施工,在成孔到进入岩层2m时,将直径160mm的PVC套管放置在成孔里,防止上部软弱地层塌陷堵塞钻孔,在PVC套管外围灌注水泥浆封堵。

②用直径100mm的钻机钻通岩层至管片上部,在施工的过程中,要密切注意不要破坏管片。

③利用钻孔在地面灌注水泥砂浆用于填充管片上部,灌注压力为0.1MPa,分时间歇性灌注,直至无法灌注为止。

④地面钻孔采用5m间隔梅花形沿隧道中心线两侧布设。

(3)系统注浆

在完成空推后,盾构机吊出隧道,需要对洞门进行封堵,由于裂隙水较多,而管片后部虽然在经过多次注浆后仍不免存在空隙,为避免管片封闭后管片上浮或出现漏水的情况,在封闭之前必须对矿山法空推段进行系统的注浆方能封闭隧道。

4)结论

矿山法空推为特定条件下的一种施工方法,由于盾构机在导台上行走,盾构机的姿态完全由导台进行控制,所以导台施工的好坏是空推方案能否成功的关键之一。由于矿山法隧道的开挖直径需要略大于盾体外径,在管片脱出盾构机后,必须及时对管片后部进行填充并注浆。

该段隧道在开通运营后,经过多次测量,未出现错台和上浮的情况,管片后部填充较好,但由于管片之间无法压实导致运营期间多次出现渗漏、滴漏的现象,需要通过后期隧道内的封堵才能解决。

Chapter 7

菊树站—龙溪站区间盾构施工技术

执笔人 The Author

肖正茂 ▷

高级工程师，国家注册监理工程师，项目总监

执笔人 The Author

王　峰 ▷

工程师，国家注册监理工程师，专业监理工程师

执笔人 The Author

唐重军 ▷

监理员

第七章 菊树站—龙溪站区间盾构施工技术

第一节 工程概况和施工环境

一、区间位置和线路概况

龙溪站—菊树站盾构区间线路示意图如图 7-1 所示。

图 7-1 龙溪站—菊树站盾构区间

二、盾构施工环境特点分析

1. 工程概况

菊树站—龙溪站盾构区间隧道右线长 1903.003m，左线长 1906.373m，整个盾构区间全长 3977.437m（总延米）。采用两台土压式盾构机施工，从菊树站始发、龙溪站解体、吊出。

区间包括三个联络通道，其中 3 号联络通道与废水泵房合建（见图 7-2 ~ 图 7-4）。区间左线线路最小曲线半径为 1000m，右线线路最小曲线半径为 600m。

2. 工程环境

区间穿过大片的农田、苗圃，还穿过蟠龙河（大沙河）等河涌，线路经过之处构筑物相对较少。

1）工程地层、地质

区间沿线地层包括白垩系上统大塱山组石围塘段(K_2d^2b)红层和第四系土层。

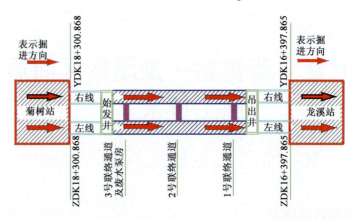

图 7-2 菊龙区间盾构掘进示意图

图 7-3 菊龙区间盾构始发菊树站

图 7-4 菊龙区间盾构到达龙溪站

2）水文地质

地下水位埋深一般为0.50~3.1m，地下水赋存方式分为第四系砂层弱承压水及强~中风化基岩裂隙承压水。主要含水地层为〈2-2〉层淤泥质粉细砂层和〈2-3〉层中粗砂层，其中〈2-2〉层多数地段有分布，连续性较好，厚度一般1.5~10.5m，平均4.95m，属弱~中等透水含水层；〈2-3〉中粗砂层仅局部分布，厚度一般1.10~3.60m，平均2.50m，属中等透水含水层。冲洪积砂层孔隙承压水含水层主要含水地层为〈3-2〉中粗砂层，仅局部分布，连续性相对较差，厚度一般1.35m，属中等透水含水层（见图7-5~图7-12）。

基岩裂隙水主要赋存于强、中风化岩带中，覆盖层与基岩含水层有一定的水力联系。

第四系孔隙水的主要补给为大气降水及同一含水层的侧向补给，天然水力坡度不大。基岩裂隙水以垂直循环为主，径流途径不长。地下水的排泄方式主要表现为在江水低潮时向江河排泄，另外是地表蒸发和植物蒸腾。

3. 龙菊区间左、右线进度的对比

龙菊区间右线从2008年10月25日始发，2009年9月25日到达，全长1990m，历经11个月，平均月进度为133.36环。左线从2009年3月15日始发，2009年12月25日到达，全长1990m，历经9个月，平均月进度为176.11环（见图7-13）。

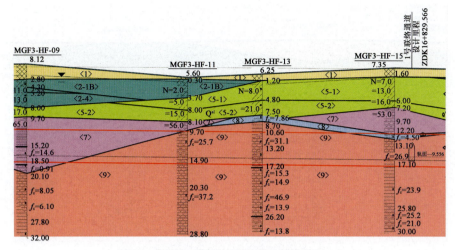

图 7-5　龙溪站—菊树站区间左线地质剖面图(一)

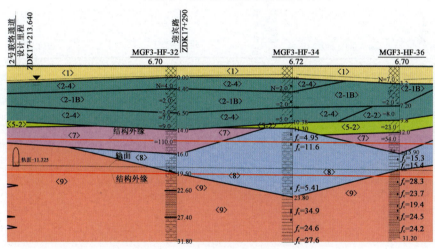

图 7-6　龙溪站—菊树站区间左线地质剖面图(二)

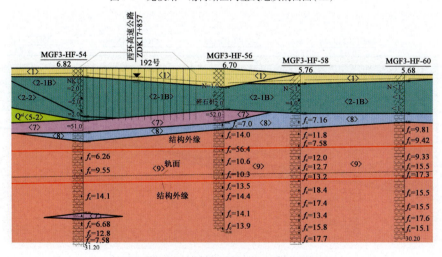

图 7-7　龙溪站—菊树站区间左线地质剖面图(三)

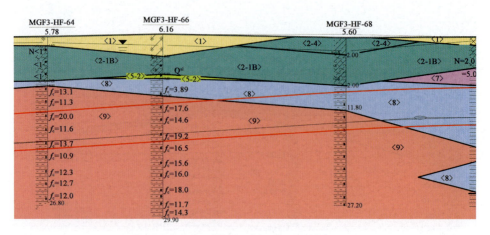

图 7-8 龙溪站—菊树站区间左线地质剖面图(四)

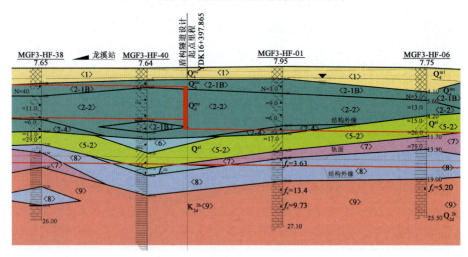

图 7-9 龙溪站—菊树站区间右线地质剖面图(一)

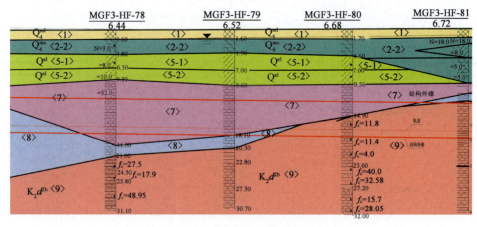

图 7-10 龙溪站—菊树站区间右线地质剖面图(二)

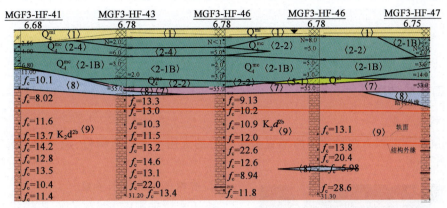

图 7-11　龙溪站—菊树站区间右线地质剖面图（三）

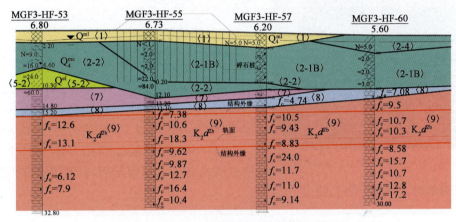

图 7-12　龙溪站—菊树站区间右线地质剖面图（四）

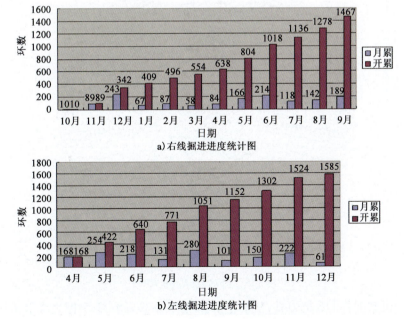

a）右线掘进进度统计图

b）左线掘进进度统计图

图 7-13　龙菊区间左、右线进度图

第二节 盾 构 机

一、盾构机适应性分析

1. 盾构机选型

本区间工程共投入两台德国海瑞克公司生产的土压平衡式盾构机,编号分别为S337(见图7-14)和S206。

图7-14 S337海瑞克盾构机刀盘和盾体

2. 盾构机主要技术参数

本工程所采用的S337/S206盾构机主要技术参数见本书第一章。

二、盾构机刀盘、刀具

1. 刀盘的特点

盾构刀盘采用面板式,刀盘开挖直径为6280mm,质量约55t,开口率为28%。本工程对S337/S206盾构机做了许多改进,具体如下。

S337盾构机共配备99把刀具(见图7-15),其中包括:6把中心双刃滚刀,5把边缘双刃滚刀,8把正面双刃滚刀,16把边刮刀,64把小齿刀。

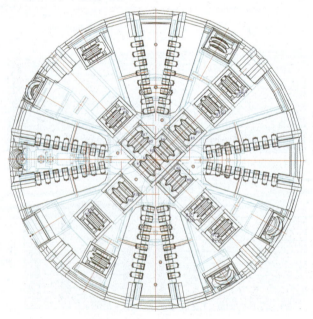

图7-15 S337刀盘刀具布置图

S206盾构机共配备115把刀具,其中包括:6把中心双刃滚刀,5把边缘双刃滚刀,8把正面双刃滚刀,32把边刮刀,64把小齿刀。

2. 刀具的配置

在刀盘的边缘区、正面区和中心区共采用了19把双刃滚刀的刀盘刀具布置形式。

1) 刀具的安装

滚刀的安装采用背装式设计,刀座在刀盘制造时采用严格的焊接工艺标准焊接在刀盘上,牢固且不易变形,满足多次重装的需要。刮刀采用插装式设计,拆装迅捷。

2) 刀具的适应性和选择

在不同地层中的掘进速度见表7-1。

盾构机在不同地层中的设计掘进速度表　　表7-1

序号	岩土层名称	掘进速度(mm/min)	序号	岩土层名称	掘进速度(mm/min)
1	微风化岩〈9〉	5~10	3	全、强风化岩〈6〉、〈7〉	30~60
2	中风化岩〈8〉	10~30	4	黏土及〈5〉以下	40~70

本工程的实际掘进情况表明,在黏土层和强风化岩土中,盾构掘进速度较快,可以达到设计值;在全断面微风化岩层、中风化岩层中,掘进速度较慢,一般可以达到最低设计值;但在不均匀地层,特别是在上软下硬的地层中,达不到设计值,平均掘进速度仅为5mm/min,且刀具磨损严重。有效掘进时间短,功效甚低。

3. 刀具磨损情况分析

本工程左右线总长3809.376m,盾构机基本上在〈9〉微风化岩层、〈8〉中风化岩层中穿过,部分位于软土层及一般的软硬混合地层中,易造成刀具的磨损(见图7-16、图7-17、表7-2)。

菊树站—龙溪站盾构区间盾构机换刀汇总表　　表7-2

线路	序号	换刀时间(年-月-日)	掘进地层	换刀位置(环)	刀盘布局及更换数量	换滚刀数量
右线(S337)	1	2008-12-12	〈8〉、〈9〉	223	换正面滚刀4把,边缘滚刀2把	6
	2	2009-1-20	〈9〉	394	换中心滚刀2把	2
	3	2009-3-3	〈9〉	505	换中心滚刀2把,正面滚刀3把	5
	4	2009-4-16	〈9〉	603	换中心滚刀6把,正面滚刀4把,边缘滚刀1把	11
	5	2009-5-19	〈9〉	776	换中心滚刀6把,正面滚刀6把,边缘滚刀2把	14
	6	2009-6-26	〈7〉、〈8〉、〈9〉	1021	换中心滚刀6把,正滚刀4把,边滚刀4把	14
	7	2009-7-24	〈7〉、〈8〉、〈9〉	1136	换中心滚刀6把,正面滚刀7把,边缘滚刀1把,刮刀1把	14
	8	2009-8-16	〈7〉、〈8〉、〈9〉	1235	换中心滚刀6把,正面滚刀6把,边缘滚刀4把	16

续上表

线路	序号	换刀时间（年-月-日）	掘进地层	换刀位置（环）	刀盘布局及更换数量	换滚刀数量
左线（S206）	9	2009-5-10	〈8〉、〈9〉	296	更换刮刀2把	0
	10	2009-6-19	〈9〉	596	更换刮刀2把	0
	11	2009-7-19	〈9〉	746	换中心滚刀6把,正面滚刀6把,边缘滚刀4把,刮刀2把	16
	12	2009-9-29	〈7〉、〈8〉、〈9〉	1152	换中心滚刀6把,正面滚刀8把,边缘滚刀5把	19

图7-16 刀具偏磨

图7-17 刀圈开裂

三、旧盾构机维护

在盾构机始发之前,将刀盘上的刀具全部更换,刀座维修保养;对泡沫系统进行全面的检修,疏通所有泡沫管路,更换部分单向阀;对所有的密封件根据厂家的推荐更换为原装进口产品;更换所有尾刷,疏通注浆管路;更换所有齿轮油,对液压油进行检测合格,不需要更换;打开观察舱,用超声波检查主驱动行星齿轮,完好。

第三节 盾构施工

一、盾构穿西环高速公路

龙菊区间右线累计掘进313环,在里程YDK17+841处穿西环高速时,西环高速路基采用桩径0.6m,桩间距1.5m振冲碎石桩加固,桩底达到持力层深度,此处的地质条件较为复杂,所处为〈5〉号地层,含水量较大,距隧道结构顶3m处有长约100m的〈2-2〉的细砂,容易造成地表沉降引起路面开裂等不良影响(见图7-18、图7-19),为确保西环高速行车安全,采取了一系列措施,顺利通过该地段,现将有关情况分析如下:

(1)对盾构到达西环高速下方前50m范围内的掘进参数及地面沉降情况进行统计分析,预测盾构机通过可能出现的沉降值与掘进参数的相互关系,以制定盾构掘进该地段的最佳参数。

(2) 盾构机在距离建筑物 20m 时,应停止掘进,对盾构及后配套进行彻底的检查和维修,确保盾构机以良好的状态连续快速通过建筑物。

(3) 提高同步注浆质量与管理:在同步注浆过程中,合理掌握注浆压力,使注浆量、注浆流量和推进速度等施工参数形成最佳匹配。考虑盾构推进过程中纠偏、跑浆和浆体的收缩等因素,实际注浆量达到理论值的 130% 以上。

(4) 推进速度控制:盾构机的推进速度和姿态控制直接影响土体沉降,一般不超过 35mm/min,连续稳定掘进,同时刀盘转速不宜过快,以减小对地层扰动。

图 7-18 西环高速

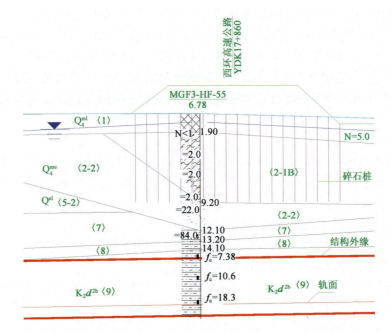

图 7-19 西环高速的平面位置图和隧道位置关系图以及相应的地质情况

(5) 选择正确的掘进参数,加强地表沉降、地下水位及房屋倾斜观测,并及时反馈施工。加强过程控制管理,实施信息化施工,防止开挖面失稳引起过大的地表沉降;同时也应防止地面由于切口水压过大引起地表隆起。

(6) 加强对盾构掘进中的工况管理,严防由于泥饼生成和土仓的堵塞导致在建(构)筑物下清洗土仓。向泥浆水中加入添加材料,提高泥浆水的流动性,保障环流系统的顺畅。

(7) 盾构通过西环高速期间,项目部各级组织高度重视,积极分析和应对可能出现的各种情况,做好应急预案和应急物质,确保施工安全通过。

(8) 要求经每天早、中、晚三次监测,并要求现场 24h 有人员值班,发现问题,及时汇报和处理。

(9) 要求检查工地的龙门吊、砂浆搅拌站、泵送系统、电瓶车、测量移站等系统,确保盾构正常掘进工作。

(10) 盾构机掘进过程中,要求连续均匀前进,土仓掘进时要保压在 1.2MPa 左右,及时做好同步注浆工作,针对目前地下水较大的情况,要及时采取二次注浆施作止水环,切断水的回路通道。

(11) 要求承包商在掘进施工过程中严格控制好出土量,要求每环控制出土量在 45m³ 左右,如出土量增大,要及时分析原因,加大地表监测力度,确保施工安全。

(12) 每天对所出的渣土进行洗渣岩性分析,判断〈2-2〉的砂层是否被打通,以便及时采取相关的补救措施。

二、区间盾构掘进防喷涌措施

右线从 2010 年 1～4 月,隧道掘进从 342～638 环,进度缓慢,平均 2.5 环/d,是因为在掘进施工过程中,出现持续喷涌现象,直接造成隧道内清理泥浆工作量大,停机清理时间过长,地下水再次汇集到土仓,再掘进时又产生喷涌的恶性循环,导致进度越来越慢。

左线掘进过程,充分考虑到右线所产生的喷涌现象,吸取了经验教训,采取了相关有力措施,只用了一个半月就顺利地通过该喷涌地带,比右线掘进时间足足少了两个月,现将有关经验总结如下。

1. 地质条件分析

此处为微风化地层,但隧道上部出现连续的〈2-2〉淤泥质饱和砂层,而盾构机所处〈9〉地层上方没有隔水层且裂隙发育较大,地下水发育丰富。

2. 喷涌原因分析

盾构施工喷涌由以下几种原因引起:

(1) 管片同步注浆不密实,形成流水通道,水流入到土仓内。

(2) 岩层的裂隙水从盾体本身范围内来汇集的水。

(3) 掘进过程掌子面迎面来水。由于〈7〉、〈8〉、〈9〉地层上方没有隔水层且裂隙发育较大,裂隙水流入到土仓内。

3. 治理喷涌的有效措施

分析出喷涌时水的来源,在施工过程中有针对性采取了以下措施:

(1) 同步注浆饱满,加做止水环,切断管片后方来水的途径。

增大同步注浆量,原每环掘进注浆 5m³,增加到每环掘进注浆 7m³,保持四条注浆管路畅通,并在 1、4 号点位注浆量大于 2、3 号注浆量,比例约为 2∶1。

为了有效地阻止管片后方来水,还采取了在管片加做止水环。具体措施是在尾盾后方的第 5 环(距离尾盾过近容易将其裹住),开尽可能多的吊装孔,以形成环路,然后注双液浆。

(2) 为防止盾构本身汇集的承压水,采用在盾壳上注高分子油溶性聚氨酯止水的方法,防止盾构本身范围内汇集的水,可利用中盾壳预留的孔注入聚氨酯进行临时性堵水。

(3) 开孔泄水,放水掘进。由于来水较大,4 月 3 日承包商尝试采取放水模式进行掘进,从现场情况来看,取得了一定的效果,喷涌问题基本上得到了解决,每天基本上能够保证6环(见图7-20)。掘进过程中喷涌现象减轻,进度较快,但却存在很大的安全隐患。

图7-20 放水掘进阀门

①在放水掘进过程中,由于地下水大量抽排,会造成地表不同程度下沉,必须加强地表及地下水位的监测,发现异常或达到报警值,立即停止放水。

②放水掘进过程中,由于地下裂缝水量大、压力高,中盾出水管处经常被小砾石阻塞,流水不畅,需人工疏通。

③由于放水口直接与外界土体相通,还需加强洞内有害气体的检测,确保施工安全。

(4)保压推进、停机保压,加强掘进管理

①合理调配施工参数,根据隧道的埋深约为15m,水头压力差为0.12MPa,故要求土仓上部压力控制在0.12MPa及以上。

②红层中掘进的参数为:推力1000kN,扭矩120~150bar。

③每5环做一双液浆上水环,直到进入隔水层后进行适当调整。

④前1、2、3步完成后,开舱检查,如水量较小,方可掘进。

⑤及时开舱更换刀具,保持匀速前进,避免恶性循环。

第四节 案 例 分 析

一、管片破损案例分析

2009年4、5、6三个月区间单月掘进达400~500m,7月份管片生产不能满足掘进的需求,将右线1000环以后由1.2m管片改用1.5m管片。

2009年6月20日,龙菊区间右线掘进至1001环,正式采用1.5m管片,管片拼装后出现较多的质量问题,主要表现为破损点较多,渗水严重,多数集中在管片的3、9点位纵缝处;至9月25日全线贯通,1.5m管片累计拼装467环,破损220环,破损点350处,渗漏处也多达105处(见图7-21~图7-24)。

图7-21 管片9点位破损

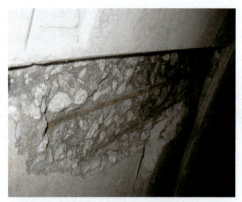
图7-22 管片3点位破损

图7-23 管片保护层大面积破损

图7-24 管片螺栓孔处的破损

隧道管片破损渗水原因分析如下：

1）S337盾构机液压千斤顶偏心

S337盾构机14号双千斤顶位于九点位偏下，经现场测量得：正常的13及15号单千斤顶筒体外缘距盾壳内壁的垂直距离约为31cm，而14号双千斤顶位筒体外缘距盾壳内壁的垂直距离约为37cm，初步估算14号双千斤顶偏心值约为了3cm，客观造成14号双斤顶撑靴部分撑在管片内侧，造成管片偏心受压，如九点位为一整块管片的中心，则偏心力被管片整体分担，如九点位正处于管片纵缝处，则管片薄弱，应力高度集力，造成管片角部破裂，混凝土表面脱落而露筋（见图7-25）。

2）管片上浮的影响

本区间盾构隧道采用德国海瑞克公司设计制造的盾构机施工，刀盘开挖轮廓直径为6280mm，盾构隧道直径为6000mm，当管片脱出盾尾时将形成一道宽度为140mm的环形间隙。隧道所处的地层大多为⟨8⟩、⟨9⟩号地层，同步注浆后管片上浮值较大，直接造成管片错台值大，管片椭变，管片螺栓孔处应力集中，导致螺栓处混凝土破损严重。因此，在管片将脱离盾尾时，在上述偏心和上浮力的综合作用下，发生了管片间相互挤压，直接造成管片破损。

管片厂在对管片进行蒸汽养护和水养护等环节上，处理相对粗糙，未达到相关规范要求，当管片受到集中应力时，管片极易发生开裂、破损。

管片局部钢筋保护层厚度不够，造成管片内壁易脱落；管片厂的振捣工艺较差，导致混凝土较疏松，直接影响保护层的质量。而从现场证实，盾构区间1.5m管片的保护层偏薄（见图

7-26),只有 20 多毫米,未达到规范要求的 30mm,从而致使管片易出现破损。

图 7-25　14 号双斤顶撑靴偏移管片内侧近 8cm　　图 7-26　管片混凝土保护层

3)1.5m 管片选型不当的影响

区间原采用 1.2m 的管片,利用右转弯楔形衬砌环作为通用环的组合形式,通过在 360°范围内旋转衬砌环以拟合隧道曲线。一般在掘进完后,量出四个点位盾尾间隙,输入电脑系统自动计算 K 块的位置来完成拼装任务,而 1.5m 管片采用标准环、左转弯、右转弯环来拟合隧道曲线。盾构机部分操作手对 1.5m 管片的选型不熟悉,对 1.5m 管片楔形量不清楚,造成部分管片选型错误,造成盾尾间隙过小,管片拖出盾尾时挤压破坏。

二、管片修补

1. 对 1.5m 管片区间管片背部进行二次注浆

(1)对 1.5m 管片区间管片背部进行二次注浆,为提高注浆的耐久性,禁止注双液浆,采用注纯水泥浆的方法。其技术要求如下:浆液采用水灰比 1∶1~2∶1 的纯水泥浆液,压力 0.2~0.4MPa,浆液由浓至淡、压力由低至高分多次注入,填充管片背后空隙,达到管片内部不出现滴漏或线漏现象。

(2)注浆点位为 1、11 点位,注浆点位向龙溪站方向交叉前进。如管片背部水压力较大时,可以在管片上开孔放水。

(3)注浆液要采用电机搅拌,搅拌要求均匀,单液浆注浆压力控制在 1.2MPa 以内;双液浆注浆压力控制在 2.0MPa 以内。防止管片出现开裂,注浆时应采用孔内循环注浆。

(4)注浆范围为右线隧道 1000~1460 环,由菊树站向龙溪站方向进行施工,要求反复进行。

(5)注浆期间必须对管片变形进行加密监测,在注浆过程中,时刻监测注浆压力,注意观察管片,避免因注浆对管片造成破坏。并对地面进行巡察,观察地面是否出现隆起。

2. 对破损位置进行修补加固

(1)在修补前,对所有破损位置进行分类,并根据不同的破损形式,采用相对应的处理措施,进行分类处理如下:

①环向接缝破损:这类破损主要为管片错台导致的螺栓拉剪破坏,现场主要为此类破损。首先清理管片破损部位混凝土,确认未有裂缝发展且螺栓未有破坏仍能继续使用后采用环氧材料进行修补。

②崩角破损:确保该环及邻近两环管片背后注浆充分密实,其次对管片内表面裂缝做骑缝压注亲水性低黏度环氧浆液的补强堵漏处理,再次采用环氧材料修补破损部位。

③纵向接缝破损,首先清理管片破损部位混凝土,采用环氧材料进行修补。

(2)采用环氧材料进行管片修补,环氧材料配合比及性能见表7-3。

环氧材料参数表　　　　　　　　　表7-3

项 目	组 分	重量(kg)	备 注
配合比	水性环氧树脂 HZ03-A	2	
	水性环氧固化剂 HZ03-B	3	
	水	8～10	
	水泥	25	
	砂	50～75	
	碎石	若干	破损较深时采用
性能	抗压强度(3d)	≥20	
	抗压强度(7d)	≥50	
	抗压强度(28d)	≥70	
	抗拉强度(28d)	≥7	
	抗折强度(28d)	≥12	
	黏结强度(28d)	≥4(老混凝土破坏)	

(3)环氧材料修补步骤如下:

①对管片外表面的少量裂缝或表面少许破损均可采用环氧水泥浆填补,用灰匙压平,且使用厚泡沫海绵块蘸浆抹平表面。

②对外观损坏稍深的崩裂管片,可按以下步骤修补:

a.找出缺陷管片,并作好详细记录,人工凿除已破裂松动的混凝土,要求打出新断面,不允许有松动的混凝土块残留,再用钢刷清理已打出的新断面,并用清水冲洗,对漏水的进行堵漏。

b.用钢刷去除钢筋表面的污垢,再用高纯度酒精清洗钢筋。如无露筋则采用水泥砂浆填补崩裂缺陷处,完成初步成形修补,每次填补砂浆的厚度应控制在2cm左右,待已填补的砂浆达到一定的强度(约1d后)再进行下一次的填补工作。

c.在砂浆填补初步成形,并用灰匙压平后,待填补水泥砂浆达到一定的强度(约1d后),再用环氧水泥浆进行表面抹平,且需用厚泡沫海绵块蘸浆涂抹修整。

③为保证后期运营安全,对管片上半部分未露筋的小破损建议不进行修补,对较大部分采用挂钢丝网加强。

④已修补好的部位采用粘贴塑料薄膜进行养护,保持表面湿润。

⑤待养护完成后,用细砂纸对修补面进行磨平(见图7-27、图7-28)。

图 7-27 管片后打磨工序修补

图 7-28 管片修补后挂膜养护

三、盾构机扭转事件分析

1. 事件经过

右线于 2008 年 10 月 20 日始发,采用德国海瑞克 S337 盾构机施工。已完成 9 环的负环拼装,正环完成拼装 11 环。在 10 月 31 日 13:25,S337 盾构机在掘进第 12 环时刀盘右转状态下,推进约 430mm,操作手考虑到盾体滚动角较大,决定反转刀盘,调整滚动角。反转刀盘时启动扭矩油压约 150bar,此时操作手发现操作室振动加大,扭矩油压瞬间达到 240bar,盾体在 10s 中发生扭转近 90°转体,电机立即跳闸停机。

现场检查情况如下:

(1)事件发生后,没有人员伤亡。

(2)盾体顺时针旋转 85°(见图 7-29)。

(3)被动轮垮塌,连接桥部分扭转,连接桥左侧千斤顶基座脱落(见图 7-30)。

(4)一号台车扭转,台车下方的轨道扭曲、轨枕倾斜(见图 7-31)。

(5)已拼装的管片未见明显变形,第 11 环有近 2cm 的错动(见图 7-32、图 7-33)。

(6)经现场检查,刀盘可转动,各油压千斤顶无损坏。

2. 原因分析

1)主观原因

盾构机正常掘进工作时,掘进扭矩 230bar,操作手在决定反转刀盘调整滚动角时,违反盾构机操作规程,在没有将盾构机的贯入度及速度降下来时,却减小了推力,致使刀盘转动阻力过大,盾体在巨大反扭矩作用下发生扭转,直接导致事件的发生。

2)客观原因

(1)地质条件方面:盾构始发段岩层为〈8〉岩层,以泥质砂岩、泥质粉砂岩为主,岩质较难切削,刀盘在切削时扭矩较大。同时盾构始发时,刀盘四周加焊了耐磨钢板,且刀具未经磨损,再加上岩层自稳性较好,在刀盘切削土体后,盾体与周围岩层呈分离状态,岩体不能提供给盾体足够大的握裹力(见图 7-34)。

图 7-29 螺旋输送机近 90°的转角

图 7-30 扭曲的轨道

图 7-31 扭曲连接桥部分

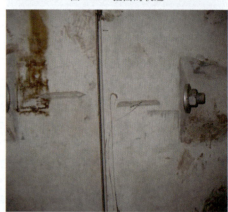
图 7-32 第 11 环管片轻微的错动

图 7-33 推进千斤顶与管片间形成的擦痕

(2)盾构机刚刚始发,前进的推力主要靠始发反力架来提供,为防止反力架变形,此阶段推力不宜过大,即推进油缸对管片的正压力较小,因此当盾体有旋转的趋向时,推进油缸与管片间的摩擦力较小。

(3)由于正处于 100m 的试掘进阶段,对各种添加剂的使用还处于摸索试用阶段,对土体的改良还没有控制的很好。

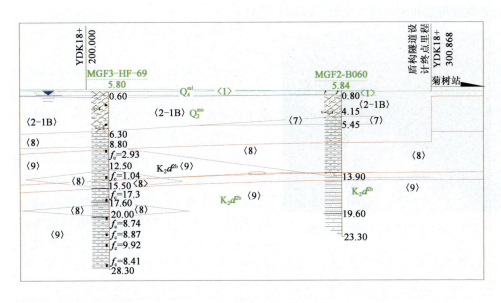

图 7-34 盾构机所处地层地质图

3. 盾构机复位方案及风险分析

1）盾构机复位基本方案

原理是盾构机怎么扭转过来的就怎么扭转回去，实施扭转逆过程，即将刀盘固定在掌子面，然后顺时针驱动刀盘，施加的力要克服盾体重量与岩体摩擦力形成的扭矩及盾体自身的惯性扭矩。迫使盾体逆时针旋转，达到复位的目的。

2）风险分析

（1）固定刀盘反转，刀盘单点受力，可能会引起刀盘变形或开裂。

（2）主轴受力不均匀，存在扭曲或二次破坏的风险。

（3）盾构机扭转后中心轴线与原中心轴线不重合，盾构机可能倾斜卡在岩壁里，强行复位，造成对盾体的损害。

（4）盾构机扭转后，破坏了原岩壁结构，风化的碎石将填充间隙，造成盾体与岩壁摩擦力加大。

3）方案可实施的理由

（1）立刻实施盾构复位方案，复位时间越短，岩壁间隙保留完整，盾体与岩壁摩擦力大致相同，成功复位的希望就大。

（2）复位方案中要采取逐渐加大刀盘扭矩，盾体复位要尽量保持缓慢，匀速。

（3）复位过程要分步进行，复位每步后及时检查盾体，尽可能减少对盾构的二次伤害。

4. 盾构机复位具体方案及实施过程

（1）首先加强对隧道内救援人员安全知识的培训，对可能引起和各类安全事件进行分析，主动排查各种隐患，确保盾构复位过程中的安全。

（2）仔细检查连接桥扭曲部分钢结构稳定性、安全性，用手拉葫芦吊住管片稳定住连接桥,防止继续垮塌和回转时二次破坏(见图7-35)。

图7-35　手拉葫芦吊住管片稳定住连接桥

(3)察看掌子面岩土的实际情况,确保打孔作业环境的安全。

(4)询问海瑞克盾构厂家的专家顾问,确定并限定盾构最大扭矩,防止在处理过程中对盾构机轴承造成损害

(5)固定刀盘及回转复位过程:

第一次开舱,使用外径140mm单筒金刚石钻头,在刀盘开口处往掌子面试打孔2个,间隙约为1m,孔深1m,分别插入两根43kg/m的钢轨,长约1.5m,但未能将钢轨和刀盘焊接固定,尝试着顺时针转动刀盘,盾体在扭矩油压约60bar时,盾体逆时针回转约5°后,刀盘开始空转,事后检查发现钢轨从孔内脱落,第一次处理失败。但是,刀盘在扭矩较小的情况下,盾体发生了微小的回转,证明盾体与岩壁的摩擦力较小,只要固定住刀盘,盾体是完全可能扭转回来的,表明原定的盾构拯救方案是正确的。

在总结第一次转动的经验教训后,对盾构机进行简单的检查,继续开舱打孔,这次打孔3个,1孔独立,2孔嵌套,孔深1.5m,分别插入3根约1.8m长的钢轨,且焊死在刀盘上(见图7-36)。重启刀盘后,扭矩油压约180bar,盾体慢慢转回约20°后,停下检查相关管道和设施,以便释放扭曲钢结构的应力,避免回转过程中盾构机二次受损,接着又转动刀盘,又转回20°,停下再检查后,再次启动刀盘又空转起来,估计钢轨又一次从岩体中脱落。但是,盾体已转回约45°。

经过二次回转处理后,尽管盾构机未能完全复位,但现场抢救人员信心大增,再接再厉开舱打孔,第三次打孔6个,且孔孔嵌套,共插入5根约2m长的钢轨,再用型钢横放与刀盘牢牢焊死。11月3日2:00,重启刀盘后,盾体慢慢回转至成功复位。

(6)对盾构机各个部件和管线重新检测调试,清理土仓和舱内的钢轨和铁器,检查、修理连接桥及1号台车,将其扭曲部分结构调直回位(见图7-37)。

图7-36　第二次打孔用型钢使钢轨与刀盘的固定

图7-37　固定刀盘而扭曲的钢轨

(7)调整操作间,更换变形的轨道、轨枕,修复运输轨道系统。从盾体扭转开始到盾体完全复位,整个事件抢救处理历时61h。

四、地面塌陷事件分析

1. 龙菊区间右线 YDK17+742 处地面塌陷

1)事件经过

2009年2月7日22:00,龙菊区间右线S337盾构机在正常掘进459环处,突然水量增大,继而产生喷涌现象,造成掘进困难。当即停机检查,此时推力9850kN,扭矩2523kN·m,掘进速度为20~40mm/min,土仓压力为1.6/1.8/2.3bar,出土量45m^3,并清理隧道内泥浆4车。

经地表巡视监测,发现在YDK17+742处发生地面塌陷,经现场测量为:地面塌陷面积大约为直径为9m的圆洞(见图7-38、图7-39),中心最大深度为3m,平均深度为1.2m左右,无人员伤亡,造成花圃内部分花卉及苗木受损,事件发生后,采取以下措施:

(1)立即停止掘进,防止地面塌陷进一步扩大。

(2)增加同步注浆量10m^3,并在454环、455环处加做止水环。

(3)及时和花圃园主协调赔偿事宜,并对塌陷部位用粗砂进行回填。

图7-38 花圃园内塌陷现场

图7-39 花圃园内塌陷现场

2)原因分析

根据现场情况分析,塌陷呈圆形、漏斗状,根据距离最近的第MGF3-HF-51地质钻孔资料表示:YDK17+742处,隧道处于〈9〉号地层,但隧道顶上方为〈8〉号地层,厚约1.3m,〈7〉号地层为2.5m,以上为〈2〉号地层(其中〈2-2〉层2.4m,〈2-4〉层1.3m,〈2-1〉层6.1m)。

(1)根据现场塌陷的实际情况,塌陷呈漏斗状,极有可能是由地质钻孔引起的,由于钻孔封堵不严,造成〈2-2〉砂粉质砂层水土流失,造成地表塌陷。

(2)现场的塌陷位置处于花圃园内,平时处于封闭状态,日常地表监测无法布点测量,地表沉降数据无法动态测量,盾构机处于"盲推"状态。

(3)操作手经验不足,思想上麻痹大意,当掘进过程中出现异常喷涌、出土量增大情况时,没有采取停止掘进措施,造成塌陷范围加大。

2. 龙菊区间右线 YDK17+260 处地表塌陷

1)事件经过

5月27日盾构右线即将通过花博园迎宾路,28日掘进16环,29日掘进15环,盾构机顺利过迎宾路,地表监测正常。

5月30日4:30,隧道掘进862环处,土仓压力突然增大,从1.1bar迅速增长到1.6bar,盾构机操作手当即要求加强地表巡视,发现位于迎宾路路缘石与"广兴园艺"花圃大门之间出现渗水冒泡点,此时花圃门处的监测点B65数据显示为-0.7mm,无明显沉降(见图7-40)。

图7-40 涌水的事故现场

5:30~6:00,发现水量有轻微增大,地表局部有积水并夹杂有泥砂,当时承包商初步判断为同步注浆挤压地下水涌出。6:10渗出水量增加且水质清澈,开始怀疑地表下面花圃供水管破裂,立即要求右线停止掘进,沿线查找供水管管线。

6:50,确认地表下面有 φ100 的铸铁水管。但由于时间太早无法与花博园水电管理部门进行联系。

9:20,关闭了水管的一个支阀门,因阀门老化故障问题,无法全部关闭,还有大量水流出,并且带走大量泥沙,此时门面的广告牌发生倾斜,立即用钢绞线进行拉紧加固,并对墙体进行加固防止倾倒。

9:30,Z1 监测数据为累计沉降 -4.0mm,此时塌陷变形进一步加剧,Z1 监测数据累计沉降为30.1mm,地面塌陷速度加快,"广兴园艺"外墙下沉及墙上铝合金窗变形,为确保安全当即疏散相关人员。

10:00,关闭了自来水的总阀门,现场积水在10min内沿着地表裂隙流走,Z1 监测数据累计沉降为42.9mm,塌陷得到控制并趋于稳定,承包商从工地调来大量木方、钢支撑,对"广兴园艺"外墙进行加固,对花棚顶钢屋顶进行了支撑,防止变形进一步加剧。

2)原因分析

(1)地质情况

地表塌陷区位于盾构机刀盘正上方,隧道顶距地表约13m,地表下约20cm处有一根 φ100mm 的铸铁水管。根据地质钻孔的地质剖面(见图7-41),从地面到隧道底部依次为:

〈1〉为素填土,约为2m。

〈2-4〉为粉质黏土,约为3.8m。

〈2-2〉为细砂,约为1.2m。

〈6〉为全风化泥质粉砂岩,约为4.5m;隧道顶约为2m,隧道洞身2m。

〈7〉为强风化细砂岩,洞身为4m。

(2)塌陷现场

盾构掘进至YDK17+260处距地表约13m,塌陷区中心正位于盾构机刀盘正上方(此时掘进第862环),塌陷处呈漏斗形,直径约6m,中心塌陷最大处约为0.4m。

由于右线 S337 盾构机的掘进参数电脑数据导出系统已损坏,根据盾构机操作手填写的掘进记录表显示:掘进862环报表掘进参数如下,掘进总推力为11000~12000kN,刀盘转速1.1~1.2r/min、扭矩130~140bar,掘进速度为5~10mm/min,土仓压力为1.1/1.2/1.3bar,出土量36m³,渣样呈深褐色、黏土状,流动性差,不含颗粒。

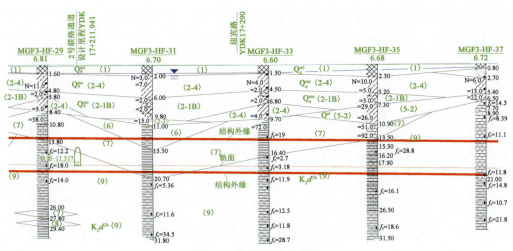

图 7-41 塌陷位置和地质图

初步怀疑是迎宾路施工过程中存在旧的地质钻孔,当隧道掘进过程中土仓保压不够,仅为 1.1bar(理论应为 1.3bar),上层为〈2-2〉粉细砂及〈2-1B〉淤泥质土沿钻孔裂隙涌入土仓,造成压力增大,造成地表轻微下沉,导致 ϕ100mm 的铸铁水管破裂。由于客观原因,供水管未能及时关闭,大量涌水带走了路面及花圃基础下的泥沙,致使花圃基础继续下沉,事态扩大。

凌晨 4:30,土仓压力增大,判断地面可能存在问题,当时地表点监测数据显示为 -0.7mm,地表无明显变化,到 10:30 分供水管完全关闭,地表点监测数据迅速增加为 -42.9mm,地面塌陷区最深处约 0.4m。

3)塌陷现场的抢救方案

(1)做好安全防护措施。立即对地面"绿之友"花圃的广告牌进行加固处理,避免广告牌倒塌危及旁边的电杆及电缆线。

(2)开挖地面找出自来水管的具体断裂位置进行修补,减少因停水对沿线花圃的影响。

(3)在地表塌陷的四周分别打入 12 根的注浆管,深入地表 3m 以下,注浆压力宜控制在 2~2.5bar 范围内,对称间隔注浆,避免地层受力不均匀对墙体产生新的倾斜。

(4)对塌陷的地表进行混凝土的破除,并重铺钢筋网浇筑混凝土,埋设好自来水管道,恢复地表原状,对"绿之友"花圃的门柱及钢屋顶进行维修加固。

(5)地面处理完成后,盾构机缓慢掘进通过塌陷区,继续跟踪补充浆液,并及时监测花圃的门柱基础。

Chapter 8

菊树站—西朗站—鹤洞站区间盾构施工技术

执笔人 The Author

彭国新 ▷

高级工程师，国家注册监理工程师，项目总监

执笔人 The Author

肖正茂 ▷

高级工程师，国家注册监理工程师，项目总监

第八章 菊树站—西朗站—鹤洞站区间盾构施工技术

第一节 工程概况

该区间隧道位于广州市与佛山市之间(见图8-1)。

图8-1 菊西鹤区间平面图

菊树—西朗盾构区间左线长1907.007m,右线长1914.700m。设有3处联络通道,其中2号联络通道兼作废水泵房。

西朗—鹤洞盾构区间右线长664.435m,左线长度为663.009m。另设置1个联络通道,废水泵房与联络通道合建。

采用2台美国罗宾斯复合式盾构机,分由菊树站向西朗站掘进,盾构机在西朗站西侧吊出井吊出,转场至西朗站东侧始发井;再由西朗站东侧始发,向鹤洞站掘进(见图8-2)。

建设工期见表8-1,工程投资见表8-2。

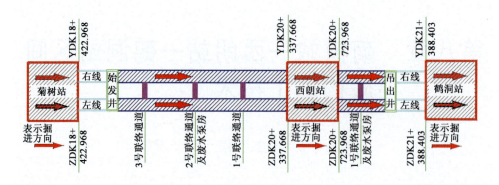

图 8-2 菊西鹤区间掘进示意图

建 设 工 期　　　　　　　　　　　　　　　　　　　　　　　表 8-1

时间 线路		合同工期 (年-月-日)	调整工期 (年-月-日)	始发日期 (年-月-日)	贯通日期 (年-月-日)	实际工期 (d)
菊西区间	左线	2007-12-01 ~ 2009-07-30	2008-12-15 ~ 2009-12-31	2008-12-20	2009-08-20	244
	右线			2009-02-12	2009-10-17	248
西鹤区间	右线	2009-06-01 ~ 2009-10-30	2009-11-10 ~ 2010-05-30	2009-11-01	2010-04-27	178
	左线			2010-1-1	2010-05-02	122

广佛线 12 标盾构区间工程造价　　　　　　　　　　　　　　　表 8-2

盾 构 区 间	合同价(万元)	每延米造价(万元/m)
菊树站—西朗站	11488.7064	2.706755
西朗站—鹤洞站	3915.3383	

第二节　施 工 环 境

1. 地层

勘察区间内揭露的地层主要包括白垩系红层和第四系土层,其中基岩岩性为白垩系上统大塱山组黄花岗段,第四系土层覆盖于基岩之上。现按从新至老的顺序将有关地层岩性特征描述如下:

(1)第四系土层(Q)

第四系土层分布广泛,包括人工填土层(Q_4^{ml})、海陆交互沉积层(Q_4^{mc})、冲洪积层(Q_3^{al+pl})和残积土层(Q^{el})共四大层,覆盖于基岩之上。

(2)白垩系上统大塱山组黄花岗段(K_2d^{2a})

上部是紫红色钙质泥岩和红色细砂岩,富含微体古生物化石,夹薄层石膏;下部是暗红色钙质粉砂岩夹薄层砾岩、砂砾岩;干热环境下的滨湖—冲洪积—湖泊相沉积,铁质、钙质、泥质胶结;厚度在400m以上。

2. 主要工程地质和水文地质特性

菊树站—西朗站区间隧道穿越地层情况见图8-3、图8-4和表8-3、表8-4。

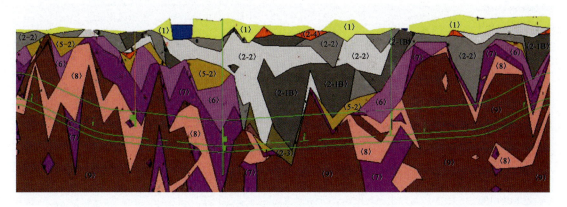

图8-3　菊树站—西朗站盾构区间左线地质纵断面图

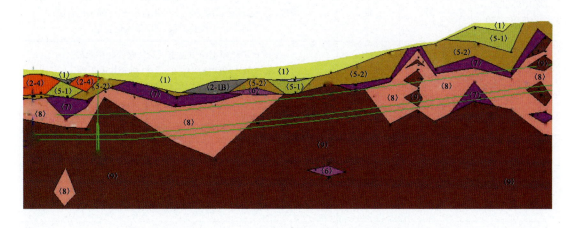

图8-4　西朗站—鹤洞站盾构区间左线地质纵断面图

3. 地形、地貌

区间地貌单元主要表现为珠江三角洲海陆冲积平原。历经多次人工修整,菊西区间地势起伏较平缓,西鹤区间地势起伏较大。

4. 建筑物、构筑物和地下管线

菊树站—西朗站盾构区间隧道穿越建筑物密集的居民区和鱼塘区。建筑物年代不同,结构形式各异,地面环境极其复杂。根据建筑物调查结果,隧道正上方共有65栋建筑物,其中7层建筑有1栋,2层36栋。隧道影响范围(隧道两侧各10m)内共有98栋建筑物,其中7层建筑14栋,2层63栋,3～6层21栋。

菊树站—西朗站区间隧道穿越地层情况表 表8-3

里　程	长度(m)	围岩分类	隧道穿越地层
ZCK18+430～ ZCK18+460	30	Ⅲ	上部:〈7〉强风化岩层 中部:〈7〉强风化岩层、〈8〉中风化岩层、〈9〉微风化岩层 下部:〈7〉强风化岩层、〈8〉中风化岩层、〈9〉微风化岩层
ZCK18+460～ ZCK18+610	150	Ⅳ	上部:〈8〉中风化岩层、〈9〉微风化岩层 中部:〈8〉中风化岩层、〈9〉微风化岩层 下部:〈8〉中风化岩层、〈9〉微风化岩层
ZCK18+610～ ZCK18+660	50	Ⅲ	上部:〈7〉强风化岩层 中部:〈7〉强风化岩层、〈8〉中风化岩层、〈9〉微风化岩层 下部:〈7〉强风化岩层、〈8〉中风化岩层、〈9〉微风化岩层
ZCK18+660～ ZCK18+800	140	Ⅳ	上部:〈8〉、中风化岩层、〈9〉微风化岩层 中部:〈8〉中风化岩层、〈9〉微风化岩层 下部:〈8〉中风化岩层、〈9〉微风化岩层
ZCK18+800～ ZCK19+190	390	Ⅲ	上部:〈7〉强风化岩层、〈8〉中风化岩层、〈9〉微风化岩层 中部:〈7〉强风化岩层、〈8〉中风化岩层、〈9〉微风化岩层 下部:〈7〉强风化岩层、〈8〉中风化岩层、〈9〉微风化岩层
ZCK19+190～ ZCK19+270	80	Ⅲ	上部:〈9〉微风化岩层 中部:〈7〉强风化岩层、〈8〉中风化岩层、〈9〉微风化岩层 下部:〈8〉中风化岩层、〈9〉微风化岩层
ZCK19+270～ ZCK19+430	160	Ⅰ	上部:〈5-2〉硬塑粉质黏土、〈2-3〉蠔壳片中粗砂 中部:〈5-2〉硬塑粉质黏土、〈2-3〉蠔壳片中粗砂、 　　　〈7〉强风化岩层、〈8〉中风化岩层、〈9〉微风化岩层 下部:〈9〉微风化岩层
ZCK19+430～ ZCK19+610	180	Ⅴ	上部:〈9〉微风化岩层 中部:〈9〉微风化岩层 下部:〈9〉微风化岩层
ZCK19+610～ ZCK19+860	250	Ⅲ	上部:〈8〉中风化岩层 中部:〈7〉强风化岩层、〈8〉中风化岩层 下部:〈7〉强风化岩层
ZCK19+860～ ZCK20+020	160	Ⅳ	上部:〈9〉微风化岩层 中部:〈9〉微风化岩层 下部:〈9〉微风化岩层
ZCK20+020～ ZCK20+070	50	Ⅲ	上部:〈7〉强风化岩层 中部:〈7〉强风化岩层、〈8〉中风化岩层、〈9〉微风化岩层 下部:〈9〉微风化岩层
ZCK20+070～ ZCK20+240	170	Ⅳ	上部:〈9〉微风化岩层 中部:〈9〉微风化岩层 下部:〈9〉微风化岩层
ZCK20+240～ ZCK20+332	92	Ⅱ	上部:〈6〉全风化岩层 中部:〈6〉全风化岩层、〈7〉强风化岩层、〈8〉中风化岩层 下部:〈7〉强风化岩层、〈8〉中风化岩层、〈9〉微风化岩层

鹤洞站—西朗站区间隧道穿越地层情况表　　　表8-4

里　　程	长度(m)	围岩分类	隧道穿越地层
ZCK20+731~ ZCK20+760	29	Ⅲ	上部:〈7〉强风化岩层 中部:〈7〉强风化岩层、〈8〉中风化岩层、〈9〉微风化岩层 下部:〈9〉微风化岩层
ZCK20+760~ ZCK21+020	280	Ⅳ	上部:〈7〉强风化岩层 中部:〈8〉中风化岩层、〈9〉微风化岩层 下部:〈8〉中风化岩层、〈9〉微风化岩层
ZCK21+020~ ZCK21+120	100	Ⅴ	上部:〈9〉微风化岩层 中部:〈9〉微风化岩层 下部:〈9〉微风化岩层
ZCK21+120~ ZCK21+270	150	Ⅲ	上部:〈8〉中风化岩层 中部:〈7〉强风化岩层、〈8〉中风化岩层、〈9〉微风化岩层 下部:〈7〉强风化岩层、〈8〉中风化岩层
ZCK21+270~ ZCK21+320	50	Ⅱ	上部:〈5-2〉硬塑粉质黏土、〈7〉强风化岩层 中部:〈5-2〉硬塑粉质黏土、〈7〉强风化岩层、〈8〉中风化岩层 下部:〈8〉中风化岩层
ZCK21+320~ ZCK21+390	70	Ⅲ	上部:〈8〉中风化岩层 中部:〈7〉强风化岩层、〈8〉中风化岩层、〈9〉微风化岩层 下部:〈8〉中风化岩层、〈9〉微风化岩层

西朗—鹤洞盾构区间整个隧道大部分都在鹤洞路正下方及附近下穿,附近建(构)筑物主要有新联LPG加气站、广钢一汽销售店及高压电塔一座。

区间隧道沿线地下管线、管道较少,主要有供电电缆、供水管道、煤气管道及排水管道等,这些管道主要集中在地铁一号线下方。

第三节　盾构机选型

一、工程地质特点

根据地质情况分析,本工程主要有以下几方面的施工重难点:

1)穿河段的掘进

菊树站—西朗站盾构区间中,盾构机需穿越花地河及古河床。古河床地段过江段水压高,上部穿越砂层,地下水与江水联系密切,确保掘进时不发生塌陷涌水和喷涌现象将作为本工程的重点。

2)穿越建筑物地段的掘进

在菊树站—西朗站盾构区间中,沿途隧道正上方及附近有广州珠江水产研究所、下穿广钢支线和地铁一号线、下穿地铁综合仓库和地铁车辆段检修主厂房等。特别是在盾构机到达地铁车辆段检修主厂房前,需进行桩基托换。

3)软硬不均地层中的盾构掘进施工

盾构掘进过程中,岩性的变化、风化程度不均匀、地层组成成分不同及掘进面岩性的不一,均为盾构掘进施工带来不利。正确选择盾构机的掘进模式,盾构机姿态控制、地面沉降的控制是施工中的重点。

二、盾构机选型

针对本标段的特点,决定选择罗宾斯公司生产的复合式盾构机。

罗宾斯盾构机有如下设计特点:

(1)盾构机具有土压平衡功能,能很好地控制地面沉降,适合本工程砂土地层掘进的需要。

①选用了合适的刀盘。刀盘开口率为37%,土压平衡掘进中,在稳定正面软弱土体的前提下,既有利于提高出土效率,又能保证有足够面积安装各种刀具。

②软土切削刀具形式和布置。在相对比较软弱的砂层掘进时,盾构机拆除滚刀,并使用撕裂刀,以增大刀盘的开挖效果,提高渣土进入土仓的流畅性。

③合理的土仓设计。土仓的容积足以能够适应由于掘进模式的改变而带来的渣土体积变化,在敞开模式转化为土压平衡模式时,土仓可以储存盾构向前推进一环期间所挖下的泥土,土仓壁上设有泡沫喷射孔,充分离析黏土,提高黏土的流动性和出土效率。

(2)适应盾构机在岩层中掘进的要求:

①刀盘结构坚固,刚性大,变形量小,耐磨程度高。

②刀具的破岩能力强。

③螺旋输送机由耐磨板保护,抗磨性能好。

(3)用大功率液压驱动,适应不同地层的掘进需要。

(4)设计有专门的设备和管路供添加剂的注入,从而达到改善渣土性质的功能。

(5)采用盾尾同步注浆系统,可及时填充开挖间隙,减小沉降。

(6)电气和液压元件质量可靠、响应迅速、防水性好,适应隧道内的高温、高湿工作环境。

(7)控制系统的自动化程度高,减小了劳动强度和错误操作发生的概率。

(8)配备有激光自动导向系统,导向精度高,能实时反映盾构机的当前位置状态和理论位置。

螺旋机采用轴式螺旋,可以保证在盾构机掘进中发生地下涌水的时候,能使螺旋机中的渣土有效地形成土塞,以便在封堵涌水的同时,还能将土仓中的渣土带出,继续掘进,不会出现带式螺旋那种涌水从螺旋芯部不受控制地涌出的情况。

(9)具有较高的综合掘进速度,在不同地层中最大的掘进速度如下:

①在黏土层中为4.8m/h。

②在强风化岩土中为2.7m/h。

③在中风化岩土中为2.3m/h。

④在微风化岩土中为2.25m/h。

(10)合理的人闸设计,保证砂层更换刀具的便利及工作人员的安全。

(11)有足够长的安装器臂,可以在盾尾尾刷位置进行管片安装,便于在隧道内实现尾刷的更换。

(12)气压系统,可以保证盾构机在砂层中掘进时使用土压平衡稳定。

设备参数见本书第一章表1-4。

三、刀盘和刀具

盾构机对地质的适应性关键在于刀盘对地质的开挖适应能力,罗宾斯盾构机的刀盘从驱动形式、结构设计、刀具设计及布置都可满足本区间地质特点对盾构机掘进适应性的要求。

(1)刀盘驱动方式:电驱动(水冷式)。

(2)刀盘、刀具形式:

①刀盘布置形式如图8-5所示。

②刀具形式及作用和功能。刀盘有12个辐条,可以安装17in滚刀及先行刀,并且可以相互更换。

a.滚刀(单刃、双刃及中心类型)。滚刀移向刀箱一侧,用楔形块和螺栓来安装。刀盘共布置单刃滚刀23把、中心双刃滚刀8把,滚刀高度140mm,启动扭矩约30N·m。

图8-5 盾构机刀盘

b.齿刀(拳形)。齿刀安装在刀盘辐条一侧,齿刀可将开挖的渣土送到土仓中,高110mm。

c.边缘保护刀(辅助切刀)。边缘保护刀焊接在刀盘的外周,以防止刀盘的外围被磨损和撕裂。

d.拳形中心齿刀。拳形中心齿刀焊接在刀盘中间的前部面板上,以防止刀盘被磨损和撕裂,高50mm。

e.保护刀。保护刀焊接在刀盘辐条一侧,以防止刀座被磨损和撕裂。

f.添加剂注入孔保护刀。添加剂注入孔保护刀焊接在刀盘辐条的前部面板上,这些刀用于保护门式添加剂注入孔,并切削泥土。

g.磨损监测装置。磨损监测装置焊接在刀盘面板上,当磨损量超过20mm时,磨损监测装置的液压压力会降低,这个时候我们就会知道磨损量(高105mm)。检查的时候,需要停止刀盘的旋转,并连接旋转接头处的油压孔。

h.特殊先行刀(软土备选)。先行刀可以代替滚刀,特殊先行刀可以有效地切削无卵石的硬土,也用于切削较硬的土层及卵石。

l.鱼尾刀(软土备选)。鱼尾刀安装在中心区域,以促进土砂的流动性。

四、刀具的适应性

本标段考虑到以岩层为主,但要通过少量软土层,所以准备使用的刀具类型主要为双刃滚刀、刮刀、铲刀。

滚刀的安装采用背装式设计,刀具的刀座在制造时采用严格的焊接工艺标准焊接在刀盘上，牢固且不易变形，满足多次重装的需要。

刮刀和铲刀的安装采用插装式设计，拆装迅捷。

刀盘中心区能换两种不同类型的中心刀（即中心撕裂刀和中心滚刀），中心区外组合布置刮刀和滚刀，边缘区为鼓形设计，便于安装更多的边缘刮刀和边缘滚刀，由于边缘区滚刀密集，单位长度上参与切削的刀刃多，可以增加边缘滚刀的使用寿命，降低刀具的更换频率，更好地满足工期要求。刀盘上还设置了超挖刀的安装位置，为盾构机的曲线施工提供保障。盾构机刀具如图8-6所示。

图8-6　盾构机刀具

刀盘共有4个进土口,每个进土口的两侧各设置8把正面刮刀,共计64把。其中,相临两个出土口的刮刀切割方向相反,即各有32把刮刀用于正反向的切削,刀盘上另16把铲刀,其作用是将边缘区滚刀破碎后的岩石完全刮除,保证开挖洞径不小于前体的外径设计值6280mm,且使开挖洞壁光滑和提高尺寸精度,有利于盾构机的壳体通过并保证有足够的回填注浆量。刀盘上配备了足够数量的滚刀,以取得合适的滚刀间距,达到良好的破岩效果。

第四节　盾　构　施　工

一、盾构过珠江水产所段掘进技术

1. 珠江水产所概况

中国水产科学研究院珠江水产研究所地处广州市芳村区西朗,是国家珠江流域渔业综合科研机构,该所主要从事热带亚热带渔业及相关学科的应用基础和应用技术研究。菊西区间盾构掘进时需穿越该所十个科研鱼塘以及数栋科研楼房(见图8-7、图8-8)。

图8-7　珠江水产所鱼塘

图8-8　过珠江水产所地面建筑物

左右线隧道穿越的地层以⟨2-1A⟩淤泥、⟨2-2⟩淤泥质粉细砂、⟨2-3⟩蠔壳片中粗砂层为主，通过最厚砂层为14.0m左右，并且多次穿过⟨8⟩中风化泥质粉砂岩、⟨9⟩微风化泥质粉砂岩与⟨2-3⟩蠔壳片中粗砂、⟨3-2⟩中粗砂层的混合地层以及⟨2-1A⟩淤泥与⟨2-3⟩蠔壳片中粗砂层的混合地层。

2. 工程重难点

1) 地质情况不确定，地面监测无法实施

由于一些特殊的原因，业主拒绝承包商进入施工场地进行补勘和测量作业，因此缺少详细的地质资料以及完善的地面监控体系。

2) 工程水文地质条件复杂，施工难度大

(1) 缺失残积黏土层，将造成江水与基岩、砂层直接联通。

(2) 盾构掘进断面上软下硬特征较为明显。珠江水产研究所地段地质条件复杂，特别是临近菊树站方向上方为⟨2-1B⟩、⟨2-2⟩地层，且穿越⟨2-3⟩蠔壳片中粗砂、⟨3-2⟩中粗砂与⟨8⟩中风化泥质粉砂岩、⟨9⟩微风化泥质粉砂岩层的混合地层，地质情况较差，地下水与花地河有水力联系，水压力大，盾构掘进过程中易出现涌水、涌沙造成地面塌陷现象；或由于土压力过大造成地面隆起；另外，由于水系连通，有可能因水压过高而造成盾尾漏浆、漏水及管片上浮。隧道上方地层为⟨2-1A⟩淤泥层，标贯击数为1~2击，隧道下方地层为⟨9⟩微风化粗砂岩层，无侧限单轴抗压强度最高26MPa，地层软硬不均，盾构机掘进姿态控制困难。对盾构掘进姿态控制要求高，盾构施工难度大。

3) 地面为科研鱼塘、科研楼房，经济风险高

该段主要穿越的地面建、构筑物为珠江水产研究所科研鱼塘，紧临科研大楼，鱼苗珍贵且经济价值高。根据详勘资料显示，该地段部分地质探孔位于隧道范围内，如地质探孔未能及时封堵，或土压大，盾构掘进过程中，泡沫溶液极易沿透水性好的砂层渗入鱼塘内；另一方面，也可能由于掌子面失稳造成地面塌陷，泡沫冒出地面，导致研究用鱼死亡，或沉降引起科研大楼开裂，造成巨大经济损失。

3. 掘进技术措施

1) 上软下硬地段掘进

左线盾构机掘进至540环进入珠江水产所范围内，采用土压平衡掘进模式，挖掘面为全断面红层，土仓压力为0.15MPa。第542环，渣样中出现⟨2-3⟩蠔壳中粗砂、⟨2-2⟩淤泥质粉细砂，盾构机开始进入上软下硬段，采用土压平衡模式继续掘进，土仓压力为0.25MPa，严格控制出土量。第545环，地面观测人员发现鱼塘开始冒泡，泡沫剂被挤压从砂层中渗漏而出形成地面鱼塘冒泡现象。为了防止泡沫剂溢出对科研鱼苗的影响，盾构添加剂改为高分子聚合物，这样虽然避免了鱼塘冒泡，但隧道底部的红层没有泡沫剂的改良，在土仓内形成泥饼。第548环，渣温升高了10℃，推进速度降低到10mm/min，扭矩升高到3000kN·m，推力升高到20000kN，刀盘中心区的两根泡沫管路先后堵塞。随着盾构机的继续推进，各项参数进一步恶化。第562环，盾构出渣显著增多，最终造成地面沉降，最大沉降量达到283mm，沉降范围半径为15m。

珠江水产所段发生沉陷位置地质情况及沉陷状况如图8-9、图8-10所示。

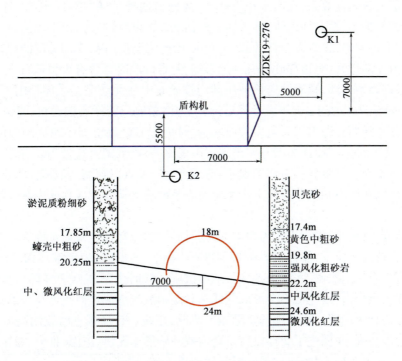

图8-9 珠江水产所发生沉陷位置地质断面图(尺寸单位:mm)

图8-10 珠江水产发生沉陷位置

该段上软下硬地层上部主要为〈2-3〉蚝壳片中粗砂层,下部地层为〈9〉微风化粗砂岩层,最大强度约26MPa,两类地层虽有强度差异,但下部岩层强度相对不高,盾构机刀盘能够对其进行有效破碎,因此对于盾构机姿态控制并无难点。而两类地层的性质差异较大,一类为蚝壳砂层,主要成分为蚝壳以及动物尸体残渣,整体呈松散状态,遇水液化,在刀盘扰动下易产生流变,影响地面沉降,并且与花地河水系连通,涌水量大;另一类为微风化砂岩,黏土矿物成分含量高,遇水软化,在滚刀碾磨下形成粉末状颗粒,是形成泥饼的基础材料。

在这类复合型地层中较难选择添加剂,如采用泡沫剂作为添加剂,对泥饼有较好的防治作用,但对于砂层没有改良效果,在高土压条件下,盾构机掘进呈现"呕吐"状态,打开螺旋机液压闸门,开度即便很小,短时间内渣土、气体喷涌而出,犹如呕吐状态,由于出渣时含水量大,皮带机不能立即运走渣土,出渣效率低,同时土仓内土压力迅速下降,立即关闭闸门,土压力迅速回升,土仓压力浮动过大,对顶部砂层有一定影响,并且砂层时常含有小型孤石,经常卡住液压闸门。左线掘进第 544 环,螺旋输送机液压闸门被硬石卡住无法完全关闭(闸门开度 11%),从闸门开口处涌出 2m³ 渣土,土压力下降后迅速上升,采取反转螺旋输送机,将渣土强行反压回土仓,控制住喷涌后立即组织人员敲打石块,此时仍有部分渣土不停地从闸门涌出,半小时后闸门才得以完全关闭。地面鱼塘开始出现冒泡现象,影响范围直径为 2m。在之后几十环掘进过程中,都有出现闸门被孤石卡住的现象,造成土仓压力难以控制。泡沫注入土仓内破裂后汇聚为气体,砂层在压力和气体衬托下产生向后方鱼塘流动从而造成鱼塘内翻气泡,威胁科研鱼苗的安全。

如采用高分子材料和膨润土作为添加剂,则对砂层的流塑性以及通水性有较大改善,有效地预防喷涌,在较高土压下,能控制盾构机不进行"呕吐"式掘进,稳定掌子面土压力,对于防止顶部砂层流变有一定作用,间接地减少了地面沉降。同时由于高分子材料以及膨润土都是以溶液形式注入土仓内,因此也不会形成气体从砂层中溢流造成地面鱼塘冒顶的现象,但对于泥饼的形成无法有效控制。根据现场实际施工情况,左线 545 环掘进时改用高分子聚合物以及膨润土作为添加剂,在掘进了 2 环以后土仓内就开始形成泥饼,渣温、推力、扭矩都有明显提高,推进速度也因此减缓,刀盘对顶部砂层的扰动更剧烈,顶部砂层受到扰动后涌入土仓内造成出渣量明显增加,同时砂层液化后造成地面沉降。

在上软下硬段复合地层中施工,添加剂的选择是关键所在,在推进过程中设法保持上部软土的平衡是目标,为了右线盾构通过时避免出现沉降以及翻塘等现象,采取主要措施如下:

(1)利用换刀时间强制保养制度,提高设备的完好率和利用率,保持盾构机各系统性能处于良好状态。提前安装调试好螺旋机应急闸门,以利于遇到涌水、涌沙时及时关闭闸门保压。

(2)单纯采用较大的土压力是一种理想的方法,但因为下部为泥岩,会产生结泥饼的负面效应。而采用欠土压和辅助气压的方法建立土压平衡掘进,容易造成气体泡沫冒出地面引起鱼苗死亡。因此,拟采用土压平衡模式,在保证泡沫的基本功能前提下减小泡沫的注入量和发泡倍率。泡沫溶液的组成:泡沫添加剂原液 4%,水 96%。发泡倍率 15 倍,掺入率 40%。

(3)重视盾构基础数据的异常反馈,如推进速度、推力、扭矩、土仓压力增大、油温升高、出土闸门喷涌、渣土的含水量变化、渣样的判断、实际出渣量与理论出渣量的比较等,认真分析异常原因,并采取果断措施,以免贻误战机。

严格控制出土量,每环控制在 70m³ 左右,最多不能超过 80m³。如果出现 5 斗土已装满,但是千斤顶的行程未能达到 1800mm 时,停止螺旋机出土,继续掘进达到拼管片为止。下一环开始就要憋土保压,视刀盘扭矩而定。停机前也要憋土保压,防止掌子面塌陷。

(4)密切注意工程地质和地表沉降变化的情况,洞外观测地表下沉,在进入该段前约 30m 开始,在洞轴线的地表每隔 5m 设置一处测点,用于监测盾构机掘进到达和离去阶段,各点的沉降值与盾构机掘进参数之间的关系,总结出适应该地层的掘进参数和注浆参数。收集必要的掘进参数和地层信息,以信息反演地层结构,及时调整推进参数,减少对地层的扰动,控制地面沉降。

(5)优化壁后注浆配比参数。调整同步注浆配合比,提高水泥掺加量使之大于160kg/m³,或加入适量早强剂,使浆液胶凝时间缩短到3～5h,使同步注浆尽快发挥其止水作用,防止管片背后水力通道的形成,可以防止或减小喷涌的发生,阻止管片上浮。必要时,及时进行二次补强注浆(水泥—水玻璃双液浆),对管片背后进行堵水,防止管片上浮超限,保证注浆压力和注浆量。

掘进参数见表8-5。

掘 进 参 数 控 制　　　　　　　　表8-5

地层特点	上软下硬
判断依据	出渣时砂含量增多或黑红色泥状物质增多,并伴有块状岩块
地面情况	隧道两侧为检测楼、科技楼,隧道上方为鱼塘
掘进模式	土压平衡
右部土压力(kPa)	220～240
推力(N)	<15000
推进速度(mm/min)	30
扭矩(km·m)	<3500
刀盘转速(r/min)	1.5～2
出土量(m³)	3.5～4
注浆压力(MPa)	0.3～0.4
注浆量(m³)	5.5～6
添加剂	康达特泡沫溶液浓度3.5%,发泡率15倍,注入率40%,采用NL模式
注意事项	尽可能使用铰接油缸调整盾构机姿态,减小盾构机爬坡趋势
	保持泡沫管的畅通,一旦发现泡沫管堵塞,立即疏通防止结泥饼
	出土量精细化控制,减少地面沉降量,每掘进完一斗的理论进尺量为38～42cm
	每环对渣样在隧道内进行清洗,判断上部地层是否进入隧道

2)事故原因分析

(1)地质情况与勘察断面有出入。根据勘察剖面,ZDK19+225位置盾构机开始进入上软下硬地层,隧道上部为砂层,下部为〈9〉号地层,但根据现场渣土土质分析,直到4月17日掘进544环至里程ZDK19+240时,渣土中才出现蚝壳、淤泥、中粗砂,由此推测盾构顶部为〈2-1B〉淤泥质土和〈3-2〉蚝壳中粗砂(见图8-11)。

由于地面鱼塘密布,且其内养殖为珍贵的科研鱼苗,地质钻机无法在隧道上方的鱼塘内钻孔,地勘孔间距较大,导致其与实际地层出入较大。在地质条件不准确的前提下,很难提前调整盾构掘进参数以防止地面沉降,而只能从地面沉降情况被动反映目前掘进参数的准确性再进行调整。

(2)掘进时遇到孤石,突发喷涌。4月17日,左线掘进第544环,该位置刀盘里程桩号为ZDK19+244,推进油缸行程至1.5m时,螺旋输送机液压闸门被硬石卡住无法完全关闭(闸门开度11%),从闸门开口处涌出 $2m^3$ 渣土,土压力下降后迅速上升。采取反转螺旋输送机,将渣土强行反压回土仓,控制住喷涌后立即组织人员敲打石块,此时仍有部分渣土不停地从闸门涌出,半小时后闸门才得以完全关闭。随后恢复掘进,将本环掘完,渣土中已存在少量石块,此时地面鱼塘开始出现冒泡现象,影响范围直径为2m。在之后几十环掘进过程中,都有出现闸门被孤石卡住的现象,造成土仓压力难以控制,渣料如图8-12所示。

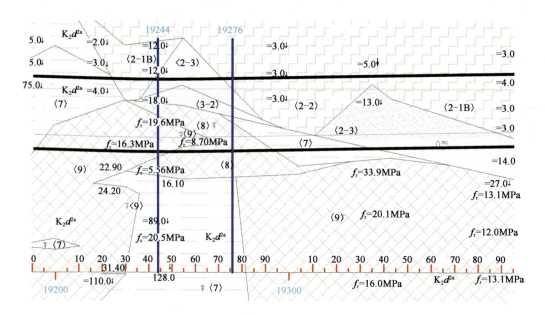

图8-11 左线地质剖面图

图8-12 渣样

(3)土仓内结泥饼,掘进速度慢,对土体扰动较大。4月18日,掘进545环,刀盘里程桩号为ZDK19+246,渣土主要为红层岩块,含砂量逐渐增多,盾构已进入上软下硬段,掘进参数异常,推力、扭矩、渣温同时上升,掘进速度降低,出渣时出现大块粉状土团聚块,土块温度内高外低。根据各种参数及出渣情况,判断盾构机土仓内已结泥饼,造成盾构机平均推进速度只能达到10mm/min,该环掘进用时共6h。尽管盾构机推进速度非常缓慢,但是盾构机刀盘仍然处于转动状态,而且千斤顶推力一直持续在1500kN,扭矩也居高不下(基本上在3000kN·m以上),540~560环的推力、扭矩变化曲线如图8-13所示,速度变化曲线如图8-14所示。

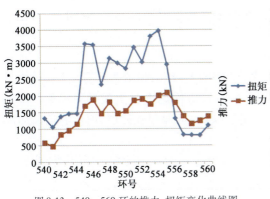
图8-13 540～560环的推力、扭矩变化曲线图

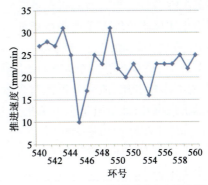
图8-14 540～560环的推进速度变化曲线图

545环出土量都达到6.5斗土(约97m³),比544环出土量5斗(约75m³)多出了近22m³,当时地面鱼塘出现冒泡、喷水柱等现象,证明已冒顶,刀盘前方与地面鱼塘形成了水力通道。该处沉降范围直径约15m,最终沉降250mm,此处沉降曲线如图8-15所示。

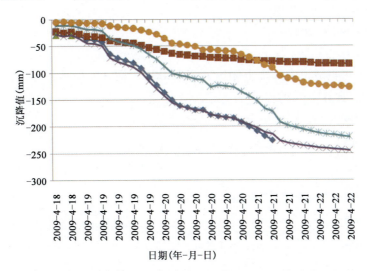
图8-15 ZDK19+246断面各监测点累计沉降值随时间变化图

由该断面各监测的累计沉降值可以看出,累计沉降值以一点为中心向四周逐渐减少,地面沉降可近似为圆锥形,土体损失约15m³。

$$V = 15 \times 15 \times \pi/4 \times 0.25/3 = 15 m^3$$

由此可以判断,里程ZDK19+246处鱼塘沉降主要原因是545环掘进中速度慢、对土体扰动过多。开挖面及周围土体在高推力和高扭矩作用下,受到了塑性破坏,尤其是砂层在刀盘的充分搅拌下,扰动过大,根据冲洪积砂层中的地基变位理论,此时极易在砂土中形成拱,拱上部土体因为拱作用基本上处于稳定状态,而拱下部土体则会因为应力释放、松弛而塌陷,进入压力舱,滑动面基本与刀盘斜交,滑动体成一楔形。

之后,因为典型的上软下硬特征,下部硬岩不断地被磨动但是进入土仓的较少(土样分析的结果也是如此),而上部砂土则在刀盘的不断搅拌下源源不断地往舱内涌入,滑动面不断扩展,砂土内的拱线上移,内部掏空范围不断扩大,最终拱上土体在自重作用下塌陷,表现为地面鱼塘底部沉降、冒顶,当时盾构机掘进资料显示,刀盘扭矩在掘进时瞬间达到6000kN·m,也可以证明为土体塌陷掩埋刀盘造成扭矩突增。

(4)土仓压力较低,出土量较大

4月21日,盾构机掘进至565环,刀盘里程桩号为ZDK19+276,出渣为部分〈7〉强风化泥岩,部分蚝壳中粗砂层,渣样分析此时含砂量达到了40%。盾构掘进时出现喷涌现象。根据地质详勘报告可知,此处隧道上方覆土为17m厚淤泥层以及1m厚蚝壳砂层,盾构隧道断面高度为6m,隧道上半断面为蚝壳砂层。

由于上覆淤泥层属于软土层($N \leqslant 2$),因此竖直土压力应选用全部覆盖土的压力,此处中部竖直水土压力为:

$$\sigma_V = h \times r = 21 \times 20 = 420\text{kPa}$$
$$\sigma = \sigma_V \times K = 420 \times 0.7 = 294\text{kPa}$$

式中:σ_V——隧道中部竖直水土压力;

σ——隧道中部水平水土压力;

h——隧道中部到地面距离;

r——饱和重度,取20kN/m³;

K——侧向土压力系数,当$N \leqslant 2$时取0.7。

根据理论计算,可得隧道中部水土侧压力为294kPa。而在实际掘进施工过程中,中部土压力较小,如图8-16所示。

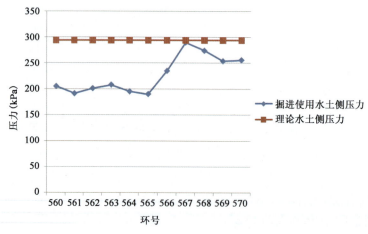

图8-16 隧道中部水土侧压力图

由图8-16可知,盾构掘进567环之前,土仓压力都比理论水土侧压力小100kPa,而上覆淤泥层在土仓压力不够的情况下,在掘进过程中靠近土仓的淤泥被上部淤泥的土压力挤压进入土仓,造成560~565环每环出土量为4.5斗(67.5m³),比该地层中正常掘进出土量4斗(60m³),每环多出土7.5m³,累计多出土45m³。当天隧道顶部路面出现较大沉降,最终累计沉降达到420mm,沉降范围直径15m。此处沉降曲线如图8-17所示。

由该断面各监测的累计沉降值可以看出,累计沉降值以一点为中心向四周逐渐减少,但减少值较少,地面沉降可近似为圆台形,土体损失约52m³。

$$V = 15 \times 15 \times \pi/4 \times 0.42 \times 0.7 = 52\text{m}^3$$

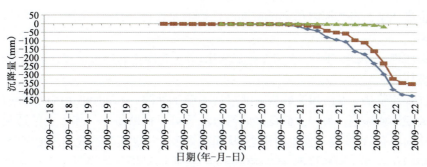

图 8-17 ZDK19+276 断面各监测点累计沉降值随时间变化图

由此可以判断,里程 ZDK19+276 处鱼塘沉降主要原因是 560~565 环掘进中土压力较低,上部土体挤压进入土仓内,造成出土量增多,最后形成沉降。

3) 事故处理措施

针对已出现的沉降超限事故,经过各方专家分析问题原因后,采取了以下措施,以制止地表沉降扩大化,确保盾构机安全通过沉降超限区域。

(1) 采用袖筏管注浆工艺加固了沉降路面范围内 10m 厚淤泥层,注浆孔最小间距为 2m。通过注浆加固后,该段路面没有出现进一步沉降,有效保护了周围的建(构)筑物。

(2) 当液压闸门出现被粗砾石卡住现象时,及时采取措施:

①反转螺旋输送机,给渣土以反作用力,减少渣土涌出速度。

②停止刀盘旋转,减少刀盘对土体的扰动,防止上部软弱土层被扰动后松弛而塌陷,进入土仓后使土压力上升造成螺旋机出口压力增大。

③将螺旋机出土口液压闸门迅速开合,利用螺旋机内渣土压力将卡住闸门的粗砾石冲开至皮带上,重复此动作至液压闸门开度为 0,证明粗砾石已被冲开。

④向螺旋输送机里注入泡沫止水剂,注入该溶液后与渣土中水分反应,立即形成胶状物体,大大降低了渣土的流动性,在螺旋输送机内部形成土塞效应,减少喷涌。

(3) 确保掘进速度与出土速度相匹配,保持土压力在计算土压力±20kPa 以内。

(4) 加大注浆量,每一环管片背后的注浆量应大于等于 $6.5m^3$,确保地面沉降范围不再向前扩展,增加辅助添加剂量,改善渣土的和易性,在增加泡沫量达不到效果时,可以考虑改用膨润土泥浆或高分子聚合物。

(5) 加强监控测量,并及时根据监控数据调整掘进参数,特别是出土量、土仓压力、注浆量等参数。每天进行 2 次土样分析,进行土质鉴定,确定砂层有无继续塌陷趋向。

(6) 在掘进速度极其缓慢,刀盘推力、扭矩、渣温持续增加的情况下,可以考虑开舱清除泥饼并更换刀具,当地面不具备加固条件时可采用分散剂清洗刀盘,清除部分泥饼。

同时,为了防止右线通过该段时以及双线盾构机在类似情况下再次出现地面沉降,采取以下保障措施:

①增加掘进过程中中部土仓压力,保持其值在 220~240kPa,稍高于中部水土侧压力,以超水土压的掘进模式进行推进,让地面稍稍隆起,减少地面沉降值。

②降低刀盘转速。将刀盘转速控制在 1~1.2r/min,在掘进速度相同的情况下可减少刀盘对土体的扰动次数,从而减少地面沉降。

③稳定推进速度。将其控制在30mm/min,保持匀速推进,避免刀盘转动时间过长而造成上部砂层塌陷。

④密切关注推力、扭矩、推速、渣温等参数变化,分析判断土仓内可能存在的大块石可能对刀具发生的破坏。

⑤加大同步注浆量。及时填充盾构机通过后的施工间隙,一方面防止因间隙的存在导致地层发生较大变形或塌陷。另一方面良好的衬背注浆可以截断压缩气体后逸的通道,同时阻断盾尾水源流向土仓,减少喷涌发生的机会,从而减少水土过度流失造成的地面沉降。

⑥出土精细化管理。加强管理,严格控制出土量,盾构机操作手与看土工增加联系,加强配合,每掘进一斗土控制盾构机推进38cm,最终控制每环出土量60m³左右。

⑦使用泡沫、分散剂或TAC高分子聚合物及膨润土添加剂。当渣土中黏粒含量大于15%时,采用泡沫,以防止泥饼的产生;当判断土仓内可能结泥饼时,采用分散剂进行浸泡;当黏粒含量小于15%时,或在盾构机通过珠江水产研究所3号鱼塘前采用TAC高分子聚合物及膨润土,其主要作用为:

a.增加土仓内土体的流动性,在刀盘转动切削土体的过程中在掌子面形成泥膜,起到护壁作用,有利于保持土仓内土压平衡,从而避免开挖面的土体塌陷,保持掘进的持续顺利进行。

b.改善土仓内渣土的保水性,使砂层中的地下水在膨润土及聚合物的共同作用下不会从渣土中分离出来造成大量地下水从螺旋输送机出渣口喷涌而出,导致土仓内压力急剧下降,致使地表变形。

⑧在盾尾后部布置压密注浆管,按3m×3m净距布置,钻孔深度10m,在盾尾脱出盾壳后,根据现场沉降观测情况,及时补充压注水泥浆,注浆压力控制在0.3MPa以内,从而控制盾尾沉降。

⑨在掘进过程中加强沉降观测。密切注意工程地质和地表沉降变化的情况,在盾构机掘进前30m、后20m开始在洞轴线的地表每隔5m设置一处测点,用于监测盾构机掘进到达和离去阶段,各点的沉降值与盾构机掘进参数之间的关系,总结出适应该地层掘进的参数。收集必要的掘进参数和地层信息,以信息反演地层结构,及时调整推进参数,控制地面沉降。

⑩准备好聚氨酯堵水材料,当出现螺旋机出口被卡等意外情况时,迅速从螺旋机下口压注聚氨酯,封堵螺旋机,防止喷涌发生引起地面沉降。

4)渣土改良

盾构机全断面过砂层实际上是一种均一地质环境条件下的盾构施工。这种工况对于土压平衡式盾构最关键的就是要选择合适的添加剂,以便改良砂土的和易性、降低砂土的渗透性和降低砂土的外摩擦角。

渣土改良方法:向土仓内注入钠基膨润土,同时注入高分子聚合物。其主要作用为:

(1)增加土仓内土体的流动性,在刀盘转动切削土体的过程中在掌子面形成泥膜,起到护壁作用,有利于保持土仓内土压平衡,从而避免开挖面的土体塌陷,保持掘进的持续顺利进行。

(2)改善土仓内渣土的保水性,使砂层中的地下水在膨润土及聚合物的共同作用下不会从渣土中分离出来造成大量地下水从螺旋输送机出渣口喷涌而出,导致土仓内压力急剧下降,致使地表变形。

针对本段砂层地质条件,根据前期的室内试验数据,确定采用膨润土及高浓度高分子聚合物 TAC 对其进行改良,使砂、黏土、水重新组合,具有一定量塑性,便于出土,同时防止喷涌,增加止水效果。

在砂、沙砾中(含有 10% 的黏土成分)注入 20%～30% 高分子溶液,溶液比例为 1%;如水压较高,高分子溶液比例采用 2%。

如不含黏土成分,则注入 20% 膨润土溶液并注入 20%～30% 高分子溶液,溶液比例为 1%;如水压较高,高分子溶液比例采用 2%。

渣土改良试验如图 8-18 所示,施工参数见表 8-6。

a) 横批含泥量10%的原状砂土　　b) 复掺膨润土和0.3%TAC掺量下的状态　　c) 坍落度1

d) 单掺1%TAC下的状态　　e) 复掺膨润土和0.5%TAC掺量下的状态　　f) 坍落度2

图 8-18　土体改良

掘 进 参 数　　　　　　　　　　　　　表 8-6

砂 层	
判断依据	出渣时砂含量明显增多,黏性小,土质松散
地面情况	隧道两侧为检测楼、科技楼,隧道上方为鱼塘
掘进模式	土压平衡
右部土压力(kPa)	240～260
推力(N)	<12000
推进速度(mm/min)	40
扭矩(kN·m)	<500
刀盘转速(r/min)	2
出土量(m³)	3 斗
注浆压力(MPa)	0.3～0.4
注浆量(m³)	6
添加剂	全断面蠔壳中粗砂时,TAC 溶液浓度 0.8%,注入率 20%,膨润土溶液中膨润土:水 = 1:4,注入率 10%～20%
注意事项	进入软土前 2～3 环增加注浆量,提高浆液稠度
	出土量精细化控制,减少地面沉降量,每掘进完一斗的理论进尺量为 50cm

5）本案例小结

（1）盾构隧道施工中,地质条件是基础,当由于复杂地面环境造成无法进行地质勘探工作时,给施工带来了无形的风险,使施工处于被动状态。

（2）沉降只是隧道掘进中土体置换的表现形式之一。根据地质特点控制出土量可有效减少地面沉降或隆起。出土量的控制是被动的,其主要依靠推进速度控制以及土压力控制来实现。当推进速度缓慢时,加大了对土体的扰动,使更多的土体被切削后进入土仓,造成出土量无法控制。当土压力较小时,土体应力释放、松弛而塌陷,进入压力舱后造成出土量无法控制。

（3）二次补充注浆是减少盾构掘进后期沉降最常见同时也是最有效的手段之一。

（4）盾构在红层出土量为 5 斗/环,上软下硬地层出土量为 4 斗/环,淤泥、砂层出土量为 3 斗/环,盾构掘进通过水产所出土量是一个由多变少,而后由少变多的渐变过程;土仓压力是由小变大,而后由大变小的渐变过程。

（5）在上软下硬段,泡沫管经常堵塞,如不及时疏通,扭矩及渣温上升较快。

（6）当渣土中黏粒含量大于15%时,采用泡沫,以防止泥饼的产生;当判断土仓内可能结泥饼时,采用分散剂进行浸泡;当在黏粒含量小于15%全断面蠔壳砂层中掘进,由于透水性大,极易引发喷涌,采用0.8%高浓度的高分子溶液,对渣土有一定改良效果。在淤泥地层或淤泥与砂层的混合地层中掘进,不采用添加剂。

（7）在全断面淤泥层掘进时,腐烂动、植物体会在地下形成有毒气体聚集体,在盾尾漏浆的同时,有刺鼻的刺激性气体溢出,应引起高度注意,保持通风,防止中毒。

（8）由于古河道中含有大块孤石,可能会卡住液压闸门,造成渣土大量溢出,此时采取以下措施:

①反转螺旋输送机。

②继续保持推进,防止地面塌陷。

③张合闸门将大块岩土块排出。

④采取措施敲碎孤石,关闭后液压闸门,或回缩螺旋输送机并关闭前后液压闸门。如果短时间内处理不到位,可以回缩螺旋输送机,关闭液压前闸门。

（9）在不同的地层采用适当的掘进速度以及保持适当的土仓压力是控制出土量的必要条件,也是防止地面沉降的前提。

（10）在上软下硬段掘进时,可能出现刀盘上部地层突然塌陷造成扭矩突然增加至7000kN·m左右,通过刀盘继续转动又迅速恢复正常。

（11）从软土地层渐变到上软下硬段地层时,应密切注意以下几点:

①扭矩变化;

②渣样变化;

③盾构机姿态变化。

根据变化情况选择适当的添加剂、掘进模式,并通过铰接系统调整盾构机姿态。

二、渣土泵送技术

1. 工程概况

菊树站—西朗站盾构区间长约1915m,盾构始发车站为菊树站,车站长度120m,设置有4个盾构始发井以及2个出土井,该车站为2个区间共用始发站。菊西区间左右线盾构机一先一后从车站东端盾构始发井处始发,在西朗站西端盾构吊出井吊出,同时另一区间左右线盾构机一先一后从车站西端盾构始发井处始发。地面场地以出土井附近为界划分为东西两部分,45t龙门吊布置在盾构始发井负责拆除负环管片后吊运渣土及管片,16t龙门吊与其平行布置,出土井位于场地围蔽附近,不设置龙门吊等起重设备。场地布置如图8-19所示。

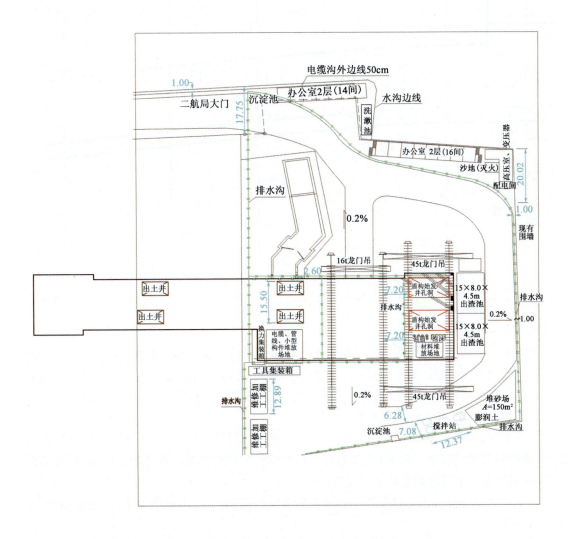

图8-19 菊树站场地布置图(尺寸单位:m)

左线始发阶段没有施工干扰,渣土可以从出土井正常吊出,因此左线始发阶段采用电瓶车土斗出渣;右线始发阶段,出土井被其他单位占用,无法正常吊运渣土,采用托泵输送渣土。隧道断面内为泥岩,泥岩破碎经过泡沫剂混合搅拌达到一定流动性,能够满足泵送的要求。

2. 工程和水文地质特征

通过对菊西区间右线地质断面图的研究,发现区间前100m左右的地质主要为⟨7⟩号强风化泥岩、⟨8⟩号中风化泥岩(图8-20)。此类岩层经刀盘切削,利用足量的水和泡沫等添加剂对其进行改良以后,形成流塑较好的渣土,拖泵泵送效果良好。

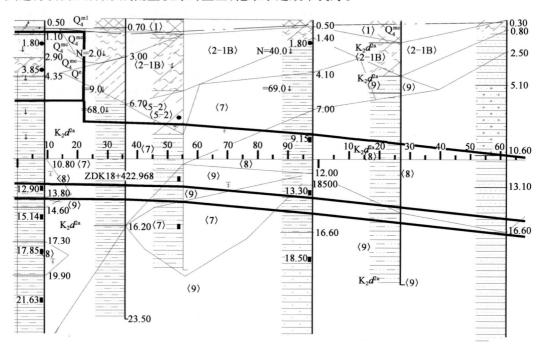

图8-20　菊西区间右线前100m地质图

3. 渣土泵送方案

1)工艺原理

渣土泵送工法是利用拖泵将皮带机出土直接泵送至渣土池。通过土仓内和土仓外渣土改良,增加渣土的可泵送性,渣土通过皮带机进入料斗后,通过筛网过滤可能导致堵管的大块岩石。掘进过程中盾构机向前推进,而泵管及拖泵固定,掘进一环拆接一次泵管,如此循环前进。

2)场地布置、列车编组、泵管布设

场地布置,拆除负环前,因始发井拼装了负环管片,材料只能通过出土井或其他类型井口上下,场地只要满足容下一台50t汽车吊以及少量管片和耗材的临时堆放需要即可,拆除负环后,则可利用龙门吊通过始发井上下材料。

列车编组:2个管片车+砂浆车+机车+拖泵,较常规土斗出渣取消了土斗,增加拖泵,如图8-21所示。

泵管布设:拖泵位于车站内时,泵管布设如图8-22所示,随着盾构向前推进,掘一环拆一节管。

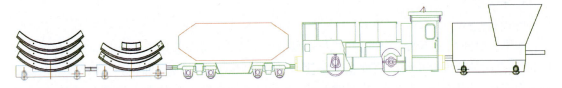

图 8-21 渣土泵送电瓶车编组图

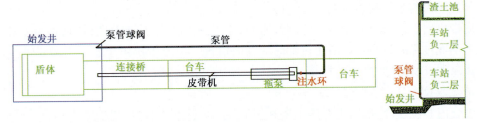

图 8-22 台车在车站时拖泵与台车相对位置平面及剖面示意图

拖泵进入负环管片内时，泵管布设如图 8-23 所示，随着盾构向前推进，掘一环装一节管。

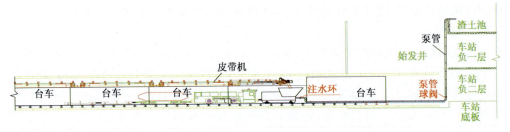

图 8-23 台车离开车站时台车与拖泵相对位置剖面示意图

3) 施工步骤

施工步骤如图 8-24 所示。

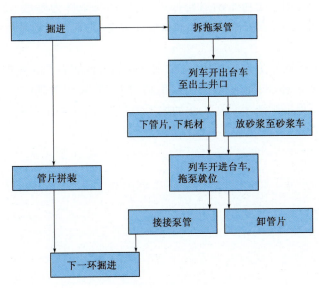

图 8-24 施工流程

4. 注意事项

1)设备问题

拖泵长时间在狭小的空间使用,热量不易散发出去,油温容易升高。特别是当液压油不够时,油温升高的速度会更快。因此在拖泵使用、拖泵开机前,检查拖泵的润滑油、液压油、冷却水是否充足。同时检查注水环、拖泵管连接、震动电机和电路连接情况。拖泵开机时,按照拖泵使用规程泵泥,按照拖泵使用规程停机,确认水路电路的断开,按顺序关闭泵管球阀。

2)掘进速度与泵送速度配合

当皮带机出土过快或渣土通过筛网过慢时,渣土满出料斗,应加强震动,增加渣土和易性,若筛网上不能过筛的石头妨碍渣土过筛时应及时清理。当皮带机出土跟不上泵送速度时,应及时停止泵泥,以免打空泵导致堵管。

3)渣土改良

分土仓内和土仓外改良,土仓内主要利用泡沫、水、膨润土改良,以使渣土具有较好的和易性,岩石较多的地层可以考虑注入适量膨润土,泵送工艺要求渣土比土斗装土偏稀一些。土仓外改良主要是在螺旋机出口和皮带机出口处加水、膨润土或水泥。若渣土较干,可以在螺旋机出口或皮带机出口加水;当石头较多时,可以在螺旋机出口加适量膨润土或水泥。

4)堵管处理

渣土泵送时有时也会碰到堵管情况,如打空泵、泵管中混入空气,降低了渣土的可泵送性,或者渣土中石头较多、泥较少,或加水过多,类似于混凝土离析、堵管宜及早发现,便于处理。所以掘进过程中,地面看土要及时反映渣土状况,同时堵管可以通过看泵管状况,听泵送渣土声音判断。若发现堵管,可打反泵,若亦无法疏通,则需要拆管。拆管之前确认堵管位置,先考虑泵管转弯位置,由远到近顺序查找堵管位置。

5)本案例总结

(1)渣土泵送工艺不受场地限制,进度快,施工环节少,管理线条清晰,更安全。

(2)渣土泵送工法适用于土压平衡盾构掘进,适合地质条件为砂层、土层、泥岩地层以及复合地层。因不用土斗装土,省去渣土的水平和垂直运输,尤其在场地受限制时盾构掘进始发阶段更显其优越性。

(3)与常规电瓶车运输渣土方式相比,菊树站—西朗站区间右线始发掘进70环,耗时18d(其中倒班1d),平均4.1环/d;而菊树站—西朗站区间左线采用常规电瓶车土斗出渣始发掘进70环,耗时24d。可见采用渣土泵送工法加快了工程进度,节约了工期。

Chapter 9

过街通道矩形顶管施工技术

执笔人 The Author

肖正茂 ▷

高级工程师，国家注册监理工程师，项目总监

执笔人 The Author

陈 祥 ▷

工程师，专业监理工程师

第九章 过街通道矩形顶管施工技术

第一节 矩形顶管施工技术发展

顶管法是使用得较早的一种非开挖施工方法,近年来它被广泛应用于市政工程敷设中的给排水、煤气、电力、通信管道及过街通道等工程。它具有以下五个优点:

(1)顶管施工可以穿越障碍物。
(2)顶管施工节能环保、绿色施工程度经明挖施工高。
(3)顶管施工对交通的干扰小,无需隔断交通。
(4)顶管施工控制精度高,地面影响小。
(5)顶管施工的工期比明挖施工短。

隧道隧道掘进技术的日益提高,许多地下结构的断面尺寸越做越大,同时为了提高地下空间的利用率和节约成本,往往把顶管断面做成矩形(见图9-1),与圆形顶管机相比,没有浪费断面,占有面积达最小程度,有效使用面积达最大限度;断面得到合理充分利用,相应土地征用量和掘进断面积减小,降低了工程造价,可获得极大的经济和社会效益。

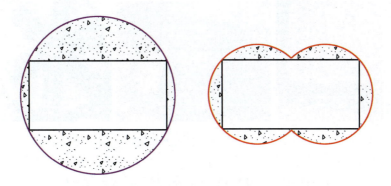

图 9-1　圆形、双圆形、矩形断面有效空间对比

当然,矩形顶管施工技术发展,还有许多相关的辅助技术有待跟进,如刀盘形状及组合形式,电机的驱动方式、掘进平衡模式、测量控制技术、预应力拼装式管片及注浆技术等技术的还需进一步研究,随着这些技术的不断突破、更新,矩形顶管施工应用也将进入一个新的高潮。

顶管掘进的施工工艺,对地面及周围的建筑物和地下管线的影响很小,同时不影响地面交通,所以用于特定条件下的地铁出入口等建筑物的施工,是一种比较新的也是比较适用的施工方法(见图9-2、图9-3)。

图 9-2 城市地铁车站过街通道

图 9-3 形形色色的矩形顶管机

第二节 桂城站顶管工程简介

一、工程概况

桂城站过街通道位于南海大道与南桂东路交汇处,横穿南桂东路;南桂路站顶管过街通道位于桂澜路与南桂东路交汇处,横穿桂澜路。顶管长度43.5m,截面的外包尺寸6m×4.3m(宽度为6m,高度为4.3m),通道覆土平均深度为4.4m。施工区域属佛山市南海区桂城商住、办公区,交通繁忙,周边高档住宅小区、商场、办公楼林立,地下管线丰富,施工涉及军用光缆、燃气管、通信光缆、高压电缆、给排水管等管线的保护工作(见图9-4~图9-8)。

图 9-4 南桂路明挖段路段

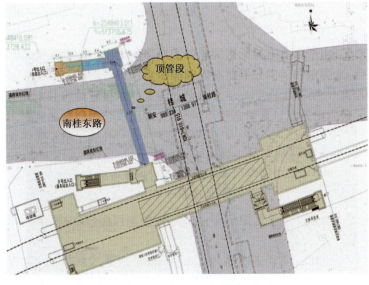

图 9-5 工程平面图

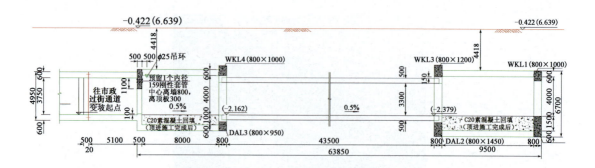

图 9-6　桂城站顶管通道纵剖面图(尺寸单位:mm)

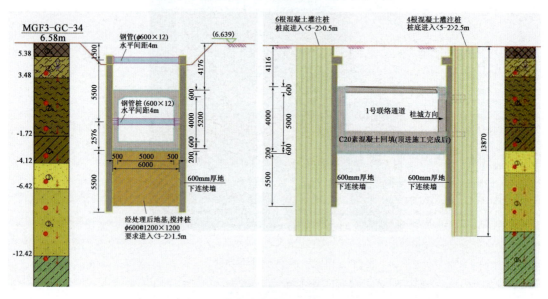

图 9-7　桂城站地质图(尺寸单位:mm)

图 9-8　桂城站顶管通道整体平面

二、地质、水文情况

1. 工程地质

地层由上而下：

1）人工填土层（Q_4^{ml}）

〈1-2〉素填土：黄褐色、灰黄色等，主要由黏性土、砂土组成，稍湿，松散～稍密状，层厚1.2～4.2m。

2）海陆交互相沉积层

〈2-1〉淤泥、淤泥质土（Q_4^{mc}）：深灰色，灰黑色，流塑～软塑。局部含少量粉细砂薄层，含少量腐殖质，有腐臭味，层厚1.00～9.40m。

〈2-2〉淤泥质粉细砂（Q_3^{mc}）：浅灰色，灰色，深灰色，饱和，松散～稍密状。层厚0.6～8.6m。

〈2-3〉粉质黏土层（Q_3^{m}）：浅黄色，灰黄色，灰白色，以黏粒为主，局部含少量砂粒，黏性较强，软塑～可塑，局部过渡为粉土。层厚1.40～7.4m。

3）陆相沉积砂层（Q_3^{al}）

〈3-1〉粉细砂层：灰黄色、浅黄色、黄色，局部为灰白色，饱和，松散～稍密，局部中密。主要由石英中砂粒组成，约含5%～10%的黏粒，砂粒级配较差，局部级配较好。层厚1.10～4.80m。

〈3-2〉中粗砂层：黄色，浅黄色，局部为灰白色，饱和，稍密～中密。主要由石英中粗砂组成，约含5%的黏粒，砂粒级配较差，局部级配较好。层厚1.6～9.3m。

4）陆相沉积土层（Q_3^{al}）

〈4-1〉粉质黏土：灰色、灰黄色、灰白色，可塑～硬塑，含少量粉粒。

〈4-2〉淤泥质土：灰黑色、灰色，流塑～软塑，含少量粉粒及砂粒。

5）残积土层

〈5-2〉硬塑状残积粉质黏土，暗红色～灰色，硬塑，稍湿，为下伏基岩风化残积而成；厚1.0～10.3m。

6）基岩及基岩风化层

本通道揭露基岩有两种：一种为白垩系上统大塱山组黄花岗段（K_2d^2）沉积岩层，主要为紫红色泥质粉砂岩，局部为夹细砂岩、砾岩；另一种为石岩系大塘阶测水组（C_1dc）沉积岩层，岩石主要为深灰色泥灰岩，局部为粉砂质页岩夹土黄色薄层泥灰岩，夹有碳质页岩及2～3层煤等。根据岩石风化程度将其分为全风化岩层、强风化岩层、中风化岩层和微风化岩层。

〈6-1〉全风化岩层：以红褐色、暗红色为主，局部灰色、深灰色，岩石已强烈风化成坚硬土状，局部尚可辨认原岩结构，岩石碎屑为泥质、粉砂等，遇水易软化。

〈6-2〉强风化层：以暗红色泥质粉砂岩为主，局部揭露有泥灰岩。岩石为粉粒结构，层状构造，泥钙质胶结。岩石组织结构已大部分破坏，风化裂隙发育，岩石破碎，呈半岩半土状或岩夹土状，岩质较软，手折易断。

〈6-3〉中风化岩层：以暗红色泥质粉砂为主，局部揭露泥灰岩。岩石为粉粒结构，层状构造,泥钙质胶结。岩石裂隙较发育,岩芯不太完整,多呈碎块~短柱状,局部薄层状,岩质较硬,分布较广。

〈6-4〉微风化岩层:以暗红色泥质粉砂为主,局部揭露有泥灰岩。岩石为粉粒结构,层状构造,泥钙质胶结。岩石完整性好,岩质较硬~坚硬。本通道范围内未见有断层通过,亦未见有古河道、溶洞等不良地质现象。

桂城站过街通道顶管主要通过〈2-2〉、〈2-4〉、〈3-1〉号地层。

2. 水文地质概况

地下水类型主要有两种:一种为赋存于第四系土层中的孔隙水;另一种是赋存于基岩风化层中孔隙水。第四系孔隙水主要存在于〈3-1〉粉细砂层及〈3-2〉中粗砂层中。

3. 不良地质情况

淤泥、淤泥质土层〈2-1〉呈流塑~软塑状,属中~高灵敏度土层,在施工中易产生流泥、触变、蠕变及震陷,同时其承载力较低。淤泥质粉细砂层〈2-2〉呈松散~稍密状,属饱和液化砂土层,而且含量较丰富,透水性较好;施工时易因水头产生流沙、管涌、崩塌,亦会因外来震动产生液化。

含水、透水地层粉细砂层〈3-1〉、中粗砂层〈3-2〉较发育,厚度较大,局部有砾砂层〈3-3〉。粉细砂层〈3-1〉呈松散~稍密状,在地震作用下局部有轻微液化趋势;同时粉细砂层〈3-1〉、中粗砂层〈3-2〉还因含水量较丰富,透水性较好,施工时易因水头产流沙、管涌、崩塌。

三、工程重、难点分析

南海区过街通道工程重点、难点与风险分析对策见表9-1。

南海区过街通道工程重点、难点与风险分析对策表　　　表9-1

序号	工程重点、难点或风险点	对应风险分析	风险等级	针对性监控措施
1	顶管机的始发与到达	基座变形;后靠支撑位移及变形;凿除钢筋混凝土产生涌水涌沙	地质条件较差,列为1类风险	顶管机基座的底面与工作井的地板之间要垫平垫实,保证接触面积满足要求;在推进过程中合理控制千斤顶的推力,且尽量使千斤顶合理组合,在拆除封门前布置观察孔,检测端头加固效果
2	顶管机下井与吊出	顶管机下井与吊出,涉及到地面承载力不足、起重吊装风险及高空作业风险	列为2类风险	对吊装方案进行严格的把关,要求设计核算地面承载力、地面外加荷载选择资质满足要求的专业施工单位,吊装指挥、司索工等工种的人员资格符合要求。严格按照起重作业的相关要求进行吊装作业
3	在淤泥质粉砂段施工,地表沉隆、塌陷	顶管机施工对地层产生扰动,使地表发生沉降、塌陷	地质条件较差,列为1类风险	做好顶管机选型;根据具体的地段和地质条件,选择适宜的掘进模式、参数,督促承包商制定专项施工方案,组织专家会审,估计到施工的困难和复杂性;加强监测,及时反馈监测信息以指导施工,加强施工过程控制管理

续上表

序号	工程重点、难点或风险点	对应风险分析	风险等级	针对性监控措施
4	临近周边建筑物沉降	周边的临近建筑物距工作井较近,施工技术难度较大	列为2类风险	在筹备期已督促承包商进行了建筑物基础的调查工作,制定了针对性的周边建筑物保护方案,在实施过程中同时督促承包商加强监控量测工作,根据监测结果适时调整保护方案和施工方法,确保周边建筑物和管线的安全
5	管节的垂直运输	物体打击、高处坠落	列为3类风险	吊车由有资质的单位进行检测安装,经有关部门验收合格后方可使用;加强安全管理,起重人员持证上岗,落实"十不吊";作业前应检查吊绳、吊具、吊点、被吊物、场地等情况,确认安全后方可作业
6	土方开挖及钢支撑的架设	开挖时发生围护结构崩塌及基底涌水涌沙	列为2类风险	事前对方案进行了论证,可行,过程中对土方的开挖及钢支撑架设进行安全方面的监控

第三节 工作井及端头加固

一、工作井

1. 工作井施工

始发井、接收井支护结构采用连续墙+两道钢管支撑,明挖竖井施工如图9-9所示。

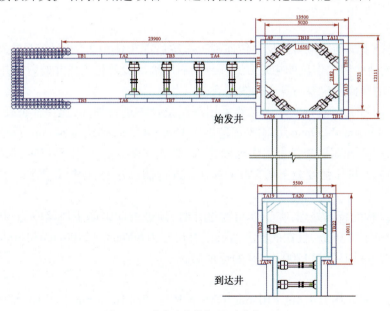

图9-9 工作井支护结构(尺寸单位:mm)

1)始发井

始发井的平面形状为 11.5m×12.3m 矩形,开挖深度约 11.3m,连续墙厚度为 600mm,成槽深度为 19.8m(见图 9-10)。

在始发井内,布置洞口止水圈、后座墙、基坑导轨、主顶千斤顶、顶铁以及排水井及排水设备等。在始发井的地面上,布置行车或其他类型的起吊运输设备。

2)洞门止水圈

穿墙止水环安装在工作井预留洞门处,其作用是防止地下水、泥沙和触变泥浆从管节与止水环之间的间隙流到工作井。

图 9-10 工作井开挖

洞门止水圈主要由预埋钢环、压板、橡胶圈和安装钢环组成。为了使预埋钢环能牢固地预埋在洞口井壁上,它与主体结构钢筋网焊接,预埋钢环的内径同预留洞口大小,钢环上焊数根螺栓用来安装橡胶圈和压板。

安装位置要根据出洞轴心位置进行调整,由于顶管出洞时不可避免有一定偏离出洞轴线位置,止水圈允许机头有 2cm 轴线位置偏差,若机头偏差超过 2cm,止水圈的安装位置必须根据实际偏差进行调整。

止水环结构(见图 9-11)采用钢法兰加压板,中间夹装 20mm 厚的窗帘橡胶止水环,该橡胶环具有较高的拉伸率(大于 300)和耐磨性,硬度为 45~55,永久性变形小于 10%。借助管道顶进带动安装好的橡胶板形成逆向止水装置。安装固定好后,预埋钢环板与混凝土墙接触面处采用水泥砂浆堵缝止水。

3)后座墙

后座墙是把主顶油缸推力的反力传递到工作坑后部土体中去的墙体,是主推千斤顶的支承结构,它的构造会因工作坑的构筑方式而异。后座墙一般就是工作井的后方井壁,需注意的一点是后座墙的平面一定要与顶进轴线垂直。

(1)后加固区的处理:始发井后靠背采用深层搅拌桩进行加固,搅拌桩桩径为 600mm,平面布置间距为 450mm×450mm,加固平面范围为 15m×4.2m,桩长为 14.5m,总桩数为 300 根。搅拌桩采用 42.5R 普通硅酸盐水泥作为固化剂,淤泥层掺入比不小于 15%,水灰比为 0.5~0.6,淤泥层龄期的抗压强度大于 0.5MPa,按 1% 进行抽芯检查,砂层及洪积土层中抗压强度应达到 1.5MPa。

(2)主体结构的特殊处理:在主体结构设计时,顶进方向上的主体墙厚为 800mm,比另外两侧主体墙加厚了 300mm,且在底板上两端设有尺寸为 800mm×2100mm 和 800mm×1450mm 的两条地梁,在顶板上设有 1200×600 的环框梁。

4)接收井

接收井的平面形状为 9.4m×10.6m 矩形,开挖深度约 10.456m,连续墙厚度为 600mm,成槽深度为 19.5m。通道穿越的土质主要为淤泥质粉砂、粉细砂。接收井是接收顶管机或工具管的场所,与工作井相比,接收井布置比较简单,只是安装了洞门钢环。

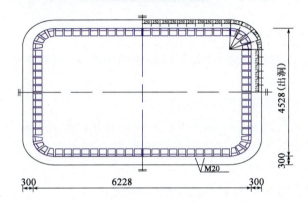
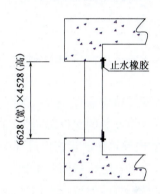

图 9-11 止水环结构(尺寸单位:mm)

2. 辅助设施

1)后垫铁安装

本工程安装选用装配式后垫铁。后垫铁用 20mm 厚钢板焊成纵横加劲肋的箱形体,为顶管的反力提供一个垂直的受力面,每个千斤顶受力面焊一块尺寸 500mm×500mm、30mm 厚的钢板,使箱体受力更均匀(见图 9-12)。

后垫铁安装无误后,在后垫铁与工作井后墙空隙间填充浇注水泥砂浆,以使井壁受力均匀,不受破坏。

图 9-12 后垫铁安装

2)基坑导轨安装

顶进导轨由两根平行的轨道组成,其作用是使管节在工作井内有一个较稳定的导向,引导管节按设计轴线顶入土中,同时使顶铁能在导轨面上滑动。

基坑导轨用 45kg/m 重型钢轨制作,导轨基座焊于 20 号槽钢上。钢横梁置于工作井底板上,并与底板上的预埋件焊接,使整个导轨系统成为在使用中不会产生位移的、牢固的整体(见图 9-13)。

图 9-13 导轨安装

(1)导轨选用钢质材料制作,安装后的导轨应牢固,不得在使用中产生位移,并应经常检查。

(2)两导轨应顺直、平行、等高,其纵坡应与管道设计坡度一致。

(3)导轨安装的允许偏差为:轴线位置3mm,顶面高程0~+3mm,两轨内距±2mm。

基坑内导轨在顶管施工过程中有时会产生左右或高低偏移现象,防治措施如下:

(1)对导轨进行加固或更换。

(2)把偏移的导轨校正过来,并用牢固的支撑或焊接锚固固定钢筋。

(3)垫木应用硬木或型钢、钢板,必要时要焊牢。

(4)对工作井底板进行加固。

3)千斤顶支架安装

千斤顶支架是用来支撑并固定主顶千斤顶的构件,用12~16号槽钢加工而成。支架固定在工作井底板的预留板上,支架体要有足够的刚度,稳定性要好,两支架应平行、等高,其纵坡应与管道设计坡度一致,主千斤顶安放后须保证水平及垂直方向的所有千斤顶的中心连线在同一直线上,且千斤顶的作用中心必须与管节管壁中心重合。

主顶油缸选用2000kN的千斤顶,固定在稳固的支架上,支架焊在井底的预留板上,千斤顶着力点应在管轴高度外壁上,对称布置,其合力的作用点在管道的中心线上。每个千斤顶的安装纵向坡度应与管道设计坡度一致。使用前应进行调试,要对缸体进行多次排气,使缸体伸缩自如,不出现爬行现象。设定工作压力为25MPa(最高压力不能超过31.5MPa),防止超压损坏千斤顶。

主顶泵站是给主顶千斤顶供油以及回油的设备,为千斤顶提供动能,该泵站压力最大31.5MPa(两个),安装在工作井边,靠近操作台,方便操作,可自动化控制。

4)场地布置

根据业主提供的现场允许使用范围,结合实际的施工需要,对顶管机动力站、拌浆系统、注浆设备、管节堆场、土方堆场进行合理布置。为方便管节吊运、出土,在顶管始发井出入口方向处地面配置一台260t的履带吊。

由于施工场地狭小,整个场地地面除工作井外都要浇筑20cm的混凝土,要求能够承载顶管机头进场吊装、260t吊车起吊、移位、运输管节车辆的进出场。

顶管工作井安排一台260t履带吊,负责钢管及顶铁吊运和井内、地面的吊装工作,现场内另设临时堆场,供钢管及其他半成品、周转材料等堆放,顶管现场考虑一定钢管的储存量。工作井围蔽内布置工具间、修理间、试验室及水泵房、空压机房、泥浆房等。自动控制台、通讯、中央控制均在顶进控制室内。

二、端头加固

1. 端头加固设计方案

在连续墙外采用6排$\phi 600@450\times 450$双重管旋喷桩加固,整体加固宽度约为2.85m。旋喷钻机紧贴连续墙导墙下钻,距连续墙外边200mm。顶管端头加固旋喷桩分A、B两类,均为实桩。A类旋喷桩成桩强度1.0~2.0MPa,便于顶管推进;B类旋喷桩要求确保止水效果,防止地下水从侧面绕流影响顶管安全。旋喷桩水泥采用42.5R级普通硅酸盐水泥,水灰比1:1,以大于20MPa的高压水泥浆射流通过$\phi 1.9$mm的喷嘴喷出。旋喷压力:20~25MPa,旋喷排量:$Q=80\sim 120$L/min;旋喷提升速度:10~15cm/min;旋转速度:20~25r/min。旋喷桩深入黏土层0.5m,即离顶管底约10m,具体如图9-14所示。

2. 端头加固施工补充措施

现场实施设计端头止水加固方法后,由基坑内侧洞门底部位置钻设水平探孔,显示内部还有残存砂水,为确保顶管机始发的安全性,经研究决定进一步补充洞门加固止水处理。

1)始发井止水加固方法

鉴于现场地质情况,参考桂城站主体结构施工经验,始发井止水加固方法采用在连续墙围护结构与原旋喷桩之间,紧贴连续墙施工1道低标号素混凝土连续墙止水,素混凝土墙墙厚1000mm,墙宽为洞口宽每边加1.5m,墙深为洞下边深加3m。墙身混凝土配合比为水泥:粉煤灰:泥粉:中砂:水为100:100:80:1440:300,其7d抗压强度为1.5MPa、28d抗压强度为3.0MPa。

在素混凝土墙前方两侧3.3m各设置一个降水井,降水井离洞门侧1.5m。降水井施工用冲孔桩机在图9-15所示位置冲2个$\phi 800$mm孔,孔深20m,放入$\phi 600$mm钢管,钢管外包80目纱网。在降水井中各放入2台$\phi 300$潜水泵,泵扬程28m,两台泵上下布置,每台抽水量15m³/h。

2)接收井洞门加固方法

在接收井已施工连续墙外紧贴连续墙施工1道800mm厚素混凝土连续墙,墙宽为洞口宽每边加1.5m,墙深为洞下边深加3m,墙身采用7d抗压强度1.5MPa、28d抗压强度3MPa的掺黄泥的素混凝土;连续墙端部增加2根旋喷桩封住两端连续墙交界处,防止水流从接缝处渗入,具体如图9-15所示。

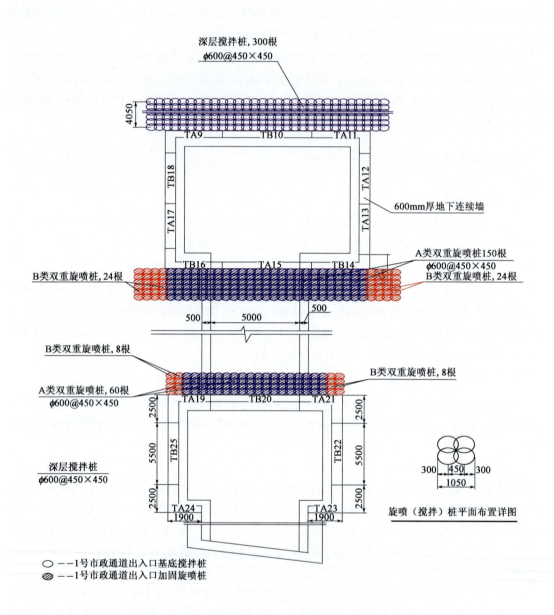

图9-14 设计端头止水加固方法(尺寸单位:mm)

第四节 管 节

本工程的顶管管节属于普通钢筋混凝土构件,对生产工艺要求高、品质要求严,需按严格的技术参数组织生产,从原材料进货,产品制造到产品交付的全过程均有严格的过程控制,产品合格率达到100%。

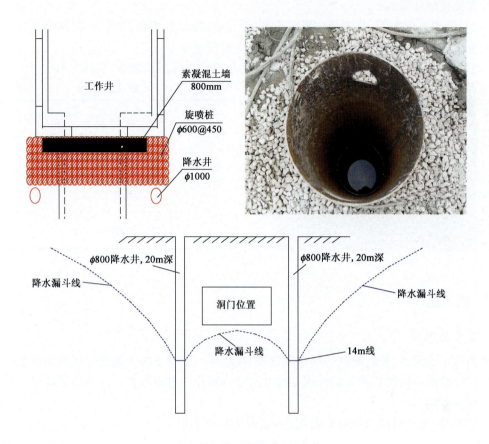

图 9-15　接收井素混凝土墙止水

一、管节设计

1. 主要技术标准

主要技术标准如下：

(1) 结构的使用年限为 100 年，结构的安全等级为一级。

(2) 结构的防水等级为二级。

(3) 结构外包尺寸为 4300mm×6000mm（高×宽），管壁厚度 500mm，长度 1500mm，管节混凝土强度为 C50，抗渗等级为 P8，单节质量约 33.7t。

(4) 混凝土结构允许裂缝开展，顶管管节结构为 0.2mm，不得有贯通裂缝。

(5) 结构抗浮安全系数施工阶段不小于 1.05，使用阶段不小于 1.15。

(6) 采用 HPB235、HRB335 级钢筋。

(7) 采用 Q235A 钢预制钢板。

2. 管模的验收

每次生产前都必须检查验收模具，检查项目及精度要求见表 9-2。

检查模具清理情况:

(1)检查模具内表面、关键部位灌浆孔座、手孔座、模具外表面的侧、旁板顶位置有无残积物。要求以上检查的几个部位不得有任何混凝土残积物等。

(2)检查喷涂脱模剂情况。要求模具内表面全部均布薄层脱模剂(见图9-16)。

图9-16 管模

管模精度　　　　表9-2

检查项目		允许范围(mm)
管节尺寸允许偏差	宽度	+0.4
	长度	+0.4
	厚度	+3,-1

二、管节制作

1. 管节制作

管节施工流程为:验收模具→制作钢筋笼、预埋件→混凝土施工配比→混凝土浇筑施工→淋水养护→脱模→拆模后管节的外观及尺寸检查→修补→淋水养护→二环拼装试验→管节成品的存放→运输出厂。

1)钢筋笼、预埋件检查项目以及规定(见表9-3、图9-17)

钢筋笼、预埋件检查项目规定　　　　表9-3

检查项目			允许范围(mm)
钢筋骨架操作允许误差	主筋	间距	+10
		保护层	+3
	箍筋间距		+10
	分布筋间距		+5
	骨架长、宽、高		+5,-10
	环纵		畅通、内圆面平整
	钢筋弯起点位置		20
预埋件	中心线位置		5
	水平高差		+3,0

图 9-17　现场钢筋笼制作

2）混凝土的拌制管理

(1) 检查原材料品牌是否一致,确保所使用的原材料是已经经过检测合格的。

(2) 检查施工配合比的正确性,开施工配合比之前要做砂、石料的含水量检测,确保所用的配合比正确,混凝土能达到设计、规范要求。

(3) 控制混凝土的坍落度,严格控制在 3～7cm 范围内。检查频率要求每班次不少于 2 次。

(4) 施工中要严格按照已定的配合比进行称料搅拌,每次称料量用电脑打印单记录,实行不定期抽查。

(5) 混凝土搅拌前,检查搅拌系统、吊运系统、振动系统的工作性能,原材料的质量、数量等,满足要求后方可允许拌制混凝土,保证混凝土拌制的连续性及质量的可靠性。

(6) 检验上料系统和搅拌系统是否按规定定期标定,称量系统是否严格按规程要求进行操作,是否按规定每月校验一次电子称量系统的精确度。

(7) 现场抽取试件。检查、督促试件的抽取。检验的混凝土试样按《普通混凝土拌合物性能试验方法标准》(GB/T 50080—2002)的规定。抗渗试件同一配合比每 30 环或 200m^3 留取一组。

3）混凝土浇筑施工管理

(1) 检查混凝土浇筑每次布料情况是否按照布料不宜过多,由两头向中间分层布料的原则进行,要注意使混凝土在模具内均匀分布。

(2) 检查混凝土是否进行分层次灌注。要以顶管的厚度划分浇筑层,每层振密实后才能布下一层料。

(3) 检查混凝土振捣情况。要保证混凝土与侧板接触处不再有喷射状的气泡、水泡,并均匀为止。保证每个振动点振动时间控制在 10～20s 内,振动后振动棒必须慢慢拔出。保证层间搭接上下 10cm,要注意振捣密实(见图 9-18)。

4）管节脱模管理要求

拆模应在顶管管节脱模强度达到要求(21MPa 以上)后方可拆模,脱模强度由试验室脱模前提供试验报告。

图 9-18　现场混凝土浇筑

（1）先松管节宽度的固定栓。

（2）拆卸旁模与底模固定螺栓，轻轻将旁板拉出；然后拆卸侧模与底模连结螺栓，打开侧模板。模板的拆卸顺序不能颠倒，注意旁板要充分打开。

图 9-19　管节脱模

（3）顶管必须要在混凝土凝固 24h 后才可以脱模起吊，管顶起吊时地面操作配合进行，由专人指挥吊机使吊索垂直，向桥吊操作手发出起吊信号，使管节与模具脱离。

（4）将管节在专用机架上进行 90°翻转，再换专用吊具将管节吊至坚硬地进行洒水养护。

（5）脱模过程中严禁锤打、敲击等野蛮操作（见图 9-19）。

2. 管节接缝防水

钢筋混凝土管节的接口有平口、企口和承口三种类型。管节类型不同，止水方式也不同。本工程采用"F"形承口式接缝防水类型。

1）管节结构及防水构造要求（见图 9-20）

承口管用 F 形套环接口，接口处用 1 根齿形橡胶圈止水。把 T 形钢套环的前面一半埋入混凝土管中就变成了 F 形接口。为防止钢套环与混凝土结合面渗漏，在该处设了一个遇水膨胀的橡胶止水圈。

（1）接缝防水装置采用锯齿止水圈和双组分聚硫密封膏嵌缝。弹性密封止水圈采用氯丁橡胶与水膨胀橡胶复合体，并以黏结剂粘于管节基面上。

（2）每环管节沿环向设置预留孔洞，以满足吊装及拼装需要，每边设置两个。

（3）每环管节沿环向布置 10 个注浆孔，以满足管节顶进过程中减摩注浆及顶进施工完毕后置换双浆液需要。

（4）管节与管节之间采用中等硬度木质材料胶合板作为衬垫，板接头处以企口方式相接。

（5）管节下部的嵌缝采用聚硫密封胶嵌填，管节与钢套环间形成的嵌缝槽采用聚氨酯密封胶嵌注。

（6）在钢套环上的两圆筋之间嵌入挤出型 SM 胶,其材质为单组分水膨胀密封胶,从而构成一封闭圆环。

（7）接口插入前,在止水圈斜面上和钢套环斜口上均匀涂刷一层硅油,严禁用其他油脂或肥皂水之类的润滑剂,接口插入后,应用探棒插入钢套环空隙中,沿周边检查止水圈定位是否准确,发现有翻转、位移等现象,应拔出重新粘贴和插入。

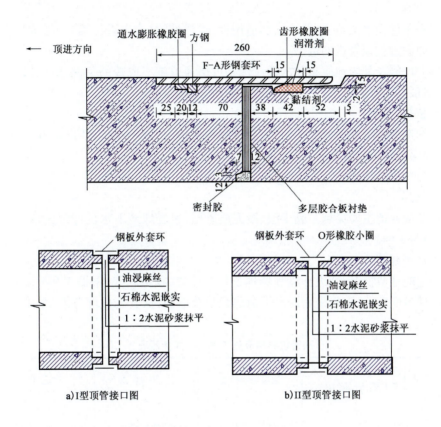

图 9-20 管节接口(尺寸单位:mm)

2）管节止水条

（1）检查管节表面是否平滑,是否有孔洞和缺边,止水条是否干燥,是否有灰尘和油脂。

（2）止水条套在管节上,检查型号及位置是否准确。

（3）检查粘贴是否按照步骤进行。

稀释液挥发后,开始涂胶水(胶水需搅拌均匀,并经常搅动),胶水要 100% 覆盖止水条和管节的凹槽,先涂止水条,后涂管节,胶水用量适宜。

刷子均匀涂在粘贴物的表面上,第一遍涂后待表面初干,再涂第二遍,约 5min 左右溶剂挥发至用手轻触胶膜稍粘而不粘手时,将两个粘贴物合在一起;将止水条粘贴在止水位置,最后用锤击打止水条,使其与管节粘贴牢固。

（4）管节的软木垫严格按照图纸位置、数量粘贴。

第五节 矩形顶管机

一、矩形顶管机选型

1. 选型原则和依据

1)选型原则

根据工程条件及水文地质,严格按照适用性、可靠性第一,先进性第二,经济性第三,四者科学统一的原则进行顶管机的选型。

顶管机的性能及其与地质条件的适应性是过街通道施工成败的关键,所以采用顶管法施工,必须严格根据工程地质条件,选择最适宜的顶管机。

2)选型依据

顶管机的选型要考虑多方面的因素,如穿越地层情况、地下水位、线路情况、地面建筑物、施工要求、地面沉降控制要求等。

2. 桂城站顶管机选型

1)地质概况

本顶管工程通道主要穿越了黏土层、淤泥质砂层,本场地地下水位埋深比较浅,地下水丰富,对施工极为不利。

2)顶管选型建议

结合场地的地质情况、周边环境和场地条件等因素,权衡利弊,根据表9-4 顶管机和相应施工方法选择参照表,该工程采用泥水平衡顶管是合适的,从安全角度考虑,采用泥水平衡顶管更加合适。

顶管机和相应施工方法选择参照表 表9-4

编号	顶管机形式	适用管道内径 D(mm) 管顶覆土厚度 H(m)	地层稳定措施	适用地层	适用环境
1	手掘式	D:900~4200 $H \geqslant 3m$ 或 $H \geqslant 1.5D$	遇砂性土用降水法疏干地下水;管道外周注浆形成泥浆套	黏性或砂性土,在软塑和流塑黏土中慎用	允许管道周围地层和地面有较大变形,正常施工条件下变形量10~20cm
2	挤压式	D:900~4200 $H \geqslant 3m$ 或 $H \geqslant 1.5D$	适当调整推进速度和进土量;管道外周注浆形成泥浆套	软塑和流塑型黏土,软塑和流塑的黏性土夹薄层粉砂	允许管道周围地层和地面有较大变形,正常施工条件下变形量10~20cm
3	网格式 (水冲)	D:1000~2400 $H \geqslant 3m$ 或 $H \geqslant 1.5D$	适当调整开口面积,调整推进速度和进土量,管道外周注浆形成泥浆套	软塑和流塑型黏土,软塑和流塑的黏性土夹薄层粉砂	允许管道周围地层和地面有较大变形,精心施工条件下变形量可小于15cm

续上表

编号	顶管机形式	适用管道内径 D(mm) 管顶覆土厚度 H(m)	地层稳定措施	适用地层	适用环境
4	斗铲式	$D:1800\sim2400$ $H\geq3m$ 或 $H\geq1.5D$	气压平衡工作面土压力,管道周围形成泥浆套	地下水位以下的砂性土和黏性土,但黏性土渗透系数 $k\leq10^{-4}$cm/s	允许管道周围地层和地面有中等变形,精心施工条件下地面变形量可小于10cm
5	多刀盘土压平衡式	$D:900\sim2400$ $H\geq3m$ 或 $H\geq1.5D$	胸板前密封舱内土压平衡地层和地下水压力,管道周围注浆形成泥浆套	软塑和流塑型黏土,软塑和流塑的黏性土夹薄层粉砂。黏性粉土中慎用	允许管道周围地层和地面有中等变形,精心施工条件下地面变形量可小于10cm
6	刀盘全断面切削土压平衡式	$D:900\sim2400$ $H\geq3m$ 或 $H\geq1.5D$	胸板前密封舱内土压平衡地层和地下水压力,以土压平衡装置自动控制,管道周围注浆形成泥浆套	软塑和流塑型黏土,软塑和流塑的黏性土夹薄层粉砂。黏性粉土中慎用	允许管道周围地层和地面有中等变形,精心施工条件下地面变形量可小于5cm
7	加泥式机械土压平衡式	$D:600\sim4200$ $H\geq3m$ 或 $H\geq1.5D$	胸板前密封舱内土压平衡地层和地下水压力,以土压平衡装置自动控制,管道周围注浆形成泥浆套	地下水位以下的黏性土、砂质粉土、粉砂。地下水压力大于200kPa,渗透系数 $k\geq10^{-3}$cm/s 时慎用	允许管道周围地层和地面有中等变形,精心施工条件下地面变形量可小于5cm
8	泥水平衡式	$D:250\sim4200$ $H\geq3m$ 或 $H\geq1.5D$	胸板前密封舱内的泥水压力平衡地层和地下水压力,以泥浆平衡装置自动控制,管道周围注浆形成泥浆套	地下水位以下的黏性土、砂性土。地下水流速较大时,严禁护壁泥浆被冲走	允许管道周围地层和地面有中等变形,精心施工条件下地面变形量可小于3cm
9	混合式顶管机	$D:250\sim4200$ $H\geq3m$ 或 $H\geq1.5D$	上述方法中两种工艺的结合	根据组合工艺而定	根据组合工艺而定
10	挤密式顶管机	$D:150\sim400$ $H\geq3m$ 或 $H\geq1.5D$	将泥土挤入周围土层而成孔,无需排土	松软可挤密地层	允许管道周围地层和地面有较大变形

泥水平衡顶管机是指采用机械切削泥土、利用泥水压力来平衡地下水压力和土压力、采用水力输送弃土的泥水式顶管机,是当今生产的比较先进的一种顶管机。

泥水平衡式顶管机按平衡对象分为两种:一种是泥水仅起平衡地下水的作用,土压力则由机械方式来平衡;另一种是同时具有平衡地下水压力和土压力的作用。本工程所采用的顶管机属同时具有平衡地下水压力和土压力类型。

泥水平衡式顶管施工的优点:适用的土质范围较广,尤其适用于施工难度极大的粉砂质土层中;可保持挖掘面的稳定,对周围土层的影响小,地面变形小;较适宜于长距离顶管施工;工作井内作业环境好且安全;可连续出土,施工进度快。

缺点:施工场地大,设备费用高,需在地面设置泥水处理、输送装置;机械设备复杂,且各系统间相互连锁,一旦某一系统故障,必须全面停止施工。

二、矩形泥水平衡顶管机配置

泥水平衡顶管施工的完整系统由顶管机、进排泥系统、泥水处理系统、主顶系统、测量系统、纠偏系统、触变泥浆系统等组成。泥水平衡顶管施工与其他形式的顶管相比,增加了进排泥系统和泥水处理系统。

1. 顶管机机头

本施工方案采用大刀盘泥水平衡式矩形顶管机进行掘进施工,该矩形顶管机有两个大刀盘,对前方土体进行全断面切削。充分利用了机电液一体化的先进技术,采用结构紧凑的液压系统和PLC电气控制系统(见图9-21～图9-25)。

图9-21 矩形顶管机外形(尺寸:长×宽×高=5.5m×6.04m×4.32m)

图9-22 顶管机(前体质量85t)

图9-23 顶管机(后体质量35t)

1)刀盘形式

单刀盘为2.5m×3.5m矩形面板,曲轴双矩形刀面,全断面切削。图1-24 b)为矩形刀盘面板的切削范围,黑色部分为刀盘不能切削部分。

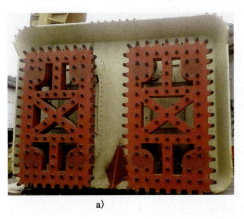
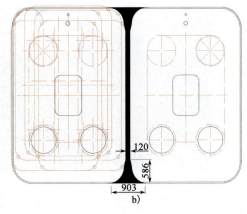

图9-24　顶管机刀盘(尺寸单位:mm)

刀盘上面布置有两种齿具球面齿和平面十字齿(见图9-25、图9-26),用高强度合金材料制成,球面齿比平面十字齿高出约2cm。刀盘底部有3块刮泥板(黑色部分),底部与机外壳底平齐,工作时可将刀盘底部泥块刮走。

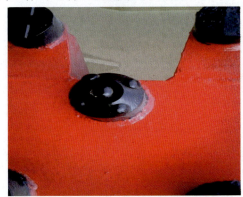

图9-25　球面齿　　　　　　　　　　　图9-26　平面十字齿

2)刀盘的动力系统

矩形顶管机总功率为240kW(刀盘120kW/个),每个刀盘由4个30kW电机带动,刀盘固定转速4.5r/min(见图9-27)。

3)曲轴驱动

每个刀盘由4个曲轴联动。刀盘转向:两刀盘正常运转只能相反转动,不能同时按相同转向运转。当顶管机出现扭转时才能选择性向相同方向转动(见图9-28)。

2.进排泥及泥浆处理系统

1)泥水式进排泥系统

泥水式进排泥系统见图9-29,主要设备包括进排泥浆泵、泥浆管、泥水处理装置、泥水箱等。本进排泥系统主要有两个作用:一方面是排土,另一方面是平衡地下水。

图9-27　刀盘动力系统

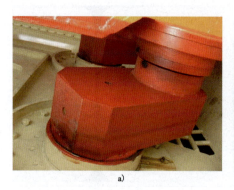

图 9-28 曲轴驱动

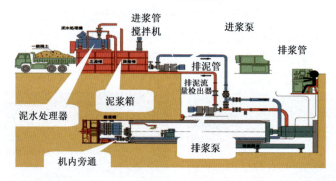

图 9-29 排泥系统

2)工作面稳定原理

(1)泥浆的压力与作用于工作面的土压力、水压力相抗衡,以稳定工作面。

(2)刀盘的平面紧贴着工作面,起到挡土作用。

(3)泥浆使工作面形成一层抗渗性泥膜,以有效发挥泥浆压力的作用。

(4)泥浆渗透至工作面一定深度后,可起到稳定工作面及防止泥浆向地层泄漏的作用。

工作面对泥浆的过滤作用,因土的颗粒直径、渗透系数等而异,但总的来说,以上相互作用可让工作面达到稳定。因此,施工中应加强对泥浆压力和泥浆质量的控制。泥浆的浓度越高,对稳定工作面的效果越大,但流体输送设备和泥水处理设备的负担也随之增大,因此应根据切削土体的实际情况进行适当控制。通常采用的泥浆相对密度值在 1.05~1.3 之间(见图 9-30)。

图 9-30 顶管机排渣土方式

本机进行泥水平衡施工,顶管机排渣土方式为:左右各采用一套泥水排土阀组同时排渣土。排土口在刀盘正中底部;进浆泵2台:功率37kW/台,排浆泵2台:功率45kW/台;进排泥浆管口径:ϕ150mm。

3)泥水循环排渣的机内旁通管系统,如图9-31所示。

图9-31 泥水循环排渣的机内旁通管系统

泥水系统进排泥水的调配是确保挖掘面稳定的条件之一,同时也是确保泥水能正常输送不可忽视的一个重要环节。根据地质资料,顶管穿越的土质为流塑性细砂淤泥层,含泥量较大。所以,进浆泥水的相对密度调配在1.05~1.10之间。在施工中测试,排浆泥水的相对密度在1.25~1.30之间,此排浆泥水的相对密度能确保细砂在输送管内不易沉淀,也能确保挖掘面的稳定。

同时,如果泥浆中含有较多小岩石碎块及杂物(如树根、贝壳)等,进入泥水循环系统后,容易堵塞排泥管和泥浆泵。所以,在排泥泵前需加装滤石箱,防止杂物堵塞泵叶轮,同时还需及时清理滤石箱里的杂物,保证循环系流无堵塞。

4)泥水处理系统

排泥工作原理:在工作前须制作一定浓度的清泥浆储放在泥浆箱内,工作时清泥浆经进浆泵管进入顶管机的泥水舱,与顶管机刀盘切削的土体搅拌成均匀的浓泥浆,经排泥浆管和排浆泵管排出井外,经泥水处理装置把浓泥浆的砂土在0.4mm以上的颗粒分离出来。泥浆再经过沉淀池的过滤,把较细的颗粒再分离出来,这样可以把浓泥浆过滤成清泥浆。泥水经过不断循环,把顶管机前方的泥土排出井外。

泥水处理是指泥水平衡顶管过程中排放出来的泥水的二次处理,即泥水分离。一般采用振动筛与旋流器组合起来进行泥水分离(见图9-32)。

3. 主顶系统

主顶系统装置(见图9-33)由后座垫铁、导轨、千斤顶及千斤顶支架、液压油泵站组成,其作用是完成管道的推进。

主顶液压站功率22kW×2,泵流量64L/min×2,最高压力31.5MPa。

总主顶顶力2000kN×14=28000kN,总顶进行程1800mm,顶进速度20~50mm/min。

主顶装置由主顶油缸、主顶油泵和操纵台及油管等四部分构成。主顶千斤顶沿管道中心

图9-32 两台"黑旋风"泥水分离器

图9-33 主顶系统装置

按左右对称布置。主顶装置除了主顶千斤顶以外,还有千斤顶架,以支承主顶千斤顶;供给主顶千斤顶以压力油的是主顶油泵;控制主顶千斤顶伸缩的是换向阀。油泵、换向阀和千斤顶之间均用高压软管连接。主顶油缸的压力油由主顶油泵通过高压油管供给。

若采用的主顶千斤顶的行程长短不能一次将管节顶到位时(即管节的长度大于主顶千斤顶最大行程时),必须在千斤顶缩回后在中间加垫块或顶铁。顶铁有环形顶铁、弧形顶铁和马蹄形顶铁之分(见图9-34)。环形顶铁的内外尺寸与混凝土管的内外尺寸匹配,主要作用是把主顶油缸的推力较均匀地分布在所顶管子的端面上。弧形顶铁和马蹄形顶铁的作用有两个:一是用于调节油缸行程与管节长度的不一致;二是把主顶油缸各点的推力比较均匀地传递到环形顶铁上去。

4. 测量导向系统

(1)测量系统:由激光经纬仪(见图9-35)、测量靶和监视器(见图9-36)组成。

(2)作用:监视顶管施工过程中顶管机推进的轴线偏差。

(3)安装调试:顶管机安放在工作井内的道轨上,调整测量靶中心与管道中心线基本一致,与管道中心线垂直。调整激光经纬仪座的高度,使激光经纬仪的激光束的高度基本与管道中心线高程一致。根据测量定位点调整激光束,使激光束基本与管道轴线重合。调整测量靶激光束点的大小,根据测量靶激光斑点的位置,调整测量靶的位置,使激光点与靶中心点重合。

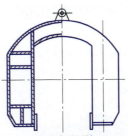

a) 环形顶铁　　　　　　　　b) 马蹄形顶铁

图 9-34　环形顶铁和马蹄形顶铁

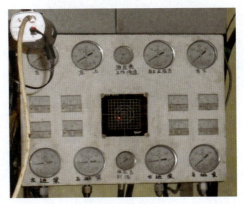

图 9-35　激光经纬仪　　　　　　　图 9-36　监控面板

（4）机头偏移方向与激光点相反（即激光点在测量靶向右移动,表明机头往左侧偏移）。激光点持续移动时,当偏移量达到 20mm/1000mm 必须起动纠偏。

由于顶管机头附有测量靶（见图 9-37）,激光经纬仪安置在观测台上,在工作中已使它发出的激光束既为管道中心线,又符合设计坡度要求,实为顶管导向的基准线。施工开始时使测量靶中心与激光光斑中心重合,当掘进机头出现偏差,相应测量靶中心将偏离光斑中心,从而给出偏离信号,通过视频传送到操作台的监视器。顶管机的测量靶网格边长为 10mm,根据顶管机测量靶激光点的偏移量计算顶管机的斜率,计算出纠偏量,调整纠偏系统千斤顶组,使顶管机推进改变方向使工具头始终沿激光束方向前进。纠正偏量应缓慢进行,使管节逐渐复位,不得猛纠硬调。

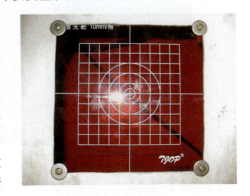

图 9-37　测量靶

5. 纠偏系统

顶管要按设计要求的轴线、坡度进行顶进,主要是掘进机头部测量与纠偏的相互配合,纠偏是完成管道线型的主要手段。本矩形顶管机纠偏系统主要设备包括纠偏千斤顶、油泵站、位移传感器和倾斜仪。

纠偏系统的作用:控制顶管施工中的顶管机推进方向。纠偏系统的动作控制是在地面操作室的操作台远程控制的,纠偏量的控制是通过安放在纠偏千斤顶上的位移传感器来实现的,纠偏动作是通过纠偏千斤顶的组合式动作来实现。

1）纠偏千斤顶

纠偏力：上下各3组纠偏千斤顶，左右各2组纠偏千斤顶，每组纠偏力1200kN×2；最大纠偏角2°。

纠偏动作组合如下：

图9-38 顶管机纠偏千斤顶

向上纠偏，下油缸同时伸动作；向下纠偏，上油缸同时伸动作。

向左纠偏，右油缸同时伸动作；向右纠偏，左油缸同时伸动作。

纠偏：上、下、左、右共计4组，每组2个千斤顶，纠偏不宜多方向纠偏，每次纠偏只能单方向动作。每次单方向纠偏共有三组同时伸缩（见图9-38）。例如：往左纠偏上、左、右三组千斤顶同时伸缩。

2）抗扭翼板系统

矩形顶管机在正常顶进时，可能会出现左右顶进速度不均匀造成的左右偏差，以及在不平衡顶推力作用与不均匀地层影响下，矩形顶管机及管节易发生扭转。为了克服左右偏差，本矩形顶管机配备了左右对称的纠偏千斤顶；并在机头前方位置安装了两组横向伸出的抗扭侧翼（见图9-39），发现扭转时伸出侧翼可以克服掘进机扭转。

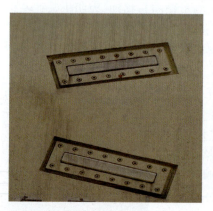 

图9-39 纠扭翼板

在顶管掘进过程中，根据测量系统收集到的数据经过换算处理，可以量测出机头前后体姿态及掘进机偏离设计轴线状况。当掘进机偏差超出设定值时，通过控制伸缩纠偏千斤顶和纠扭千斤顶，监控行程仪读数，设置适当的角度纠偏。

扭转辅助，左右各两组方向相反的抗扭翼板（伸力：100kN/组；收力：150kN/组）动作时应需左右两边相对作用组同时伸缩，例如：顺时针纠扭，左下和右上翼板同时伸出。

同时为纠偏顶管机的扭转，在顶管机翼两侧安装了可伸缩翼板，当机头向右扭转，则伸出右侧翼板，顶住土体，同时反转刀盘并可结合顶管机底部右侧注浆孔压浆的压力，根据安装在机头内侧的倾斜仪来纠正机头的扭转偏差。

3)刀盘转向纠扭辅助措施

调换一个刀盘的电源相序,使刀盘转向相同。

例如:顺时针纠扭,刀盘转动方向与扭转方向相反(见图9-40)。

4)纠偏原则

(1)纠偏过程中,纠偏千斤顶伸出时应在停止顶进后完成,回缩时应在顶进过程中完成。

(2)纠偏量控制:计算轴线的偏差角度与顶管机的纠偏角度一致。

(3)纠偏宜按"一次到位、多回调、早纠偏、小纠偏、及时复位"原则,尽量控制偏差保持在最小范围内,控制顶管机前进方向和姿态。

(4)勤测勤纠:每顶进一段距离,测量一次工

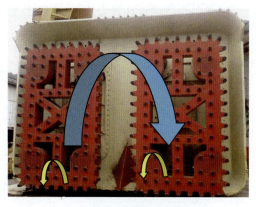

图9-40 刀盘转向纠扭

具头轴线及标高偏差情况。通知工具头纠偏人员,纠偏人员再将工具头现在纠偏角度、各方向上千斤顶的油压值、轴线的偏差等报给中控室,输入微机。微机将显示出纠偏方法、数据,再按此进行纠偏。

(5)小角度纠偏:每次纠偏角度要小,微机每次指出的纠偏角度变化值一般的都不大于0.5°,当累计纠偏角度过大时应与值班工程师联系,决定如何纠偏。

6. 触变泥浆系统

在顶进过程中,随着距离的增长,管道的摩阻力也随之增大。为了提高顶进施工的效率,在施工过程中尽可能地降低管道外侧的阻力,通常情况下往管外侧加注触变泥浆,降低顶进的阻力。触变泥浆系统(见图9-41、图9-42),主要设备由拌浆、注浆和管道部分组成。

图9-41 机头触变泥浆管的布置

图9-42 管节触变泥浆管的布置

1)触变泥浆作用

(1)润滑管壁四周,减少顶进过程中管节与土体的摩阻力。

(2)触变泥浆及时填充管壁外土体空隙,稳定上部土体。

2)触变泥浆系统设置

顶进过程中,需要经常进行压触变泥浆工作,以减少顶进的阻力。注浆孔的形状及布置:

在每节管的前端布置一道触变泥浆注浆孔,数量为 10 个,上下布置 6 个,左右布置 4 个。经过不断压浆,在管外壁形成一个泥浆套。

触变泥浆管设置在顶管机后面,每节管都设置触变泥浆管,在管节外壁形成完整的浆套,以后的管节用来对浆套进行补浆。

第六节 掘进主要技术

一、施工工艺流程

顶管施工工艺流程图如图 9-43 所示。

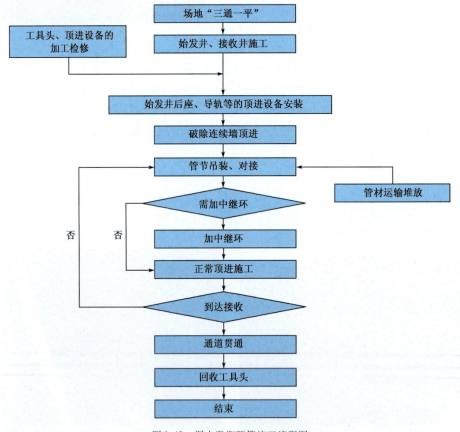

图 9-43 泥水平衡顶管施工流程图

二、始发顶进技术

在顶管施工中,顶管机顶到达圈至顶管机切口距工作井 6m 范围内为出洞段。把顶管机从始发井中经过洞口渐渐顶到土中的这一过程称之为出洞。顶管施工中出洞工作十分重要,如果出洞安全,止水效果很好,可以说顶管施工已经成功了一半。

出洞的施工步骤:顶管及配套设备调试→顶管机头靠上连续墙→连续墙破除→顶管机切

削加固土体→机头切口进入原状土。

1. 顶管始发出洞阶段措施

1)顶管出洞防"磕头"措施

顶管出洞的施工环节相当关键,顶管穿墙时要防止工具头下跌,在穿墙的初期,因入土较小,工具头的自重仅由两点支承,其中一点是导轨,另一点是入土较浅的土体及端头加固的土体。因此,机头穿墙时,一方面要带一个向上的初始角(约5′),另一方面穿墙管下部要有支托,顶进工具头到穿墙管内,工具头前四节钢筋混凝土管采用刚性联结,避免工具头"磕头"。并且加强管段与工具管、管段与管段之间的联结。此外,工具头的推进一定要迅速,不使穿墙管内的土体暴露时间太长。顶管穿墙位置必须作好止水,防止孔口因为流失减阻泥浆,造成孔口塌陷,发生安全事故。

2)防止顶管机反弹措施

在出洞施工初期,由于顶管机正面主动土压力远大于顶管与周边的摩擦力和与导轨间的摩擦力的总和,因此极易产生顶管机反弹,引起顶管机前方土体不规则塌陷,使顶管机再次推进时方向失控和向上爬高。为此,在洞口的两侧平行地面各安装好一条工字钢,当主顶千斤顶准备回缩顶铁时,将两条工字钢分别与第一个顶铁焊牢,然后回收千斤顶,防止顶管机反弹。

3)防止顶管机发生扭转的措施

在出洞施工初期顶管机容易发生扭转。因为顶管机大刀盘转动时对前方土体会产生一个扭矩,根据相互作用原理,土体对顶管机同时也会产生一个扭矩。而由于顶管机周边的摩擦力和与导轨间的摩擦力均很小,故摩擦力及顶管机自重所产生的反抗扭矩小于土体对顶管机产生的扭矩,所以此时顶管机会扭转。为了克服此现象,防止顶管机发生扭转,分别在顶管机的两侧各焊上一块挡板,挡板底面与导轨面平齐。当顶管机扭转时,挡板压在导轨上,防止顶管机扭转。

2. 顶管顶进施工参数分析

经过现场的掘进参数记录,顶进30环的掘进各参数见表9-5。

桂城站顶管掘进参数记录表　　　　　　　表9-5

施工时间 (年-月-日)	管节编号	靶心偏移量 (mm)		总推力 (kN)	速度 (mm/min)	泥水压力 (MPa)	进浆压力 (MPa)	排浆压力 (MPa)
2011-06-01	1	右1	下3	3200	1~2	0.074	0.10	0.09
2011-07-16	2	右1	下3	3600	1~2	0.075	0.10	0.09
2011-07-18	3	右1	下4	3200	5~10	0.083	0.11	0.08
2011-07-18	4	右2	下5	3200	5~10	0.082	0.11	0.07
2011-07-21	5	左3	下5	3200	5~10	0.083	0.09	0.08
2011-07-21	6	左2	下6	3200	5~10	0.083	0.10	0.08
2011-07-21	7	左1.5	下6	2000	30~40	0.080	0.11	0.08
2011-07-22	8	左0.5	下6.5	2200	30~40	0.070	0.10	0.07
2011-07-22	9	左1	下6	2400	30~40	0.077	0.11	0.07
2011-07-22	10	左0.5	下6.5	2400	30~40	0.078	0.10	0.08

续上表

施工时间 (年-月-日)	管节编号	靶心偏移量 (mm)		总推力 (kN)	速度 (mm/min)	泥水压力 (MPa)	进浆压力 (MPa)	排浆压力 (MPa)
2011-07-22	11	右0.5	下6	2200	30~40	0.079	0.10	0.08
2011-07-23	12	右1	下6	2200	30~40	0.079	0.10	0.08
2011-07-23	13	右1.5	下6	2000	30~40	0.079	0.10	0.08
2011-07-23	14	右1.5	下6	2000	30~40	0.077	0.10	0.08
2011-07-23	15	右1.5	下6	2200	30~40	0.077	0.11	0.08
2011-07-23	16	右2	下6	2000	30~40	0.077	0.10	0.08
2011-07-24	17	右0.5	下6	2600	30~40	0.083	0.12	0.10
2011-07-24	18	右3	下7	2600	30~40	0.077	0.11	0.09
2011-07-24	19	右0.5	下7	2000	30~40	0.078	0.09	0.08
2011-07-24	20	左1	下7	2200	30~40	0.074	0.11	0.08
2011-07-25	21	左1	下7	3000	30~40	0.075	0.11	0.08
2011-07-25	22	左1.5	下7.5	3000	30~40	0.080	0.12	0.10
2011-07-25	23	左0.5	下8	3400	30~40	0.080	0.11	0.08
2011-07-26	24	右1	下6	3200	30~40	0.071	0.11	0.09
2011-07-26	25	右0.5	下6	2600	30~40	0.074	0.11	0.08
2011-07-26	26	右0.5	下6	3000	20~30	0.050	0.10	0.10
2011-07-26	27	右0.5	下5	3000	1~5	0.007	0.10	0.08
2011-07-27	28	右0.5	下4	3200	5~10	0.000	0.10	0.10
2011-07-31	29	左2	下3	3200	5~10	0.000	0.10	0.09
2011-07-31	30	左3	下3	3200	5~10	0.000	0.10	0.10

1) 总推力分析

从图9-44可清晰地看到，第1~6节，此阶段总推力约300t，由于顶管机此阶段经过的地层为端头加固体，具有一定的强度，因此需较大的推力才能推进；第7~19节，此阶段为顶管机正常推进阶段，总推力保持在200~250t之间；第20~30节，由于顶进距离较长，顶管机受到的摩擦阻力较大，因此总推力又加大到300t。

2) 顶进速度分析

穿越旋喷桩(素墙)等加固体时，由于加固体硬度较大，顶进不能过快，否则会使顶管机严重扭转或使顶管机损坏。因此，要放慢顶进速度，第1、2环顶进速度控制在1~2mm/min；2环顶进后，尝试提高顶进速度至5~10mm/min；第6环后，顶管机及后续加强连接的三节管节全部通过加固体后，触变泥浆也同步大量注入时，顶管机在该地层也积累了一定的掘进经验，顶进速度大幅提升至30~40mm/min，局部速度达到60mm/min；第26环时，掘进至接收井加固体，有意放慢速度至1~5mm/min。慢慢顶进磨除素混凝土墙，最后三环时，实际为顶管机机头已到达，控制顶进速度为5~10mm/min，将5m长的机身慢慢顶出隧道至工作井。

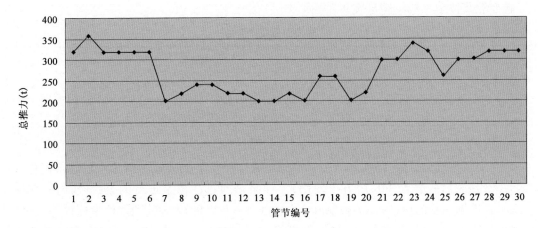

图9-44 推力变化

3）泥水压力分析

根据过街通道的埋深及地质的水头压力，综合计算顶管机的泥水舱压力宜控制在0.08MPa，波动值应控制在0.01MPa以内。上述的顶管施工参数表明，该顶管掘进过程中，泥水舱压力始终在0.07～0.085MPa间。因此，地面沉降值较小，据地表监测数据显示，最大的沉降点仅下沉8mm。

进浆压力略大于泥水舱压力，始终控制在0.10MPa以上，出浆压力略小于泥水舱压力，始终控制在0.08MPa及以下。

3. 顶管轴线控制

顶管施工的顶进管道允许偏差见表9-6。

顶进管道允许偏差表　　　　　表9-6

项 目			允许偏差（mm）
轴线位置	顶进长度＜300m		50
	300m≤顶进长度＜1000m		100
管道内底高程	顶进长度＜300m	D＜1500mm	+30，-40
		D≥1500mm	+40，-50
	300m≤顶进长度＜1000m		+60，-80
相邻管间错口	管节		≤2
对顶时两端错口			50

4. 触变泥浆技术

1）触变泥浆注浆总量理论计算

$$Q = [\pi \times (D_1 - D)2/4] \times L \times 1.5$$

式中：D_1——刀盘外径；

D——管道外径；

L——顶进长度。

触变泥浆技术参数应满足表 9-7 要求。

触变泥浆技术参数 表 9-7

相对密度	1.10～1.16g/cm²	失水量	<25cm³/30min
静切力	100Pa 左右	稳定性	静置 24h 无离析水
黏度	>30s	pH 值	<10

2) 浆液配置

触变泥浆系统由拌浆、注浆和管道三部分组成。拌浆是把注浆材料兑水以后再搅拌成所需的浆液(造浆后应静置 24h 后方可使用)。注浆是通过注浆泵进行的,根据压力表和流量表,它可以控制注浆的压力(压力控制在水深的 1.1～1.2 倍)和注浆量(计量桶控制)。管道分总管和支管,总管安装在管道内侧,支管则把总管内压送过来的浆液输送到每个注浆孔上去。

触变泥浆由膨润土、水和掺合剂按一定比例混合而成。施工现场按质量计的触变泥浆配合比为:水∶膨润土 = 8∶1,膨润土∶CMC = 30∶1。本工程拟购置膨润土袋装复合材料,在施工现场加水拌和。

注浆流程:造浆静置→注浆→顶管推进(注浆)→顶管停顶→停止注浆。

数量和压力:压浆量为管道外围环形空隙的 1.5 倍,压浆压力根据管顶水压力而定。

3) 触变泥浆的控制

(1) 在顶管机前后段及前 3 节管应设置触变泥浆管,顶进时不间断压浆;其余管节每隔 2～4 节管设置一道,顶进时不断补浆。

(2) 压浆原则:先注后顶、随顶随注、及时补浆。

(3) 压浆压力宜控制在 0.08MPa 左右,且应高于地下水压力 20kPa。

(4) 触变泥浆的性能及配合比应按膨润土的性质确定,按膨润土产品说明的要求制作,按不同的地质调整触变泥浆的技术参数。

5. 顶管机水中到达技术

1) 顶管机水中到达的流程

桂城站矩形顶管于 7 月 27 日顶至接收井端头素混凝土墙加固体,因接收井位置地质条件复杂,顶进地层为淤泥质粉细砂,地下水丰富,且矩形顶管到达口面积大,机头与到达口钢套环间预留了 13cm 间隙,在顶进到达的过程中,加固体的素墙易开裂,砂土在水土压力的作用下,极易顺着裂缝通道涌出,出现涌沙涌水的现象,严重时会导致路面沉降、损坏地下管线。所以必须采取相应的措施,让顶管机头顺利到达。

为确保顶管机安全到达,实施水下到达。根据计算,在接收井注水至顶管机上方 2m 左右,可抵消顶管机到达时间隙的水土压力,其流程如图 9-45 所示。

2) 顶管机水下到达技术措施

(1) 顶管机位置、姿态的复核测量

顶管贯通前的测量是复核顶管所处的方位,确认顶管状态,预估顶管到达时的姿态和拟定顶管到达的施工轴线的重要依据。

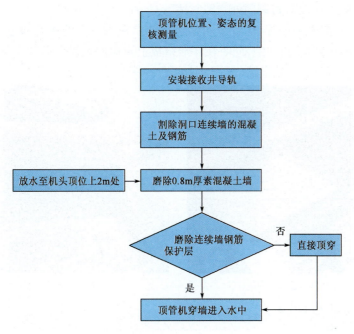

图 9-45 顶管机水下到达流程图

当顶管机头逐渐靠近接收井时,应加强纠偏措施,尽量减少轴线偏差,使顶管机在此阶段的施工中始终按预定方案实施,以良好的姿态到达,正确无误地坐落到接收井的基座上。

(2)安装接收井导轨

为了防止机头顶进接收井时机头在重力作用下向下倾,在到达口前方以洞门中轴线为中心安装导轨。

导轨长度 8m、宽度 6m,顶管机在到达前应先在接收井安装好基座,基座位置和轨顶高程应与顶管机靠近洞门时的姿态相吻合,以防机头叩头,严格控制好设计轴线,安装精度高,并确保牢固稳定。

(3)破除接收井到达口处连续墙

先凿除表层混凝土,切除里层钢筋,然后在洞门上、中、下位置分别打两个探孔,探孔深 60cm,观察钢筋混凝土连续墙与素混凝土连续墙间有无夹层和流水、流沙。破除的顺序为先四周,后中心区域,最后割除外层钢筋。

(4)放水至机头顶上 2m 处,磨除 0.8m 厚素混凝土墙加固体

在顶管机切口进入接收井洞口加固区域时,应适当减慢顶进速度,调整出土量,逐渐减小机头正面土压力,以确保顶管机设备完好和洞口结构稳定。

为防止顶管机到达时,由于正面压力的突降而造成前几节管节间的松脱,宜将顶管机直到第五节管节的相邻接口全部连接牢固,以防叩头。

在接收井放水的同时,启动顶管机开始磨除素混凝土墙。磨除素混凝土墙时,循环泥水黏度必须在 23s 以上,压力保持在 0.07MPa 以上,顶进速度控制在 1~2mm/min,顶力尽量保持不变化,以免素混凝土墙在大顶力作用下破碎。接收井水位控制在机顶面 0.5m 左右。顶进时监测顶进距离和电机电流,判断顶管机是否磨穿素混凝土墙。

(5)顶管到达后,应及时将洞门处空隙封堵

顶管机到达后,洞圈和顶管机、管节间建筑空隙是泥水流失的主要通道。待顶管机到达后,应及时用钢板或砌砖填筑空隙,同时在环形钢板上及洞门上设置若干个注浆孔,利用注浆孔压注足量的浆液填充洞门处空隙(见图9-46、图9-47)。

图9-46　顶管机到达

图9-47　顶管机到达

6. 顶管到达后的施工技术

1)顶管机头吊出

采用260t履带吊起吊机头(见图9-48、图9-49),具体实施步骤如下:

(1)拆除管内注浆、排浆等管线,将拆下的管线拉至工作始发井,吊上地面。

(2)通过伸缩纠偏千斤顶和加设垫块使机头与管节脱开,机头整体向前顶出,并平稳地落在接收平台上。

图9-48　顶管机吊装现场

图9-49　顶管机吊装

2)浆液置换

顶管机头吊出接收井后,马上用砖头砌墙,将两头洞门与管节间的间隙封堵。注入双液浆,置换出触变泥浆,对管节外的土体进行加固。双液浆的水玻璃和水泥质量比为1∶6。

浆液置换结束后尽快将管节和工作井钢洞门用钢筋连成一体,浇筑混凝土,和工作井内壁浇平。

3)管节间嵌缝

顶管施工结束后,管节间的缝隙采用双组分聚硫密封膏填充。嵌缝前必须将缝隙内的杂

质、油污清理干净,做到平整、干净、干燥。配制好的聚硫膏在缝两侧先刮涂一遍,第二次在缝中刮填密封膏到所需高度,要求压紧刮平,防止带入气泡而影响强度和水密性。密封膏表干时间为24h,7d后才达到80%强度,当密封膏在未充分固化前要注意保护,防止雨水侵入。

第七节 案例分析

一、始发端头区塌陷事件

1. 事件经过

2011年5月31日始发顶进,顶管机开始进入一道厚1000mm的低标号素混凝土墙。

初始穿墙顶进时,根据顶管的埋深及水头压力,泥水压力应设定0.08MPa,泥浆黏度应设定为22～25s,实际的顶进参数为泥水压力实际为0.03MPa,泥浆黏度实际18s,速度为1～2mm/min,推力约10kN,刀盘转动较轻松。当时顶管机穿越主体结构墙与连续墙的止水板缝时,主体结构的横框梁、洞门帘板、纠扭翼板等均出现了不同程度的漏浆,由于处于始发阶段,认为局部渗漏浆属顶管施工的正常现象,始发完成砂土会堵塞各缝隙,不需单独处理。现场渗漏情况如图9-50所示。

图9-50 现场漏水

6月1日,顶进素混凝土墙约400mm,由于泥水压力偏低,造成刀盘底部沉渣较多,致使矩形刀盘转动到下部,机头抬头摆动,刀盘逐渐被卡住,决定后退机头150mm,再次启动推进,两刀盘相向转动,泥水循环排出少量的碎石,刀盘解困。

6月2日下午17时,穿墙顶进至800mm时,仍使用原顶进参数不变,右边刀盘运转时突然卡住,之后多次调试无法再转动。再次决定后退机头,尝试启动刀盘,多次后退尝试,左、右两刀盘无法启动。

在顶管机多次后退处理过程中,土仓内泥水压力波动较大,由于掌子面只剩余约200mm素混凝土墙,无法自稳,直接造成掌子面开裂塌陷,大量的淤泥质粉细砂及回填土涌入进机头泥土仓内,砂土不断由钢洞门帘布的间隙及横框梁缝隙中流出。

端头加固区的地表出现明显的下沉,当即停止顶进,注浆保压到0.08MPa,但地表沉降继续加大。约2h后,现场地面出现一个约2m(长)×1.5m(宽)×1.0m(深)的塌陷区。

2. 原因分析

经分析，导致这次端头区塌陷的主要原因有以下两点：

1）始发时洞门等多处漏浆，未建立有效的泥水平衡

顶管机始发存在多处严重漏浆：一是主体结构环框梁与围护结构间存在一道防水裂隙；二是矩形帘布包裹顶管机不严密，存在着缝隙；三是顶管机自身机身电机底座连接缝及纠扭翼板接缝钢板加工不严密，存在漏浆的缝隙。

顶管顶进过程中，通过注浆管高压输入土仓的泥浆，由于外部存在诸多裂隙，大量泥浆从环框梁和洞门防水橡胶圈缝隙中涌出，少许泥浆从电机底座缝隙流出，致使泥水舱压力仅只能保持到 0.02~0.03MPa，而远远未达到设定的泥水平衡压力值 0.08MPa，平衡前方土体及水头压力明显偏低。

2）刀盘受困后，擅自决定使顶管机后退多次，直接造成掌子面垮塌

顶管机刀盘形式为矩形平面刀盘，刀盘仅布置齿刀，破岩能力较差，刀盘运动轨迹也是矩形，刀盘运转到下部时，易受阻被卡。顶管机始发顶进后，由于素混凝土连续墙强度偏高（约 8MPa），局部的混凝块沉积在土仓的底部，造成刀盘运转困难，沉渣较多时，就将刀盘牢牢卡住。

顶管机自身有防后退装置，但为使刀盘解困，多次拆除防后退装置，使顶管机弹回后退，造成土仓的泥水压力波动巨大，剩余的 200mm 厚素混凝土墙在地下水及土压力的作用下塌陷，直接导致掌子面垮塌，加固体外的泥砂顺掌子面缝隙大量涌入土仓，引起地层沉陷。

3. 处理措施

1）端头塌陷区处理措施

主要措施如下：

（1）顶管机停止顶进，泥水平衡的压力保持在 0.08MPa。

（2）对端头塌陷区进行回填（见图9-51），用机械挖开塌陷区的硬化层，对塌陷区有较完整清晰的认识，形成约 2m（长）×1.5m（宽）×1.0m（深）的塌陷区。

图9-51 现场回填

（3）用机械设备将塌陷区摊平压实，再用黄泥黏土进行回填，最后夯实处理。

（4）回填结束后，再在面层浇筑约 30cm 厚的混凝土，使部分地层加固到能够自稳的状态。

（5）为了确保该区域地层土体的稳固，防止土层在下一步掘进时塌陷，封闭地面时在旁边预留观测孔和监测点，用以观测回填土体的沉降变形。

2）对顶进过程中各漏浆点的处理措施

(1) 封堵漏浆缝隙。

(2) 主体结构与地下连续墙之间的缝隙处理方法是将地下连续墙侧壁和主体结构上表面凿毛10cm,冲洗干净墙间缝隙,用快速凝结水泥砂浆(堵漏灵)灌注缝隙,上部素混凝土压顶,如图9-52所示。

(3) 洞门防水橡胶圈拉裂部分采用在洞门防水橡胶圈拉裂位置焊接一块钢板,堵住漏水位置。

(4) 在电机底座缝隙处嵌填一圈油麻绳,外部用钢板压住,钢板焊在机身钢板上。

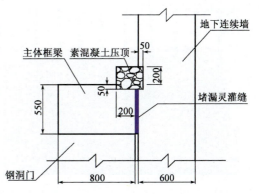

图9-52 主体结构与地下连续墙之间的缝隙处理方法(尺寸单位:mm)

二、刀盘被卡解困措施

接上案例,当顶管机穿越素混凝土墙顶进至800mm时,土仓下部素混凝土块沉淀较多,不能及时排出,而顶管机为矩形平面刀盘,摆式转动,破碎能力较差,刀盘运动到下部时,初时顶管机频频抬头,当素混凝土墙的大量混凝土块堆积在土仓的下部时,左、右刀盘运转突然卡住,多次调试无法再转动(见图9-53)。两刀盘被彻底卡住,无法解困。历时近一个月才解决,主要的措施如下:

图9-53 矩形刀盘被卡形象图

1. 旋喷清渣法

在刀盘前钻孔然后通过高压旋喷注浆(见图9-54),冲击土仓底沉淀物,使之向四周喷散,再利用浓泥浆循环带走沉淀物来解决沉积物较多的问题。在机头前方250mm开一排10个孔,间距600mm;采用高压旋喷浓泥浆将刀盘周边积砂喷散,特别是底部的硬块和小碎石击散,泥浆压力保持在25~27MPa,然后采用直喷泥浆对刀盘积砂进行冲洗,然后转动刀盘。

高压旋喷后左刀盘恢复转动,右刀盘能转动少许,左边进排浆管可以正常循环,右边仍不时堵塞。初时排出的碎石量较多,左刀盘转动前排砂量约4m³,多次启动后能正常转动,为了防止再次卡刀,继续部分排砂。

图 9-54　刀盘前高压旋喷注浆

2. 采用定点横喷对土仓沉积物进行冲刷

考虑到旋喷注浆虽然压力大,但直接冲刷作业的泥浆量较小,效果有限。为了加快泥水流量,于是采用并排四条直喷泥浆管至舱底,泥浆管一端接缩径 $\phi25$ 弯头,泥浆管另一端接上 4 台 2.2kW 潜水泵,启动水泵直接对刀盘沉积进行冲刷(见图 9-55),再启动泥水循环系统,初时排出的碎石量较多,刀盘下沉积物减小,不断尝试转动右侧刀盘,但右刀盘只能转动 4/5 圈,不能全部转动,转到底部被硬块顶住,还是不能完全转动。初步分析刀盘底部有大量的硬块,包括小碎石、塌陷的 8MPa 素混凝土墙块。

图 9-55　对刀盘沉积物进行冲刷

3. 成槽清渣法

在右刀盘前方 10cm 外采用 $\phi400$ 钻机成槽,槽长 3.2m,深 11m,比顶管机底深 1.5m,成槽后采用空压机清槽,清槽后将顶管机缓慢顶进,将机头处阻碍刀盘转动的渣土推入槽坑中,从而恢复右刀盘转动(见图 9-56)。

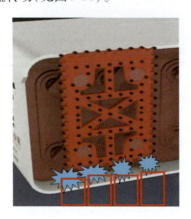
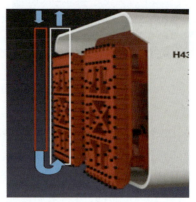

图 9-56　旋挖桩原理和现场施工

在用空压机清渣过程中,一根 $\phi150$ 进浆镀锌钢管被渣土埋住了,在用吊机拔管时钢管在接头处断裂,断管遗落在清渣槽中,管段长度 6m。

为了彻底清理断管及舱底沉渣,用旋挖钻机在原400mm宽槽段前钻3个直径1000mm的孔,孔深11m,三孔连接成槽并与原槽连通成更宽的槽;派专业潜水员潜水捞出断裂钢管,并进一步人工清除右刀盘障碍物。至此,右侧刀盘才彻底脱困。

4. 小结

经过上述案例,经验教训是:

(1)顶管机设计缺陷,刀盘设计为摆式刀盘,扭矩小,刀具破岩能力差,运动过程中刀盘下部易被卡。

(2)土仓内泥水循环的进、出浆口相距较近,形成有效泥水环流小,土仓底部的渣土易沉淀。

(3)始发井环框梁、洞门帘布、顶管电机密封等处多处漏浆严重,未及时封堵,直接造成泥水压力较低,掌子面不稳定。

(4)操作指挥失误:刀盘下部被卡后,多次让顶管机退缩,造成泥水压力波动大,直接造成掌子面垮塌,加固体前的砂土流入土仓。

(5)矩形顶管为初始顶进,在此地层顶进无施工经验,泥水平衡压力未保持,各项技术操作规程的技术交底未严格执行。

Chapter 10

复合地层中盾构始发到达（端头加固）风险研究及对策

执笔人 The Author

米晋生 ▷

教授级高级工程师，国家注册监理工程师
广州轨道交通建设监理有限公司总经理

第十章 复合地层中盾构始发到达（端头加固）风险研究及对策

通过广州轨道交通线网200余公里盾构隧道工程实践和总结，盾构工程不仅要重视盾构掘进技术和永久隧道结构的质量，同时也不能轻视诸如端头加固这样临时工程及其相关的安全措施。据不完全统计，盾构始发到达因端头加固质量不合格造成的险情或事故概率较高，损失程度较严重，有些甚至导致人员伤亡。为此，非常有必要将各类端头加固方法从风险分析、评估、对策着手，作一系统总结和研究。广佛线（首通段）全线盾构区间共使用18台盾构机，其中10台为土压平衡盾构，8台为泥水盾构。在施工过程中针对复杂多样的地质条件采用了多种端头加固方法，这些方法极大的丰富了端头加固技术，其中既有传统工法，也有创新工法。传统工法的思路是把不能自稳的土体加固成能够自稳的土体；创新工法是结合盾构始发到达的特点创建一个平衡推进的环境，即使端头的加固土体不能自稳，也可安全始发到达。

第一节 风险分析

盾构始发到达风险分为原生风险和次生风险。

原生风险是指客观存在的可能会对地下工程实施产生损害性的所有风险，主要包括地质风险、设计和工法选择风险。

次生风险是指在对可预见风险实施预控后，在施工过程中，演变产生的风险，主要为加固体质量评估风险、施工的洞门密封风险。

一、地质风险（原生风险）

地质风险包括两类：①全断面不能自稳的地层；②上断面不能自稳、下断面能自稳的复合地层。

盾构工程多处于江河湖海滨的软弱地层，多为富水自稳性极差的淤泥或沙层，复合地层的情况更为复杂，特别是上软下硬、或土或岩、或松散或密实的不同地层的组合（见图10-1）。地层的复杂性，加大了端头加固的工程难度。以上地层不仅容易发生土体失稳的塌方，还极易发生涌水涌沙。端头涌水涌沙，不仅威胁到作为盾构井的建成车站结构，还威胁到已经建成的隧道结构，造成不可估量的损失。

二、设计及工法选择风险（原生风险）

端头加固所采用的施工工法很多，应根据地质情况不同选择。一般情况下，软土地层多用搅拌桩、旋喷桩、注浆加固、冻结（水平或垂直）等工法。硬塑土层或软岩地层多用与围护结构

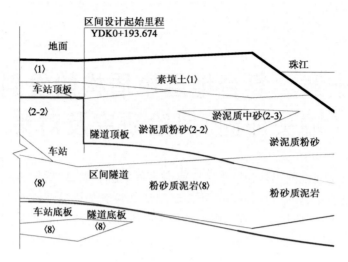

图 10-1 始发端头地质纵剖面图

类同的素钻孔桩、素混凝土连续墙、砂浆桩等工法。往往单一的工法不足以达到使端头地层得以加固的效果,因此可采用多种加固方法进行组合。现有主要加固工法特性见表 10-1。

现有主要加固工法特性　　　　　　表 10-1

序号	类型	工法选择		优缺点
		主加固体	封堵间隙	
1			降水	不利于城市施工
2			人工挖孔桩	富水地层存在较大风险,但桩间咬合质量有保证。由于职业健康因素,目前逐步被限制使用
3		水平注浆	袖阀管	仅适用于地质情况较好的地层
4			渐进式高压	适用范围广,但容易导致地面隆起
5	先结构(连续墙,钻孔桩)后加固	一般搅拌桩	压密注浆	压密注浆效果难保证,主体结构与加固体之间不形成间隙,一般搅拌桩机难保证垂直度,桩间容易形成开衩
6		一般搅拌桩	旋喷	旋喷相对压密注浆质量好,但仍可能出现主体结构与加固体之间的间隙
7		SMW 搅拌桩	旋喷	SMW 桩机搅拌能力很强,可有效防止搅拌桩开衩,但仍存在上述旋喷问题
8			完全旋喷	在富水甚至有动水砂层中有质量保证,但造价较高
9			冷冻	防水性很好,但需注意拔管时间的把握,造价高,存在冻胀和融沉问题
10	先加固后结构	搅拌桩、旋喷等		主体结构施工可能引起围护结构位移,形成间隙
11	SMW 型钢搅拌桩,既是围护结构也是加固体			防水性好,根本避免了主体结构与加固体之间的间隙出现,造价有优势,但 SMW 机器对施工环境有一定要求

一般情况下,工程师往往注重强度(抗倾覆性)验算。但端头加固强度并非越高越好,高强度的加固体对刀具的寿命并无裨益,应根据地层情况合理计算。加固体的强度可以通过土体抗倾覆验算模型求得(见图 10-2)。

黏土地层纵向加固范围与加固强度之间的关系式为:

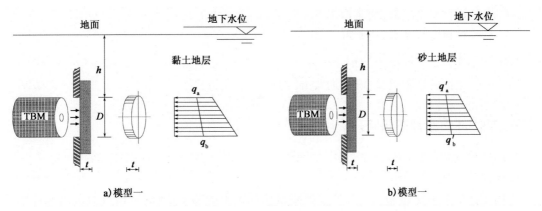

图 10-2 土体验算模型示意图

$$t_{黏土} \geqslant \max\{t_{剪}, t_{拉}\} = \max\left\{\frac{\beta_1 k_1}{\tau_c}, \sqrt{\frac{\beta_2 k_2}{16\sigma_t}}, \sqrt{\frac{\beta_3 k_3}{16\sigma_t}}\right\}$$

式中：τ_c——加固土体的极限抗剪强度，根据经验取 $\tau_c = \dfrac{q_u}{6}$，q_u 为无侧限抗压强度；

k_1——抗剪安全系数，通常取 1.5；

k_2——抗拉安全系数，通常取 1.5；

k_3——抗拉安全系数，通常取 1.5。

σ_t——土体的极限抗拉强度，通常 $\sigma_t = \left(\dfrac{1}{12} \sim \dfrac{1}{8}\right) q_u$。

$$\beta_1 = -\left(\frac{k_0\gamma(2h+D)D}{8} + \frac{3}{64}k_0\gamma D^3 - \frac{k_0\gamma D^2}{48}\frac{5+\mu}{3+\mu}\right)$$

$$\beta_2 = 2\left(1 - \frac{4\rho^2}{D^2}\right)\left[\frac{3k\gamma D^2(3+\mu)(2h+D)}{4} + \frac{k\gamma D^2\rho(5+\mu)}{2}\right]$$

$$\beta_3 = \frac{3D^2 k_0\gamma(2h+D)}{4}\left[(3+\mu) - (1+3\mu)\frac{4\rho^2}{D^2}\right] + \frac{\rho k_0\gamma D^2}{2}\left[\frac{(5+\mu)(1+3\mu)}{3+\mu} - (1+5\mu)\frac{4\rho^2}{D^2}\right]$$

式中：k_0——黏土的侧压力系数；

γ——水土的合重度；

h——上覆土体的厚度；

D——端头加固土体的直径；

μ——加固土体的泊松比。

砂土地层端头土体的纵向加固范围与加固强度之间的关系式为：

$$t_{砂土} \geqslant \max\{t'_{抗剪}, t'_{抗拉}\} = \left\{\frac{\beta'_1 k'_1}{\tau'_c}, \sqrt{\frac{\beta'_2 k'_2}{16\sigma'_t}}, \sqrt{\frac{\beta'_3 k'_3}{16\sigma'_t}}\right\}$$

式中：τ'_c——加固土体的极限抗剪强度，根据经验取 $\tau'_c = \dfrac{q'_u}{6}$；

k'_1——抗剪安全系数，通常取 1.5；

k'_2——抗拉安全系数,通常取 1.5;

k'_3——抗拉安全系数,通常取 1.5;

μ'——加固土体的泊松比;

σ'_t——土体的极限抗拉强度,通常 $\sigma'_t = \left(\dfrac{1}{12} \sim \dfrac{1}{8}\right)q'_u$。

三、加固体质量评估风险(次生风险)

加固体检验包括加固体强度检验、加固体整体性和均匀性检验、加固体缝隙检验。

1. 加固体强度检验

加固土体的强度是否满足设计要求是衡量加固效果的首要指标,可通过对进出洞加固范围内不同深度土体采用钻芯取样检测的方式加以验证。

2. 加固体整体性和均匀性检验

检验加固土体的均匀性目前尚无相应的工具、手段,可通过竖直全取芯方式进行观察。

3. 加固体缝隙检验

这包括了两个可能存在缝隙的方面:加固体自身的缝隙,加固体与盾构井围护结构间的缝隙。采用在洞门范围内钻9个水平孔(见图10-3),孔径8cm,钻深1m。根据9个孔的出水量判别,如果出水量超过限值,就要重新进行加固。

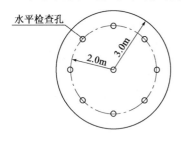

图10-3 检查孔平面布置图

四、施工中洞门密封风险(次生风险)

对于软土地层(特别是砂层)盾构工程,最大的风险不仅仅来自加固强度,更来自加固体中间隙形成的渗流通道,这是加固的难点。特别是当隧道埋深较大,水头压力较高情况下,一旦加固体有间隙就可能涌水涌沙。以6m直径泥水盾构为例,要求洞门圈近6.6m直径的土体经过破除洞门的震动后不仅仍然能够自立稳定,而且要保证 $34.21m^2$ 范围的土体无任何渗漏通道。这存在两个方面的难点:一是必须保证加固体全断面密封性,二是必须保证加固体与盾构井围护结构结合面密贴(见图10-4)。在复合地层中如果盾构井采用连续墙或排桩作为围护结构,施工时可能会出现塌孔、超灌、倾斜等情况,基坑开挖时围护结构可能会发生位移,这都给缝隙封堵增加了难度。

加固体密封性涉及加固体几何尺寸(加固范围)、加固体与围护结构结合部位的节

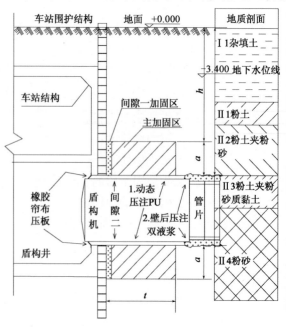

图10-4 加固体剖面示意图

点加固等方面。

（1）在富水砂层中，如果纵向加固长度小于盾构主机长度，就存在通过盾构机外施工间隙涌水涌沙的风险；

（2）如果洞门下部为软弱地层且有承压水层，加固深度不足时，在洞门破除和盾构机顶进掌子面的过程中容易发生涌水涌沙；

（3）加固节点处理不好，特别是围护桩与加固体之间的间隙处理、不同工法之间的界面处理失当，容易发生涌水涌沙。

完整的端头加固是一个系统性加固，既有盾构始发到达前的地层加固，也有盾构始发过程中的辅助性加固。

导致洞门密封失效的常见问题有：

（1）洞门密封固定螺栓松动，密封压板无法正常紧固；

（2）密封安装精度较差导致盾构进入时环形间隙不均匀；

（3）一些过大的间隙处折形压板外翻；

（4）扇形压板没有及时移位紧固；

（5）钢套筒内没有及时注入密封填充材料；

（6）掘进管理失误，当盾构主机进入钢环时，没有及时紧固压板或处理松动外翻的压板；

（7）注浆不当，包括盾构同步注浆不及时，浆液选型不当，辅助性注浆措施不足等。

目前洞门密封分为直板压板（见图10-5）和折板压板（见图10-5）及钢套筒（见图10-6）三种设计，个别采用了辅助措施。由于盾构外径大于管片外径，盾构尾壳完全进入洞门范围后，需要收紧橡胶帘布板，直板压板需要人工放松螺栓将钢压板径向插入，在此时间差内很可能发生泥水泄压，因此辅助以气囊等其他止水装置。

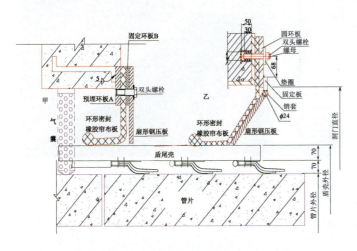

图10-5 洞门密封压板对比图

图10-6 洞门钢套筒

洞门密封设计施工中需要注意 h（洞门深度）$>H$（中心刀高度+刀盘厚度+刀盘与前筒间隙+洞门帘布板伸展长度），否则橡胶帘布板无法紧贴盾壳实现洞门密封。

五、广州地铁六号线某端头涌水涌沙事件

广州地铁六号线盾构 3 标,右线盾构机在进站过程中发生涌水涌沙事件,涌水涌沙点在 9～10 点间(见图 10-7),地面出现 $12m^2$、最深处约 1m 的沉陷,沉陷中心距盾尾约 0.4m。

施工单位在涌水涌沙后马上用棉胎、沙袋封堵盾壳与洞门之间的空隙,并加洞门压板(见图 10-8),地面进行回填混凝土(见图 10-9),刀盘前方从盾壳外注入聚氨酯(见图 10-10),涌水涌沙险情得以控制,最终盾构机才安全出洞。

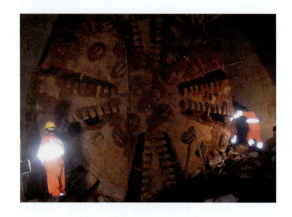

图 10-7 涌水涌沙点在 9～10 点间

图 10-8 洞门压板及注浆管

图 10-9 地面沉陷回填

图 10-10 盾壳四周注聚氨酯

经分析,引起沉陷的原因可能有:
(1)受场地影响,实际端头加固长度未达到设计长度要求;
(2)由于盾构机停滞时间过长造成〈5-2〉地层软化,盾构机推进过程对地层扰动;
(3)地层中可能存在钻探孔;
(4)洞门没有安装橡胶帘布。

图 10-11 为设计端头加固示意图。

第十章 复合地层中盾构始发到达(端头加固)风险研究及对策

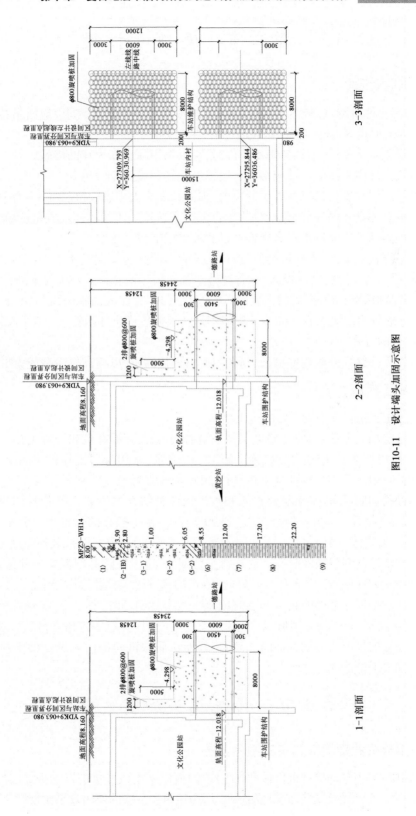

图10-11 设计端头加固示意图

第二节 风 险 对 策

一、加固方案

结合端头地质特点、地面既有建(构)筑物现状及保护等级要求、地面吊装所需地基强度要求、盾构机形式等,通过对比,应优选最佳端头加固方案。

(1)对于软土地层,当具备降水条件时,可以采用降水作为辅助措施。

(2)端头加固土体的设计应结合抗倾覆性验算和盾构工法特点。

(3)采用泥水盾构机或在砂层始发时,加固长度应大于盾构机长度+1环管片宽度。

(4)重点加固薄弱环节,包括桩的咬合位置、加固体与围护结构之间的间隙等。

(5)加固深度应穿透承压水层或经过验算可以抵抗承压水头。

(6)根据地质条件、盾构机类型、盾构机外壳形状来选择洞门密封系统形式。折板扇形压板是比较通用的安全的密封设施,在各种地层都适用。钢套筒式是较安全的密封形式,可以在套筒内增加特殊密封设施,如橡胶密封或钢丝刷密封,并注入油脂加强,但由于价格较贵,多用于大型、异形盾构或泥水盾构的始发洞门密封。根据盾构机外形特点,有时需要采用两种密封系统相结合的方式。

(7)在0环管片外侧预埋钢板,与洞门密封焊接固定,以提高抗渗漏能力。

二、施工措施

针对施工缺陷,应采取必要的施工措施。

(1)选定加固方法后,应针对地层特点选择可靠的机械设备和合理的施工参数。如果选用旋喷或搅拌桩施工,应通过试桩确定施工工艺参数;选用深层搅拌桩工法时,当加固深度大于14m时,一般应采用三轴搅拌桩机进行加固,以确保质量。

(2)检验加固质量,采用竖直抽芯和水平探孔相结合的方式。垂直抽芯的检查部位更注重于桩的咬合位置,芯样的连续性应达到90%以上;水平探孔的位置主要分布在洞门周圈,其深度应深入加固体至少1m。发现加固效果达不到要求时,应立即采取补充加固措施。

(3)严格控制洞门破除时间。盾构机组装期间,逐步破除洞门混凝土并保留外排钢筋;盾构机负环管片拼装完成2~3环,具备向前推进的条件时,再割除外排钢筋。

(4)注意把握注浆的时机。当盾尾刚刚进入密封钢环时,对于1~3环范围均不宜采用高压力的单液注浆,而应该采用低压力的双液注浆,土仓压力也不宜建立过高,以减少后部渗流。

(5)在盾构机中体上设置环向注浆孔,以便从盾构机内部注入聚氨酯等材料封堵盾构机机壳与土体之间的间隙。

第三节 传统端头加固主要工法

一、搅拌桩和旋喷桩为主的组合工法

因为国内有大量的搅拌桩机械和施工经验,所以采用该方法进行端头加固的实践很多。实践证明,在均一的粉细砂地层或软塑的黏土层中该组合工法的使用效果比较好。其特性如下:

(1)搅拌桩咬合部位质量离散性较大;
(2)富水砂层中,单管(甚至双管)旋喷桩的质量离散性大,应优先采用高性能机械,如三管或新二管旋喷桩机;
(3)一般搅拌桩加固深度超过14m,不易保证加固质量;
(4)在复合地层中应谨慎使用;
(5)SMW搅拌桩的质量较好,但超高机械对场地的要求较高。
总体而言,该加固工法容易形成涌水涌沙间隙,可以辅助降水措施。

1. 富水砂层补充加固采用三管旋喷桩+降水井

广州地铁三号线某端头地质为富水软弱地层,隧道上部为软塑和流塑的〈2〉淤泥层,隧道断面主要为〈3〉富水砂层,隧道下部为强风化的〈7〉粉砂岩。加固方案(见图10-12)为核心区采用搅拌桩 $\phi550@550$,外包三排咬合搅拌桩 $\phi550@400$,最外层包一排咬合单管旋喷桩 $\phi550@400$。对加固体抽芯检查显示,在砂层中搅拌桩基本无效,旋喷桩有不连续水泥块。而且由于盾构始发井800mm厚连续墙严重倾斜(在15m深处约向盾构井内倾斜860mm),在凿除连续墙过程中多次发生间断涌沙引起的地表塌陷事件。

遂进行图10-13示补充加固,采用三重管旋喷桩封堵加固体与始发井围护结构间间隙,并在连续墙倾斜区旋喷桩相应倾斜施工。补充加固完成后,在洞门处做水平探孔检测,发现个别孔仍有水沙涌出,随后在两条隧道两侧各做一个降水井后,盾构机顺利始发。

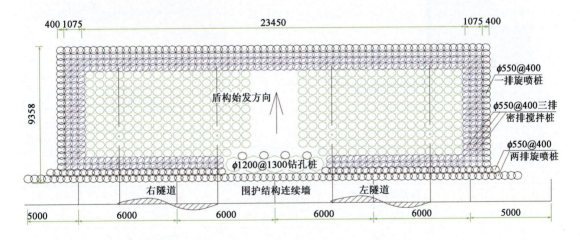

图10-12 初步加固平面图(尺寸单位:mm)

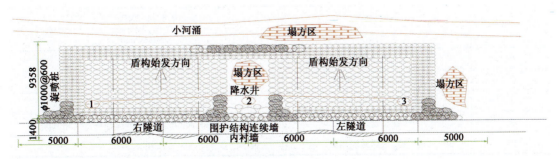

图10-13 补充加固和降水井布置图(尺寸单位:mm)

2. 富水砂层三轴搅拌桩+双管旋喷桩

三轴搅拌桩两轴同向旋转喷浆与土拌和,中轴逆向高压喷气在孔内与水泥土充分翻搅拌和,而且由于中轴高压喷出的气体在土中逆向翻转,使原来已拌和的土体更加均匀,成桩直径更加有效,加固效果更优,保证桩间搭接和咬合的整体性。同时一次加固面积达 $1.5m^2$,可减少先后成桩的搭接缝隙,有较好的整体性和抗渗性能。三轴搅拌桩功率大,加固深度可达 24m,且很少发生卡钻和断钻杆事件。

广州地铁三号线北延线某端头采用 SMW 三轴搅拌工法加固,隧道洞身地层为〈3-2〉冲积—洪积中粗砂层、〈4-1〉冲积—洪积土层及局部〈3-3〉冲积—洪积砾砂层。

三轴深层搅拌桩直径为 850mm,密排咬合 250mm,加固范围:纵向为围护结构外侧 10m 范围,横向为 25m。桩底到达隧道底部以下 4m。隧道顶 3m 至隧道底 4m 范围为强加固区,隧道顶 3m 至地面范围为弱加固区,水泥掺量减半。连续墙与三轴搅拌桩之间间隙为 400mm,双管旋喷桩直径为 600mm,密排咬合 200mm,旋喷桩桩底加固深度与三轴搅拌桩相同(见图 10-14、图 10-15)。

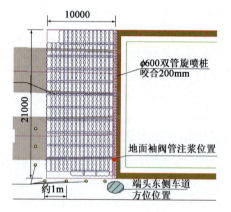

图 10-14 端头加固平面布置图

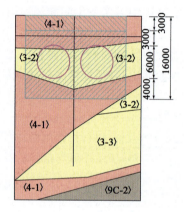

图 10-15 端头加固剖面图

三轴搅拌桩采用两搅两喷的方式,主要施工参数详见表 10-2。

三轴搅拌桩主要施工参数　　　　表 10-2

序 号	技术参数项目	参 数 指 标
1	水泥掺入比	22%
2	供浆流量	230L/min
3	水灰比	1.0~1.5
4	泵送压力	0.8~1.2MPa
5	下沉速度	<80cm/min
6	提升速度	<50cm/min
7	28d 无侧限抗压强度	≥1.0MPa
8	水泥浆的相对密度	1.50~1.37
9	搅拌速度	两边搅拌头:26.0r/min;中间搅拌头:14.5r/min
10	$1m^3$ 被搅土体水泥用量	396kg

加固采用 P.O32.5 水泥,水泥浆在搅拌桶中按规定的水灰比配制拌匀后排入存浆桶,再由 2 台泥浆泵抽吸加压后经过输浆管压入注浆孔。为了保证供浆压力,供浆平台距离施工地点 50m 左右。水泥浆液的相对密度严格控制在 1.50~1.37。三轴搅拌桩加固 28d 后,从搭接部位进行抽芯,抽芯率高,整体性较好(见图 10-16)。

在同一端头左线,先进行三轴搅拌桩加固施工,后对加固体与连续墙间施工一排双管旋喷桩。由于旋喷桩设备每进尺 1.5m 需拆除或安装一节钻杆,成桩垂直度和搭接都存在管理漏洞,最终导致整体性差。

盾构掘进抵达围护结构外层钢筋时,洞门下方涌出一股直径约 8cm 的清水(见图 10-17),盾构同步注浆液沿着水通道流出。停止盾构掘进,迅速割除洞门钢筋。待恢复推进后,盾构右下方涌出的水变浊并带有大量〈3-2〉粉细砂。为让盾构尽快与洞门密封结合,拼完管片后继续推进,直到洞门密封完全裹住盾构前体,然后注浆封堵间隙,最终盾构安全到达。

图 10-16 端头加固抽芯检测芯样(郭广才 摄)

图 10-17 割钢筋前渗流清水(凌胜 摄)

二、素混凝土(砂浆)墙工法

素混凝土(砂浆)墙工法可大大加强加固体自身的连续性和均匀性,从而提高加固的质量。但采用该工法需要注意:

(1)封堵加固体与围护结构的间隙;
(2)控制加固素混凝土的强度,避免损坏刀具;
(3)注意对泥水盾构的适应性,泥水盾构破除素混凝土墙时应匀速缓慢彻底破除,避免形成混凝土块堵塞泥水管路。

1. 土压盾构始发端头——人工挖孔桩素墙 + 高压注浆

某盾构区间始发端头地质情况:隧道断面内为〈5〉、〈6〉地层,顶部为〈5〉、〈4-1〉、〈1〉地层,埋深约 10m,见图 10-18。加固情况如表 10-3 所示。

区间始发端头加固情况　　　　表 10-3

围护结构		围 护 桩
端头加固	方法	φ1800 人工挖孔桩 8 根,φ1200 人工挖孔桩 4 根,φ89 高压注浆孔 2 个
	加固体尺寸	宽 16.8m,高 11m,厚 1.8m

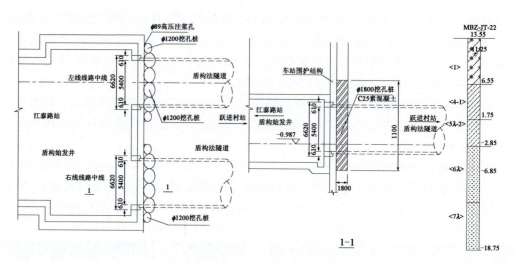

图 10-18 区间端头加固示意图

加固效果检查：抽芯效果较好。盾构机安全始发，未发现异常情况。

2. 泥水盾构始发端头——素混凝土墙＋搅拌桩

见本书第二章第四节"四"和第四节"一"，泥水盾构始发时未能有效控制参数，形成混凝土块堵塞管路，并导致塌方。

三、水平注浆工法

1. 袖阀管注浆

地层可以自稳条件下的局部加固可采用袖阀管注浆。

广州地铁三号线某端头区的地质剖面如图 10-19 所示。

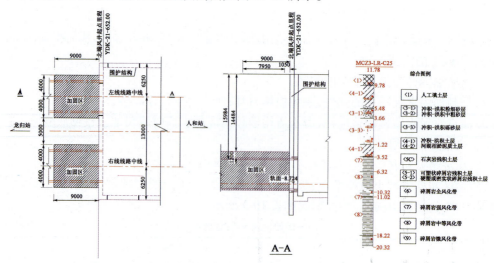

图 10-19 水平注浆加固平面图和剖面图

拱顶以上有较薄的〈4-1〉软塑黏土层，主要为〈3-1〉细砂层、〈3-2〉中粗砂层和〈3-3〉砂砾层，隧道范围内主要为自稳能力较好的强风化〈7〉和中风化〈8〉粉砂岩地层。由于地面没有实施加固的条件,故采用洞内水平注浆加固方案。

本次水平加固的范围是:沿隧道轴线方向10.0m,断面范围为洞门圈以外1.0m。

水平注浆加固的目的是封堵强风化和中风化粉砂岩中的裂隙水,以防在开洞门时由于地下水的流失造成上部砂层流失,进而引发地面塌陷。

水平注浆加固布孔如图10-20所示。采用水泥水玻璃浆液,具体比例按照注浆过程进行调整,终浆压力在1.5MPa,视情况进行微调。

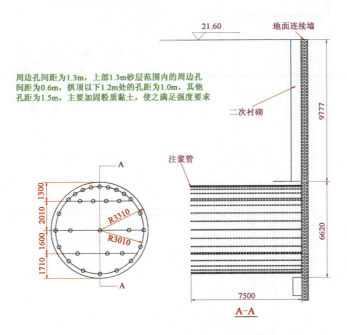

图10-20 水平注浆加固布孔图

2. 渐进式高压水平注浆

广州地铁三号线北延段某端头断面内主要为〈3-2〉中粗砂层和〈3-3〉砂砾层,见图10-21。隧道顶到地面的距离为10m,其上方依次为〈3-2〉中粗砂层和软塑的〈4-1〉黏土层。地下水稳定水位埋深约为2.90m。

因地面不具备加固条件,故采用洞内步进式高压水平注浆加固。

沿洞门圈周边布设水平钻孔23个(见图10-22中空心圆孔),环向间距0.7m;洞门下部布设斜孔19个,对底部注浆加强。水平钻孔深度为10m,斜孔注浆角度和长度见图10-23。

加固效果检测结果如下。

垂直取芯情况:实际取芯4点。检测点Y4:8.3~8.8m为水泥胶结体,8.8~10m为粗砂,10~11.2m为破碎水泥块,11.2~12.6m为松散砂子,12.6~13.5m为破碎水泥胶结体,13.5~14.8m为松散砂中间夹杂破碎水泥胶结体,14.8~15.3m为水泥胶结体,下部为黏土层,见图10-24。

水平取芯点R0:0~0.8m连续墙;0.8~1.4m,较完整水泥柱;1.4~2.5m,松散砂层中间夹杂水泥块,2.5~4.0m,水泥柱破碎,夹有十几厘米厚的砂层,见图10-25。

水平探孔的情况见表10-4。

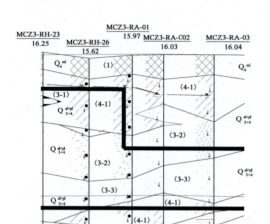
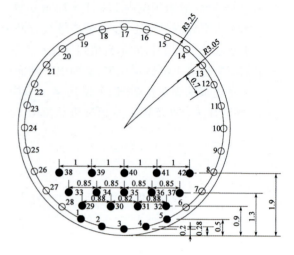

图10-21 右线吊出井端头地质剖面图　　　　图10-22 注浆孔布置立面图(尺寸单位:m)

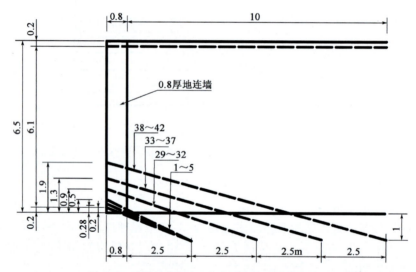

图10-23 斜孔注浆角度和长度示意图(尺寸单位:m)

图10-24 Y4点抽芯芯样　　　　　　　　　图10-25 －R0点抽芯芯样

水平探孔统计表　　　　　　　　　　　　　表10-4

孔号	开始漏水位置(m)	探孔深度(m)	水流量描述	现在状况
R1	2.5	4	2.5m后有少量沙水流出,一直渗漏	水流量筷子粗细,勉强能连续上,为清水
R2	3.5	4	3.5m后有少量沙水,不连续滴漏	不连续滴漏,为清水
R3	不漏水	6	无	无
R4	3	4	3m时有少量黄水流出,水量很小	水量很小,不连续
R5	还未探孔			
R6	2	4	2m后有水、沙,7月30晚上注浆涌沙,后注浆堵住	孔已封住,无水
R7	3.5	4	3.5m时有少量昏黄色水流出	少量清水,滴漏
R8	3	4	3m时少量水流出带点沙	少量清水,滴漏
27号	2~4,5.5~6,7~7.5	8	此上三段钻进时少量黄色水流出	无水

因为第一次水平探孔9个均见水,对加固体质量有质疑,为此又采取以下措施:
(1)进一步了解加固体的质量,对9个水平探孔加深;
(2)对9个水平探孔进行注浆补强,注浆压力为3MPa左右,注浆量见表10-5;
(3)补强注浆完成后,再打水平探孔,检验加固体的透水性,见表10-6。

水平加深探孔出水及注浆的统计表　　　　　　　　　　　　　表10-5

序号	孔号	开始漏水位置(m)	探孔深度(m)	水流量描述	注浆情况
1	R1	2.5	10	清水,1指头粗	注入0.3m³
2	R2	3.5	10	清水,滴流	注入0.5m³
3	R3	7	10	清水,小于1指头粗	注浆少许
4	R4	3	10	浊水,水大,流出0.3m³沙子	注入0.3m³
5	R5		9	无水	封孔
6	R6	2	10	无水	封孔
7	R7	3.5	10	清水,滴流	注0.9t水泥
8	R8	3	10	清水,滴流	封孔
9	R0	2	10	清水,小于1指头粗	作为检查孔

水平探孔出水及注浆统计表　　　表 10-6

序号	孔号	孔位	探孔深度(m)	水流量描述	注浆情况
1	C1	12~13 之间	7	清水,滴流	未封孔
2	C2	15~16 之间	7	清水,1 指头粗	未封孔
3	C3	18~19 之间	7	清水,1 指头粗	未封孔
4	C4	19~20 之间	7	清水,1 指头粗	未封孔
5	C5	21~22 之间	7	清水,小于 1 指头粗	未封孔
6	C6	24~25 之间	7	清水,滴流	未封孔

盾构机穿过加固体抵上连续墙后,从盾构机前体、中体径向孔注 350kg 聚氨酯。盾尾管片二次注双液浆约 20t,经检查确认堵住盾尾来水。在实施以上措施后,从二级螺旋输送机出渣口流出 15~20m³/h 的清水。

此后,从洞门钻斜孔注聚氨酯 300kg,压力 0.5MPa。针对可能的薄弱位置,在地面钻孔埋设袖阀管 11 孔(见图 10-26 和图 10-27),重点设置在隧道外侧位置,注浆 4 孔,注浆量 2.6t。

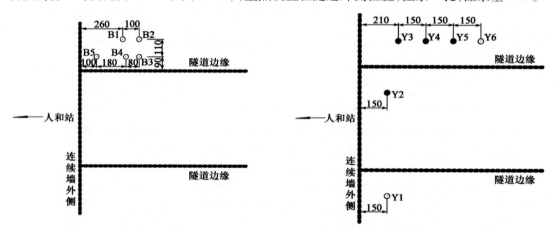

图 10-26　右线隧道外侧薄弱位置预留注浆孔(尺寸单位:mm)　　　图 10-27　侧补强注浆孔(尺寸单位:mm)

经开舱观察刀盘周边土体加固情况,仅在左下角有一微小渗漏点,其余砂土均为双液浆胶结凝固,加固情况良好,决定开凿洞门。洞门破除 2/3 时,出现涌水涌沙。立即组织抢险,及时遏制住了涌沙,但仍然有清水涌出(见图 10-28)。

为了保证施工安全,通过支模浇筑混凝土封闭已破凿的 2/3 洞门墙体(见图 10-29),同时从地面和洞门处作垂直和水平注双液浆,直至完全封堵住涌水涌沙。

水平渐进式注浆在复合地层中施工存在的问题有:

(1)渐进式水平注浆的主要原理之一是通过水平高压注浆压缩沙层中的空隙,达到止水的目的。但复合地层是不均一地层,不同地层的可压缩性不同,难以达到理想的被挤压状态。

(2)由于地层的不均一性,浆液不能均匀地向四周扩散,未胶结的地方易出现新的水力通道。

(3)加固体内未胶结的沙,在水流的作用下会流动形成突沙。

图10-28 用水泥袋堵住仍流清水

图10-29 混凝土封堵已破除的洞门

（4）容易造成地面隆起，本项目地表隆起量达到了40~50cm。

（5）加固注浆压力的传递没有明确的方向性，对已做好的吊出井主体结构有不利的影响，见图10-30。

图10-30 端墙因水平注浆加固产生的裂纹

第四节 创新始发到达技术

一、玻璃纤维筋（GFRP）端头加固

盾构始发或到达前一般应先凿除开挖范围内的围护结构，凿除过程中极易发生端头土体失稳现象，给盾构顺利始到达发带来了安全隐患。使用玻璃纤维筋作为盾构通过范围内的围护结构的受力筋，可利用盾构机刀具直接破除围护结构，避免了人工凿除洞门的施工风险。

GFRP筋具有很高的抗拉强度及较高的静态抗剪强度，但同时动态抗剪强度很低，需要配有滚刀的盾构机才可以有效破除玻璃纤维筋混凝围护结构（见图10-31、图10-32）。

玻璃纤维筋连续墙的施工安全可见本书第六章第四节。

二、钢套筒式盾构始发到达

广州地铁二/八号线某盾构到达端头因受管线、车站吊出井结构施工、节点工期要求等多种因素影响，端头加固体无法满足拟定安全加固范围。地质特征：端头隧道及拱顶为较厚的粉细砂、中粗砂富水地层（见图10-33），隧道埋深超过20m。

图 10-31　玻璃纤维筋连续墙钢筋笼

图 10-32　盾构破除玻璃纤维混凝土

盾构机接收钢套筒是一端开口的桶状钢结构构件,整个钢套筒结构由筒体(含托架)、后端盖板、反力架、顶推托轮组和前后左右支撑等部分组成,构件材料采用 A3 钢板(普通碳钢),钢套筒整体设计见图 10-34。钢套筒各构件根据工程的实际情况进行了包括结构受力、应力、位移等全面的设计验算和系统设计,钢套筒与洞门环板之间采用焊接形式连接,在钢套筒底部 70°范围内均布两排顶推托轮组(见图 10-35),用于防止盾构机主体部分栽头。

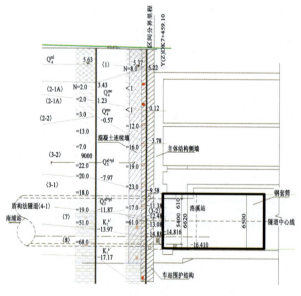
图 10-33　盾构到达端头地质断面图(尺寸单位:mm)

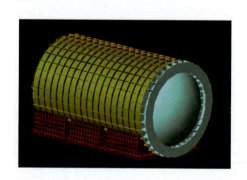
图 10-34　钢套筒整体设计图

地面加固(素混凝土连续墙)+接收钢套筒(见图 10-36),即在紧靠洞门围护结构连续墙外侧施工一道 1200mm 厚素混凝土连续墙,宽度为隧道中心线左右各 4m,加固体深度从隧道底以下 2m 至地面。然后在素混凝土连续墙两端各施工 2 根 $\phi 800$ 双管旋喷桩咬合 200mm,与原车站围护结构及新做素混凝土连续墙各咬合 200mm,以减少洞门破除时涌水、涌沙的可能,洞门破除后在盾构井内安装密闭钢套筒接收盾构机。

施工效果:盾构机穿越素混凝土连续墙、洞门结构砂浆墙后进入接收钢套筒的整体效果是非常成功的,按工期要求达到了预期的施工目标。图10-37为盾构机泄压到达现场,图10-38为盾构机到达钢套筒上端盖板拆解现场。

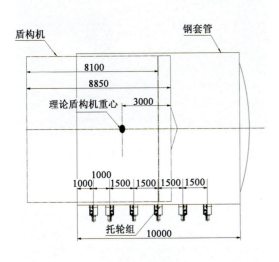

图10-35 顶推托轮组设计图(尺寸单位:mm)

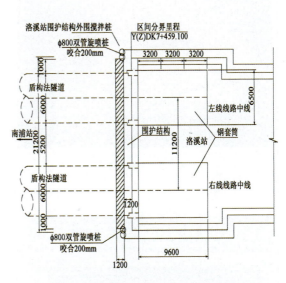

图10-36 南端头加固+钢套筒平面布置示意图（尺寸单位:mm）

图10-37 盾构机泄压到达现场

图10-38 盾构机到达钢套筒上端盖板拆解现场

三、平衡法盾构始发到达

所谓平衡法,就是在盾构井有效控制范围内暂时填满水土,使盾构机进入(或离开)盾构井时不存在水土压力差,待盾构机完全进入(或出)盾构井后,再清除盾构井内填充物。具体方法有:盾构井回填水砂(见图10-39～图10-41),有时在回填砂土后还覆盖一层砂浆,再回灌水(见图10-42)。

a) 盾构机半埋在井内

b) 支撑与盾机相对的空间位置关系

图 10-39 水土中盾构到达

a) "箱体"侧墙完成后回填土包裹盾构

b) "箱体"结构完工

图 10-40 混凝土箱体中盾构始发

图 10-41 解体井内充水

图 10-42 在砂土上覆盖砂浆

第五节 结 论

（1）盾构端头加固的主要目的，就是在始发或到达时使盾构机处于一定强度和密封性好的围岩环境中，保证盾构机始终保持正确的姿态，且确保地层的稳定（防止涌水涌沙和塌方）。

（2）一般来说，在复合地层中的端头加固方法要比在均一地层中的端头加固方法复杂得多。多变的围岩的工程地质和水文地质条件，会使设计和计算变得更复杂。因此必须结合特定的地质环境进行有针对性的设计。

（3）一般旋喷法和搅拌法鲜有一次成功的。广州的工程实践统计结果表明，在一般的松散地层，比如淤泥和砂层中，搅拌法超过 14m 深、旋喷法超过 22m 深时的加固效果都不理想。

（4）在硬塑的黏土层，如岩石的残积层或全、强风化层中，旋喷法很难达到加固的目的。很少的案例说明，采用三管旋喷法在埋深较浅的条件下，如果管理得当，或有成功的可能。

（5）采用三轴搅拌机加固的方法在粉砂、粉细砂等地层中的使用效果较好，而在复合地层中使用，特别是超过一定深度以后，效果变差。

（6）冻结法目前还难以解决加固体的融沉问题，但就盾构机进出洞的安全性而言，是一个好的可选项。

（7）水、土中始发到达，一般来说是一种较为安全的方法，但要根据不同的情况采取一些辅助措施。

（8）洞门用纤维混凝土替代钢筋混凝土进出洞的方法必须配备相应的辅助措施，比如盾壳外的止水、套筒式密封圈等。

（9）复合地层端头加固比较成功和安全的方法是用素混凝土连续墙或素钻孔桩围壁的方法。它的特点是切断了围闭后的加固体与外部围岩的水力联系，从根本上解决地下水和松散土体的流失问题。比较而言，这是目前复合地层中进行端头加固的一种更安全和有效的方法。

应该强调的是，端头加固的成败还因施工单位的不同而千差万别。同样的地层条件、同样的设备、同样的加固方法，结果也会不同。这再一次体现了复合地层中盾构施工的理念"地质是基础，盾构机是关键，人是根本"。

附　　录

珠江三角洲城际快速轨道交通广州至佛山段(首通段)建设单位项目管理负责人名单

广州市地下铁道总公司建设事业总部土建五部负责本项目的管理工作,各参与人员名单如下：

项目经理：

  王　健(任职至 2009 年 9 月)　　王利军(2009 年 9 月任职至今)

项目副经理：

  王利军(任职至 2009 年 9 月)　　黄　彪(2009 年 9 月任职至今)

项目工程师：

  刘晓明　陈德明　孙松岭　罗　欣　周忠海　林进也　陈应思　陈智辉

  陈田华　程学昌　苏　宝　李志雄　黄　振　方文革　徐　资　万宗祥

  王怀志　卫晓波　莫暖娇　朱　艺　熊献华　赵　静　雷正辉

参 考 文 献

[1] 竺维彬,鞠世健,等.复合地层中的盾构施工技术[M].北京:中国科学技术出版社,2006.
[2] 竺维彬,鞠世健.广州地铁三号线盾构隧道工程施工技术研究[M].广州:暨南大学出版社,2007.
[3] 竺维彬,鞠世健.地铁盾构施工风险源及典型事故的研究[M].广州:暨南大学出版社,2009.
[4] 江玉生,王春河,江华,等.盾构始发与到达—端头加固理论研究与工程实践[M].北京:人民交通出版社,2011.
[5] 杨书江,孙谋,洪开荣.富水沙卵石地层盾构施工技术[M].北京:人民交通出版社,2011.
[6] 钟长平,孔少波,杨木桂.广州地铁二/八号线拆阶段盾构隧道工程施工技术研究[M].北京:人民交通出版社,2011.
[7] 王晖,谭文,黄威然.广州地铁三号线北延段盾构隧道工程施工技术研究[M].北京:人民交通出版社,2011.
[8] 郑石,鞠世健,泥水平衡盾构到达钢套筒辅助接收施工技术[J].现代隧道技术,2010(06):11-25.
[9] 竺维彬,廖鸿雁,黄威然.地铁工程重大地质风险控制模式研究[J],都市快轨交通,2010(02):38-43.
[10] 黄威然,竺维彬.施工阶段盾构隧道漂移控制的研究[J].现代隧道技术,2005(01):71-76.
[11] 黄威然,竺维彬,史海欧.泥水盾构过江工程江底塌方风险的应对和处理[J].现代隧道技术,2006(04):49-53.
[12] 黄威然,竺维彬.泥水盾构过江工程始发风险应对及处理[J].现代隧道技术,2007,44(增刊):49-53.
[13] 仇培云,岳丰田.冻结加固工程强制解冻融沉注浆施工技术[J].施工技术,2007(8):7-9.
[14] 黄威然,米晋生,竺维彬.盾构工程钢筋混凝土箱体辅助始发技术[J].现代隧道技术,2012(03):171-175.
[15] 黄威然,杨书江.砂与砂砾地层盾构工程技术[M].北京:中国建筑工业出版社,2013.